David Schmid

Korruption durch Bonuszuwendungen: Strafbarkeit der (Media-)Agentur als Beauftragte im Sinne von § 299 Abs. 1 StGB

Studien zum Wirtschaftsstrafrecht

herausgegeben von
Klaus Tiedemann / Bernd Schünemann

Band 37

David Schmid

Korruption durch Bonuszuwendungen: Strafbarkeit der (Media-)Agentur als Beauftragte im Sinne von § 299 Abs. 1 StGB

Centaurus Verlag & Media UG

Zum Autor:
David Schmid studierte Rechtswissenschaften an der Ruprecht-Karls-Universität Heidelberg. Anschließend promovierte er am Lehrstuhl Prof. Dr. Dannecker und durchlief ein Master of Laws (LL.M.) Programm an der Golden Gate University in San Francisco. Derzeit absolviert er den juristischen Vorbereitungsdienst in Frankfurt am Main.

Bibliografische Informationen der Deutschen Nationalbibliothek

Die Deutsche Nationalbibliothek verzeichnet diese Publikation in der Deutschen Nationalbibliografie; detaillierte bibliografische Daten sind im Internet über http://dnb.d-nb.de abrufbar.

D 21

ISBN 978-3-86226-222-9 ISBN 978-3-86226-906-8 (eBook)
DOI 10.1007/978-3-86226-906-8
ISSN 0938-9512

Alle Rechte, insbesondere das Recht der Vervielfältigung und Verbreitung sowie der Übersetzung, vorbehalten. Kein Teil des Werkes darf in irgendeiner Form (durch Fotokopie, Mikrofilm oder ein anderes Verfahren) ohne schriftliche Genehmigung des Verlages reproduziert oder unter Verwendung elektronischer Systeme verarbeitet, vervielfältigt oder verbreitet werden.

© Centaurus Verlag & Media KG 2013

Umschlaggestaltung: Jasmin Morgenthaler, Visuelle Kommunikation

Satz: Vorlage des Autors

Meiner Familie

Vorwort

Die vorliegende Arbeit wurde 2012 von der juristischen Fakultät der Ruprecht-Karls-Universität Heidelberg als Dissertation angenommen. Sie entstand hauptsächlich in den Jahren 2009-2011 und wurde vor der Annahme nochmals überarbeitet.

Herzlich danken möchte ich meinem Doktorvater, Herrn Prof. Dr. Gerhard Dannecker, der mir während der Erstellung dieser Dissertation jederzeit mit Rat und Tat zur Seite stand. Darüber hinaus danke ich Herrn Prof. Dr. Dieter Dölling für die zügige Erstellung des Zweitgutachtens sowie den Herausgebern dieser Schriftenreihe Herrn Prof. Dr. Dr. h.c. mult. Klaus Tidemann und Herrn Prof. Dr. Dr. h.c. mult. Bernd Schünemann für die Aufnahme der Arbeit.

Ferner gilt mein spezieller Dank meinen Eltern, die mir nicht nur meine Ausbildung inklusive der Erstellung dieser Arbeit ermöglicht und mich jederzeit vorbehaltlos und liebend unterstützt haben, sondern mir auch Zeit meines Lebens die Freiheit gaben, meinen eigenen Weg zu gehen.

Abschließend danke ich in besonderem Maße Frau Lisa Linder, die mich stets mit viel Verständnis ertrug, mir Rückhalt gab und vor allem noch immer an meiner Seite steht.

Heidelberg, im November 2012

David Schmid

Inhaltsverzeichnis

Abkürzungsverzeichnis   XVIII

Teil 1
Einleitung

A. Einführung in das Thema	2
I. Mediaagenturen	2
II. Vorgehensweise der Mediaagentur	4
III. Problementwicklung	4
B. Problemaufriss	5
I. Rabattgewährung	7
1. Tarifliche Rabatte	8
2. Kundenbezogene Rabatte	8
II. Mediaagenturbonus	9
1. Terminologie	9
2. Ausgestaltung	12
III. Interessenkonflikt	13
C. Gang der Darstellung	14

Teil 2
Grundlagen

A. Geschichte der Mediaagentur	16
I. Annoncenexpeditionen als Ursprung	16
II. Von der Werbeagentur zur Mediaagentur	18
B. Grundlagen der Wirtschaftskorruption	20
I. Definition	20
II. Manifestation	21

III. Prinzipal-Agent-Theorie	23
IV. Entwicklung des § 299 StGB	24
1. Ursprung	24
2. Ausblick	26
a) Geplante Änderungen	27
b) Kritik am Reformvorschlag	29
V. Strafrechtliche Verantwortlichkeit bei Gesellschaften	32
1. Gesetzliche Bestimmung	32
2. Reformüberlegungen	35
C. Geschütztes Rechtsgut des § 299 StGB	37
I. Überblick über die Rechtsgutsdogmatik	37
1. Systemimmanentes Rechtsgutskonzept	39
2. Systemtranszendentes Rechtsgutskonzept	40
3. Methode zur Ermittlung des Rechtsguts	40
II. Ermittlung des Rechtsguts	41
1. Vertretene Ansichten	41
a) Fairer Wettbewerb	41
b) Mitbewerber	42
c) Geschäftsherr	43
d) Kunden bzw. Allgemeinheit	44
e) Regeln zur Aufgabenübertragung an Dritte	45
f) Nichtkäuflichkeit übertragener Entscheidungsmacht	46
g) Leistungsprinzip als Entscheidungsmaßstab	46
2. Abwägung	47
a) Vermögensinteressen der Mitbewerber	48
b) Vermögensinteressen des Geschäftsherrn	49
c) Interessen der Kunden bzw. der Allgemeinheit	49
d) Regeln zur Aufgabenübertragung an Dritte	51
e) Fairer Wettbewerb	53

f) Nichtkäuflichkeit übertragener Entscheidungsmacht	56
g) Leistungsprinzip als Entscheidungsmaßstab	57
3. Stellungnahme	58
4. Ergebnis	59

Teil 3
Tatbestandsmerkmale

A. Beauftragtenbegriff	60
I. Definition	61
II. Tatsächliche Stellung	63
1. Historische Betrachtung	64
a) Ursprung der Mediaagentur	64
b) Einordnung der „Full-service"-Werbeagentur im Rabattgesetz	67
c) Abgrenzung zur Kreativagentur	68
d) Zwischenergebnis	69
2. Ausgestaltung des Vertragsverhältnisses	70
a) Makler	70
b) Handelsvertreter	71
c) Vertreter	72
d) Kommissionär	72
e) Treuhänder	75
f) Geschäftsbesorger	77
aa) Dienst- oder Werkvertrag	77
bb) Geschäftsbesorgung	81
(1) Entgeltlichkeit	82
(2) Vermögensbezug	84
(3) Fremdnützigkeit	87
(4) Interessenwahrungscharakter	90

(5) Zwischenergebnis	91
cc) Pflicht zur Weiterleitung des Erlangten	91
g) Ergebnis	96
3. Vertragsschluss	97
4. Risikotragung	98
5. Leistung	100
6. Vergütung	103
7. Geldfluss	107
a) Rechtliche Grenzen	109
aa) Preislistentreue und Weitergabeverbot	109
(1) Verstoß gegen Kartellrecht	110
(2) Ergebnis	112
bb) Unterschiede im Fall der Mediaagentur	113
b) Ergebnis	117
8. Umgang mit dem Mediaagenturbonus	118
a) Kommerzialisierung als Handelsbrauch	118
b) Wesen und Notwendigkeit des Mediaagenturbonus	120
c) Ergebnis	122
9. Parallelen im Verbundgruppenfranchising	123
10. Unterschied zu den freien Berufen	124
11. Ergebnis	126
III. Entscheidung der Frage nach der Beauftragtenstellung	130
IV. Fazit	133
B. Weitere Tatbestandsmerkmale des § 299 StGB	134
I. Vorteil	134
1. Anspruch der Mediaagentur	136
a) Haltbarkeit der Einschränkungen des BGH	138
b) Haltbarkeit des Grundsatzes	139
c) Ergebnis	142

2. Sozialadäquanz	142
II. Handlungsvarianten	146
III. Geschäftlicher Verkehr	148
IV. Zukünftige unlautere Bevorzugung im Wettbewerb	149
1. Unrechtsvereinbarung	149
a) Erforderlichkeit	149
b) Voraussetzungen	150
2. Zukünftige Bevorzugung im Wettbewerb	151
3. Unlauterkeit	154
a) Sittenwidrigkeit	155
b) Pflichtwidrigkeit	156
c) Verstoß gegen § 81 GWB	158
d) Weitere Ansichten	164
4. Im Fall der Mediaagentur	166
a) In Bezug auf die Unrechtsvereinbarung	166
b) In Bezug auf die Bevorzugung im Wettbewerb	172
c) In Bezug auf die Unlauterkeit	172
aa) Bestimmung der Unlauterkeit	173
bb) Bevorzugung des „richtigen" Leistungserbringers	178
5. Ergebnis	182
V. Bezug von Waren oder gewerblichen Leistungen	185
VI. Subjektiver Tatbestand	187
VII. Fazit	188

Teil 4
Weitere zu berücksichtigende Vorschriften

A. Besonders schwerer Fall, Strafantrag, erweiterter Verfall, Verjährung   190
    I. Besonders schwerer Fall   190
    II. Strafantragserfordernis   192
    III. Erweiterter Verfall   194
    IV. Verjährung   194

B. Betrugs- und Untreuestrafbarkeit   194
    I. Betrugsstrafbarkeit   195
       1. Betrug gegenüber und zu Lasten eines Leistungserbringers   195
       2. Betrug gegenüber und zu Lasten des Kunden   197
          a) Täuschung über die Eignung des Werbeplatzes   197
          b) Täuschung über den Erhalt der Vergünstigung   198
       3. Ergebnis   201
    II. Untreuestrafbarkeit   202
       1. Missbrauchsvariante   202
       2. Treubruchsvariante   203
       3. Ergebnis   206

Teil 5
Möglichkeiten zur straffreien Interessenverfolgung

A. Ziele der Beteiligten   207
    I. Ziele der Kunden   207
    II. Ziele der Mediaagentur   208
    III. Ziele der Leistungserbringer   208

B. Aktuelle Entwicklungen   209
    I. Code of Conduct   209

1. Inhalt	209
a) Vorteile	210
b) Nachteile	211
2. Kritik	211
3. Ergebnis	212
II. Einkauf von Werbeplätzen ohne Kundenauftrag	213
1. Vorgehensweise	213
2. Ergebnis	216
C. Handlungsmöglichkeiten zur straffreien Interessenverfolgung	217
I. Vertragsgestaltung	217
1. Vergütungsmodelle	219
a) Treuhändermodell	219
b) Service-fee-Modell	221
c) Brokermodell	222
d) Skandinavisches Modell	223
e) Kombinationsmodell	224
2. Zwischenergebnis	225
II. Anstehende Veränderungen	226
1. Aufspaltung	227
2. Eingliederung	228
3. Kombination	229
III. Fazit	231
D. Ergebnis	233

Teil 6
Zusammenschau der Ergebnisse

Literaturverzeichnis	XXI

Abkürzungsverzeichnis

a.A.	andere(r) Ansicht
abl.	ablehnend
Abs.	Absatz
absatzwirtschaft	Zeitung für Marketing (Zeitschrift)
a.E.	am Ende
AEUV	Vertrag über die Arbeitsweise der Europäischen Union
a.F.	alte Form
AfP	Archiv für die civilistische Praxis (Zeitschrift)
AG	Amtsgericht
AGB	Allgemeine Geschäftsbedingung(en)
AktG	Aktiengesetz
Alt.	Alternative
AnwBl.	Anwaltsblatt (Zeitschrift)
Art.	Artikel
AT	allgemeiner Teil
Aufl.	Auflage
Az.	Aktenzeichen
BB	Der Betriebsberater (Zeitschrift)
Bd.	Band
BGB	Bürgerliches Gesetzbuch
BGBl.	Bundesgesetzblatt
BGH	Bundesgerichtshof
BGHSt	Entscheidungen des Bundesgerichtshofs in Strafsachen
BGHZ	Entscheidungen des Bundesgerichtshofs in Zivilsachen
BKA	Bundeskriminalamt
BNotO	Bundesnotarordnung
BRAK	Bundesrechtsanwaltskammer
BRAO	Bundesrechtsanwaltsordnung
BR-Drs.	Drucksachen des deutschen Bundesrates
BT	Bundestag / besonderer Teil
BT-Drs.	Drucksachen des Deutschen Bundestages
BVerfG.	Bundesverfassungsgericht
BVerfGE	Entscheidungen des Bundesverfassungsgerichts
bzw.	beziehungsweise
ders.	derselbe
ca.	circa
d.h.	das heißt
dies.	dieselben
DJ	Die Justiz (Zeitschrift)
DJT	Deutscher Juristentag

DStR	Deutsches Steuerrecht (Zeitschrift)
Einf.	Einführung
EStG	Einkommenssteuergesetz
etc.	et cetera
EGV	Vertrag zur Gründung der Europäischen Gemeinschaft
EuGH	Europäischer Gerichtshof
f., ff.	folgende
Fn	Fußnote(n)
FS	Festschrift
GA	Goltdammers Archiv für Strafrecht (Zeitschrift)
gem.	gemäß
GenG	Genossenschaftsgesetz
GG	Grundgesetz für die Bundesrepublik Deutschland
ggf.	gegebenenfalls
GRUR	Gewerblicher Rechtsschutz und Urheberrecht (Zeitschrift)
GS	Gedächtnisschrift
GWB	Gesetz gegen Wettbewerbsbeschränkungen
HGB	Handelsgesetzbuch
HHKomm	Hamburger Kommentar gesamtes Medienrecht
h.M.	herrschende Meinung
HORIZONT	Fachzeitung für Marketing, Werbung und Medien (Zeitschrift)
Hrsg.	Herausgeber
HRRS	Höchstrichterliche Rechtsprechung im Strafrecht (Zeitschrift)
HWiStR	Handbuch Wirtschaftsstrafrecht (Kommentar)
i.E.	im Ergebnis
i.H.v.	in Höhe von
i.S.v.	im Sinne von
i.V.m.	in Verbindung mit
JA	Juristische Arbeitsblätter (Zeitschrift)
JR	Juristische Rundschau (Zeitschrift)
JuS	Juristische Schulung (Zeitschrift)
JZ	Juristenzeitung (Zeitschrift)
Kap.	Kapitel
KorrBekG	Gesetz zur Bekämpfung der Korruption
Kressreport	Branchendienst für die Kommunikationsbranche (Zeitschrift)
krit.	kritisch
LG	Landgericht
LK	Leipziger Kommentar
LPK-StGB	Lehr- und Praxiskommentar StGB
MDR	Monatsschrift für deutsches Recht (Zeitschrift)

m.E.	meines Erachtens
media&marketing	Fachzeitschrift für Media und Marketing
medianet	Fachzeitung für Medien, Massenmedien und Werbetrends
mglw.	möglicherweise
MüKo	Münchner Kommentar
m.w.N.	mit weiteren Nachweisen
n.F.	neue Fassung
NJW	Neue Juristische Wochenschrift (Zeitschrift)
NJW-RR	NJW-Rechtsprechungs-Report (Zeitschrift)
NK	Nomos Kommentar
Nr.	Nummer
NStZ	Neue Zeitschrift für Strafrecht (Zeitschrift)
NStZ-RR	NStZ-Rechtsprechungsreport (Zeitschrift)
OLG	Oberlandesgericht
PartGG	Partnerschaftsgesellschaftsgesetz
PharmR	Pharmarecht, Fachzeitschrift für das gesamte Arzneimittelrecht
RabattG	Gesetz über Preisnachlässe (Rabattgesetz)
RGBl.	Reichsgesetzblatt
RGSt.	Entscheidungen des Reichsgerichts in Strafsachen
RiStBV	Richtlinien für das Strafverfahren und das Bußgeldverfahren
RIW	Recht der Internationalen Wirtschaft (Zeitschrift)
Rn	Randnummer(n)
RT-Drs.	Drucksachen des Reichstages
S.	Seite(n), Satz
Sch/Sch	Schönke/Schröder (Kommentar zum StGB)
SK	Systematischer Kommentar zum StGB
Soergel	Soergel Kommentar zum BGB
s.o.	siehe oben
sog.	sogenannte(r,s)
SSW-StGB	Satzger/Schmitt/Widmaier, Kommentar zum StGB
StA	Staatsanwalt/-schaft
Staudinger	J. von Staudingers Kommentar zum BGB
StBerG	Steuerberatungsgesetz
StGB	Strafgesetzbuch
StPO	Strafprozessordnung
str.	streitig
StV	Strafverteidiger (Zeitschrift)
u.a.	unter anderem
UWG	Gesetz gegen den unlauteren Wettbewerb
Var.	Variante
vgl.	vergleiche

VO	Verordnung
Vor	Vorbemerkung
W&V	Werben& Verkaufen (Zeitschrift)
Wirtschaftswoche	Fachzeitschrift für Wirtschaftsnachtrichten
wistra	Zeitschrift für Wirtschafts- und Steuerstrafrecht
WM	Zeitschrift für Wirtschafts- und Bankrecht
WRP	Wettbewerb in Recht und Praxis (Zeitschrift)
WuW	Wirtschaft und Wettbewerb (Zeitschrift)
ZaöRV	Zeitschrift für ausländisches öffentliches Recht und Völkerrecht
ZAW	Zentralverband der deutschen Werbewirtschaft
z.B.	zum Beispiel
ZBJV	Zeitschrift des Bernischen Juristenvereins
ZIP	Zeitschrift für Wirtschafts- und Insolvenzpraxis
ZIS	Zeitschrift für internationale Strafrechtsdogmatik
zit.	zitiert
ZPO	Zivilprozessordnung
ZRP	Zeitschrift für Rechtspolitik
ZStW	Zeitschrift für die gesamte Strafrechtswissenschaft
z.T.	zum Teil
zust.	zustimmend
ZVZV	Zeitungs-Verlag und Zeitschriften-Verlag (Zeitschrift)

> *„Ein Zauberstein ist die Bestechung in den Augen ihres Gebers; wohin er sich wendet, hat er Erfolg."*
>
> Sprüche 17, 8

Teil 1

Einleitung

Agenturen existieren im heutigen Wirtschaftsleben in nahezu allen Bereichen und erbringen unterschiedliche Leistungen. Für gewöhnlich stellen sie sich als Vermittler einer Leistung und/oder Interessenvertreter dar, wie beispielsweise die in der öffentlichen Wahrnehmung omnipräsente Modelagentur. Die Arbeit einer Agentur besteht zumeist darin, Kontakt zum eigentlichen Leistungserbringer oder -nachfrager aufzunehmen und gegenüber diesem die Interessen des Agenturkunden durchzusetzen. Keine Agenturen in diesem Sinne sind folglich diejenigen Unternehmen, deren Bezeichnung den Begriff Agentur lediglich aufgrund eines Neologismus anstatt des Begriffs Behörde (Englisch: agency) enthält, wie etwa im Fall der Bundesagentur für Arbeit oder der Bundesnetzagentur.

Da eine Agentur bei der Arbeit für ihre Kunden immer auch ihre eigenen wirtschaftlichen Interessen verfolgt, stellt sich in rechtlicher Hinsicht die Frage, wo dabei die Grenze des strafrechtlich Erlaubten verläuft. Die vorliegende Arbeit versucht daher zu klären, ob bzw. ab wann eine Agentur bei ihrer Tätigkeit als Beauftragte ihrer Kunden im Sinne von § 299 StGB[1] anzusehen ist und sich (in diesem Fall) gemäß § 299 Abs. 1 wegen Bestechlichkeit im geschäftlichen Verkehr strafbar macht, wenn sie im geschäftlichen Verkehr einen Vorteil für sich oder einen Dritten dafür fordert, sich versprechen lässt oder annimmt, dass sie einen anderen beim Bezug von Waren oder gewerblichen Leistungen in unlauterer Weise bevorzugt.

---

[1] Im Folgenden sind §§ ohne Gesetzesangabe solche des StGB.

A. Einführung in das Thema

Die Frage nach der strafrechtlichen Verantwortlichkeit der Agentur als Beauftragte ihrer Kunden im Sinne von § 299 Abs. 1 wird in der vorliegenden Arbeit anhand der Mediaagentur untersucht. In der Mediaagenturkonstellation sind die mit § 299 verbundenen Probleme besonders umfassend, gleichzeitig aber aufgrund der noch jungen Geschichte der Mediaagentur nicht erschöpfend erörtert. Die erarbeiteten Ergebnisse lassen sich auf andere Agenturformen mit ähnlicher Problemkonstellation, wie beispielsweise Spielerberater im Profisport oder die im Rahmen der Finanzkrise wieder in das öffentliche Interesse gerückten Ratingagenturen und Fondsvermittler, übertragen.[2] Auch bei Ärzten oder im Verhältnis von Pharmafirmen und Apothekern finden sich vergleichbare Problemstellen, für deren Klärung die im Rahmen der vorliegenden Arbeit gefundenen Erkenntnisse herangezogen werden können.[3]

I. Mediaagenturen

Mediaagenturen fristen trotz ihrer großen Bedeutung für die ihrerseits allgegenwärtige Werbewirtschaft sowohl in der öffentlichen Wahrnehmung als auch in der Rechtswissenschaft ein Schattendasein. Da der Mediabereich früher als Teil der Werbeagentur in diese eingegliedert war, werden die Begriffe bis heute zuweilen nicht einmal trennscharf unterschieden.[4]

---

[2] Beispielhaft zu Ratingagenturen und Fondsvermittlern, jeweils m.w.N.: *v. Schweinitz*, WM 2008, 953, 954 ff.; *Deipenbrock*, WM 2005, 261, 262; *Edelmann*, BB 2010, 1163 ff., *Spindler*, WM 2009, 1821 ff. Zur Korruption bei Spielerberatern im Profisport findet sich noch keine Literaturstimme, die Problemkonstellation ist jedoch mit der der Mediaagentur vergleichbar.
[3] Siehe zur Problematik der Naturalrabatte für Ärzte und Apotheker jeweils m.w.N.: *Gaßner/Klass*, PharmR 2002, 309, 319 f. und PharmR 2002, 356 ff.; *Badle*, NJW 2008, 1028, 1032. Zu Zuweisungspauschalen für Ärzte: *Kölbel*, wistra 2009, 129 ff.; *Schneider/Gottschaldt*, wistra 2009, 133 ff. Siehe ferner anstelle Vieler zu der ebenfalls vergleichbaren und ähnlich kontroversen Diskussion um die Beauftragtenstellung der Kassenärzte: *Klötzer*, NStZ 2008, 12 ff.; *Dannecker*, GesR 2010, 281ff., *Sobotta*, GesR 2010, 471 ff.; *Sahan/Urban*, ZIS 2011, 23ff; *Tsambikakis*, JR 2011, 538 ff.; *Schuhr*, NStZ 2012, 11 ff.; NK/*Dannecker*, § 299, Rn. 23c; *Fischer*, § 299, Rn. 10a-g (jeweils m.w.N.) sowie den Beschluss des BGH vom 29.03.2012 (GSSt 2/11), in welchem der BGH eine Beauftragtenstellung des Kassenarztes ablehnte.
[4] Erste Unterscheidungstendenzen sind allerdings bereits erkennbar in: *Lambsdorff/Skora*, Handbuch des Werbeagenturrechts, Rn. 56; *Heider*, Das Recht der Werbeagentur, S. 7.

Eine *Werbe*agentur ist ein Dienstleistungsunternehmen, das Dritte in Werbefragen berät und die Planung, Gestaltung, Durchführung und Kontrolle von Werbemaßnahmen für sie übernimmt.[5] Je nach Umfang der von ihr übernommenen Tätigkeit wird die Werbeagentur als „*Full-service*"-Werbeagentur bezeichnet.[6] Innerhalb einer solchen Werbeagentur sind der Kreativ- und der Mediabereich zu unterscheiden. Der Kreativbereich *produziert* die von den Kunden gewünschte Werbung, während sich der Mediabereich vornehmlich mit der Mediaplanung und dem Mediaeinkauf befasst.[7] Mediaplanung wird definiert als *„das Bemühen, die Wahrscheinlichkeit zu optimieren, mit der die Begegnung der Werbebotschaft mit den Zielpersonen unter Ausschöpfung der hierfür zur Verfügung gestellten Etatmittel erfolgen kann"*; Mediaeinkauf ist der Vorgang der Verschaffung der jeweiligen Werbeplätze.[8] Seit der Aufspaltung der „Full-service"-Werbeagentur[9] sind beide Bereiche als eigenständige (Spezial)Agenturen Teil des Wirtschaftslebens.[10] Mithin ist die Mediaagentur als ein spezialisierter Dienstleister der Werbewirtschaft anzusehen[11] und definierbar als *„eine selbstständige Werbeagentur, deren spezialisiertes Leistungsangebot in der Entwicklung und Durchführung der Mediaplanung und vor allem des Mediaeinkaufs für ihre Klienten besteht."*[12]

Nicht verwechselt werden darf die Mediaagentur mit ihrem Konterpart auf Medienseite, den sogenannten Werbeplatzvermarktern. Diese kümmern sich entsprechend ihrer Bezeichnung um die Vermarktung der Werbeplätze für die Medien und stellen oftmals den Ansprechpartner der Mediaagentur dar.[13] Für die vorliegende Arbeit spielen die Vermarkter allerdings keine tragende Rolle und sind deswegen nicht näher zu betrachten.

---

[5] *Heider*, Das Recht der Werbeagentur, S. 4 ff.
[6] *Binias*, ZVZV 1962, 56, 58; *Möbius*, Mediaplanung und Mediaeinkauf, S. 1 ff., 20 ff.
[7] *Nennen*, GRUR 2005, 214, 215; *Siegert/Brecheis*, Werbung in der Medien- und Informationsgesellschaft, S. 135 ff.
[8] Reiter/Karpenfeld/*Hiemstra*, Mediapraxis, S. 250. Siehe zu Mediaplanung und Mediaeinkauf: Teil 1, A, II; Teil 1, B; Teil 2, A, I und II.
[9] Siehe zur Aufspaltung der „Full-service"-Werbeagentur: Teil 2, A, II.
[10] *Möbius*, Mediaplanung und Mediaeinkauf, S. 1 ff.; *Kolonko*, AfP 2009, 18, 20; HORIZONT, Nr. 22/2010, S. 22.
[11] *Martinek*, FS Wadle, S. 552.
[12] *Koschnick*, Medialexikon, S. 1808.
[13] *Siegert/Brecheis*, Werbung in der Medien- und Informationsgesellschaft, S. 154; HORIZONT, Nr. 17/2007, S. 30.

II. Vorgehensweise der Mediaagentur

Um die für ihre Kunden geeignetsten Werbeplätze bei den jeweiligen Medien zu finden, erstellt die Mediaagentur im Rahmen der Mediaplanung einen sogenannten Mediaplan.[14] Ein solcher ist ein komplexes Konstrukt aus Einschätzungen in Bezug auf die für das jeweilige Produkt erforderlichen Werbeinvestments und die zeitlich, örtlich und quantitativ optimale Platzierung der jeweiligen Werbeformate.[15] Um ihn zu erstellen, betreibt die Mediaagentur Marktforschung und führt produktbezogene Zielgruppen- und Wettbewerbsanalysen durch (Mediaplanung).[16] Dem Mediaplan entsprechend berät die Mediaagentur dann den jeweiligen Kunden bei der Festlegung und Aufteilung des zur Erreichung optimaler Werbewirkung nötigen Mediaetats.[17] Im nächsten Schritt bucht die Mediaagentur schließlich im Rahmen des Mediaeinkaufs die zur Verwirklichung des Mediaplans nötigen Werbeplätze bei den Medien bzw. den Vermarktern.[18]

III. Problementwicklung

Trotz der ständigen Wandlung im Laufe der Entwicklung von der Werbeagentur zur Mediaagentur haben sich Literatur und Rechtsprechung über Jahre hinweg nicht an die veränderten Umstände angepasst.[19] Die Besonderheiten des modernen Mediengeschäfts werden zumeist nicht ausreichend berücksichtigt, sondern stattdessen alte Ansichten ohne neue Argumente übernommen. Lange Zeit gab es überhaupt keine neuen Arbeiten zum Recht der Werbe-, geschweige denn der Mediaagentur. So hebt *Koch* schon 1996 hervor, dass bereits alle Publikationen zum Recht der *Werbe*agentur über 20 Jahre zurückliegen und nicht die neueren Entwicklungen berücksichtigen.[20]

---

[14] Eingehend zum Ablaufprozess der Mediaplanung: *Möbius*, Mediaplanung und Mediaeinkauf, S. 43. Weiterführend: *Unger*, Mediaplanung, S. 1-78; *Reiter/Karpenfeld/Fetter*, Mediapraxis, S. 11-17.
[15] HORIZONT, Nr. 37/2004, S. 58; HORIZONT, Nr. 19/2010, S. 16.
[16] *Marx*, Media für Manager, S. 31; *Koschnick*, Medialexikon, S. 1848 ff.; *Unger*, Mediaplanung, S. 21 ff.
[17] HHKomm/*Kolonko*, 56. Abschnitt, 5. Teil, 3. Kapitel, Rn. 28.
[18] *Martinek*, Mediaagenturen und Medienrabatte, S. 2.
[19] Siehe die „Werbeagent-Entscheidung" des BGH, GRUR 1994, 527, 528. Ferner: *Löffler/Wenzel/Sedelmeier*, Presserecht, BT Anz, Rn. 266.
[20] *Koch*, Verträge in einer Werbeagentur, S. 5.

Mediaagenturen wurden erst in jüngster Zeit überhaupt im Schrifttum behandelt[21] und zum Gegenstand gerichtlicher Entscheidungen.[22] Eine richterliche Klärung der Problemstellen der Mediaagenturkonstellation, insbesondere die Weiterleitungspflicht der erlangten Vergünstigungen und sonstigen Zuwendungen, ist jedoch in nächster Zukunft nicht zu erwarten, da sich insbesondere sowohl der Lebensmittelkonzern Danone und dessen Mediaagentur Carat als auch der Süßwarenhersteller Haribo und dessen Mediaagentur Mediaplus Ende Juni 2010 zur Überraschung der gesamten Branche schließlich doch außergerichtlich bzw. mithilfe eines gerichtlichen Vergleichs geeinigt haben.[23] Die vorliegende Arbeit soll deswegen dazu beitragen, die strafrechtliche Verantwortlichkeit der modernen Mediaagentur als Beauftragte ihres Kunden im Sinne von § 299 besser erfassen zu können. Insbesondere auf die Klärung der Frage nach der Beauftragtenstellung der Mediaagentur wartet die Branche bereits seit geraumer Zeit.[24]

B. Problemaufriss

Probleme hinsichtlich der Frage nach der strafrechtlichen Verantwortlichkeit der Mediaagentur als Beauftragte ihrer Kunden im Sinne von § 299 Abs. 1 stellen sich in folgender Konstellation: Ein Werbetreibender erteilt einer Mediaagentur den Auftrag, die ihm bereits vorliegende Werbung gemäß seinen Wünschen in Bezug auf Werbeziel und Dauer der Werbekampagne unter Berücksichtigung des geplanten Etats zu platzieren. Die Mediaagentur erstellt daraufhin einen den Vorgaben entsprechenden Mediaplan. Hierfür ermittelt sie die Zielgruppe und das geeignete Werbeumfeld, um anschließend eine Wettbewerbsanalyse durchführen zu kön-

---

[21] *Kolonko*, AfP 2009, 18 ff.; *Martinek*, Mediaagenturen und Medienrabatte; HHKomm/*Kolonko*, 56. Abschnitt, 5. Kapitel, 3. Teil.
[22] OLG München vom 23.12.2009, Az. 7 U 3044/09, Danone gegen die Aegis Media-Tochter Carat; LG Wiesbaden vom 12.05.2009, Az. 1160 Js 26113/05 („Ruzicka-Prozess"). Letzteres Urteil ist jedoch noch nicht rechtskräftig; über die Ende November 2009 eingelegte Revision hat momentan der BGH zu entscheiden.
[23] HORIZONT, Nr. 23/2010, S. 6; HORIZONT, Nr. 24/2010, S. 2; HORIZONT, Nr. 24/2010, S. 20; absatzwirtschaft online vom 16.06.2010, http://www.absatzwirtschaft.de/content/communicat/news/mediaplus-und-haribo-einigen-sich-auf-eine-neutrale-pruefung;70731, zuletzt abgerufen am 20.10.2011; absatzwirtschaft online vom 16.06.2010, http://www.absatzwirtschaft.de/Content/_p=1003214,_b=70740,_t=ft,doc_page=1, zuletzt abgerufen am 20.10.2011.
[24] HORIZONT, Nr. 01/2010, S. 17; HORIZONT, Nr. 38/2007, S. 86; HORIZONT, Nr. 12/2008, S. 26; HORIZONT, Nr. 36/2007, S. 1; HORIZONT, Nr. 41/2007, S. 34.

nen.²⁵ Danach findet und bucht die Mediaagentur die gemäß dem Mediaplan nötigen Werbeplätze bei den jeweiligen Medien (Leistungserbringer) bzw. deren Vermarktern. Für das Erstellen des Mediaplans und das Finden und Buchen der Werbeplätze erhält die Mediaagentur von ihren Kunden zusätzlich zu den Kosten für die Werbeplätze noch das im jeweiligen Einzelfall vereinbarte Honorar. Dieses wird in Prozent des Auftragsvolumens bemessen, beträgt aber zumeist lediglich zwischen 0,5 und 2 % davon.²⁶

Die Profitabilitätsgrenze einer Mediaagentur liegt jedoch bei ca 3,5 bis 6 % des Auftragsvolumens.²⁷ Also deckt das direkt gewährte Honorar nicht einmal die laufenden Kosten der Mediaagentur. Die Unterbezahlung ist aber nach Ansicht der Kunden gerechtfertigt, da die Mediaagentur ihre Vergütung im Rahmen ihrer Tätigkeit für die Kunden von den Medien (den Leistungserbringern) erhält.²⁸ Diese Annahme resultiert aus der Tatsache, dass ein Werbetreibender, egal ob er sich einer Mediaagentur bedient oder nicht, immer den vollständigen von den Leistungserbringern für den jeweiligen Werbeplatz angegebenen Preis (Listenpreis) zu bezahlen hat.²⁹ Hingegen gewähren die Leistungserbringer der Mediaagentur für die Betreuung des Kunden, das Einbringen von Fachwissen und das Abliefern der Anzeige im richtigen Format etc. einen Rabatt von üblicherweise 15 % auf den Preis des jeweiligen Werbeplatzes für die Abnahme dieser Arbeit als sogenannte Agenturvergütung.³⁰ Aus diesem Grund wird ein direkt von den Kunden an die Mediaagentur zu entrichtendes Honorar sogar teilweise als systemfremd bezeichnet und daher überhaupt nicht gewährt.³¹

In jedem Fall erhöht das Einschalten einer Mediaagentur wegen des, wenn überhaupt, minimalen direkt bezahlten Honorars für die Kunden nicht die Kosten ihrer

---

²⁵ *Marx*, Media für Manager, S. 31; *Kolonko*, AfP 2009, 18, 21. Zu Zielgruppen- und Wettbewerbsanalysen: *Koschnick*, Medialexikon, S. 1808 ff., 1819 f.
²⁶ HORIZONT, Nr. 10/2010, S. 8; *Marx*, Media für Manager, S. 20; *Möbius*, Mediaplanung und Mediaeinkauf, S. 65; medianet, 28.06.2006, S. 10; W&V, Nr. 41/2005, S. 51. Im Fall des OLG München, Az. 7 U 3044/09, waren es 1,1 %.
²⁷ *Martinek*, FS Wadle, S. 560.
²⁸ *Kolonko*, AfP 2009, 18, 20.
²⁹ *Löffler*/Wenzel/Sedelmeier, Presserecht, BT Anz, Rn. 269.
³⁰ *Klosterfelde*, Anzeigen-Praxis, S. 171, 177. Die Agenturvergütung wird in Anlehnung an die Annoncenexpeditionen bisweilen auch als AE-Provision (ursprünglich: Anzeigen-Expeditions-Provision) bezeichnet. Um aber die rechtliche Indizwirkung des Wortes „Provision" zu vermeiden, ist im Folgenden nur von „Agenturvergütung" die Rede. Siehe zur rechtlichen Indizwirkung des Wortes „Provision" Teil 3, A, II, 2, d).
³¹ *Lambsdorff*/Skora, Handbuch des Werbeagenturrechts, Rn. 152.

Werbetätigkeit. Rein wirtschaftlich finanzieren folglich die Leistungserbringer die Mediaagentur.[32]

I. Rabattgewährung

Verkompliziert wird die Vergütungssituation dadurch, dass die Leistungserbringer den Mediaagenturen *neben* der Agenturvergütung von 15 % unterschiedliche Arten von Rabatten gewähren.[33] Der Begriff des Rabatts ist im Mediaumfeld allerdings weit zu verstehen und erfasst jede Form der Vergünstigung. Dieser Praxis sind seit dem Wegfall des Rabattgesetzes im Jahr 2001, abgesehen von den allgemeinen Wettbewerbsregeln, keine Schranken mehr gesetzt.[34] Es dürfen nunmehr nicht nur alle erdenklichen Formen von Rabatten gewährt werden, sondern diese dürfen wegen des Wegfalls der Beschränkung auf zwei Rabattformen[35] auch nach Belieben kombiniert werden.[36] Darüber hinaus wurde im Jahr 2001 auch die ZugabeVO gestrichen, sodass sich in Bezug auf die Rabatte für die Mediaagentur auch nicht mehr grundsätzlich das Problem der wettbewerbsrechtlichen Zulässigkeit von Zugaben zu dem eigentlich erworbenen Werbeplatz oder von Geldgeschenken stellt.[37] Deswegen ist die Liste der den Mediaagenturen gewährten Rabatte ebenso lang wie undurchsichtig.[38]

Die Terminologie bezüglich der Rabattformen ist nicht einheitlich. Teilweise wird statt von Rabatten auch von außertariflichen Vorteilen (AT-Vorteile) oder Bonifikationen gesprochen.[39] Wegen der vielen Rabatte wird außerdem zwischen Brutto- und Nettopreisen unterschieden.[40] Relevant für das Verständnis und die vorliegende Arbeit sind hingegen im Wesentlichen nur wenige Rabattformen.

---

[32] BGH, NJW 1970, 1317, 1319.
[33] *Marx*, Media für Manager, S. 13, 20 ff.
[34] Instruktiv zu den Auswirkungen des Wegfalls des RabattG in Bezug auf Agenturen: *Rath-Glawatz*, AfP 2001, 169 ff.
[35] So vorgesehen durch § 10 RabattG.
[36] *Lange/Spätgens*, Rabatte und Zugaben im Wettbewerb, Rn. 21.
[37] *Rath-Glawatz*, AfP 2001, 169, 173.
[38] HORIZONT, Nr. 19/2010, S. 4. Eine beispielhafte Aufzählung findet sich bei: *Marx*, Media für Manager, S. 13. Eine Summierung aller Rabatte auf über 50 % ist dabei nicht ungewöhnlich: medianet, 29.06.2006, S. 11; HORIZONT, Nr. 38/2007, S. 12 f; medianet, 28.06.2006, S. 10.
[39] *Kolonko*, AfP 2009, 18.
[40] Für eine übersichtliche Darstellung der sich aus den Rabatten ergebenden Brutto- und Nettopreise, siehe: *Marx*, Media für Manager, 116 ff.; *Martinek*, Mediaagenturen und Medienrabatte, S. 7.

1. Tarifliche Rabatte

Zunächst gewähren die Leistungserbringer jedem, der mehrere Werbeplätze bucht, einen sogenannten Mal- bzw. Mengenrabatt in Form eines sich mit der Menge der Werbeplätze steigernden prozentualen Abschlags auf den ursprünglich ausgezeichneten Preis.[41] Außerdem wird nahezu immer ein Barzahlungsrabatt (Skonto) gewährt.[42] Diese beiden Rabattformen sind fest in den Preislisten der Leistungserbringer ausgeschrieben und kommen *jedem* zugute, der Werbeplätze bei den jeweiligen Leistungserbringern bucht. Aus diesem Grund werden sie auch als „tarifliche Rabatte" bezeichnet.[43] Für die vorliegende Arbeit ist diese Art der Rabatte jedoch nicht weiter von Bedeutung, da sie wegen der vertraglichen Treuepflicht ohnehin zumeist von der Mediaagentur an den Kunden weitergeleitet werden, solange dieser die Voraussetzungen erfüllt.[44] Dies erklärt sich dadurch, dass die tariflichen Rabatte aufgrund ihrer festen Verankerung in den Preislisten der Leistungserbringer nicht nur der Mediaagentur, sondern *jedem* Kunden gewährt werden, also auch dem direkt buchenden. Eine Weiterleitung erfolgt deswegen aber nur, wenn der Kunde tatsächlich *selbst* die Voraussetzungen für die tariflichen Rabatte erfüllt. Wenn ausschließlich die Mediaagentur an die Leistungserbringer umgehend bezahlt, nicht aber der Kunde an die Mediaagentur, so hat nicht der Kunde die Voraussetzungen für den Barzahlungsrabatt erfüllt, sondern dieser ergibt sich aufgrund einer Leistung der Mediaagentur. Daher wird der Rabatt in einem solchen Fall nicht weitergeleitet.[45]

2. Kundenbezogene Rabatte

Ferner werden sogenannte „kundenbezogene Rabatte" gewährt, falls ein prestigeträchtiger Kunde in Gestalt eines großen Unternehmens mit großem Werbeetat von den Leistungserbringern durch attraktive Konditionen gebunden werden soll. Jedoch wird der Werbeetat eines solchen Unternehmens ebenfalls von einer Media-

---

[41] Siehe beispielhaft die Mal- und Mengenstaffel der Zeitschrift „wistra" unter: http://www.wistra-online.com/wistra/mediadaten, zuletzt abgerufen am 20.10.2011.
[42] Siehe als Beispiel anstelle vieler die Skontoregelung der TAZ unter: http://www.pressrelations.de/mediadaten/TAZ-Anzeigenpreisliste-2010.pdf, S. 20, zuletzt abgerufen am 20.10.2011.
[43] HORIZONT, Nr. 34/2009, S. 21.
[44] HHKomm/*Kolonko*, 56. Abschnitt, 5. Teil, 3. Kapitel, Rn. 96.
[45] Dass die Mediaagenturen teilweise sogar ausschließlich von dem Barzahlungsrabatt (Skonto) leben, ergibt sich auch aus den medianet-Ausgaben vom 28.06. und 30.06.2006 auf Seite 10 f. sowie aus einem Interview mit *Andreas Hofmeier* vom 23.05.2006: http://www.ziesmann.at/?p=34, zuletzt abgerufen am 20.10.2011.

agentur verteilt. Wegen der Schlüsselstellung der Mediaagentur gilt daher das Bestreben der Bindung über Rabatte auch hier zumeist der Mediaagentur.[46] Kunden*bezogen* (im Gegensatz zu „agenturbezogen") entspricht möglicherweise nicht kunden*bestimmt*; es drückt nicht zwingend aus, dass die Mediaagentur die Vorteile an den Kunden weiterzuleiten hat.[47] Ob die Rabatte weiterzuleiten sind, ist im Verlauf der Arbeit zu erörtern.

II. Mediaagenturbonus

Als Letztes gewähren die Leistungserbringer der Mediaagentur eine spezielle Zuwendung, die oft als außertariflicher oder agenturbezogener Rabatt bezeichnet wird: den Mediaagenturbonus.[48] Dieser Zuwendung gilt das Hauptaugenmerk der vorliegenden Arbeit.

1. Terminologie

Die genaue Einordnung und Bezeichnung dieser Zuwendung gestaltet sich schwierig. Es handelt sich zumindest nicht um einen Rabatt im eigentlichen Sinne, da die Mediaagentur in jedem Fall 85 % (den ausgeschriebenen Preis der Werbeplätze abzüglich der 15 % Agenturvergütung) für die Werbeplätze bezahlt; den Mediaagenturbonus erhält sie von den Leistungserbringern erst im Anschluss daran. Daher erscheint der Mediaagenturbonus auf den ersten Blick wie eine Rückvergütung. Unter Rückvergütungen werden üblicherweise Schmiergeldzahlungen verstanden, die wirtschaftlich aus dem Vermögen eines Dritten stammen.[49] Der spätere Empfänger der Rückvergütungen sorgt aufgrund seiner Nähebeziehung zu einem Dritten für einen Abfluss von Vermögenswerten im Rahmen eines für den Dritten nicht optimalen Austauschgeschäfts. Daraufhin leitet der Geschäftspartner des Austauschgeschäfts einen Teil des auf diese Weise erlangten Vorteils an den Rückvergütungsempfänger weiter. Beispielsweise berechnet ein Leistungserbringer einem Kunden für einen Auftrag 110 % des eigentlichen Preises; der Kunde

---

[46] *Martinek*, FS Wadle, S. 561 f. Gleichzeitig versucht aber die Mediaagentur, ihre Kunden über attraktive Konditionen zu binden: medianet, 29.06.2006, S. 10; medianet, 30.06.2006, S. 10.
[47] *Martinek*, Mediaagenturen und Medienrabatte, S. 13.
[48] Als Nachweis beispielhaft: HORIZONT, Nr. 21/2007, S. 27; HORIZONT, Nr. 09/2010, S. 2; HORIZONT, Nr. 01/2010, S. 17.
[49] Zur Rückvergütungs-Problematik im Zivilrecht: *Prasse*, MDR 2004, 256 ff.

schließt diesen Vertrag trotz seiner Nachteilhaftigkeit aufgrund der Einwirkung eines in einer besonderen Nähebeziehung zu ihm stehenden Dritten ab und der Dritte erhält daraufhin von dem Leistungserbringer die 10 % Überschuss bzw. einen Teil davon als Rückvergütung für die Bewegung des Kunden zum Vertragsschluss. Der Leistungserbringer profitiert, weil er den Vertrag schließen konnte (möglicherweise im Ergebnis sogar noch über dem eigentlichen Marktpreis) und der Dritte profitiert aufgrund der Rückvergütung.

Zur Beschreibung einer solchen Rückvergütung wird zuweilen auch der Begriff „Kickback" verwendet.[50] Dieser Begriff entstammt dem Englischen und steht dort für Bestechungsgeld, Schmiergeld. Es handelt sich dabei allerdings nicht um einen feststehenden juristischen Terminus technicus.[51] Aufgrund der medialen Berichterstattung ist dieser Begriff jedoch in der öffentlichen Wahrnehmung eng mit der Mediaagenturkonstellation verbunden.[52]

Letztlich findet sich auch die Bezeichnung „finder's fee".[53] Dieser Begriff entstammt ebenfalls dem Englischen und bezeichnet eine Makler- oder Vermittlerprovision. Verwendet wird er zur Beschreibung von Situationen, in der einem Dritten eine solche Provision zugewendet wird, damit er aufgrund seiner Nähebeziehung zu einem Kunden diesen dazu veranlasst, eine benötigte Leistung bei einem bestimmten Leistungserbringer nachzufragen.

Zunächst ist festzuhalten, dass dem Kunden auch bei Einschaltung einer Mediaagentur von dieser „nur" der volle Preis für die benötigten Werbeplätze berechnet wird; der Preis wird also nicht wegen ihrer Tätigkeit für den Kunden erhöht.[54] Hingegen wird der Mediaagentur von den Leistungserbringern lediglich 85 % des ausgeschriebenen Preises der Werbeplätze in Rechnung gestellt. Die von der Mediaagentur auf diese Weise erlangten 15 % stellen ihre Agenturvergütung dar. Diese ist jedoch keine Rückvergütung, da die Mediaagentur von vornherein nur 85 % des Preises der Werbeplätze an die Leistungserbringer bezahlen muss. Die Mediaagentur bringt eben nicht die Kunden aufgrund ihrer Nähebeziehung dazu, zu viel zu bezahlen und bekommt daraufhin einen Teil *davon* von den Leistungserbringern

---

[50] *Bernsmann*, StV 2005, 576; *Klengel/Rübenstahl*, HRRS 2007, 52, 62 (m.w.N.).
[51] Instruktiv zur Wortherkunft Kickback: *Rönnau*, FS Kohlmann, S. 239, 240.
[52] Anstelle vieler etwa: absatzwirtschaft, Nr. 06/2003, S. 84 ff.; medianet, 11.10.2006, S. 11; HORIZONT, Nr. 21/2007, S. 27; W&V, Nr. 41/2005, S. 50 f; medianet, 28.06.2006, S. 10; http://www3.ndr.de/sendungen/zapp/archiv/medien_wirtschaft/mediaagenturen100.html, zuletzt abgerufen am 20.10.2011.
[53] Dazu: *Schmidl*, wistra 2006, 286 ff.
[54] Siehe Teil 1, B.

rückvergütet, sondern die Leistungserbringer berechnen der Mediaagentur von vornherein nur 85 % des ausgeschriebenen Preises für die Werbeplätze.[55]

Den Mediaagenturbonus erhält die Mediaagentur aber von den Leistungserbringern *neben* der Agenturvergütung. Die Frage ist folglich, ob dieser Bonus eine Rückvergütung, einen Kickback, darstellt.

Der einzige Hinweis auf das Vorliegen einer Rückvergütung ist die Tatsache, dass die Mediaagentur den Mediaagenturbonus tatsächlich von den Leistungserbringern erhält und nicht wie im Falle der Agenturvergütung lediglich weniger für die Werbeplätze bezahlen muss. Allerdings bezahlt der Kunde auch dann nicht mehr als den Marktpreis (100 %) für die Werbeplätze, wenn er sich einer Mediaagentur bedient. Folglich ist der Begriff „Kickback" bereits deswegen abzulehnen, da der Mediaagenturbonus nicht aus einer *Mehr*leistung des Kunden resultiert. Allenfalls wenn im Laufe der Arbeit ersichtlich wird, dass die Leistungserbringer ihre Preise wegen des Mediaagenturbonus erhöht haben und damit der Bonus letztlich faktisch aus dem Vermögen der Kunden stammt, wäre der Begriff „Kickback" haltbar.

Der Begriff „finder's fee" ist in der vorliegenden Konstellation ebenfalls nicht korrekt, da die Mediaagentur nicht den Vertragsschluss zwischen Kunde und Leistungserbringer vermittelt, sondern die Werbeplätze *selbst* bucht.[56] Folglich kann es sich bei dem Mediaagenturbonus nicht um eine Provision handeln.

Ferner implizieren beide Begriffe, Sinn des Mediaagenturbonus sei es, den Empfänger zu motivieren, den Dritten zu einem nicht optimalen Austauschgeschäft zu bewegen. Ob das Austauschgeschäft aber für den Kunden nachteilhaft ist und ob es überhaupt der Sinn des Mediaagenturbonus ist, die Mediaagentur zu motivieren, die Werbeplätze für den Kunden bei dem den Bonus gewährenden Leistungserbringer nachzufragen, kann erst am Ende dieser Arbeit beantwortet werden.

Die detaillierte Abarbeitung der im Zuge der Begriffserklärung bereits angesprochenen Problemstellen hat im weiteren Verlauf der Arbeit zu erfolgen. An dieser Stelle ist lediglich entscheidend, dass es sich bei dem Mediaagenturbonus weder um eine Rückvergütung („Kickback") noch um eine „finder's fee" handelt. Für die folgende Bearbeitung wird daher die Bezeichnung „Mediaagenturbonus" gewählt.

---

[55] Siehe Teil 1, A, II und III; Teil 1, B, I.
[56] Siehe zur Untersuchung: Teil 3, A, II, 2, a).

2. Ausgestaltung

Bis in neueste Zeit war der Mediaagenturbonus weitgehend unbekannt, bzw. ist es noch heute.[57] Öffentlich thematisiert wurde diese Art der Vergütung für Mediaagenturen erstmals im Jahre 2002 auf einer Fachtagung.[58] Ein Oberlandesgericht beschäftigte diese Problematik sogar erst 2009.[59] Der BGH hat, soweit ersichtlich, momentan den ersten entsprechenden Fall zu entscheiden.[60] Auch in der Literatur finden sich nur vereinzelte Stimmen.[61]

Hauptsächlich wird der Mediaagenturbonus in Form von kostenlosen zusätzlichen Werbeplätzen („Freespace") oder als Geldzuwendung („Cashback") gewährt.[62] Letztere wird trotz der Bezeichnung aber zumeist nicht in bar ausgezahlt, sondern im Rahmen der Abrechnung abgezogen.[63] Der Freespace wird von der Mediaagentur entweder an den jeweiligen Kunden weitergereicht oder aber auf eigene Rechnung an andere Kunden im Rahmen des nächsten zu erstellenden Mediaplans als normaler Werbeplatz vermarktet.[64]

Ferner ist der Mediaagenturbonus oftmals retroaktiv ausgestaltet,[65] sodass die Vergünstigung erst bei Überschreiten gewisser Budgetanteile auf das gesamte

---

[57] Siehe absatzwirtschaft online vom 26.06.2009, http://www.absatzwirtschaft.de/Content/_pv/_p/1003214/_t/fthighlight/highlightkey/OWM/_b/68066/default.aspx/ist-scaling-das-neue-gegenmittel-fuer-transparenz.html, zuletzt abgerufen am 20.10.2011; *Marx*, Media für Manager, S. 13; HORIZONT, Nr. 11/2005, S. 66; HORIZONT, Nr. 10/2010, S. 6; absatzwirtschaft, Nr. 12/2002, S. 96.
[58] HORIZONT, Nr. 21/2007, S. 27; HORIZONT, Nr. 38/2002, S. 30.
[59] OLG München vom 23.12.2009, Az. 7 U 3044/09, Danone gegen die Aegis Media-Tochter Carat.
[60] Es handelt sich um die Revision im Rahmen einer Verfahrensrüge im „Ruzicka-Prozess" vor dem LG Wiesbaden, Az. 1160 Js 26113/05, http://www.horizont.net/aktuell/agenturen/pages/protected/Aleksander-Ruzicka-fordert-80-Millionen-Euro-von-Aegis_89254.html, zuletzt abgerufen am 20.10.2011.
[61] Neben dem von *Martinek* verfassten Gutachten zu Mediaagenturen und Medienrabatten, den Aufsätzen von *Kolonko* (AfP 2009, 18 ff.) und *Tiedemann* (FS Rissing-van Saan, S. 687ff) spricht in der Kommentarliteratur, soweit ersichtlich, einzig *Dannecker* in der 2010 erschienen 3. Auflage des NK (NK/*Dannecker*, § 299, Rn. 23b) die Problematik der Rabatte bei Mediaagenturen in Bezug auf § 299 an.
[62] HORIZONT, Nr. 21/2007, S. 27; HORIZONT, Nr. 45/2007, S. 53; *Marx*, Media für Manager, S. 13, 87; HORIZONT, Nr. 17/2007, S. 30; http://www3.ndr.de/sendungen/zapp/archiv/medien_wirtschaft/mediaagenturen100.html, zuletzt abgerufen am 20.10.2011; *Tiedemann*, FS Rissing-van Saan, S. 687; *Martinek*, Mediaagenturen und Medienrabatte, S. 12.
[63] *Martinek*, Mediaagenturen und Medienrabatte, S. 12.
[64] Zur Weitervermarktung der Freespots auf mitunter bizarren Wegen: medianet, 12.10.2006, S. 6.
[65] HORIZONT, Nr. 38/2007, S. 86; HORIZONT, Nr. 41/2007, S. 34; absatzwirtschaft, Nr. 01/2008, S. 88. Siehe ferner: *Marx*, Media für Manager, S. 87 f., 100 und die Pressemeldung des Bundeskartellamts vom 30.11.2007, http://www.bundeskartellamt.de/wDeutsch/archiv/PressemeldArchiv/2007/2007_11_30.php, zuletzt abgerufen am 20.10.2011. Die retroaktiven Vergünstigungen werden in der Fachsprache als „share deals" bezeichnet, siehe hierzu etwa: absatzwirtschaft, Nr. 09/2007, S. 104; HORIZONT, Nr. 21/2007, S. 27; HORIZONT, Nr. 33/2007, S. 20; absatzwirtschaft, Nr. 04/2008, S. 64.

Buchungsvolumen rückwirkt.[66] Eine maximale Zuwendung resultiert folglich erst, wenn eine Mediaagentur einen gewissen Prozentsatz ihres gesamten Jahresbudgets bei demselben Leistungserbringer gebucht hat. In diesem Fall wird die Zuwendung aber rückwirkend in Bezug auf das gesamte Budget gewährt.[67] Auf diese Weise wollen die Leistungserbringer einen Anreiz für die Mediaagentur schaffen, möglichst einen großen Teil ihres Budgets bei demselben Leistungserbringer zu buchen.

Da die werbungtreibenden Kunden mittlerweile zunehmend von der Existenz der 15 % Agenturvergütung wissen, fordern sie in den Vertragsverhandlungen mit den Mediaagenturen zumeist die Weitergabe (eines Großteils) dieser 15 %.[68] Somit verdienen Mediaagenturen in den meisten Fällen hauptsächlich an der Vermarktung des Mediaagenturbonus.[69] Die Rendite einer Mediaagentur wird auf ca. 25-35 % des Buchungsvolumens geschätzt.[70]

III. Interessenkonflikt

Das im Rahmen der vorliegenden Arbeit zu erörternde Problem ergibt sich daraus, dass die Mediaagentur als Empfänger des Mediaagenturbonus ein Eigeninteresse am Ausgang ihrer Entscheidung bezüglich der Auswahl des Leistungserbringers hat und dieses unter Umständen nicht den Interessen ihres Kunden unterordnet. Möglicherweise wählt sie nicht mehr den für den Kunden am besten geeigneten Werbeplatz aus, sondern bevorzugt denjenigen Leistungserbringer, der den um-

---

[66] HORIZONT, Nr. 09/2010, S. 17; HORIZONT, Nr. 41/2007, S. 34.
[67] HORIZONT, Nr. 11/2008, S. 46; absatzwirtschaft, Nr. 01/2008, S. 88. Siehe ferner zur Sog- und Abschottungswirkung retroaktiver Vergünstigungsmodelle die Mitteilung der Europäischen Kommission: „Erläuterungen zu den Prioritäten der Kommission bei der Anwendung von Artikel 82 des EG-Vertrags auf Fälle von Behinderungsmissbrauch durch marktbeherrschende Unternehmen" vom 09.02.2009, IV, A, Rn. 40 ff. (m.w.N.), http://eurlex.europa.eu/LexUriServ/LexUriServ.do?uri= CELEX:52009XC0224%2801%29:EN:NOT, zuletzt abgerufen am 20.10.2011.
[68] *Marx*, Media für Manager, S. 19, 88; HORIZONT, Nr. 33/2007, S. 20; HORIZONT, Nr. 21/2007, S. 27; HORIZONT, Nr. 10/2010, S. 8; HORIZONT, Nr. 45/2007, S. 1; medianet, 28.06.2006, S. 11.
[69] medianet, 28.06.2006, S. 11; W&V, Nr. 41/2005, S. 51. Die Vermarktung der Rabatte macht zwischen 70 und 80 % des Gewinns einer Mediaagentur aus: *Ziesmann*, absatzwirtschaft, Nr. 04/2010, S. 27; http://www.ziesmann.at/?page_id=57, zuletzt abgerufen am 20.10.2011.
[70] HORIZONT, Nr. 01/2010, S. 17.

fangreichsten Mediaagenturbonus in Aussicht stellt.[71] Den Leistungserbringern ist es ihrerseits möglich, auf jegliche Bonusforderung einer Mediaagentur einzugehen, da sie der Mediaagentur schlicht einen um den zu gewährenden Mediaagenturbonus erhöhten Preis für den gebuchten Werbeplatz in Rechnung stellen können und sich daher für sie keine Mindereinnahmen ergeben. Die Mediaagentur kann den erhöhten Preis wiederum ihrem Kunden in Rechnung stellen und erhält die eigenen (erhöhten) Kosten auf diese Weise zurück.[72]

Ferner könnte eine Mediaagentur einen Werbeplatz für einen Kunden nur deswegen bei einem bestimmten Leistungserbringer buchen, um die Grenze zur Erreichung des maximalen Mediaagenturbonus zu überschreiten.

Gemäß § 299 Abs. 1 steht es jedoch unter Strafe, sich als Beauftragter eines geschäftlichen Betriebs im geschäftlichen Verkehr einen Vorteil für sich oder einen Dritten dafür versprechen zu lassen, fordern oder anzunehmen, dass ein anderer beim Bezug von Waren oder gewerblichen Leistungen im Wettbewerb in unlauterer Weise bevorzugt wird. Entscheidend ist also, ob bzw. ab wann die Mediaagentur als Beauftragte des Kunden im Sinne von § 299 anzusehen ist und ferner, ob die weiteren Tatbestandsvoraussetzungen des § 299 Abs. 1 vorliegen.

C. Gang der Darstellung

Aus der geschilderten Konstellation und den vorgezeichneten Zielen der Arbeit ergibt sich für die Darstellung folgender Gang.

Der sich an diese Einleitung anschließende zweite Teil der Arbeit dient der Vermittlung von Grundlagen. Gegenstand der Darstellung ist zunächst die Geschichte und Entwicklung der noch relativ jungen Mediaagentur. Sie spielt vor allem für die Beurteilung der Beauftragtenstellung eine entscheidende Rolle.

Danach werden die für das Verständnis der Arbeit erforderlichen Grundlagen der Wirtschaftskorruption erarbeitet und die Entwicklung des § 299 beleuchtet. Daraufhin wird das von § 299 geschützte Rechtsgut herausgearbeitet. Beides ist entscheidend, um in den folgenden Teilen mithilfe von gesetzesgenetischen Argu-

---

[71] Instruktiv zu den denkbaren negativen Auswirkungen: absatzwirtschaft, Nr. 12/2002, S. 96; medianet, 28.06.2006, S. 10 f. Als Beispiel einer Verknüpfung von Auftragsvergabe und Rabatten: HORIZONT, Nr. 19/2010, S. 4.
[72] Siehe Teil 1, B, I und II.

menten und der Intention des Gesetzgebers logische Schlussfolgerungen ziehen zu können.

Der dritte Teil beschäftigt sich mit den Tatbestandsmerkmalen des § 299 Abs. 1. Allen voran stehen der Beauftragtenbegriff selbst und die damit in der Mediaagenturkonstellation verbundenen Probleme. Im Anschluss an die Definition des Beauftragtenbegriffs wird die tatsächliche Stellung der Mediaagentur veranschaulicht. Dazu wird zuvorderst eine rechtliche Einordnung des Vertragsverhältnisses vorgenommen. Anschließend werden die Besonderheiten des Mediaagenturverhältnisses dargestellt, um im Anschluss die Frage nach der Beauftragtenstellung anhand der gefundenen Ergebnisse entscheiden zu können.

In den folgenden Unterpunkten werden die weiteren im Zusammenhang mit der strafrechtlichen Verantwortlichkeit der Mediaagentur als Beauftragte relevanten Tatbestandsmerkmale des § 299 Abs. 1 herausgearbeitet und näher erörtert.

Teil vier handelt die weiteren in der Konstellation der Mediaagentur zu berücksichtigenden Vorschriften ab. Überblicksartig werden die Regelung des besonders schweren Falls, das Strafantragserfordernis, die Verjährung und der erweiterte Verfall betrachtet. Außerdem werden die Betrugs- und Untreuestrafbarkeit im Hinblick auf die Vorgehensweise der Mediaagentur kurz beleuchtet.

Im fünften Teil der Arbeit werden Verhaltensweisen zur Vermeidung der in den vorangegangenen Teilen aufgeworfenen Problemstellen erarbeitet. Es wird dargestellt, wie die Beteiligten ihre Interessen erreichen können, ohne sich strafbar zu machen. Dazu werden zunächst die Ziele der Beteiligten erörtert und die aktuellen Entwicklungen aufgezeigt. Daraufhin werden konkrete Handlungsmöglichkeiten für die Beteiligten zur straffreien Verfolgung ihrer Interessen entwickelt.

Die Arbeit schließt mit der thesenartigen Zusammenfassung der in den vorangegangenen Teilen erzielten Untersuchungsergebnisse im sechsten Teil.

Teil 2
Grundlagen

A. Geschichte der Mediaagentur

Um die Funktionsweise der modernen Mediaagentur zu verstehen, ist zunächst ihre historische Entwicklung kurz zu umreißen. Dies ist insbesondere zur nachfolgenden Beurteilung der Beauftragtenstellung in heutiger Zeit unerlässlich.

I. Annoncenexpeditionen als Ursprung

Die Urahnen der heutigen Mediaagentur sind die Insertions-Agenturen bzw. Annoncenexpeditionen oder Werbungsmittler; vor allem zu Beginn ihrer Entwicklung bestanden viele unterschiedliche Bezeichnungen für den neuen Berufsstand.[73] Die wahrscheinlich erste Annoncenexpedition wurde im Jahre 1855 von den Buchhändlern Haasenstein & Vogler gegründet.[74] Ihre schnelle Expansion, 1907 verfügte Haasenstein & Vogler schon über 58 Niederlassungen in Deutschland und dem europäischen Ausland, lässt die gute Akzeptanz und den wirtschaftlichen Bedarf für diese neuartige Tätigkeit erahnen.[75]

Annoncenexpeditionen waren zu Beginn lediglich Anlauf- und Sammelstellen für die Inserenten.[76] Ihre Tätigkeit erbrachten sie für den Kunden kostenlos. Finanziert wurden die Annoncenexpeditionen durch eine ihnen von den Leistungserbringern für ihre Tätigkeit bezahlte „Provision",[77] welche sich daraus ergab, dass die Leistungserbringer den Annoncenexpeditionen nur 85 % der ausgezeichneten Lis-

---

[73] *Klosterfelde*, Anzeigen-Praxis, S. 167.
[74] *Binias*, ZVZV 1962, 56.
[75] *Lambsdorff/Skora*, Handbuch des Werbeagenturrechts, Rn. 8, 11.
[76] *Heider*, Das Recht der Werbeagentur, S. 5.
[77] HHKomm/*Kolonko*, 56. Abschnitt, 5. Teil, 3. Kapitel, Rn. 50.

tenpreise berechneten.[78] Diese Vergünstigung rechtfertigte sich zum einen durch die Zeit-, Kosten- und Arbeitsersparnis der Leistungserbringer im Vergleich zum Direktkontakt mit den einzelnen Kunden.[79] Zum anderen stellten die frühen Agenturen eine zentrale Anlaufstelle für die Kunden dar und vereinfachten ihnen darüber hinaus durch ihre sachkundige Hilfe das Werben. Durch den Kontakt mit der erfahrenen Agentur entstand qualitativ hochwertigere Werbung, welche entsprechend bessere Resultate erzielte. Beides belebte das Werbegeschäft der Leistungserbringer („Markterschließungsfunktion").[80] Im Laufe der Zeit traten die Annoncenexpeditionen außerdem immer häufiger als Selbstkontrahenten auf und standen so auch noch für die Zahlungsfähigkeit ihrer Kunden ein.[81] All diese Gründe waren der Auslöser dafür, dass die Leistungserbringer den Annoncenexpeditionen geringere Preise berechneten als den Kunden, um auf diese Weise ihre Existenz zu sichern.

Durch die Bezahlung schafften die Leistungserbringer die wirtschaftliche Grundlage für die Weiterentwicklung der Annoncenexpeditionen.[82] Bald standen sie daher den Kunden nicht nur als zentrale Anlaufstelle für alle Medien zur Verfügung, sondern wurden auch beratend tätig, suchten die für das Vorhaben passenden Medien aus und erstellten Zeit- und Kostenpläne.[83] Auf diese Weise wandelten sich die Annoncenexpeditionen im Laufe der Zeit zu Werbungsmittlern.[84]

Durch die ständige Weiterentwicklung in den folgenden Jahren übernahmen die Werbungsmittler des Weiteren nach und nach die Gestaltung des Werbevorhabens für die Kunden und wandelten sich so nach dem Ende des Zweiten Weltkriegs langsam zu „Full-service"-Werbeagenturen.[85] Diese Entwicklung wurde auch durch den immer komplexer werdenden Werbemarkt begünstigt. War zur Gründungszeit von Haasenstein & Vogler Werbung vor allem in Zeitungen möglich, standen den Kunden nach dem Zweiten Weltkrieg bereits so viele Werbemöglichkeiten zur Verfügung, dass ein gewisses Fachwissen zur richtigen Auswahl erforderlich war. Alleine konnten die Kunden diese Auswahl nicht mehr mit demselben Erfolg vornehmen.

---

[78] *Koch*, Verträge in einer Werbeagentur, S. 19.
[79] *Klosterfelde*, Anzeigen-Praxis, S. 171.
[80] *Löffler*/Wenzel/Sedelmeier, Presserecht, BT Anz, Rn. 270.
[81] *Lambsdorff/Skora*, Handbuch des Werbeagenturrechts, Rn. 25.
[82] *Heider*, Das Recht der Werbeagentur, S. 5.
[83] *Lambsdorff/Skora*, Handbuch des Werbeagenturrechts, Rn. 32.
[84] Dovifat/*Heuer*, Handbuch der Publizistik/III, S. 273; *Kolonko*, AfP 2009, 18, 19.
[85] HHKomm/*Kolonko*, 56. Abschnitt, 5. Teil, 3. Kapitel, Rn. 51; *Martinek*, Mediaagenturen und Medienrabatte, S. 4.

Schon zu dieser Zeit wurden vereinzelt Versuche dokumentiert, bei denen sich eine Agentur ohne Kenntnis ihrer Kunden Vergünstigungen von einem Leistungserbringer gewähren ließ und diese nicht weitergab, sondern selbstständig vermarktete.[86] Die wirtschaftliche Grundlage stellten indes auch bei der „Full-service"-Werbeagentur noch die 15 % Agenturvergütung dar.[87] Mittlerweile war sogar ein gewohnheitsrechtlicher Anspruch der Agentur gegen die Leistungserbringer anerkannt.[88]

II. Von der Werbeagentur zur Mediaagentur

In den späten siebziger Jahren des zwanzigsten Jahrhunderts begann ein Prozess der fortschreitenden funktionalen Differenzierung seitens der Werbeagentur. Im Laufe dieses Prozesses spaltete sich die „Full-service"-Werbeagentur in Kreativagenturen und Mediaagenturen auf.[89] Kreativagenturen erbrachten fortan die kreativ-gestalterische Werbeleistung, während Mediaagenturen die Mediaplanung, -beratung und -analyse anboten. Auch dafür spielten wiederum die Erweiterung des Werbemarktes und die Weiterentwicklung der Medien eine zentrale Rolle. Zur Verdeutlichung muss nur die Anzahl der Printmedien, eine von insgesamt 13 Werbeträgergattungen,[90] vor Augen geführt werden. 2008 war es in Deutschland möglich, in 1800 Zeitschriften, 400 Tageszeitungen und 1300 Anzeigenblättern zu werben.[91] Folglich wurde die Mediaplanung zur Erreichung einer optimalen Werbewirkung auf dem ausdifferenzierten Markt immer wichtiger und der Anteil der von Mediaagenturen gebuchten Werbeplätze stieg entsprechend schnell, von unter 12 % im Jahr 1980 auf knapp 42 % im Jahr 1990.[92]

Im Laufe der neunziger Jahre des zwanzigsten Jahrhunderts setzte eine Fusionswelle unter den Mediaagenturen ein. An deren Ende beherrschten wenige, dafür

---

[86] Dies geschah über die Buchung von sogenannten Minderzeilen: *Lambsdorff/Skora*, Handbuch des Werbeagenturrechts, Rn. 30 (m.w.N.).
[87] *Heider*, Das Recht der Werbeagentur, S. 5 f.
[88] *Lambsdorff/Skora*, Handbuch des Werbeagenturrechts, Rn. 56, 68, 178 f. (m.w.N.); *Löffler/Wenzel/Sedelmeier*, Presserecht, BT Anz, Rn. 272. Weiterführend: Teil 3, B, I, 1.
[89] *Koschnick*, Medialexikon, S. 1808; *Kolonko*, AfP 2009, 18, 20; *Martinek*, Mediaagenturen und Medienrabatte, S. 4.
[90] *ZAW*, Werbung in Deutschland 2009, S. 13.
[91] *Hartung*, Erfolgsfaktoren für die Vermarktung des Internet als Werbemedium, S. 22.
[92] *Koschnick*, Medialexikon, S. 1808.

sehr große Mediaagenturen die Medialandschaft.[93] Aufgrund dieser starken Konzentrationsbewegung entspricht die Markt- und Wettbewerbsstruktur heute einem erweiterten Oligopol in Bezug auf die Kunden, bzw. einem erweiterten Oligopson in Bezug auf die Medien. So teilen die drei größten Mediaagenturen etwa 70 % des Marktes unter sich auf, die größten fünf („big five") sogar über 90 %.[94] Zu Direktgeschäften zwischen Kunden und Leistungserbringern bzw. deren Werbeplatzvermarktern kommt es nur noch äußerst selten.[95]

Auch die Ausgestaltung der Vergütung der Mediaagenturen hat sich laufend weiterentwickelt. Heute bilden die ursprünglichen 15 % Agenturvergütung der Leistungserbringer nahezu durchgängig nicht mehr die wirtschaftliche Grundlage; die Mediaagenturen leben vielmehr von den sonstigen Vergünstigungen und Zuwendungen und dem Mediaagenturbonus.[96] Allerdings vollzog sich diese Entwicklung nicht vor den Augen der Öffentlichkeit. Vereinzelt wird deswegen noch immer sogar die Existenz des Mediaagenturbonus und der sonstigen Zuwendungen und Vergünstigungen geleugnet.[97] Die Arbeitsweise der modernen Mediaagenturen, insbesondere das Rabatt- und Preissystem, ist infolgedessen für Außenstehende extrem intransparent und wird bisweilen als „völlig undurchsichtiges Dickicht" bezeichnet.[98] Mitunter wird den modernen Mediaagenturen sogar vorgeworfen, sie arbeiteten in einer Grauzone.[99]

---

[93] medianet, 26.08.2006, S. 10; absatzwirtschaft, Nr. 12/2002, S. 96; absatzwirtschaft, Nr. 01/2008, S. 88. Siehe zu einer neuen Konzentrationsbewegung, welche auch die Vermarkter erfasst: HORIZONT, Nr. 22/2010, S. 22.
[94] HORIZONT, Nr. 34/2009, S. 17; Recma Global Billings rankings 2009, veröffentlich im Juli 2010: http://www.recma.com/Presentation-Global-Reports.html?wpid=23693, zuletzt abgerufen am 20.10.2011. Für eine genauere Aufschlüsselung der Verhältnisse im Jahr 2006, siehe: *Martinek*, Mediaagenturen und Medienrabatte, S. 5.
[95] HORIZONT, Nr. 26/2007, S. 1; *Löffler*/Wenzel/Sedelmeier, Presserecht, BT Anz, Rn. 265; *Martinek*, Mediaagenturen und Medienrabatte, S. 5; HORIZONT, Nr. 11/2005, S. 84.
[96] medianet, 28.06.2006, S. 11; W&V, Nr. 41/2009, S. 51. Dass die Vermarktung der Rabatte zwischen 70 und 80 % des Gewinns einer Mediaagentur ausmacht, ergibt sich aus: absatzwirtschaft, Nr. 04/2010, S. 27; http://www.ziesmann.at/?page_id=57, zuletzt abgerufen am 20.10.2011.
[97] *Marx*, Media für Manager, S. 13.
[98] *Löffler*/Wenzel/Sedelmeier, Presserecht, BT Anz, Rn. 134. Siehe als Beispiel die Schilderung der Geschäfte von Aegis Media in: medianet, 13.09.2007, S. 2, 3; medianet, 14.09.2007, S. 10, 11; absatzwirtschaft, Nr. 12/2002, S. 96; absatzwirtschaft, Nr. 09/2007, S. 104.
[99] Wirtschaftswoche vom 11.09.2009: http://www.wiwo.de/unternehmen-maerkte/transparenz-ist-bei-den-mediaagenturen-unerwuenscht-407533/, zuletzt abgerufen am 20.10.2011.

B. Grundlagen der Wirtschaftskorruption

Zum Verständnis der Arbeit ist ein kurzer Überblick über die Grundlagen der Wirtschaftskorruption erforderlich. Außer auf die Definition und die Manifestation ist dazu auch auf die Grundzüge der Prinzipal-Agent-Theorie und auf die Entwicklung des § 299 einzugehen.

I. Definition

Bestechung und Bestechlichkeit, Vorteilsgewährung und Vorteilsannahme werden in Deutschland zusammenfassend als Korruption bezeichnet.[100] Dieser Begriff leitet sich vom lateinischen Verb corrumpere = verderben, untergraben, bestechen ab. Korruption ist jedoch kein Terminus technicus und nicht im Strafgesetzbuch definiert, sondern vielmehr ein Sammelbegriff für ein Phänomen strafrechtlich relevanter Verhaltensweisen.[101] Einprägsam kann Korruption als regelwidriger Tausch von Vorteilen[102] und speziell die Wirtschaftskorruption als eine Form unerwünschten Nichtleistungswettbewerbs[103] umschrieben werden. Neben dem juristischen Korruptionsbegriff existieren auch andere Definitionen, wie unter anderem der politische, der ökonomische oder der moralisch-ethische.[104] Die komplizierte Fassbarkeit von Korruption unter eine allgemeingültige Definition resultiert vor allem aus der enormen Vielfältigkeit ihrer Erscheinungsformen.

Für die vorliegende Arbeit ist, unabhängig von der fehlenden allgemeinen Anerkennung dieser Definition, unter Korruption der Missbrauch einer Vertrauensstellung in einer Funktion in Verwaltung, Justiz, Wirtschaft, nichtwirtschaftlicher Vereinigung oder Organisation mit dem Ziel zu verstehen, einen materiellen oder

---

[100] Siehe zur allgemeinen Situation in Deutschland: Wabnitz/Janovsky/*Bannenberg*, Handbuch des Wirtschaftsstrafrechts, 10. Kapitel, Rn. 5 ff.
[101] *Kerner/Rixen*, GA 1996, 355, 359 ff. Siehe ferner zur Korruption im Sinne des Strafgesetzbuchs: *Sommer*, Korruptionsstrafrecht; Schneider/*Bannenberg*, Internationales Handbuch der Kriminologie, Band 2, S. 359 ff.; *Vogel*, FS Weber, S. 395.
[102] *Volk*, GS Zipf, S. 421.
[103] *Greeve*, Korruptionsdelikte, S. 2; *Vogel*, FS Weber, S. 395, 404.
[104] *Kahmann*, Die Bestechlichkeit und Bestechung im geschäftlichen Verkehr, S. 33 ff.; *Greeve*, Korruptionsdelikte, S. 1; *Bannenberg/Schaupensteiner*, Korruption in Deutschland, S. 25; *Schweitzer*, Vom Geist der Korruption, S. 37 ff.

immateriellen Vorteil zu erlangen, auf den kein rechtlich begründeter Anspruch besteht.[105]

Das Strafgesetzbuch versteht unter Korruption seit dem Korruptionsbekämpfungsgesetz vom 13.08.1997[106] die Amtsdelikte der §§ 331-335, die Bestechlichkeit und Bestechung im geschäftlichen Verkehr, §§ 298-300, sowie die Wähler- und Abgeordnetenbestechung, §§ 108b und 108e.[107]

II. Manifestation

Die Polizeiliche Kriminalstatistik des Bundeskriminalamts weist für 2008 insgesamt 2416 Korruptionstaten[108] und 612 Fälle der Bestechung und Bestechlichkeit im geschäftlichen Verkehr gemäß § 299 aus.[109] Über zwei Drittel der Korruptionstaten zielen auf die öffentliche Verwaltung.[110]

Innerhalb der Jahre 1997 bis 2008 ist eine steigende Tendenz der Bestechung und Bestechlichkeit im geschäftlichen Verkehr gemäß § 299 in der Polizeilichen Kriminalstatistik zu verzeichnen. Auch das Bundeskriminalamt stellt in seinem Bundeslagebild Korruption 2008 einen solchen Anstieg im Vergleich zum Vorjahr fest.[111]

Die Aufklärungsquote liegt mit durchgängig fast 90 % sehr hoch.[112] Jedoch wird gerade bei Korruptionsdelikten ein Fall meist erst bekannt, wenn der Täter bereits ermittelt wurde. Entscheidend zur Betrachtung der Korruptionsdelikte ist daher eher die Dunkelziffer. Diese wird bei Korruptionsdelikten als sehr hoch eingeschätzt.[113] Höchstwahrscheinlich wird die überwiegende Mehrzahl der Korruptionstaten mithin nicht bekannt.[114]

Die Verurteiltenziffer liegt bei ca. 10 %.

---

[105] *Bannenberg*, Korruption in Deutschland und ihre strafrechtliche Kontrolle, S. 11.
[106] BGBl. 1997 I, S. 2038.
[107] Dazu: *Sommer*, Korruptionsstrafrecht, S. 14-327.
[108] §§ 108b und e sind jedoch nicht einzeln aufgeführt.
[109] *Bundeskriminalamt*, Polizeiliche Kriminalstatistik 2008, S. 209.
[110] *Bundeskriminalamt*, Polizeiliche Kriminalstatistik 2008, S. 209.
[111] *Bundeskriminalamt*, Bundeslagebild Korruption 2008, S. 8: http://www.bka.de/lageberichte/ko/blkorruption2008.pdf, zuletzt abgerufen am 20.10.2011.
[112] *Bundeskriminalamt*, Polizeiliche Kriminalstatistik 2008, S. 42.
[113] *Bundeskriminalamt*, Bundeslagebild Korruption 2008: http://www.bka.de/pressemitteilungen/2009/pm091006.html, zuletzt abgerufen am 20.10.2011; *Zöller*, GA 2009, 137 f; *Kerner/Rixen*, GA 1996, 354, 365 f.
[114] Siehe insgesamt: *Dölling*, Handbuch der Korruptionsprävention, S. 3 ff.

In Relation zum geringen (bekannten) Anteil am gesamten Kriminalitätsaufkommen werden die durch Korruption allgemein und Wirtschaftskorruption im Speziellen verursachten materiellen und immateriellen Schäden hingegen sehr hoch eingeschätzt.[115] Von der Weltbank wird das Ausmaß der Korruption bei durchschnittlich drei bis fünf Prozent[116] des Bruttoinlandsprodukts angesetzt.[117] Bei einem Bruttoinlandsprodukt in Deutschland von knapp 2,5 Billionen Euro im Jahre 2009[118] entfielen damit ca. 100 Milliarden Euro auf Korruption. Genaue Zahlen zu materiellen Schäden sind aber vor allem wegen des großen Dunkelfelds nicht möglich.[119] Auch wenn es sich aufgrund der Unsicherheit der Schätzgrundlagen letztlich um Spekulation handelt, wird das gewaltige Ausmaß der Korruption jedenfalls ersichtlich.[120] Darüber hinaus resultiert die Schädlichkeit der Korruption neben den materiellen Schäden an sich aus der mit ihr einhergehenden Sog- und Spiralwirkung.[121]

Auch zur Wirtschaftskorruption in Bezug auf Agenturfälle liegen keine genauen Zahlen vor. Wie bei Korruptionsdelikten üblich, bleibt vieles im Dunkeln. Trotzdem hält *Schünemann* Rückvergütungen für zum Alltag der deutschen Volkswirtschaft und der darin weitverbreiteten Korruption gehörend.[122] Einen Eindruck, um welche enormen Summen es in diesem Geschäft geht, vermittelt der Umsatz der deutschen Mediaagenturen. Dieser betrug im Jahre 2009 über 20 Milliarden Euro.[123] Aufgrund der völligen Anerkennung der Mediaagenturbonus-Praxis bei Leistungserbringern und Mediaagenturen ist auch der Umfang der Bestechungsgelder, falls die Mediaagenturboni als solche zu deklarieren sein sollten, hoch einzuschätzen. Beispielsweise hat allein die Aegis Media-Tochter Carat im Zuge des

---

[115] Für eine gute Darlegung der durch Angestelltenbestechung verursachten Schäden: *Pragal*, Die Korruption innerhalb des privaten Sektors, S. 64 ff.
[116] Von sogar zwischen 5 und 10 Prozent spricht: Wabnitz/Janovsky/*Bannenberg*, Handbuch des Wirtschaftsstrafrechts, 10. Kapitel, Rn. 1.
[117] *Tiedemann*, Wirtschaftsstrafrecht BT, Rn. 200.
[118] *Statistisches Bundesamt*, BIP 2009 für Deutschland, Pressebroschüre vom 13.01.2010, http://www.destatis.de/jetspeed/portal/cms/Sites/destatis/Internet/DE/Presse/pk/2010/BIP2009/Pressebroschuere__BIP2009,property=file.pdf, zuletzt abgerufen am 20.10.2011.
[119] *Bundesministerium des Inneren*, Zweiter Periodischer Sicherheitsbericht, 2006, S. 257; Schneider/*Bannenberg*, Internationales Handbuch der Kriminologie, Band 2, S. 372, 377 ff.
[120] *Schwind*, Kriminologie, § 21, Rn. 10.
[121] *Bannenberg*, Korruption in Deutschland und ihre strafrechtliche Kontrolle, S. 370 ff.
[122] LK/*Schünemann*, § 266, Rn. 5.
[123] Recma Global Billings rankings 2009, veröffentlicht im Juli 2010: http://www.recma.com/Presentation-Global-Reports.html?wpid=23693, zuletzt abgerufen am 20.10.2011.

Ruzicka-Prozesses für das Jahr 2005 agenturspezifischen Freespace im Gegenwert von 200-250 Millionen Euro angegeben.[124]

III. Prinzipal-Agent-Theorie

Für die Auseinandersetzung mit der der Arbeit zugrundeliegenden Problematik sind auch die Grundzüge der wirtschaftswissenschaftlichen Prinzipal-Agent-Theorie relevant. Die genauere Unterscheidung zwischen den einzelnen Unterformen ist jedoch nicht erforderlich und würde den Rahmen der Arbeit sprengen.[125] Ein Überblick muss an dieser Stelle ausreichen.

Die Prinzipal-Agent-Theorie als Unterform der Agency-Theorie ist ein theoretisches Modell, mit welchem das Verhältnis eines Auftraggebers (Prinzipal) und eines Auftragnehmers (Agent) beschrieben werden kann.[126] Der Prinzipal nutzt den Agenten, um seine Ziele zu verfolgen, und erwartet, dass der Agent nicht seine eigenen, sondern die Ziele des Prinzipals verfolgt.[127] Gegenstand der Theorie sind die sich aus dieser Konstellation ergebenden Interessenkonflikte und Informationsasymmetrien, welche Ineffizienzen bei der Vertragsdurchführung zur Folge haben können, jedoch durch geeignete Formen der Vertragsgestaltung zumindest teilweise überwunden werden können.[128] Vereinfacht behandelt die Theorie mithin die Frage, wie der Prinzipal den Agenten motivieren kann, sich trotz seiner Eigeninteressen so zu verhalten, wie der Prinzipal es wünscht. Folglich stellt sich Wirtschaftskorruption aus ökonomischer Sicht als ein klassisches Prinzipal-Agent-Problem dar.

---

[124] Siehe die Urteilsbegründung des LG Wiesbaden im „Ruzicka-Prozess" vom 12.05.2009, Az. 1160 Js 26113/05. Siehe auch: absatzwirtschaft online vom 03.11.2009, http://www.absatzwirtschaft.de/ Content/Communication/News/_pv/_p/1003214/_t/ft/_b/69172/default.aspx/das-ruzicka-urteil-und-die-folgen.html und absatzwirtschaft online vom 10.06.2010, http://www.absatzwirtschaft.de/ content/communicat/news/danone-und-carat-einigen-sich-im-rabattstreit;70702, jeweils zuletzt abgerufen am 20.10.2011.
[125] Eine gute Zusammenfassung in Bezug auf Korruption findet sich bei: *Schweitzer*, Vom Geist der Korruption, S. 263 ff.
[126] Siehe zur Theorie mit juristischem Bezug: *Lange*, Beteiligung Privater an rechtsfähigen Anstalten des öffentlichen Rechts, S. 271 ff.
[127] Ausführlich zur gesamten Problematik: *Kahmann*, Die Bestechlichkeit und Bestechung im geschäftlichen Verkehr, S. 279 ff.
[128] *Kräkel*, Organisation und Management, S. 21.

Ein Verhältnis mit Kunde, Mediaagentur und Leistungserbringer stellt insofern einen Sonderfall dar. Zwar kann grundsätzlich zwischen Mediaagentur und Kunde eine Agency-Beziehung mit dem Kunden als Prinzipal und der Mediaagentur als Agent bestehen, sodass die Theorie zur Behebung der Interessenkonflikte herangezogen werden könnte. Jedoch wird die Mediaagentur trotz des Vertrags mit dem Kunden rein wirtschaftlich nicht von diesem, sondern von den späteren Leistungserbringern finanziert.[129] Deswegen könnte die Mediaagentur auch selbstständig zwischen beiden Parteien stehen und zumindest in bestimmten Bereichen gerade kein Agent sein. Allerdings erwartet der Kunde von der Mediaagentur die Wahrung seiner Interessen. Von welchem Nutzen die Theorie sein kann, hängt folglich von den Ergebnissen im dritten Teil der Arbeit ab.

IV. Entwicklung des § 299 StGB

Zu beleuchten ist ferner § 299. Seine Herkunft und Entwicklung sind für das Verständnis der nachfolgenden Argumentation unerlässlich.

1. Ursprung

Die Norm ist im 26. Abschnitt des Strafgesetzbuchs verortet und stellt die Bestechlichkeit und Bestechung im geschäftlichen Verkehr unter Strafe. Die Überschrift des Abschnitts lautet „Straftaten gegen den Wettbewerb". § 299 wurde im Zuge des Gesetzes zur Bekämpfung der Korruption (KorrBekG) vom 13.08.1997 neu in das Strafgesetzbuch aufgenommen[130] und ist als abstraktes Gefährdungsdelikt ausgestaltet.[131] Die Norm entspricht nahezu wortgleich ihrer Vorgängervorschrift, § 12 UWG a.F.[132] Bei der Auslegung der Tatbestandsmerkmale des § 299 sind deswegen die Herkunft aus dem Bereich des Rechts gegen den unlauteren Wettbewerb und die weitgehende inhaltliche Übereinstimmung stets zu beachten.[133]

---

[129] Siehe Teil 1, B.
[130] BGBl. 1997 I, S. 2038.
[131] SSW-StGB/*Rosenau*, § 299, Rn. 1; MüKo/*Diemer/Krick*, § 299, Rn. 2; Sch/Sch/*Heine*, § 299, Rn. 2; *Lackner/Kühl*, § 299, Rn. 1; *Fischer*, § 299, Rn. 2b. Weiterführend: Teil 3, B, IV, 2.
[132] Durch diese Übernahme in das Kernstrafrecht zeigt sich die zunehmende Relevanz des Wirtschaftsstrafrechts: *Tiedemann*, FS Stree/Wessels, S. 543.
[133] Achenbach/Ransiek/*Rönnau*, HWiStR, III 2, Rn. 2; *Wittig*, Wirtschaftsstrafrecht, § 26, Rn. 1.

Das Gesetz gegen den unlauteren Wettbewerb (UWG) wurde im Jahre 1896 verabschiedet.[134] Zu Beginn enthielt es allerdings noch keine Strafbarkeit für die Angestellten- und Beauftragtenkorruption.[135] Der Gesetzgeber hatte auf eine solche bewusst verzichtet, um zunächst noch weitere Erfahrungen abzuwarten.[136] Aufgrund der großen Ausmaße des „Schmiergeldunwesens" wurde aber schon 1909, trotz kontroverser Diskussion, der Bestechungsparagraf § 12 UWG aufgenommen.[137]

Unterschiede in Bezug auf § 12 UWG a.F. finden sich in § 299 nur in der Erweiterung auf Vorteile Dritter und der Erhöhung des Strafrahmens.[138] Außerdem wurde zur äußerlichen Anpassung an die §§ 331 ff. die Absatzreihenfolge geändert. Nunmehr stellt § 299 im ersten Absatz die passive Bestechung (Bestechlichkeit) und im zweiten Absatz die aktive Bestechung im geschäftlichen Verkehr unter Strafe. Eine wesentliche inhaltliche Änderung war nach der Gesetzesbegründung durch die Übernahme in das Kernstrafrecht hingegen nicht beabsichtigt.[139]

Als Begründung für die Übernahme des § 12 UWG a.F. in das Kernstrafrecht im Zuge des Korruptionsbekämpfungsgesetzes findet sich der Hinweis, die sozialethische Missbilligung der Angestellten- und Beauftragtenkorruption solle hervorgehoben werden.[140] Die rechtspolitischen Anliegen des Gesetzgebers waren ferner aber auch die Effektivierung der Verfolgung korrupten Verhaltens und letztlich generalpräventive Aspekte.[141] Das Bewusstsein der Bevölkerung, dass Korruption im Geschäftsverkehr ein nicht nur die Wirtschaft betreffendes Unrecht darstellt, sondern allgemein sozialethisch zu missbilligen ist, sollte durch die Übernahme in das Kernstrafrecht geschärft werden.[142]

Allerdings wurde die Übernahme auch teilweise als Isolierung einer UWG-Vorschrift kritisiert.[143] Der Zusammenhang von Delikten mit ähnlicher Schutzrichtung im UWG würde durch die Herausnahme eines Straftatbestandes zerstört. Auch ist nicht abschließend geklärt, ob eine Übernahme tatsächlich eine Bewusstseinsschärfung der Bevölkerung in Bezug auf das jeweilige Delikt zur Folge hat. Mehr als der Standort einer Regelung sei deren *Durchsetzung* für das Bewusstsein der Allge-

---

[134] RGBl. 1896, S. 145.
[135] Siehe zur Entstehungsgeschichte des § 12 UWG auch: *Lampe*, FS Stree/Wessels, S. 462 f.
[136] *Wassermann*, GRUR 1931, 549, 550.
[137] Großkommentar UWG/*Otto*, § 12 UWG, Rn. 1. Siehe zu einem Rechtsvergleich zu § 12 UWG a.F.: *Schwartz*, FS Ficker, S. 436.
[138] Siehe zum Wortlaut von § 12 UWG a.F.: *Baumbach/Hefermehl*, Wettbewerbsrecht.
[139] BT-Drs. 13/5584, S. 9, 15.
[140] BT-Drs. 13/5584; *Heermann*, WRP 2006, 8, 10; *Schuster/Rübenstahl*, wistra 2008, 201, 205.
[141] *Fischer*, Vor § 298, Rn. 5.
[142] Handkommentar Gesamtes Strafrecht/*Momsen*, § 299, Rn. 3; BT-Drs. 13/5584.
[143] *Wolters*, JuS 1998, 1100, 1103.

meinheit entscheidend.[144] Folglich wäre möglicherweise eine Überarbeitung der UWG-Strafvorschriften und anschließend – je nach Erforderlichkeit – eine gesammelte Übernahme sinnvoller gewesen.[145]

Trotz dieser Kritik ist aber auch festzuhalten, dass § 299 in neuerer Zeit oftmals Gegenstand von Entscheidungen des BGH war und auch die Verfolgungspraxis durch die Staatsanwaltschaften drastisch verstärkt wurde, sodass das Ziel einer Bewusstseinsschärfung tatsächlich erreicht worden sein könnte.[146]

Bei der Neuschaffung des 26. Abschnitts wurde ferner in § 300 eine Strafzumessungsregel für besonders schwere Fälle normiert. Außerdem handelt es sich bei der Bestechlichkeit und Bestechung im geschäftlichen Verkehr gemäß § 301, im Gegensatz zu § 12 UWG a.F., um ein (relatives) Antragsdelikt.[147]

Im Jahre 2002 wurde als Umsetzung der Gemeinsamen Maßnahme der EU von Ende 1998 („betreffend die Bestechung im privaten Sektor") und des Europarat-Übereinkommens zur strafrechtlichen Bekämpfung der Korruption in § 299 noch ein dritter Absatz eingefügt.[148] Nunmehr ist § 299 nicht mehr auf Fälle mit Berührung inländischer Wettbewerbsinteressen beschränkt, sondern erfasst Taten weltweit.[149]

2. Ausblick

Des Weiteren sind bereits erneute Änderungen in Bezug auf den Tatbestand des § 299 geplant.

---

[144] *Schneider*, Kriminologie, S. 728, 729.
[145] *König*, JR 1997, 397, 401.
[146] *Gercke/Wollschläger*, wistra 2008, 5.
[147] LK/*Tiedemann*, § 301, Rn. 1. Siehe zu den Unterscheidungen bei den Antragsdelikten: *Lackner/ Kühl*, § 77, Rn. 1. Die §§ 300 und 301 werden im Laufe der Arbeit noch eingehend erörtert; siehe Teil 4, A und B.
[148] BT-Drs. 14/8998.
[149] Siehe für eine ausführliche Darlegung der Möglichkeit der Erfassung des ausländischen Wettbewerbs vor der Änderung: *Pelz*, ZIS 2008, 333, 334. Zur Anwendbarkeit des § 299 auf Sachverhalte mit Auslandsbezug: NK/*Dannecker*, § 299, Rn. 73a ff. (m.w.N.). Instruktiv auch: *Vormbaum*, FS Schröder, S. 653 ff.

a) Geplante Änderungen

Am 30.05.2007 beschloss die Bundesregierung einen Entwurf zur Änderung des Tatbestands des § 299.[150] Da aber das Gesetzgebungsverfahren in der 16. Wahlperiode des Bundestags nicht mehr abgeschlossen werden konnte, handelt es sich weiterhin nur um einen Änderungsentwurf.[151]
Anstatt der bisherigen drei Absätze finden sich in dem Änderungsentwurf nur noch zwei, diese sind allerdings in jeweils zwei Nummern untergliedert. Der im Jahr 2002 eingefügte dritte Absatz des § 299 soll im Rahmen der Änderung über die Wendung „im inländischen oder ausländischen Wettbewerb" in die ersten beiden Absätze integriert werden, ohne dass sich dadurch eine inhaltliche Änderung ergeben soll.[152] Außerdem soll entsprechend den Änderungen im UWG das Tatbestandsmerkmal des „geschäftlichen Betriebs" in „Unternehmen" umformuliert und die „gewerblichen Leistungen" durch „Dienstleistungen" ersetzt werden.[153] Diese redaktionellen Änderungen sollen künftig auch die Erfassung von Freiberuflern durch § 299 ermöglichen.[154] Ferner ist vorgesehen, das Handeln „zu Zwecken des Wettbewerbs" in ein Handeln „im Wettbewerb" abzuändern. Dann würde § 299 Abs. 2 weder eine Bevorzugung noch eine Gefahr der Wettbewerbsbeeinträchtigung mehr erfordern und es wäre deswegen nicht mehr nötig, dass der Täter Mitbewerber ist oder im Interesse eines solchen handelt.[155]

Die Strafandrohung für ein Fordern, Sich-Versprechen-Lassen oder Annehmen eines Vorteils als Gegenleistung für eine zukünftige unlautere Bevorzugung im Wettbewerb würde sich nach der Änderung in Nr. 1 der beiden Absätze des § 299 finden. In Nr. 2 hingegen würde die Verletzung von Pflichten gegenüber dem Unternehmen unter Strafe gestellt. Eine Beeinträchtigung des Wettbewerbs durch eine Bevorzugung des Vorteilsgebers wäre dort nicht mehr erforderlich. Folglich würde nach der vorgesehenen Änderung in § 299 künftig ein untreuenahes Geschäftsher-

---

[150] BR-Drs. 548/07; BT-Drs. 16/6558; Handkommentar Gesamtes Strafrecht/*Bannenberg*, § 299, Rn. 5.
[151] Der Wortlaut des entsprechend des Vorschlags abgefassten § 299 findet sich bei: *Möhrenschläger*, wistra 2007, Heft 4, S. V; LK/*Tiedemann*, § 299, vor Rn. 1.
[152] Achenbach/Ransiek/*Rönnau*, HWiStR, III 2, Rn. 65; NK/*Dannecker*, § 299, Rn. 110.
[153] Siehe zur Änderung des UWG: BGBl. 2004 I, S. 1414.
[154] *Möhrenschläger*, wistra 2007, Heft 4, S. V, VI. Siehe zur bisherigen Rechtslage: Teil 3, A; Teil 3, A, II, 10; Teil 3, B, III; Teil 3, B, V.
[155] NK/*Dannecker*, § 299, Rn. 106.

renmodell[156] gleichberechtigt neben dem bisherigen Wettbewerbsmodell[157] stehen.[158]

Im subjektiven Tatbestand wäre nach der Änderung weder in der Handlungsvariante des Forderns noch in der des Anbietens mehr Absicht bezüglich des Wettbewerbs erforderlich; es käme nur auf die Unrechtsvereinbarung an.[159] Der dolus directus 1. Grades des Täters müsste sich nur noch darauf beziehen, dass der andere den Vorteil als Gegenleistung für die Bevorzugung im Wettbewerb begreift.

Begründet wird die geplante Neugestaltung des § 299 mit der Strafwürdigkeit von Verhaltensweisen außerhalb von Wettbewerbslagen.[160] Außerdem sollen durch die Änderungen Vorgaben der Europäischen Union,[161] des Europarats[162] und der Vereinten Nationen[163] umgesetzt werden.[164]

Der Rahmenbeschluss des Rats der Europäischen Union zur Bekämpfung der Bestechung im privaten Sektor vom 22.07.2003 verlangt, eine Vorteilsgewährung oder -annahme zur Erreichung einer Handlung einer für ein Unternehmen tätigen Person, welche eine Pflichtverletzung dieser Person bedeutet, unter Strafe zu stellen.[165] Das Übereinkommen der Vereinten Nationen und das Strafrechtsübereinkommen des Europarats sind in der Formulierung ähnlich, jedoch in Bezug auf die Umgestaltung des § 299 unverbindlich.[166] Der Rahmenbeschluss des Rats der Europäischen Union ist zwar für die Mitgliedstaaten verbindlich, erlaubt ihnen aber in Art. 2 Abs. 3, den Geltungsbereich auf Fälle mit Wettbewerbsbezug zu be-

---

[156] Von „Geschäftsherrenmodell" wird gesprochen, weil die erstrebte Gegenleistung für die Vorteilsgewährung eine Pflichtverletzung gegenüber dem Geschäftsherrn darstellt. Es wird deswegen auch arbeitsstrafrechtliches Regelungsmodell genannt. Vgl.: *Vogel*, FS Weber, S. 402 ff.; *Wollschläger*, Der Täterkreis des § 299 I StGB, S. 135 ff.
[157] Von „Wettbewerbsmodell" wird gesprochen, weil die Bestrafung nur für das Fordern, Sich-Versprechen-Lassen oder Annehmen eines Vorteils zur unlauteren Bevorzugung im Wettbewerb droht. Siehe zum Modell: *Vogel*, FS Weber, S. 402 ff.
[158] *Wolf*, ZRP 2007, 44, 45; *Kienle/Kappel*, NJW 2007, 3530, 3534; *Zöller*, GA 2009, 137, 142; *Wittig*, Wirtschaftsstrafrecht, § 26, Rn. 3; *Fischer*, § 299, Rn. 1a.
[159] NK/*Dannecker*, § 299, Rn. 111.
[160] Achenbach/Ransiek/*Rönnau*, HWiStR, III 2, Rn. 65; BR-Drs. 548/07, S. 23.
[161] Rahmenbeschluss des Rats der Europäischen Union vom 22.07.2003 (2003/568/JI), ABl. EU Nr. L 192, S. 54. Der relevante Artikel ist abgedruckt bei: *Fischer*, § 299, Rn. 1a.
[162] Strafrechtsübereinkommen des Europarats über Korruption vom 27.01.1999 (ETS-Nr. 173).
[163] Übereinkommen der Vereinten Nationen gegen Korruption vom 31.10.2003, Resolution A 58/422.
[164] *Wolf*, ZRP 2007, 44; *Kienle/Kappel*, NJW 2007, 3530, 3534.
[165] *Rönnau/Golombek*, ZRP 2007, 193, 194.
[166] Siehe Art. 21 des Übereinkommens der Vereinten Nationen: *van Aaken*, ZaöRV 2005, 407, 410. BR-Drs. 548/07, S. 12, 21; *Zöller*, GA 2009, 137, 142, 147; *Wollschläger*, Der Täterkreis des § 299 I StGB, S. 151.

schränken. Deutschland hat von dieser Regelung Gebrauch gemacht.[167] Jedoch wurde die Ausnahme bis zum 22.07.2010 limitiert und müsste dann erneut beschlossen werden.[168]

Festzuhalten ist in Bezug auf die Reform, dass sie aufgrund der Verpflichtung der Mitgliedstaaten zur Erfüllung des EU-Rahmenbeschlusses zwar in jedem Fall kommen wird, die inhaltliche Ausgestaltung aber noch nicht abschließend geklärt ist.[169]

b) Kritik am Reformvorschlag

Der Reformvorschlag gibt jedoch Anlass zur Kritik. Die Aufnahme der Strafbarkeit für *jegliche* Pflichtverletzung würde den Tatbestand des § 299 sehr weit ausdehnen, sodass dieser nur schwerlich noch mit dem Bestimmtheitsgrundsatz des Art. 103 Abs. 2 GG vereinbar wäre.[170] Außerdem könnte bei Zugrundelegung des Geschäftsherrenmodells der Geschäftsherr in die Pflichtverletzung einwilligen und dadurch eine Strafbarkeit nach § 299 Abs. 1 Nr. 2 umgehen. Da darüber hinaus der Geschäftsherr auch die vertraglichen Pflichten festlegt, würde in besorgniserregendem Umfang er und nicht der demokratisch legitimierte Gesetzgeber über den Bereich strafrechtlich relevanten Verhaltens bestimmen, was ebenfalls schwerlich mit dem Bestimmtheitsgrundsatz und dem Grundsatz vom Vorrang und Vorbehalt des Gesetzes vereinbar wäre.[171]

Ferner existieren für Verletzungen von vertraglichen Pflichten Handhabungsmöglichkeiten im Zivilrecht, sodass es weder erforderlich noch verhältnismäßig ist, diese Pflichtverletzungen darüber hinaus strafrechtlich zu sanktionieren.[172] Deswegen spricht auch das Ultima-ratio-Prinzip gegen die Änderung des § 299 in der dargestellten Weise.[173] Außerdem würde dann der Bestechende über § 299 Abs. 2

---

[167] *Koepsel*, Bestechlichkeit und Bestechung im geschäftlichen Verkehr, S. 70; MüKo/*Diemer/ Krick*, § 299, Fn. 310 zu Rn. 34.
[168] *Möhrenschläger*, wistra 2007, Heft 4, S. V.
[169] LK/*Tiedemann*, § 299, Rn. 72. Gegen eine Umsetzung: *Zöller*, GA 2009, 137, 147; *Wollschläger*, Der Täterkreis des § 299 I StGB, S. 150 f; Achenbach/Ransiek/*Rönnau*, HWiStR, III 2, Rn. 69.
[170] *Kahmann*, Die Bestechlichkeit und Bestechung im geschäftlichen Verkehr, S. 274 f; Achenbach/Ransiek/*Rönnau*, HWiStR, III 2, Rn. 69. Siehe grundlegend zum Bestimmtheitsgrundsatz: LK/ *Dannecker*, § 1, Rn. 179 ff.
[171] *Zöller*, GA 2009, 137, 145.
[172] *Rönnau/Golombek*, ZRP 2007, 193, 194; *Zöller*, GA 2009, 137, 144 f.
[173] SSW-StGB/*Rosenau*, § 299, Rn. 3; *Schuster/Rübenstahl*, wistra 2008, 201, 206.

Nr. 2 wie ein Täter bestraft, obwohl er selbst keine Vertragsbeziehung zu dem Geschäftsherrn hat und deswegen eher wie ein Teilnehmer zu bestrafen sein sollte.[174]

Überdies differenzieren andere (europäische) Rechtsordnungen oftmals nicht zwischen Untreue und Bestechung/Bestechlichkeit im geschäftlichen Verkehr und erfassen Wirtschaftskorruption deswegen mittels einer Treuepflichtverletzung.[175] In Deutschland existiert jedoch zur Erfassung von Pflichtverletzungen gegenüber dem Geschäftsherrn mit § 266 bereits eine Strafnorm. Bei einer Erweiterung des § 299 um eine Pflichtverletzungsvariante dürfen aber nicht die darin statuierten Mindestvoraussetzungen für die Strafbarkeit von Pflichtverletzungen unterlaufen werden. Wenn also entsprechend dem Vorschlag zu § 299 n.f. tatsächlich Pflichtverletzungen gegenüber dem Prinzipal unter Strafe gestellt werden sollen, so sollte nicht eine weitere Nummer in § 299 eingeführt werden, sondern diese Strafnorm vielmehr in den Zusammenhang mit § 266 gestellt werden, beispielsweise als § 266c.[176] Dann könnte die konkrete Vermögensgefährdung als Mindestvoraussetzung für strafwürdige Pflichtverletzungen sichergestellt werden.[177]

Nicht gelöst wäre damit allerdings das Problem, dass die neue Vorschrift Taten erfassen würde, die typische Vorfeldhandlungen der Untreue darstellen, der Versuch der Untreue aber überhaupt nicht unter Strafe steht.[178]

Des Weiteren zeigt der angestellte Vergleich mit § 266 zwar die Vertrautheit des Strafrechts mit der Sanktionierung von zivilrechtlichen Pflichtverletzungen, offenbart aber gleichsam den hierzu neben einer Vermögensbetreuungspflicht erforderlichen Eintritt einer konkreten Vermögensgefährdung.[179] In einem solchen Fall wäre jedoch auch § 266 einschlägig, sodass es zur Erfassung dieser Fälle nicht einer Reform des § 299 bedarf.[180] Somit besteht wegen zivilrechtlicher Reaktionsmöglichkeiten und § 266 überhaupt kein kriminalpolitisches Bedürfnis für § 299 Abs. 1 Nr. 2 n.F.[181]

---

[174] *Roxin*, Strafrecht AT/I, § 2, Rn. 39.
[175] Siehe zu einem rechtsvergleichenden Überblick bezüglich der Untreue: *Foffani*, FS Tiedemann, S. 770 ff. Grundlegend zur Wirtschaftskorruption im (europäischen) Ausland: *Androulakis*, Die Globalisierung der Korruptionsbekämpfung; Eser/*Überhofen*/Huber, Korruptionsbekämpfung durch Strafrecht, S. 761 ff.; LK/*Tiedemann*, Vor § 298, Rn. 9 ff.; *Vogel*, FS Weber, S. 403.
[176] *Kahmann* spricht insofern von einer Fehlplatzierung: *Kahmann*, Die Bestechlichkeit und Bestechung im geschäftlichen Verkehr, S. 274.
[177] *Lüderssen*, FS Tiedemann, S. 891.
[178] *Rönnau/Golombek*, ZRP 2007, 193, 194 f.
[179] *Fischer*, § 266, Rn. 44 ff., 62; Achenbach/Ransiek/*Rönnau*, HWiStR, III 2, Rn. 67.
[180] Anders wäre dies in Ländern, die eine Strafbarkeit wie in § 266 nicht kennen, wie beispielsweise England, vgl.: *Vogel*, FS Weber, S. 403 f.
[181] *Schuster/Rübenstahl*, wistra 2008, 201, 206.

Ferner steht der 26. Abschnitt des Strafgesetzbuchs unter der Überschrift „Straftaten gegen den Wettbewerb". § 299 Abs. 1 Nr. 2 n.F. erfordert aber überhaupt keine zukünftige unlautere Bevorzugung eines Mitbewerbers. Also würde die neue Pflichtwidrigkeitsvariante den Schutz der Vermögensinteressen des Geschäftsherrn bezwecken.[182] Ob dies aber mit den Überlegungen zum Rechtsgut des § 299 einhergeht, ist im Folgenden noch zu untersuchen.[183] In jedem Fall würde in § 299 mit der Pflichtverletzung eine Variante aufgenommen, die zumindest nicht unter die Abschnittsüberschrift passt und möglicherweise nicht dasselbe Rechtsgut schützt. Aus bloßen Harmonisierungsinteressen würden zwei unterschiedliche Systeme in eine Norm gezwängt.[184] Dabei muss immer bedacht werden, dass bei den ursprünglichen Gesetzesberatungen zu § 12 UWG die Pflichtwidrigkeit als Tatbestandselement ausdrücklich verworfen und stattdessen die unlautere Bevorzugung im Wettbewerb als das entscheidende Merkmal der Vorschrift in den Vordergrund gestellt wurde.[185]

Mithin spricht neben der systematischen auch die historische Auslegung gegen die Aufnahme einer Pflichtverletzungsvariante in § 299.

Die Grundannahme hinter der Übernahme der Pflichtwidrigkeit darf auch nicht der Vergleich zu den Amtsträgerdelikten sein. Da das Rechtsgut der Amtsträgerdelikte das Vertrauen der Allgemeinheit in die Unbestechlichkeit von Trägern staatlicher Funktion ist[186] und eine Bestechungshandlung die Bereitschaft der Bürger zur Abnahme von Verwaltungsentscheidungen und somit die Funktionsbedingungen staatlicher Verwaltung beeinträchtigt,[187] muss dort eine Unrechtsvereinbarung über eine pflichtwidrige Diensthandlung unter Strafe stehen.[188] Dieser Unterschied zu Wirtschaftskorruptionsdelikten muss jedoch bestehen bleiben und darf nicht durch die Reform abgeschwächt werden.

Darüber hinaus versäumt es die vorgeschlagene Neuregelung auch, die in der Vergangenheit bereits aufgezeigten Probleme im Zusammenhang mit § 299 aufzulö-

---

[182] *Leipold*, NJW-Spezial 2007, 423.
[183] Siehe zur Untersuchung, ob die Vermögensinteressen des Geschäftsherrn das Rechtsgut des § 299 darstellen: Teil 2, C, II, 1, c); Teil 2, C, II, 2, b).
[184] *Rönnau/Golombek*, ZRP 2007, 193, 194 f; Achenbach/Ransiek/*Rönnau*, HWiStR, III 2, Rn. 67.
[185] *Pfeiffer*, FS Gamm, S. 130; RGSt 48, 291, 294; *Bürger*, wistra 2003, 130, 133; Teil 3, B, IV, 3, b).
[186] *Lackner/Kühl*, § 331, Rn. 1; SK/*Stein/Rudolphi*, § 331, Rn. 4; a.A. Gössel/Dölling/*Dölling*, Strafrecht BT 1, S. 685f.
[187] *Loos*, FS Welzel, S. 889 f.
[188] Siehe insoweit auch die Stellungnahme der BRAK, Nr. 39/2007, S. 5: http://www.brak.de/seiten/pdf/Stellungnahmen/2007/Stn2.pdf, zuletzt abgerufen am 20.10.2011.

sen, wie beispielsweise die Straflosigkeit der Bestechung von Betriebsinhabern.[189] Da dieses Versäumnis aber in Bezug auf die vorliegende Konstellation unerheblich ist, ist es im Rahmen dieser Arbeit nicht weiter zu vertiefen.[190]

Als Ergebnis kann aufgrund der umfassenden Kritikpunkte festgehalten werden, dass die vorgeschlagene Neuregelung nicht gelungen erscheint und gegebenenfalls entsprechend überdacht werden sollte.[191]

V. Strafrechtliche Verantwortlichkeit bei Gesellschaften

Wenn im Rahmen dieser Arbeit von der Stellung „der Mediaagentur" als Beauftragte im Sinne des § 299 gesprochen wird, darf dies nicht darüber hinwegtäuschen, dass sie als Gesellschaft nicht selbst als Täterin des § 299 in Betracht kommen kann. Es stellt sich deswegen die Frage nach der strafrechtlichen Verantwortlichkeit bei Gesellschaften. Dafür ist zunächst die gegenwärtige Situation zu beleuchten und anschließend ein kurzer Blick auf Reformüberlegungen zu werfen.

1. Gesetzliche Bestimmung

Im deutschen Strafrecht gilt der Grundsatz „societas delinquere non potest".[192] Straffähig sind demnach nur natürliche Personen. Damit aber bei Handlungen von Gesellschaften kein Verantwortungsvakuum entsteht, wird in diesen Fällen diejenige natürliche Person bestraft, die für sie gehandelt hat.[193] Ermöglicht wird dies über die Organ- und Vertreterhaftung, § 14 des Strafgesetzbuchs. Sinn und Zweck der Vorschrift ist es, den Kreis der Normadressaten bestimmter Strafvorschriften

---

[189] Siehe dazu: NK/*Dannecker*, § 299, Rn. 117.
[190] Zu weitergehender Kritik an der Neuregelung, die jedoch den Rahmen der vorliegenden Arbeit sprengen würde: Sieber/Dannecker/Kindhäuser/*Lüderssen*, S. 889 ff. (m.w.N.). Ein Beispiel, welches die Absurdität der geplanten Neuregelung vor Augen führt, findet sich bei: *Zöller*, GA 2009, 137.
[191] Achenbach/Ransiek/*Rönnau*, HWiStR, III 2, Rn. 69. Weiterführend zum Reformbedarf des § 299: *Walther*, Bestechlichkeit und Bestechung im geschäftlichen Verkehr.
[192] BGHSt 5, 28, 32; *Hirsch*, ZStW 1995 (107), 285; *Lackner/Kühl*, § 14, Rn. 1a; *Dannecker*, GA 2001, 101.
[193] SSW-StGB/*Bosch*, § 14, Rn. 1. Allgemein zur Frage der Strafbarkeit von Unternehmen: *Tiedemann*, NJW 1986, 1842 ff.

auf Personen zu erweitern, welche die tatbestandsspezifischen Täterqualifikationen nicht aufweisen.[194]

Gemäß § 14 Abs. 1 Nr. 1 ist ein Gesetz auch auf ein vertretungsberechtigtes Organ einer juristischen Person anzuwenden, wenn die die Strafbarkeit begründenden Verhältnisse oder Umstände zwar nicht bei ihm, wohl aber bei dem Vertretenen vorliegen. Juristische Personen sind alle sozialen Organisationen des Privatrechts oder des Öffentlichen Rechts, die eigene Rechtspersönlichkeit besitzen.[195] Gemäß § 14 Abs. 1 Nr. 2 gilt dasselbe auch für vertretungsberechtigte Gesellschafter einer rechtsfähigen Personengesellschaft. Die Definition einer solchen ergibt sich aus § 14 Abs. 2 BGB. Erfasst sind somit insbesondere OHG, KG und GbR; letztere allerdings nur, solange sie am Rechtsverkehr teilnimmt.

In beiden Fällen muss jedoch nach der Interessentheorie der Rechtsprechung das Handeln des Vertreters zumindest *auch* im Interesse der vertretenen juristischen Person liegen.[196] Da die Interessentheorie aber teilweise zu nicht sachgerechten Ergebnissen führt,[197] sieht die Literatur mit der Funktionstheorie als entscheidend an, ob der Beauftragte in seiner Funktion gehandelt, die schädigende Handlung also „in Ausnutzung der organspezifischen Einwirkungsmöglichkeiten" begangen hat.[198] Folglich darf die Handlung nicht nur bei Gelegenheit, sondern muss in Ausübung der Tätigkeit für den Vertretenen vorgenommen worden sein.[199] Erst vor wenigen Jahren hat auch der BGH angedeutet, dass die Interessentheorie möglicherweise durch eine Zurechnungslehre ersetzt werden könnte; entscheidend sei, ob der Vertreter „im Geschäftskreis des Vertretenen" tätig wurde.[200]

§ 14 Abs. 2 vergrößert den Kreis der Adressaten auf willkürlich beauftragte Personen von Betrieben und Unternehmen. Der Begriff des Betriebs ist definiert als eine nicht nur vorübergehende Zusammenfassung mehrerer Personen in räumlichem Zusammenhang unter Einsatz von Sachmitteln und unter einer Leitung zur Erreichung eines bestimmten Zwecks.[201] Im Gegensatz zum Begriff des Betriebs, wel-

---

[194] LK/*Schünemann*, § 14, Rn. 1. Zur „Verteilung" der strafrechtlichen Geschäftsherrenhaftung: *Dannecker/Dannecker*, JZ 2010, 981 ff. Instruktiv zur Haftung von Compliance-Beauftragten: *Warneke*, NStZ 2010, 312 ff.
[195] NK/*Marxen/Böse*, § 14, Rn. 33.
[196] BGHSt 30, 127, 129; *Deutscher/Körner*, wistra 1996, 8, 12; krit.: LK/*Schünemann*, § 14, Rn. 50; NK/*Marxen/Böse*, § 14, Rn. 29 ff.; MüKo/*Radtke*, vor § 283, Rn. 55; *Brand*, NStZ 2010, 9, 11 f.
[197] *Schäfer*, wistra 1990, 81, 83 f; *Arloth*, NStZ 1990, 570, 574; *Deutscher/Körner*, wistra 1996, 8, 12 f.
[198] SSW-StGB/*Bosch*, § 14, Rn. 10.
[199] Sch/Sch/*Perron*, § 14, Rn. 26; LK/*Tiedemann*, vor § 283, Rn. 83 ff.
[200] BGH, Zurückweisungsbeschluss vom 10.02.2009, 3 StR 372/08.
[201] *Fischer*, § 14, Rn. 8.

cher eher die technisch-organisatorische Einheit bezeichnet, erfasst der Begriff des Unternehmens eher die rechtlich-wirtschaftliche Einheit.[202] Da aber Unternehmen Betrieben gleichgestellt sind, erübrigt sich eine begriffliche Abgrenzung.[203] Die Rechtsform des Betriebs oder Unternehmens ist ebenso wenig von Belang.[204]

Erforderlich ist für beide Absätze die rechtswirksame Beauftragung des tatsächlich Handelnden vom Betriebsinhaber oder einem seinerseits befugten Organ; andernfalls ist nur eine Erfassung als faktischer Vertreter gemäß § 14 Abs. 3 möglich.[205] Für § 14 Abs. 2 Satz 1 Nr. 1 muss darüber hinaus der Inhalt des Auftrags die vollständige oder teilweise Leitung des Betriebs durch den Beauftragten sein. Dem Beauftragten muss also die Geschäftsführung nach innen und außen übertragen worden sein.[206] § 14 Abs. 2 Satz 1 Nr. 2 fordert hingegen einen ausdrücklichen Auftrag zur eigenverantwortlichen Wahrnehmung von Aufgaben, die primär dem Betriebsinhaber obliegen. Der Beauftragte muss folglich Entscheidungen in eigener Verantwortung, also mit einem gewissen Beurteilungsspielraum, selbstverantwortlich fällen dürfen.[207] Letztlich muss der Beauftragte wiederum durch seine Tätigkeit zumindest auch Belange des Betriebs regeln.[208]

Als Rechtsfolge ordnet § 14 Abs. 2 an, den Beauftragten so zu behandeln, als lägen die strafbegründenden Merkmale des Betriebsinhabers auch bei ihm vor. Allerdings wird der Betriebsinhaber durch die Aufgabenübertragung nicht entlastet, solange er selbst schuldhaft handelt.[209]

Je nach Gesellschaftsform einer Mediaagentur werden also die für sie Handelnden über § 14 erfasst. Ist die Mediaagentur eine juristische Person, haftet gemäß § 14 Abs. 1 Nr. 1 das vertretungsberechtigte Organ; ist sie eine rechtsfähige Personengesellschaft, haften gemäß § 14 Abs. 1 Nr. 2 die vertretungsberechtigten Gesellschafter. Erforderlich ist nur, dass das vertretungsberechtigte Organ oder die vertretungsberechtigten Gesellschafter im Interesse der Mediaagentur bzw. in Ausübung ihrer Tätigkeit für die Mediaagentur handeln und nicht nur bei Gelegenheit. Davon ist aber im Rahmen der Mediaplanung und des Mediaeinkaufs auszugehen, solange die Bonuszuwendungen der Leistungserbringer der Mediaagentur zugute-

---

[202] SK/*Hoyer*, § 14, Rn. 60; MüKo/*Radtke*, § 14, Rn. 87.
[203] LK/*Schünemann*, § 14, Rn. 57.
[204] Sch/Sch/*Perron*, § 14, Rn. 28/29.
[205] *Kindhäuser*, LPK-StGB, § 14, Rn. 18, 30.
[206] BGH, NJW-RR 1989, 1185, 1186.
[207] NK/*Marxen/Böse*, § 14, Rn. 60.
[208] OLG Karlsruhe, NJW 2006, 1364 f.
[209] MüKo/*Radtke*, § 14, Rn. 122.

kommen sollen und nicht die Handelnden sie für sich selbst fordern, versprechen lassen oder annehmen.

Ist die Mediaagentur weder juristische Person noch rechtsfähige Personengesellschaft, haftet gemäß § 14 Abs. 2 jeder, der vom Inhaber der Mediaagentur oder dessen vertretungsberechtigtem Organ beauftragt wurde, die Mediaagentur zu leiten (§ 14 Abs. 2 Satz 1 Nr. 1) oder eigenverantwortlich Aufgaben wahrzunehmen, die eigentlich der Inhaber der Mediaagentur selbst wahrnehmen müsste (§ 14 Abs. 2 Satz 1 Nr. 2), und der durch seine Tätigkeit zumindest auch Belange des Betriebs regelt. Letzteres ist wiederum anzunehmen, wenn jemand im Rahmen der Mediaplanung oder des Mediaeinkaufs für die Mediaagentur Verträge abschließt.

Da aber die vorliegende Arbeit die Strafbarkeit der Mediaagentur als Beauftragte im Sinne von § 299 Abs. 1 abstrakt, also unabhängig von einer konkreten Unternehmensform behandelt, wird auch im Folgenden weiterhin von der Strafbarkeit „der Mediaagentur" gesprochen.

2. Reformüberlegungen

Problematisch ist jedoch unter Umständen der Nachweis, welche konkrete Person innerhalb der jeweiligen Gesellschaft gehandelt hat. Gleichfalls kann bei einem Zusammenwirken mehrerer Personen innerhalb einer Gesellschaft erst die Aneinanderreihung von Teilhandlungen verschiedener Personen letztlich zur Verwirklichung des Delikts führen, ohne dass diese Personen wissen, dass ihre Handlungen Teil eines großen Ganzen waren, sodass sich die Verantwortungszurechnung schwierig gestaltet.[210] Dies lässt sich veranschaulichen am Beispiel eines Unternehmens, welches ein Produkt herstellt, bei dessen Produktion giftige Abwässer entstehen. Eine Person kann für den Transport der Abwässer in eine andere Abteilung des Unternehmens, eine zweite für die Einspeisung in eine Filteranlage und eine dritte dafür verantwortlich sein, Schleusen zu öffnen, sobald ein gewisser Pegelstand in der Filteranlage erreicht ist. Werden die Schleusen geöffnet, strömen die Abfälle im momentanen Klärzustand in einen Fluss. Alle drei Personen können nebeneinander an einem Schaltpult arbeiten und jeweils bei Aufleuchten eines Warnlichts einen Knopf drücken, ohne tatsächlich über die Folgen ihrer Tätigkeit unterrichtet worden zu sein. Folglich zeigt schon dieses stark vereinfachte Beispiel, dass mehrere Personen im Rahmen ihrer beruflichen Tätigkeit Teile einer deliktischen Handlung verwirklichen können, ohne dass der Einzelne sich über die Fol-

---

[210] *Seelmann*, ZStW 1996 (108), 652, 653.

gen seiner Handlung bewusst ist. Fraglich ist daher, ob tatsächlich nur der letzte Mitarbeiter strafrechtlich für die Folgen zur Verantwortung gezogen werden sollte oder ob nicht vielmehr die Gesellschaft belangt werden sollte, da sie ihren Arbeitnehmern die Aufgabenbereiche zuweist und durch sie Gewinne erwirtschaftet. Vorwerfen könnte man der Gesellschaft mangelnde Organisation, möglicherweise sogar absichtliche Missorganisation. Aus diesen Gründen wird schon seit geraumer Zeit auch in Deutschland darüber nachgedacht, ob nicht Gesellschaften selbst ebenso strafbar sein sollten wie natürliche Personen.[211]

Diesbezüglich stellen sich zahlreiche Probleme. Allen voran steht das Problem der Vereinbarkeit einer solchen Unternehmensstrafe mit dem Schuldprinzip bzw. der Schuldfähigkeit, da die Kriminalstrafe nach dem bisherigen Verständnis einen individualethischen Vorwurf zum Ausdruck bringen soll.[212] Darüber hinaus stellen sich Probleme bezüglich der Straffähigkeit, da nur natürlich Personen ihre Taten verantworten können und daher den Sinn der Strafe als ein aufgrund der eigenen Handlung verdientes Übel begreifen können.[213] Außerdem stellen sich Probleme hinsichtlich des strafrechtlichen Handlungsbegriffs und der Handlungsfähigkeit von Unternehmen.[214] Ein Unternehmen hat keinen freien Willen und keine Individualität und verfügt daher nicht wie eine natürliche Person über die Möglichkeit, anders handeln zu können. Gerade an dieser Möglichkeit wird die Strafe aber festgemacht. Letztlich kann die Unternehmensstrafbarkeit auch Probleme in Bezug auf das Doppelbestrafungsverbot aus Art. 103 GG ergeben, wenn sowohl das Unternehmen als auch die für das Unternehmen handelnde natürliche Person bestraft werden.[215]

Bei all diesen Problemstellen ist darüber hinaus die Frage noch nicht berücksichtigt, ob die eigenständige Strafbarkeit von Unternehmen überhaupt rechtspolitisch wünschenswert ist. Allerdings sprechen die ständig fortschreitende gesellschaftliche und ökonomische Entwicklung sowie andernfalls folgende Beweisschwierigkeiten bis hin zur organisierten Nichtverantwortlichkeit, wie sie sich aus dem einleitenden Beispiel ergeben, wohl für eine Unternehmensstrafbarkeit.[216] Es

---

[211] Instruktiv: *Dannecker*, GA 2001, 101 ff. (m.w.N.). Zum Diskussionsentwurf der Hessischen Landesregierung, welcher für die von der Bundesregierung eingesetzte „Kommission zur Reform des strafrechtlichen Sanktionensystems" erarbeitet wurde: *Hamm*, NJW 1998, 662 f.
[212] BGHSt 2, 194, 200; *Dannecker*, GA 2001, 101, 112; *Alvarado*, FS Tiedemann, S. 413 ff.; *Böse*, FS Jakobs, S. 15 ff.; *Jakobs*, FS Lüderssen, S. 570 ff.; *Schünemann*, Bausteine des europäischen Wirtschaftsstrafrechts, S. 279 ff.
[213] *Alvarado*, FS Tiedemann, S. 413 ff.; *Schwinge*, Strafrechtliche Sanktionen gegen Unternehmen im Bereich des Umweltstrafrechts, S. 104 (m.w.N.); *Dannecker*, GA 2001, 101, 114 f.
[214] *Dannecker*, GA 2001, 101, 109 ff.; *Hirsch*, ZStW 1995, 285, 288 ff.
[215] *Hirsch*, ZStW 1995, 285, 297 f., 315 f; *Alvarado*, FS Tiedemann, S. 425 ff.
[216] *Schünemann*, Bausteine des europäischen Wirtschaftsstrafrechts, S. 267 ff.

ist tatsächlich zu hinterfragen, wieso ein Unternehmen die Strafbarkeit auf einen Einzelnen abwälzen und sich durch die Opferung eines solchen Sündenbocks praktisch freikaufen können soll, obwohl möglicherweise die strafbare Handlung des Einzelnen im Interesse des Unternehmens lag.[217]

Für die Frage nach der Strafbarkeit der Mediaagentur als Beauftragte ihrer Kunden im Sinne des § 299 Abs. 1 und damit für die vorliegende Arbeit ist allerdings nur von Belang, dass es eine Strafbarkeit von Unternehmen nach geltendem deutschen Recht nicht gibt. Eine vertiefende Behandlung der Reformüberlegungen würde daher den Rahmen sprengen oder zumindest den Fokus verlagern.

C. Geschütztes Rechtsgut des § 299 StGB

Im folgenden Abschnitt ist das von § 299 geschützte Rechtsgut herauszuarbeiten. Dazu ist zunächst auf die Rechtsgutsdogmatik einzugehen und zu klären, wie das Rechtsgut eines Tatbestandes zu bestimmen ist. Mithilfe dieser Ergebnisse kann daraufhin das Rechtsgut des § 299 erarbeitet werden.

Die Kenntnis um das geschützte Rechtsgut ist für die nachfolgende Auslegung der Tatbestandsmerkmale im Allgemeinen und der Beauftragtenstellung im Speziellen von großer Bedeutung. Jedoch ist das Ziel der vorliegenden Arbeit zu bedenken: die Klärung der strafrechtlichen Verantwortlichkeit der Mediaagentur als Beauftragte im Sinne von § 299. Ein vertieftes Eingehen auf die Probleme der Rechtsgutsdogmatik[218] würde daher nicht nur den Rahmen der Arbeit sprengen, sondern wäre auch nicht zielführend. Relevant ist vielmehr nur ein Überblick, um das Rechtsgut des § 299 bestimmen zu können.

I. Überblick über die Rechtsgutsdogmatik

Trotz der vormals großen Auseinandersetzung ist mittlerweile anerkannt, dass allein die ethisch-moralische Verwerflichkeit einer Handlung als Rechtfertigung für

---

[217] *Hirsch*, ZStW 1995, 285, 287 f.
[218] Siehe hierzu: *Kahmann*, Die Bestechlichkeit und Bestechung im geschäftlichen Verkehr, S. 167 ff.

den Einsatz des Strafrechts nicht genügt.[219] Als Grundlage einer strafrechtlichen Norm ist daher stets ein zu schützendes Rechtsgut erforderlich.[220] Das Strafrecht ist mithin Rechtsgüterschutz, jedoch wegen seines fragmentarischen Charakters gewollt lückenhaft und aufgrund seiner Ultima-ratio-Funktion subsidiär.[221]

Zu unterscheiden sind Individual- und Kollektivrechtsgüter.[222] Nicht verwechselt werden darf das Rechtsgut eines Tatbestandes allerdings mit seinem Handlungs-, Tat- bzw. Angriffsobjekt.[223]

Der Begriff des Rechtsguts selbst ist ebenso wie seine Leistungsfähigkeit innerhalb des Strafrechts umstritten.[224] *Hassemer* versteht Rechtsgüter als schutzbedürftige menschliche Interessen.[225] *Kindhäuser* sieht die dem Einzelnen rechtlich garantierten Bedingungen freier Entfaltung in einer Gesellschaft als Rechtsgüter.[226] *Roxin* erkennt alle Gegebenheiten oder Zwecksetzungen, die für die freie Entfaltung des Einzelnen notwendig sind, als Rechtsgüter an.[227]

Eine allgemeingültige Definition existiert jedoch ebenso wenig wie festgesetzte Anforderungen, ab wann ein Objekt Rechtsgutsqualität besitzt. Dies resultiert aus der Tatsache, dass dem Rechtsgut eines Tatbestandes unterschiedliche Funktionen zugemessen werden: Auf der einen Seite soll es dem Gesetzgeber Grenzen für die Schaffung von Straftatbeständen setzen (systemkritische Funktion), auf der anderen Seite soll es Auslegungshilfe sein (systemimmanente Funktion).[228] Die systemkritische Funktion ergibt sich aus der Eigenschaft des Rechtsguts als außerstrafrechtlichen Anknüpfungspunkt, zu dessen Schutz der Einsatz des Mittels Strafe zulässig ist.[229] Folglich kann anhand der Rechtsgüter die Berechtigung einer Norm überprüft werden. Das Rechtsgut hat daher insofern eine systemkritische Dimension.

---

[219] *Koepsel*, Bestechlichkeit und Bestechung im geschäftlichen Verkehr, S. 62.
[220] *Roxin*, Strafrecht AT/1, § 2, Rn. 3. Eine gute Darstellung zum Begriff des Rechtsguts m.w.N. findet sich bei: *Schwieger*, Der Vorteilsbegriff in den Bestechungsdelikten, S. 38 ff.
[221] BVerfGE 39, 1, 47; BVerfGE 45, 187, 253; *Roxin*, Strafrecht AT/1, § 2, Rn. 97; *Maiwald*, FS Maurach, S. 9 ff. Zum Ultima-ratio-Gedanken speziell: *Nestoruk*, Strafrechtliche Aspekte des unlauteren Wettbewerbs, S. 3 ff.
[222] Siehe zur Trennung: *Hassemer*, FS Kaufmann, S. 90 ff.
[223] *Otto*, Strafrecht AT, § 1, Rn. 42; *Roxin*, Strafrecht AT/1, § 2, Rn. 65. Dazu ferner auch: *Koriath*, GA 1999, 561, 573.
[224] SK/*Rudolphi*, Vor § 1, Rn. 1 ff.; Sch/Sch/*Lenckner/Eisele*, Vor § 13 ff., Rn. 9.
[225] *Hassemer*, FS Kaufmann, S. 91.
[226] *Kindhäuser*, Bausteine des europäischen Wirtschaftsstrafrechts, S. 128.
[227] *Roxin*, Strafrecht AT/1, § 2, Rn. 7; weitere Ansichten bei Rn. 3.
[228] *Suhr*, JA 1990, 303.
[229] *Szebrowski*, Kick-Back, S. 146.

Je nachdem, welche Rechtsgutsfunktion als im Vordergrund stehend betrachtet wird, haben sich zwei grundsätzlich verschiedene Konzepte herausgebildet. Für diese beiden Konzepte existiert allerdings eine Vielzahl unterschiedlicher Begriffe. Unabhängig von den Begrifflichkeiten sind für einen Überblick über die Rechtsgutsdogmatik das systemimmanente Rechtsgutskonzept (auch methodisch-teleologischer Rechtsgutsbegriff) und das systemtranszendente Rechtsgutskonzept (auch liberaler Rechtsgutsbegriff) zu unterscheiden. Die Differenz zwischen beiden liegt, wie durch die Namen bereits impliziert, darin, dass das Rechtsgut entweder aus dem Bezugssystem des positiven Rechts oder aus dem Bezugssystem der in der gesellschaftlichen Realität faktisch existierenden Interessen heraus bestimmt wird.

1. Systemimmanentes Rechtsgutskonzept

Das systemimmanente Konzept betont die Funktion des Rechtsguts als Auslegungshilfe. Es orientiert sich bei der Auslegung der Frage, was ein Rechtsgut ist, ausschließlich am positiven Recht.[230] *Honig* formuliert, dass das Rechtsgut der *„vom Gesetzgeber in den einzelnen Strafrechtssätzen anerkannte Zweck in seiner kürzesten Form"* sei.[231] Im Grunde stellt es also nur die ratio legis dar und erschöpft sich in den durch den Gesetzgeber geschaffenen Rechtsnormen.[232] Folglich gäbe es nach diesem Konzept ohne Strafnormen auch keine Rechtsgüter im strafrechtlichen Sinne, sondern diese würden erst durch den Strafgesetzgeber geschaffen.[233]

Das kritische Potenzial des Rechtsguts bleibt dem systemimmanenten Rechtsgutskonzept indes verschlossen.[234] Daher eignet es sich nicht zur systemkritischen Überprüfung von Strafnormen.

Hingegen eignet sich das Konzept sehr wohl für die Auslegung einer Strafnorm. Allerdings sind Sinn und Zweck einer Norm regelmäßig sehr komplex. Deswegen kann es sich oftmals schwierig gestalten, die Überlegungen in nur einen Begriff – das Rechtsgut – zu fassen.

---

[230] *Rudolphi*, FS Honig, S. 152 f.
[231] *Honig*, Die Einwilligung des Verletzten, S. 94.
[232] *Wollschläger*, Der Täterkreis des § 299 I StGB, S. 6.
[233] *Pragal*, Die Korruption innerhalb des privaten Sektors, S. 95.
[234] *Roxin*, Strafrecht AT/1, § 2, Rn. 12.

2. Systemtranszendentes Rechtsgutskonzept

Das systemtranszendente Rechtsgutskonzept geht davon aus, dass die Rechtsgüter kein Produkt der Rechtsordnung sein können, sondern bereits vorher vorliegen müssen.[235] Damit richtet sich der Rechtsgutsbegriff an den Strafgesetzgeber selbst und wird als Instrument der Kritik gebraucht.[236] Das systemtranszendente Begriffsverständnis orientiert sich deswegen statt am positiven Recht an den unabhängig von ihm existierenden schutzwürdigen menschlichen Lebensinteressen. Grundlage ist die Werteordnung des Grundgesetzes; zur Bestimmung der schutzwürdigen menschlichen Lebensinteressen ist aber auch auf die Sozial- und Gesellschaftswissenschaften zurückzugreifen.[237]

Aufgrund der Tatsache, dass das systemtranszendente Rechtsgutskonzept losgelöst von der auszulegenden Vorschrift formuliert wird, eignet es sich nur eingeschränkt als Auslegungshilfe.[238] Jedoch könnte das systemtranszendente Rechtsgutskonzept im Rahmen der Reformüberlegungen im fünften Teil der Arbeit von Nutzen sein. Unter Zuhilfenahme des systemtranszendenten Rechtsgutskonzepts können unsachgemäße Lücken des Strafrechts aufgedeckt werden, die möglicherweise geschlossen werden sollten. Dabei sind aber stets der bereits angesprochene fragmentarische Charakter sowie die Ultima-ratio-Funktion des Strafrechts zu bedenken.[239]

3. Methode zur Ermittlung des Rechtsguts

Je nach dem, welchem Konzept gefolgt wird, ergeben sich unterschiedliche Methoden zur Ermittlung des Rechtsguts. Nach dem systemtranszendenten Rechtsgutskonzept sind die schutzwürdigen menschlichen Lebensinteressen zu bestimmen. Dazu müssen die Strukturmerkmale der Korruption festgestellt und das Wesen der Wirtschaftskorruption ermittelt werden, um auf diese Weise auf das Rechtsgut der Vorschrift schließen zu können.[240]

Nach dem systemimmanenten Konzept hingegen resultiert das Rechtsgut aus dem Tatbestand selbst. Also müsste der Tatbestand des § 299 Abs. 1 ausgelegt

---

[235] *Rudolphi*, FS Honig, S. 156.
[236] *Mölders*, Bestechung und Bestechlichkeit im internationalen geschäftlichen Verkehr, S. 72 f.
[237] *Stächelin*, Strafgesetzgebung im Verfassungsstaat, S. 33.
[238] *Koriath*, GA 1999, 561, 576.
[239] Siehe Teil 2, C, I.
[240] Eine diesbezügliche Darstellung, welche aber über das in dieser Arbeit Erforderliche hinausgeht, findet sich bei: *Pragal*, Die Korruption innerhalb des privaten Sektors, S. 137 ff.

werden.[241] Dabei ist insbesondere auf die teleologische Auslegung Gewicht zu legen.[242] Insofern ist allerdings zu beachten, dass bei der Auslegung des Tatbestandes diejenigen Tatbestandsmerkmale nicht berücksichtigt werden dürfen, für deren Interpretation das geschützte Rechtsgut erst benötigt wird.[243] Ein anderes Vorgehen hätte einen Zirkelschluss zur Folge.

Eine Hilfestellung zur Ermittlung des geschützten Rechtsguts gibt auch die von *Amelung* gestellte Frage der unkontrollierten Häufigkeit.[244] Nach dieser ist das im Tatbestand beschriebene Verhalten vielfach zu multiplizieren. Anschließend ist der geschützte Wert anhand der Frage: „Wo kämen wir hin, wenn das jeder täte?" zu ermitteln.

II. Ermittlung des Rechtsguts

Zur Ermittlung des Rechtsguts werden zunächst die in Bezug darauf vertretenen Ansichten dargestellt. Anschließend kann durch Überprüfung deren Vereinbarkeit mit dem erarbeiteten Rechtsgutsverständnis das von § 299 geschützte Rechtsgut bestimmt werden.

1. Vertretene Ansichten

Es werden sehr unterschiedliche Ansichten zum Rechtsgut des § 299 vertreten. Überwiegend wird eine Kombination aus einer Mehrzahl von geschützten Rechtsgütern zugrunde gelegt. Dann wird unterschieden zwischen Rechtsgütern, die unmittelbar und solchen, die mittelbar geschützt sind.

a) Fairer Wettbewerb

Vorherrschend wird der freie bzw. faire oder lautere Wettbewerb als institutionelles Rechtsgut der Allgemeinheit als das unmittelbar von § 299 geschützte Rechtsgut

---

[241] Eine diesbezügliche Darstellung, welche aber über das in dieser Arbeit Erforderliche hinausgeht, findet sich bei: *Koepsel*, Bestechlichkeit und Bestechung im geschäftlichen Verkehr, S. 67 ff.
[242] *Mölders*, Bestechung und Bestechlichkeit im internationalen geschäftlichen Verkehr, S. 74 f.
[243] *Hefendehl*, Kollektive Rechtsgüter im Strafrecht, S. 25.
[244] *Amelung*, Rechtsgüterschutz, S. 388.

angesehen.²⁴⁵ Begründet wird dies damit, dass der freie und faire Wettbewerb die Grundvoraussetzung für eine marktwirtschaftliche Gesellschaftsordnung und damit von großer Wichtigkeit ist.²⁴⁶ Das Funktionieren des Wettbewerbs und das Bewusstsein der Bevölkerung von der Rationalität und Öffentlichkeit des Marktes sind für eine marktwirtschaftliche Gesellschaftsordnung schlechthin konstituierend.²⁴⁷ Durch Bestechung wird der Wettbewerb aber verfälscht. Anstelle des objektiv besten Angebots geben eigennützige Erwägungen des Bestochenen den Ausschlag.²⁴⁸ Daher werde durch § 299 der freie und faire Wettbewerb als überindividuelles Rechtsgut vor einem solchen Vorgehen geschützt.²⁴⁹

In der vorliegenden Konstellation könnte die Freiheit bzw. Fairness des Wettbewerbs möglicherweise deswegen gefährdet sein, weil die Leistungserbringer der Mediaagentur den Mediaagenturbonus zuwenden und die Mediaagentur deswegen möglicherweise nicht den objektiv besten Werbeplatz auswählt, sondern denjenigen Leistungserbringer bevorzugt, der den umfangreichsten Mediaagenturbonus in Aussicht stellt.

b) Mitbewerber

Ferner wird oftmals vertreten, § 299 schütze *neben* dem fairen Wettbewerb auch die Chancengleichheit der Mitbewerber des Bestechenden bzw. deren Vermögensinteressen.²⁵⁰ Soweit das Schutzgut des Wettbewerbs als Institution nicht anerkannt wird, wird auch *nur* der Mitbewerber bzw. dessen Vermögensinteressen als das Schutzgut angesehen.²⁵¹

---

²⁴⁵ SK/*Rudolphi*, § 299, Rn. 1; Sch/Sch/*Heine*, § 299, Rn. 2; MüKo/*Diemer/Krick*, § 299, Rn. 2, SSW-StGB/*Rosenau*, § 299, Rn. 4; v. Heintschel-Heinegg/*Momsen*, § 299, Rn. 2; *Schwörer/Haft*, FS Weber, S. 372; *Lampe*, FS Stree/Wessels, S. 462; Gössel/Dölling/*Dölling*, Strafrecht BT 1, S. 567; *Wittig*, wistra 1998, 7, 10; *Dölling*, ZStW 2000 (112), 334, 335; *Reese*, PharmR 2006, 92, 95.
²⁴⁶ *Dannecker*, FS Tiedemann, S. 794. Grundlegend zur Notwendigkeit des Schutzes von überindividuellen Rechtsgütern: *Tiedemann*, Tatbestandsfunktionen im Nebenstrafrecht, S. 119 ff.
²⁴⁷ *Fischer*, Vor § 298, Rn. 6.
²⁴⁸ Ausführlich: *Kahmann*, Die Bestechlichkeit und Bestechung im geschäftlichen Verkehr, S. 169 ff.
²⁴⁹ Siehe zur Diskussion um überindividuelle Rechtsgüter: *Lampe*, FS Tiedemann, S. 79 ff. (m.w.N.).
²⁵⁰ NK/*Dannecker*, § 299, Rn. 5; MüKo/*Diemer/Krick*, § 299, Rn. 2; Sch/Sch/*Heine*, § 299, Rn. 2; SK/*Rudolphi*, § 299, Rn. 1; LK/*Tiedemann*, § 299, Rn. 1; v. Heintschel-Heinegg/*Momsen*, § 299, Rn. 2; *Wessels/Hillenkamp*, Strafrecht BT/2, Rn. 702; Gössel/Dölling/*Dölling*, Strafrecht BT 1, S. 567; *Bürger*, wistra 2003, 130, 133; *Sahan*, ZIS 2007, 69; *Wittig*, Wirtschaftsstrafrecht, § 26, Rn. 5.
²⁵¹ *Maurach/Schröder/Maiwald*, Strafrecht BT/2, § 68, Rn. 2. So auch der BGH in Bezug auf § 12 UWG a.F. in seiner „Bierexport-Entscheidung": GRUR 1968, 587, 589.

§ 299 soll den Mitbewerber vor dem unzulässigen Vorteil schützen, den der Bestechende durch die Bestechung erhält. Also betrifft der Schutz das Vermögen. Trotzdem erfordert § 299 nicht den Eintritt eines konkreten Vermögensschadens. Deswegen sei die Vorschrift als Delikt des abstrakten Vermögensschutzes anzusehen.[252]

Da der Schutz des fairen Wettbewerbs letztlich nichts anderes ist als vorgelagerter Vermögensschutz, unterscheidet sich diese Auffassung nicht wesentlich von der zuvor genannten.[253]

Für die Erfassung des Mitbewerbers spricht auch die Antragsbefugnis des Mitbewerbers gemäß § 301 Abs. 2 StGB i.V.m. § 8 Abs. 3 Nr. 1 UWG.

Bezogen auf die vorliegend zu erörternde Konstellation würde § 299 nach dieser Ansicht die anderen Leistungserbringer davor schützen, dass derjenige Leistungserbringer, welcher der Mediaagentur den umfangreichsten Mediaagenturbonus zuwendet, bei der Buchung der Werbeplätze einen Vorteil in Form der Bevorzugung erlangt.

c) Geschäftsherr

Ferner wird vertreten, die Vermögensinteressen des Geschäftsherrn des Bestochenen seien als das neben dem Wettbewerb geschützte Rechtsgut anzusehen.[254] Dies war auch schon bei § 12 UWG a.F., der Vorgängervorschrift des § 299, anerkannt.[255]

Zu beachten ist insofern, dass auch wenn keine Pflichtwidrigkeit gegenüber dem Geschäftsherrn von § 299 gefordert wird, dies noch nicht zwingend etwas darüber aussagt, ob der Geschäftsherr von § 299 geschützt sein soll.[256]

Soweit ein überindividuelles Rechtsgut wie der Wettbewerb an sich abgelehnt wird, werden nur die Interessen des Geschäftsherrn als das geschützte Rechtsgut erachtet.[257] Soweit allerdings das überindividuelle Rechtsgut des Wettbewerbs als

---

[252] Anstelle vieler: LK/*Tiedemann*, § 299, Rn. 2.
[253] Arzt/Weber/*Heinrich*/Hilgendorf, Strafrecht BT, § 49, Rn. 52.
[254] *Mitsch*, Strafrecht BT/2, Teilbd. 2, § 3, J, Rn. 217; *Fischer*, § 299, Rn. 2; *Wessels*/Hillenkamp, Strafrecht BT/2, Rn. 702; Gössel/Dölling/*Dölling*, Strafrecht BT 1, S. 567; *Lackner*/Kühl, § 299, Rn. 1.
[255] BGHSt 31, 207, 209.
[256] *Pfeiffer*, FS Gamm, S. 131.
[257] *Walter*, wistra 2001, 321, 323; *Jaques*, Bestechungstatbestände, S. 115 f; *Szebrowski*, Kick-Back, S. 167 ff.

Rechtsgut des § 299 anerkannt wird, wird der Schutz der Interessen des Geschäftsherrn überwiegend als nachrangig eingestuft.[258]

In jedem Fall wird durch die Einbeziehung des Geschäftsherrn eine Treuepflichtverletzung des Täters durch die Entgegennahme der Bestechungsleistung betont.[259]

Der Geschäftsherr der Mediaagentur ist der Kunde. Wenn die Mediaagentur den Mediaagenturbonus von einem Leistungserbringer entgegennimmt und ihn deswegen bevorzugt, werden möglicherweise die Vermögensinteressen des Kunden verletzt. Dies sieht die vorbezeichnete Ansicht als das Schutzgut des § 299 an.

d) Kunden bzw. Allgemeinheit

Teilweise werden auch die anderen Kunden bzw. die Allgemeinheit als von § 299 geschützt erachtet.[260] Durch Bestechung erhält die schlechtere Ware vor der besseren den Vorzug und der Preis für die Ware erhöht sich. Das Interesse der Allgemeinheit läuft dem entgegen und soll von § 299 geschützt werden.

Teilweise wird dieses Interesse der Allgemeinheit auch als vom Rechtsgut des fairen Wettbewerbs beinhaltet angesehen.[261]

Ferner werden zuweilen die Kunden bzw. die Allgemeinheit nur als mittelbar geschützt betrachtet.[262]

In der vorliegenden Konstellation erhält aufgrund der Zuwendung eines Bonus an die Mediaagentur durch einen Leistungserbringer unter Umständen ein Werbeplatz den Vorzug, welcher nicht den Interessen des Kunden am ehesten entspricht. § 299 soll vor diesem weder im Interesse des Kunden noch der Allgemeinheit liegenden Umstand schützen.

---

[258] BGH, GRUR 1983, 330, 331; *Dölling*, ZStW 2000 (112), 334, 351.
[259] So etwa: *Szebrowski*, Kick-Back, S. 167.
[260] *Joecks*, Studienkommentar, § 299, Rn. 1; Sch/Sch/*Heine*, § 299, Rn. 2; *Lackner/Kühl*, § 299, Rn. 1.
[261] *Bürger*, wistra 2003, 130, 133; *Wessels/Hillenkamp*, Strafrecht BT/2, Rn. 702.
[262] BGH, NJW 1968, 1572, 1574; LK/*Tiedemann*, § 299, Rn. 5. Siehe dazu auch § 1 S. 1 UWG: Der Schutz des Wettbewerbs erfolgt auch zum Schutz der Mitbewerber/Kunden/Allgemeinheit.

e) Regeln zur Aufgabenübertragung an Dritte

Vereinzelt werden, unter Nichtanerkennung des fairen Wettbewerbs, die Regeln zur Aufgabenübertragung an Dritte als Rechtsgut aller Bestechungsdelikte und damit auch als das des § 299 angesehen.[263] Unterschieden wird dann, ob das Rechtsgut entweder die Regeln zur Aufgabenübertragung allgemein oder vielmehr die *einzelne* Pflichten-/Vertrauensbeziehung zwischen Prinzipal und Agent im vermögensrechtlichen Bereich sein soll.[264] Der Unterschied zwischen diesen Ansichten ist jedoch marginal.

Die schuldrechtlichen Pflichten des Angestellten oder Beauftragten gegenüber seinem Geschäftsherrn werden durch die Entgegennahme der Bestechungsleistung verletzt. Eine auf arbeitsteiliges Wirtschaften angelegte Gesellschaft funktioniert aber nicht, wenn die Pflichtenbeziehungen gestört werden. Deshalb könnten diese Regeln durch die Bestechungstatbestände (und damit auch durch § 299) geschützt werden.[265] Wegen des Schutzes des Geschäftsherrn vor einem Missbrauch übertragener Entscheidungsbefugnisse handele es sich bei § 299 also um eine spezielle Form der Untreue.[266]

Als Argument für die Ansicht, es gehe um den Schutz der Pflichtenbeziehung zum Geschäftsherrn, lässt sich auch anführen, dass nur Angestellte und Beauftragte Täter des § 299 sein können.[267]

Im vorliegenden Fall besteht zwischen Kunde und Mediaagentur aufgrund ihres Vertrags eine Pflichten- und Vertrauensbeziehung. An diese Pflichten muss sich die Mediaagentur bei der Aufgabenerfüllung halten und darf das entgegengebrachte Vertrauen nicht missbrauchen. Wenn die Mediaagentur aber die Entscheidung über die Auswahl des Werbeplatzes von Einflüssen Dritter, der Zuwendung des Mediaagenturbonus seitens der Leistungserbringer, abhängig macht, würde sie ihre Pflichten und damit die Regeln zur Aufgabenübertragung an Dritte missachten. Davor soll § 299 nach dieser Ansicht schützen.

---

[263] So *Jaques*, Bestechungstatbestände, S. 116.
[264] *Szebrowski*, Kick-Back, S. 167. Allerdings unterscheidet *Szebrowski* in Bezug auf das Rechtsgut zwischen § 299 Abs. 1 und Abs. 2.
[265] *Jaques*, Bestechungstatbestände, S. 111.
[266] *Jaques*, Bestechungstatbestände, S. 113.
[267] *Szebrowski*, Kick-Back, S. 155.

f) Nichtkäuflichkeit übertragener Entscheidungsmacht

Nach der Ansicht *Pragals* stellt die Nichtkäuflichkeit übertragener oder besonders fremdverantwortlicher Entscheidungsmacht sowie das diesbezügliche Vertrauen der Allgemeinheit das Schutzgut des § 299 dar.[268] Dadurch werde der Tatsache Rechnung getragen, dass das Wesen der Korruption allgemein in einem regelwidrigen Tausch einer Entscheidung gegen einen Vorteil besteht.[269] Die Regelwidrigkeit kann sich dann aus einer Verletzung der Beziehung zwischen Geschäftsherrn und Angestelltem bzw. Beauftragtem ergeben oder allgemein aus der Einflussnahme auf rechtserhebliche Entscheidungen eines anderen im Interesse eines Dritten durch eine Person, die für sich ein besonderes Vertrauen in ihre Unabhängigkeit, Objektivität oder ihren Sachverstand in Anspruch nimmt.[270] Dieser grundsätzliche Prinzipal-Agent-Konflikt stelle den Ausgangspunkt für das Rechtsgut der Korruptionsdelikte dar. Des Weiteren ist ein entsprechendes Vertrauen der Allgemeinheit Grundvoraussetzung für das Funktionieren des Wettbewerbs. Deswegen sei das Schutzgut aus beiden Aspekten zusammengesetzt.[271]

Im zu untersuchenden Fall überträgt der Kunde der Mediaagentur die Entscheidungsmacht bezüglich der zu buchenden Werbeplätze. Für die Buchung der Werbeplätze wenden die Leistungserbringer der Mediaagentur den Mediaagenturbonus zu. Mithin besteht die Gefahr, dass die Leistungserbringer durch die Zuwendung des Mediaagenturbonus praktisch die der Mediaagentur übertragene Entscheidungsmacht erwerben. Davor soll § 299 schützen.

g) Leistungsprinzip als Entscheidungsmaßstab

Koepsel letztlich sieht das Rechtsgut des § 299 im Leistungsprinzip als Entscheidungsmaßstab für Bevorzugungen im Wettbewerb.[272] Kerngedanke dieser Ansicht ist, dass alle Entscheidungen im Wettbewerb anhand des Leistungsgedankens erfolgen und die Erlangung einer Bevorzugung als Ziel der Bestechung grundsätzlich nicht verwerflich, sondern eben Teil des Wettbewerbs ist.[273] Jeder Nachfrager einer Leistung bevorzugt denjenigen, der nach seiner subjektiven Einschätzung die beste Leistung erbringt. Die Kriterien für die „beste Leistung" sind aber vielfältig und

---

[268] *Pragal*, ZIS 2006, 63, 75.
[269] *Pragal*, ZIS 2006, 63, 75.
[270] *Pragal*, Die Korruption innerhalb des privaten Sektors, S. 145.
[271] *Pragal*, Die Korruption innerhalb des privaten Sektors, S. 155.
[272] *Koepsel*, Bestechlichkeit und Bestechung im geschäftlichen Verkehr, S. 111.
[273] *Koepsel*, Bestechlichkeit und Bestechung im geschäftlichen Verkehr, S. 105 f.

erschöpfen sich nicht im Preis oder der Beschaffenheit. Vielmehr können auch Kriterien wie die persönliche Verbindung zum Leistenden oder die Entfernung etc. entscheidend sein. Auf jeden Fall besteht kein objektiver Maßstab für die Bevorzugung.[274] Folglich gibt der Nachfragende stets derjenigen Leistung den Vorzug, der die Bevorzugung leistungsmäßig auch gebührt. Einzige Ausnahmen sind insoweit Zwang, Drohung und sonstiger Druck, da der Nachfrager die Entscheidung dann nicht mehr nach seiner eigenen Überzeugung ausübt. Gleiches gilt, falls die Informationsbasis des Nachfragers, auf die er für die Bevorzugungsentscheidung zurückgreift, verfälscht wurde.

§ 299 zielt jedoch auf eine Konstellation, in der der Nachfrager und der eigentliche Entscheidungsträger auseinanderfallen. In der vorliegenden Konstellation fällt die Mediaagentur die Entscheidung, bei welchem Leistungserbringer der erforderliche Werbeplatz gebucht wird. Folglich besteht die Gefahr, dass das Leistungsprinzip als Entscheidungsmaßstab für Bevorzugungen im Wettbewerb durch den Maßstab des Vorteils ersetzt oder zumindest ergänzt wird.[275] Als Folge ergeben sich daraus dann auch Auswirkungen auf den Wettbewerb.

2. Abwägung

Als grundsätzliches Problem der dargestellten Ansichten zum Rechtsgut des § 299 erweist sich, dass oftmals weniger das Rechtsgut, als vielmehr der geschützte Personenkreis bezeichnet wird. Das Rechtsgut als ideelles Konstrukt ist jedoch, wie bereits erörtert, vom konkret angegriffenen Handlungsobjekt zu unterscheiden.[276] Das Rechtsgut sollte möglichst allgemein verständlich und klar abgrenzbar sein.[277] Folglich kann beispielsweise nicht der Mitbewerber, sondern allenfalls dessen Vermögensinteressen das Rechtsgut des § 299 darstellen.

Darüber hinaus wird § 299 auch durch die Beladung mit zu vielen Schutzgütern verwässert und so der Klarheit und Abgrenzbarkeit entgegengewirkt. Deshalb sind die vorgebrachten Ansichten mit dem dargestellten Wissen um die Rechtsgutsdogmatik kritisch zu hinterfragen, um aufzuzeigen, ob sie tatsächlich das Rechtsgut des

---

[274] *Koepsel*, Bestechlichkeit und Bestechung im geschäftlichen Verkehr, S. 104.
[275] *Koepsel*, Bestechlichkeit und Bestechung im geschäftlichen Verkehr, S. 105.
[276] *Tiedemann*, Tatbestandsfunktionen im Nebenstrafrecht, S. 116; *Roxin*, Strafrecht AT/1, § 2, Rn. 65; *Otto*, Strafrecht AT, § 1, Rn. 42.
[277] Hefendehl/v. Hirsch/Wohlers/*Hassemer*, Die Rechtsgutstheorie, S. 57, 64. Siehe instruktiv zu den mit der Beladung mit vielen Rechtsgütern einhergehenden Problemen: *Vormbaum*, FS Schröder, S. 649 ff.

§ 299 angeben. Anhand der Kritik an den vorgetragenen Ansichten kristallisiert sich das Rechtsgut des § 299 heraus.

a) Vermögensinteressen der Mitbewerber

Die Ansicht, welche die Vermögensinteressen der Mitbewerber als Rechtsgut des § 299 betrachtet, verkennt, dass das Strafrecht das Vermögen, als Summe aller geldwerten Güter einer Person abzüglich ihrer Verbindlichkeiten, nur in seinem *Bestand* schützt.[278] Wenn aber ein Mitbewerber einem anderen durch Bestechung einen Kunden nimmt, verursacht dieser Vorgang weder eine Vermögensminderung noch eine abstrakte Vermögensgefährdung. Lediglich die Chance der *Mehrung* des Vermögens wird zunichtegemacht. Diese ist im Strafrecht aber nur geschützt, wenn bereits eine hinreichende Verdichtung der Erwerbsaussichten vorlag.[279] Die Vermögensmehrung muss in ihrer Entwicklung zum Vollrecht schon so konkret geworden sein, dass sie nach der Verkehrsauffassung bereits einen messbaren wirtschaftlichen Wert darstellte (sog. faktische Exspektanz).[280] Dann läge tatsächlich der Verlust einer bereits zu einem Vermögensbestandteil erstarkten Gewinnchance vor. Andernfalls handelt es sich nur um eine unzureichende Vereitelung einer Vermögensmehrung.

Im vorliegenden Fall müsste daher der andere Werbeplatz mithin als so viel besser anzusehen sein, dass es schon fast zwingend erscheint, eben diesen zu wählen. Bei der Vielfältigkeit der wirtschaftlichen Beziehungen mit den jeweiligen gegenseitigen Erwartungen und der Komplexität der Anforderungen an einen Werbeplatz kann davon aber im wirklichen Leben selten ausgegangen werden. Darüber hinaus wäre selbst in diesem Fall das Schutzgut nur das Vermögensinteresse des „besten" Leistungserbringers.

Außerdem wäre auch der Unrechtsgehalt der Angestellten-/Beauftragtenbestechung angesichts der hohen Sog- und Spiralwirkung[281] nur unzureichend beschrieben, wenn das Vermögen der Mitbewerber als das einzige Rechtsgut angesehen würde.[282]

---

[278] *Rengier*, Strafrecht BT/1, § 13, Rn. 68.
[279] *Lackner/Kühl*, § 263, Rn. 34.
[280] *Wessels/Hillenkamp*, Strafrecht BT/2, § 13, Rn. 535.
[281] Dazu: *Bannenberg*, Korruption in Deutschland und ihre strafrechtliche Kontrolle, S. 370 ff. (m.w.N.).
[282] So auch: *Pragal*, Die Korruption innerhalb des privaten Sektors, S. 115.

Somit kann der Schutz der Vermögensinteressen der Mitbewerber nicht das die Auslegung bestimmende Rechtsgut des § 299 darstellen.

b) Vermögensinteressen des Geschäftsherrn

Diese Argumente gelten entsprechend auch in Bezug auf die Ansicht, geschütztes Rechtsgut des § 299 seien die Vermögensinteressen des Geschäftsherrn. In gleicher Weise liegt lediglich die Vernichtung einer Chance auf Vermögensmehrung vor. Es fehlt auch hinsichtlich des Geschäftsherrn die soeben beschriebene, hinreichend konkretisierte Chance, welche nach der Verkehrsauffassung eine vermögensgleiche Position darstellt. Ferner ist es zwar wahrscheinlich, aber eben nicht zwingend, dass Schmiergeldzahlungen, über die der Preis einer Leistung oder Ware auf den Vertragspartner umgelegt wird, zu einem Vermögensschaden beim Geschäftsherrn führen.[283] Einer solch zwingenden Schlussfolgerung steht gerade bei Werbeplätzen schon die Komplexität der Leistungsbeziehung zwischen werbungtreibendem Unternehmen (Geschäftsherr) und Mediaagentur mit den unterschiedlichen Erwartungen und Motiven der Beteiligten im Wege.

Letztlich hat auch die Reichstagskommission im Rahmen ihrer Diskussion über die Einführung von § 12 UWG im Jahr 1909 festgehalten, dass der Täter der Bestechlichkeit sich nicht unlauter gegenüber seinem Geschäftsherrn verhalten müsse.[284] Also kann erst recht nicht eine Gefährdung seines Vermögens zwingend sein. Somit spricht auch die historische Auslegung dafür, dass die Vermögensinteressen des Geschäftsherrn nicht das die Auslegung bestimmende Rechtsgut des § 299 sein können.[285] Allein die zuzugestehende praktische Notwendigkeit[286] des Schutzes der Vermögensinteressen des Geschäftsherrn kann dieses Ergebnis nicht umkehren.

c) Interessen der Kunden bzw. der Allgemeinheit

Der Ansicht, die Interessen der Kunden bzw. der Allgemeinheit stellten das von § 299 geschützte Rechtsgut dar, muss zugutegehalten werden, dass schon der Wort-

---

[283] BGHSt 30, 46, 48.
[284] RT-Drs. 1390, S. 8464.
[285] So auch: *Bürger*, wistra 2003, 130, 133.
[286] Siehe dazu: *Mölders*, Bestechung und Bestechlichkeit im internationalen geschäftlichen Verkehr, S. 135 ff.

laut der Abschnittsüberschrift auf einen Schutz der Kunden hindeutet. „Wettbewerb" sind eben nicht allein die in der jeweiligen Bestechung Involvierten.[287]

Jedoch finden sich in den Gesetzesberatungen von 1909 keine ausdrücklichen Hinweise, ob der Schutz der Interessen der Kunden vom historischen Gesetzgeber intendiert war. Es finden sich lediglich Hinweise auf die negativen Auswirkungen von Bestechung auf die Kunden.[288] Vor allem aber steht bei Vorschriften, die eindeutig verbraucherschützend sein sollen, der Schutz der selbstbestimmten Entscheidung der Kunden im Vordergrund.[289] Jedoch sind die Erhöhung der Preise und damit die Beeinträchtigung der Interessen der Allgemeinheit bzw. der Kunden nur *mittelbare Folge* der Bestechung.[290] § 299 zielt mithin nicht in irgendeiner Weise auf die Beeinträchtigung der Interessen der Kunden. Also kann das Interesse der Kunden an nicht überteuerter Ware nicht das vorherrschende Rechtsgut des § 299 sein. Sie sind daher nur als mittelbar geschützt anzusehen.[291] Wenn die Interessen der Kunden aber nur mittelbar geschützt sind, ist § 299 somit ein vorrangig andere Rechtsgüter schützender Tatbestand, der nur die Interessen der Kunden automatisch mit erfasst.[292] Damit können diese Interessen nicht das die Auslegung des § 299 bestimmende Rechtsgut sein.

Im Hinblick auf das Interesse des Verbrauchers an guter Qualität der Ware ist zu bedenken, dass es sich bei der Qualität nicht um eine klare Größe wie den Preis handelt und sie folglich nicht wie dieser strafrechtlich fassbar ist.[293] Soweit das Interesse an Ware von guter Qualität allerdings in Bezug auf die damit verbundenen Schäden an Gesundheit und Eigentum gemeint sind, liegt zwar ein fassbares Interesse vor, dieses wird aber strafrechtlich bereits hinreichend von den §§ 223 ff. und §§ 303 ff. geschützt.[294] Insoweit ist auch hier der bereits angesprochene fragmentarische Charakter des Strafrechts zu bedenken.[295]

Letztlich muss sich das Rechtsgut des § 299 angesichts der weiteren Schäden, beispielsweise in Form von geringerem Wirtschaftswachstum, Arbeitslosigkeit, Hemmung von Innovation, Beeinträchtigung des sozialen Friedens etc. auf einer

---

[287] *Gercke/Wollschläger*, wistra 2008, 5, 6.
[288] Reichstag, Bericht zur 259. Sitzung, S. 8510, 8514.
[289] Siehe §§ 4-6 UWG.
[290] *Szebrowski*, Kick-Back, S. 164.
[291] LK/*Tiedemann*, § 299, Rn. 5.
[292] So auch: Sch/Sch/*Heine*, § 299, Rn. 2.
[293] *Koepsel*, Bestechlichkeit und Bestechung im geschäftlichen Verkehr, S. 80.
[294] Siehe grundlegend diesbezüglich den „Lederspray-Fall" des BGH: NJW 1990, 2560 ff.
[295] Siehe Teil 2, C, I.

abstrakten Stufe befinden. Folglich kann der Schutz der Allgemeinheit, wie ihn der BGH als Rechtsgut des § 299 formuliert hat,[296] nur einen Einzelaspekt darstellen.

Also sind die Vermögensinteressen des Kunden bzw. der Allgemeinheit zumindest nicht das vorrangige und damit auslegungsrelevante Rechtsgut des § 299.[297]

d) Regeln zur Aufgabenübertragung an Dritte

In Bezug auf die Ansicht, die das Rechtsgut des § 299 in den Regeln zur Aufgabenübertragung an Dritte sieht, muss festgehalten werden, dass deren Vertreter auf diese Weise das Rechtsgut *aller* Bestechungstatbestände zu erfassen und § 299 in diesem Zusammenhang zu sehen versuchen.[298]

Jedoch zeigt schon § 108b, dass die Regeln zur Aufgabenübertragung an Dritte nicht das einheitliche Rechtsgut für alle Bestechungsdelikte sein können, da in einer solchen Situation gerade kein Vertragsverhältnis zwischen dem bestochenen Wähler und einem Prinzipal zugrunde liegt.[299] Ferner erfordern auch § 331 und § 333 keine Pflichtverletzung. Folglich benötigen nicht einmal alle Bestechungsdelikte im Amt eine solche. Somit kann auch nicht aus den strukturellen Übereinstimmungen des § 299 mit §§ 332 und 334 auf das Erfordernis einer Pflichtverletzung im Rahmen von § 299 geschlossen werden.[300]

Darüber hinaus sind die Bestechungsdelikte an unterschiedlichen Orten im Gesetz geregelt und gleichzeitig sehr spezifisch ausgestaltet. Also spricht auch die Systematik eher gegen ein einheitliches Rechtsgut.

Vor allem aber würde bei einer solchen Annahme die Einwilligung des Geschäftsherrn als einzigem Rechtsgutsträger die Strafbarkeit entfallen lassen. Angesichts der dargelegten weitreichenden Schäden, die durch Korruption verursacht werden, kann dieses Ergebnis nicht überzeugen. Deswegen ist auch die Einwilligung des Geschäftsherrn, ungeachtet ihrer rein tatsächlichen Seltenheit im Rahmen des § 299, unbeachtlich.[301]

Demzufolge kann das vertragliche Innenverhältnis bei § 299 nicht entscheidend sein. Nach der Vorstellung des Gesetzgebers sollte die Pflichtenbeziehung zwi-

---

[296] BGH, NJW 1968, 1572, 1574 („Bierexport-Entscheidung").
[297] Siehe zur Begründung eines mittelbaren Schutzes der Mitbewerber: NK/*Dannecker*, § 299, Rn. 7 (m.w.N.).
[298] *Jaques*, Bestechungstatbestände, S. 125 ff.
[299] *Pragal*, ZIS 2006, 63, 67.
[300] So auch: *Wollschläger*, Der Täterkreis des § 299 I StGB, S. 19.
[301] RGSt 48, 291, 293 („Korkengeld-Fall"); NK/*Dannecker*, § 299, Rn. 52 und 80.

schen Angestelltem und Geschäftsherrn (unter strengen Voraussetzungen wie der Vermögensbetreuungspflicht[302]) durch § 266 geschützt werden.[303] Mithin zeigt der Tatbestand der Untreue die Intention des Gesetzgebers, den Schutz des Strafrechts in Bezug auf Pflichtverletzungen auf solche beschränken zu wollen, die einen Vermögensschaden verursachen.[304]

Bei § 299 sind demnach eher die Außenbeziehungen entscheidend, sodass es nicht auf die Pflichtwidrigkeit im Innenverhältnis, sondern vielmehr auf die Unlauterkeit im Außenverhältnis ankommt.[305] Außerdem wird durch Korruption auch die Allgemeinheit geschädigt. Daher wäre es auch deswegen verwunderlich, nur auf Pflichtverletzungen im Innenverhältnis abzustellen.

Letztlich wäre der Tatbestand des § 299 sehr weit gefasst, wenn weder eine Vermögensbetreuungspflicht noch ein Schaden gefordert wäre, trotzdem aber die bloße Pflichtverletzung gegenüber dem Geschäftsherrn ausreichen würde.[306] Es erscheint sehr fraglich, ob es überhaupt noch im Sinne des Verhältnismäßigkeitsprinzips verfassungsgemäß wäre, eine zivilrechtliche Vertragsverletzung unter Strafe zu stellen, ohne dass dies wie im Falle der Untreue zum Zwecke des Schutzes vor vorsätzlicher Vermögensschädigung geschieht.[307]

Schlussendlich ist es auch möglich, dass eine Person eine Entscheidung vom Rat einer dritten Person abhängig macht, von deren Objektivität der Entscheidungsträger überzeugt ist, aber gleichwohl keine Vertragsbeziehung zwischen ihnen besteht. Wenn die dritte Person nun aufgrund von Bestechung nicht objektiv handelt, sind diese Fälle zwar strukturell identisch mit gemäß § 299 strafbaren Handlungen, die Strafbarkeit wäre aber mangels Vertragspflichtverletzung abzulehnen.[308]

---

[302] Siehe zum Streit, ob eine Vermögensbetreuungspflicht überhaupt in beiden Alternativen des § 266 vorliegen muss: Arzt/Weber/Heinrich/Hilgendorf, Strafrecht BT, § 22, Rn. 5 (m.w.N.).
[303] Maurach/Schröder/Maiwald, Strafrecht BT/1, § 45 I, Rn. 1; Rengier, Strafrecht BT/1, § 18, Rn. 1.
[304] Siehe dazu auch: Koepsel, Bestechlichkeit und Bestechung im geschäftlichen Verkehr, S. 71 ff.
[305] Volk, GS Zipf, S. 422.
[306] Mölders, Bestechung und Bestechlichkeit im internationalen geschäftlichen Verkehr, S. 138 f.
[307] Siehe zum Verhältnis von Untreue zur Bestechlichkeit im geschäftlichen Verkehr: Szebrowski, Kick-back, S. 202 ff. (m.w.N.). Zu beachten ist in der dieser Arbeit zugrundeliegenden Konstellation aber, dass aufgrund des fehlenden vorausgehenden Aufschlags des Mediaagenturbonus auf die Listenpreise ein atypischer Fall vorliegt, vgl. Saliger, NJW 2006, 3377 ff.; Bernsmann, StV 2005, 576 ff. Siehe außerdem zu den Überlegungen und der Kritik bezüglich der Aufnahme einer Pflichtverletzungsvariante in § 299: Teil 2, B, IV, 2.
[308] Pragal, Die Korruption innerhalb des privaten Sektors, S. 116 ff.

Somit können die Regeln zur Aufgabenübertragung an Dritte bzw. der Schutz des Prinzipals vor Pflichtverletzungen nicht das Rechtsgut aller Bestechungsdelikte und damit auch nicht dasjenige des § 299 darstellen.

e) Fairer Wettbewerb

Fraglich ist, ob der faire Wettbewerb das Rechtsgut des § 299 darstellen kann. Entgegenhalten wird zumeist, der faire Wettbewerb sei als abstraktes Modell nicht selbst verletzbar und es handle sich deswegen nur um eine inhaltsleere Formel.[309] Die Beeinträchtigung der Funktionsfähigkeit des Wettbewerbs sei erst als Folge der Verletzung anderer Strafrechtsgüter anzusehen.[310] Betroffen sei mithin nicht der Wettbewerb als Institution, sondern vielmehr die Summe aller Einzelinteressen der Marktteilnehmer.[311] Diese dürften aber nicht schlicht auf den Sammelbegriff Wettbewerb zurückgeführt werden.[312] Veranschaulicht wird dies durch das Beispiel, dass auch wenn der Wettbewerb durch Körperverletzung eines Konkurrenten beeinträchtigt wird, die Beeinträchtigung des Wettbewerbs nur die Folge der Verletzung anderer Rechtsgüter ist, im gewählten Beispiel der körperlichen Unversehrtheit. Der Wettbewerb gebe daher nur den Lebensbereich der tatbestandlichen Handlung an, innerhalb dessen ein noch zu bestimmendes Rechtsgut verletzt werde.[313]

Ferner wird häufig eingewandt, der Wettbewerb sei als Rechtsgut ungeeignet, da er nicht wie oben gefordert bestimmt, verständlich und klar abgrenzbar, sondern höchst abstrakt und allgemein sei und deswegen gegen das verfassungsrechtliche Bestimmtheitsgebot des Art. 103 Abs. 2 GG und § 1 StGB verstoße.[314]

---

[309] *Roxin*, Strafrecht AT/1, § 2, Rn. 46; *Jaques*, Bestechungstatbestände, S. 105; *Szebrowski*, Kick-Back, S. 162; *Oldigs*, Möglichkeiten und Grenzen der strafrechtlichen Bekämpfung von Submissionsabsprachen, S. 126, wendet ferner ein, dass der Wettbewerb keine feste und klar eingrenzbare Größe sei.
[310] *Jaques*, Bestechungstatbestände, S. 105. Ähnlich auch *Lüderssen*, BB 1996, 2525, 2527 f., der den Wettbewerb als ein „Zwischenrechtsgut" ansieht. Dieser Begriff geht zurück auf *Schünemann*, JA 1975, 787, 793, 798.
[311] *Szebrowski*, Kick-Back, S. 163.
[312] *Szebrowski*, Kick-Back, S. 163.
[313] *Pragal*, ZIS 2006, 63, 71.
[314] *Lüderssen*, StV 1997, 318, 319 f; *Pragal*, Die Korruption innerhalb des privaten Sektors, S. 123. Grundlegend zum Bestimmtheitsgebot: LK/*Dannecker*, § 1, Rn. 179 ff. Zur fehlenden einheitlichen Definition des Wettbewerbs: Gloy/*Leistner*, Wettbewerbsrecht, § 4, Rn. 1 ff., 19 ff.; *Emmerich*, Kartellrecht, § 1, Rn. 2 ff.

Jedoch steht der ganze 26. Abschnitt des Strafgesetzbuchs unter der Überschrift „Straftaten gegen den Wettbewerb". Dies könnte, wie schon die Herkunft aus dem Gesetz gegen den unlauteren Wettbewerb, in systematischer wie historischer Hinsicht auf das Ziel des Wettbewerbsschutzes hindeuten.[315] Allerdings müssten dazu die einzelnen Abschnitte des Strafgesetzbuchs unter dem Aspekt des Rechtsgüterschutzes angeordnet sein. Dazu müsste jedoch überhaupt eine feststehende Anzahl von schützenswerten Rechtsgütern existieren, was wiederum vor allem im Hinblick auf die Wandlung der Gesellschaft im Laufe der Zeit fraglich erscheint.[316] Zu denken ist insofern nur an die Umweltdelikte des 29. Abschnitts des Strafgesetzbuchs. Dieser Abschnitt wurde erst 1980 im Rahmen des 18. Strafrechtsänderungsgesetzes in das Strafgesetzbuch aufgenommen.

Trotzdem muss aber anerkannt werden, dass es tatsächlich Abschnitte im Strafgesetzbuch gibt, die in der Überschrift das geschützte Rechtsgut bezeichnen. Als Beispiel kann der 16. Abschnitt dienen, dessen Überschrift „Straftaten gegen das Leben" lautet und der auch tatsächlich dem Schutz des Rechtsguts Leben dient.[317]

Als Gegenargument taugt auch nicht, der Wettbewerb werde nicht unmittelbar durch die einzelnen Tathandlungen verletzt, da dies bei allen Delikten gegen Rechtsgüter der Allgemeinheit so ist und dies nie als Legitimitätsmangel angesehen wird.[318] Eine einzige Urkundenfälschung ist beispielsweise nicht in der Lage, die Sicherheit des Beweisverkehrs insgesamt zu erschüttern.[319] § 299 wäre schlicht als Kumulationsdelikt[320] anzusehen, da die Gefährdung des Wettbewerbs erst eintritt, wenn sich eine Vielzahl von Menschen tatbestandlich verhalten.[321]

Ferner kann auch aus der Tatsache, dass die Verletzung von durch andere Normen geschützte Rechtsgüter sich auf den Wettbewerb auswirken kann, nicht *zwingend* logisch darauf geschlossen werden, dass bei Taten gemäß dem sehr speziellen § 299 die Beeinträchtigung des Wettbewerbs die Folge der Verletzung eines vorgelagerten anderen Rechtsguts sein müsse; dies ist allenfalls möglich.

---

[315] *Vormbaum*, FS Schröder, S. 651; *Baumbach/Hefermehl*, Wettbewerbsrecht, § 12 UWG, Rn. 12.
[316] *Maurach/Zipf*, Strafrecht AT/1, § 2, Rn. 15.
[317] Arzt/Weber/Heinrich/*Hilgendorf*, Strafrecht BT, § 2, Rn. 1.
[318] BGHSt 2, 50, 52; Sch/Sch/*Cramer/Heine*, § 267, Rn. 1.
[319] *Roxin*, Strafrecht AT/1, § 2, Rn. 81.
[320] Der Begriff geht zurück auf *Kuhlen*, GA 1986, 389, 399. Kritisch in Bezug auf den Kumulationsgedanken: *Kindhäuser*, Bausteine des europäischen Wirtschaftsstrafrechts, S. 129.
[321] So auch: *Mölders*, Bestechung und Bestechlichkeit im internationalen geschäftlichen Verkehr, S. 120 f.

Außerdem wird der tatsächlich sehr weite Begriff des Wettbewerbs durch die in § 299 bezeichneten Angriffsweisen hinreichend präzisiert, sodass kein Verstoß gegen das Bestimmtheitsgebot vorliegt.[322] Das Bestimmtheitsgebot fordert nicht ein genau bestimmbares Rechtsgut, sondern vielmehr die Bestimmtheit des gesetzlichen *Tatbestands* und damit der Angriffsweise, die den strafwürdigen Angriff auf das Rechtsgut beschreibt, da sich das Bestimmtheitsgebot des Art. 103 Abs. 2 GG eben nur auf den Tatbestand bezieht.[323] Durch eine hinreichend bestimmte Norm können deswegen auch universelle Werte wie der Wettbewerb an sich zu einem zulässigen Rechtsgut werden. Der Bestimmtheitsgrundsatz schreibt nur fest, dass ein potenzieller Täter erkennen können muss, wann er die Grenze zur Strafbarkeit überschreitet.[324]

Darüber hinaus stellt der wirtschaftliche Wettbewerb trotz fehlender ausdrücklicher Verankerung im Grundgesetz einen hohen, von der Rechtsgemeinschaft anerkannten Wert dar.[325] Ohne Wettbewerb kann die freie Marktwirtschaft nicht funktionieren.[326] Durch massenhafte Bestechung von Angestellten und Beauftragten wäre das Prinzip des Austausches von Produkten nach Qualität und Preiswertigkeit grundlegend in Frage gestellt, was wiederum einen Vertrauensverlust der Allgemeinheit in die Wirtschaftsordnung zur Folge hätte.[327] Gerade diese existenzielle Bedeutung des fairen Wettbewerbs für die Wirtschaftsordnung erfordert eine offene Fassung des Wettbewerbsbegriffs, um bestmöglichen Schutz zu gewährleisten.[328]

Nach alledem spricht folglich viel dafür, dass der faire Wettbewerb das Rechtsgut des § 299 darstellt. Außerdem ging auch der Gesetzgeber im Rahmen des Korruptionsbekämpfungsgesetzes von dieser Annahme aus.[329]

Bedacht werden muss letztlich aber auch, dass der Wettbewerb nicht losgelöst von tatsächlichen Interessen der Marktbeteiligten geschützt werden kann. Wettbewerbsschutz ist notwendigerweise Individualschutz und umgekehrt.[330]

---

[322] *Tiedemann*, FS Müller-Dietz, S. 913 f.
[323] LK/*Dannecker*, § 1, Rn. 179 ff., 197 ff.; *Wollschläger*, Der Täterkreis des § 299 I StGB, S. 23; NK/*Dannecker*, § 299, Rn. 4.
[324] *Krahl*, Die Rechtsprechung zum Bestimmtheitsgrundsatz, S. 2 f.
[325] Siehe dazu: v. Mangoldt/Klein/*Starck*, Art. 2 Abs. 1 GG, Rn. 146 (m.w.N.); *Lehmler*, UWG, Einleitung, Rn. 15; *Köhler*/Bornkamm, Gesetz gegen den unlauteren Wettbewerb, Einleitung, Rn. 1.45.
[326] Ausführlich dazu: *Tiedemann*, FS Müller-Dietz, S. 909 f.
[327] *Mölders*, Bestechung und Bestechlichkeit im internationalen geschäftlichen Verkehr, S. 120, unter Zugrundelegung des Kumulationsgedankens.
[328] NK/*Dannecker*, § 299, Rn. 4.
[329] BT-Drs. 13/5584, S. 12.

f) Nichtkäuflichkeit übertragener Entscheidungsmacht

Allerdings sind Fälle denkbar, in denen zwar kein Wettbewerbsbezug vorliegt, die Konfliktlage zwischen Prinzipal und Agent aber wesensmäßig identisch ist und auch die Schäden vergleichbar sind. Als Beispiel ist an einen Studenten zu denken, der im Rahmen seiner Bewerbung um ein Stipendium den zuständigen Sachbearbeiter einer Stiftung besticht, um trotz fehlender Qualifikation ein Stipendium zu erlangen. Dann besteht kein Wettbewerb zwischen Wirtschaftsunternehmen. Eine Strafbarkeit scheitert demnach zwar an der Tatbestandsvoraussetzung „im Wettbewerb", trotzdem muss aber in beiden Konstellationen dasselbe Rechtsgut verletzt sein.[331] Zur Straflosigkeit führt nur die unterschiedliche Angriffsweise. Aus diesem Grund könnte nicht der faire Wettbewerb, sondern die Nichtkäuflichkeit übertragener Entscheidungsmacht sowie das diesbezügliche Vertrauen der Allgemeinheit das Rechtsgut des § 299 darstellen.[332]

Jedoch erscheint es fraglich, ob es sich beim Rechtsgut des § 299 tatsächlich um ein Vertrauensrechtsgut handeln kann.[333] Für gewöhnlich ist dies nur bei Delikten mit Bezug zu Einrichtungen des Staates wie etwa §§ 331 ff. anerkannt, da hier Bestechungshandlungen die Bereitschaft der Bürger zur Abnahme von Verwaltungsentscheidungen und damit unmittelbar die Funktionsbedingungen staatlicher Verwaltung beeinträchtigen.[334] Diese Gefahr besteht bei § 299 aber gerade nicht. Der Wettbewerb ist nicht auf das Vertrauen der Bürger, sondern auf die Einhaltung seiner Regeln angewiesen. Das Strafrecht schützt eben nicht psychische Befindlichkeiten wie das Vertrauen in bestimmte Funktionszusammenhänge, sondern die Funktionsfähigkeit an sich.[335]

Darüber hinaus ist wiederum problematisch, dass auch diese Ansicht ein gemeinsames Rechtsgut aller Korruptionsdelikte erkennen will und die spezifischen Besonderheiten der jeweiligen Delikte unberücksichtigt bleiben. Die Gründe für ein Verbot der Bestechung sind nämlich in den verschiedenen Lebensbereichen sehr unterschiedlich.[336] Dies gewinnt vor allem an Gewicht, weil der Gesetzgeber auch in jüngerer Zeit, als er sich im Zuge des Korruptionsbekämpfungsgesetzes

---

[330] *Koepsel*, Bestechlichkeit und Bestechung im geschäftlichen Verkehr, S. 98. Siehe auch: § 1 S. 1 UWG: Der Schutz des Wettbewerbs erfolgt auch zum Schutz der Mitbewerber/Kunden/Allgemeinheit.
[331] *Pragal*, Die Korruption innerhalb des privaten Sektors, S. 133.
[332] *Pragal*, Die Korruption innerhalb des privaten Sektors, S. 158.
[333] Zum Begriff: *Hefendehl*/v. Hirsch/Wohlers, Die Rechtsgutstheorie, S. 127, 130.
[334] *Loos*, FS Welzel, S. 889 f.
[335] *Roxin*, Strafrecht AT/1, § 2, Rn. 84.
[336] Siehe zur Darlegung: Teil 2, B, I und II; Teil 2, C, II, 2, f).

eingehend mit der Materie beschäftigte, weder einen allgemeinen Korruptionstatbestand geschaffen[337] noch alle Korruptionsdelikte in einem Abschnitt zusammengefasst hat.[338] Es existieren, wie schon erwähnt, Vorschriften in §§ 299, 331 ff, 108b und e StGB, aber auch in § 405 Abs. 3 Nr. 6 AktG und § 152 GenG. Deswegen muss vielmehr beleuchtet werden, *wieso* übertragene Entscheidungsmacht nicht käuflich sein darf, da die Nichtkäuflichkeit sich eben jeweils aus spezifischen Gründen ergibt.[339] Es ist somit nach den speziellen Regeln zu fragen, aus deren Bruch folgt, dass Entscheidungen nicht käuflich sein dürfen.

g) Leistungsprinzip als Entscheidungsmaßstab

Eine solche konkrete Entscheidungsregel ist, anders als das abstrakte Modell des fairen Wettbewerbs, das Leistungsprinzip.[340] Sie unterliegt auch nicht wie der Wettbewerb der ständigen Veränderung, sondern ist konstant. Die entsprechenden Argumente gegen den fairen Wettbewerb als Rechtsgut des § 299 greifen folglich nicht.

Außerdem werden durch den Schutz des unmittelbar gefährdeten Leistungsprinzips als Entscheidungsmaßstab für Bevorzugungen im Wettbewerb mittelbar auch die Individualinteressen der jeweiligen Marktteilnehmer und auf diese Weise auch das Allgemeininteresse an einem unverfälschten Wirtschaftssystem geschützt.[341] Trotzdem werden die sich aus der Beladung mit vielen verschiedenen Rechtsgütern ergebenden Probleme vermieden und es resultiert aus der Beschränkung auf nur ein Rechtsgut mehr Klarheit für die Rechtsanwendung.[342] Zwar tangiert die Bestechung auch andere Rechtsgüter, jedoch löst erst die Ersetzung des Leistungsprinzips als Entscheidungsmaßstab für Bevorzugungen im Wettbewerb durch den Maßstab des Vorteils die negativen Folgen für die Allgemeinheit und die individuellen Marktbeteiligten aus.[343] Folglich wird der objektive Normzweck des § 299 so bestmöglich beschrieben.

---

[337] Ein Beispiel für einen solchen findet sich in: *Volk*, GS Zipf, S. 424.
[338] Siehe dazu auch: *Bannenberg*, Korruption und ihre strafrechtliche Kontrolle, S. 14.
[339] NK/*Dannecker*, § 299, Rn. 4a.
[340] Dazu: *Koepsel*, Bestechlichkeit und Bestechung im geschäftlichen Verkehr, S. 100 ff. Ähnlich bereits: *Berg*, Wirtschaftskorruption, S. 41.
[341] *Koepsel*, Bestechlichkeit und Bestechung im geschäftlichen Verkehr, S. 112.
[342] *Vormbaum*, FS Schröder, S. 651 f.
[343] *Koepsel*, Bestechlichkeit und Bestechung im geschäftlichen Verkehr, S. 111.

3. Stellungnahme

Mit den obigen Argumenten spricht also mehr dafür, den fairen Wettbewerb, trotz der Anerkennung als bedeutsames Gut und der Notwendigkeit seines Schutzes als Aufgabe des Strafrechts,[344] wegen fehlender Greifbarkeit nicht als das von § 299 geschützte Rechtsgut anzusehen.

Die Ansicht, die die Nichtkäuflichkeit übertragener Entscheidungsmacht als Rechtsgut erkennt, versäumt zu hinterfragen, *wieso* Entscheidungen in den jeweiligen vom Gesetzgeber festgelegten Bereichen nicht käuflich sein dürfen.

Durch die letztgenannte Ansicht hingegen wird allen oben vorgetragenen Kritikpunkten an den einzelnen Ansichten Rechnung getragen. Darüber hinaus wird durch Anerkennung des Leistungsprinzips als Entscheidungsmaßstab für Bevorzugungen im Wettbewerb als Rechtsgut des § 299 auch der faire Wettbewerb geschützt, welcher sich nur als nicht fassbar genug herausgestellt hat, um das Rechtsgut des § 299 darzustellen.[345]

Folglich kann die Ansicht, die das Leistungsprinzip als Entscheidungsmaßstab für Bevorzugungen im Wettbewerb als Rechtsgut des § 299 ansieht, am meisten überzeugen. Das vorgeschlagene Rechtsgut ist klar abgegrenzt, aber dennoch weitgehend genug. Gleichzeitig wird der Unrechtsgehalt der Bestechung hinlänglich beschrieben. Obwohl die Schäden und die betroffenen Personenkreise derart verschiedenartig sind, bewegt sich dieses Rechtsgut auf einer niedrigen Abstraktionsstufe. Dadurch wird es leicht fassbar und eignet sich deswegen in besonderer Weise für die Auslegung der Tatbestandsmerkmale bzw. die Ermittlung des strafwürdigen Verhaltens.

Es handelt sich letztlich aber lediglich um eine Weiterentwicklung bzw. Präzisierung des Gedankens, den Wettbewerb an sich als Rechtsgut zu erfassen. Auch durch die Erhebung des Leistungsprinzips als Entscheidungsmaßstab für Bevorzugungen im Wettbewerb zum Rechtsgut des § 299 werden der faire Wettbewerb und das dahingehende Interesse der Allgemeinheit geschützt. Da außerdem die Ersetzung des Leistungsprinzips als Maßstab für Bevorzugungen im Wettbewerb eine Gefahr für die Interessen des Geschäftsherrn, der Kunden und der Konkurrenten bewirkt, sind diese mittelbar ebenfalls geschützt. Letztlich unterliegt das hier favo-

---

[344] *Dannecker*, FS Tiedemann, S. 815.
[345] Siehe Teil 2, C, II, 1, a) und 2, e).

risierte Rechtsgut neben der besseren Greifbarkeit außerdem nicht wie der Wettbewerb der von *Oldigs*[346] angemahnten ständigen Veränderung.

4. Ergebnis

Mithin ist das Leistungsprinzip als Entscheidungsmaßstab für Bevorzugungen im Wettbewerb das von § 299 geschützte Rechtsgut.

---

[346] *Oldigs*, Möglichkeiten und Grenzen der strafrechtlichen Bekämpfung von Submissionsabsprachen, S. 126.

Teil 3
Tatbestandsmerkmale

Im Rahmen des dritten Teils der vorliegenden Arbeit ist auf die einzelnen Tatbestandsmerkmale des § 299 Abs. 1 einzugehen. Zuvorderst werden der Beauftragtenbegriff dargestellt und die mit ihm verbundenen Problemstellen abgearbeitet. Anschließend sind die restlichen Tatbestandsmerkmale auf ihre Relevanz bezüglich der strafrechtlichen Verantwortlichkeit der Mediaagentur als Beauftragte im Sinne von § 299 zu beleuchten und gegebenenfalls näher zu untersuchen.

A. Beauftragtenbegriff

§ 299 ist zumindest in Absatz 1 ein Sonderdelikt. Nur ein Angestellter oder Beauftragter eines geschäftlichen Betriebs kann tauglicher Täter sein.

Das Tatbestandserfordernis des geschäftlichen Betriebs ist weit auszulegen und umfasst jede für eine gewisse Dauer insbesondere im Handel und Verkehr betriebene Tätigkeit, die sich durch den Austausch von Leistung und Gegenleistungen vollzieht.[347] Auch freiberufliche Tätigkeiten fallen unter dieses Merkmal.[348] Ferner muss die Tätigkeit nicht gewinnorientiert sein.[349] Das werbungtreibende Unternehmen, der Kunde der Mediaagentur, erfüllt mithin das Tatbestandsmerkmal des geschäftlichen Betriebs.

Fraglich ist somit nur, ob die Mediaagentur dessen Beauftragte im Sinne des § 299 ist.

---

[347] BGHSt 2, 396, 403; BGHSt 10, 359, 366; *Baumbach/Hefermehl*, Wettbewerbsrecht, Einleitung zum UWG, *Pfeiffer*, FS Gamm, S. 134; Rn. 213; Sch/Sch/*Heine*, § 299, Rn. 6; *Tiedemann*, Wirtschaftsstrafrecht BT, Rn. 210a; *Bürger*, DStR 2003, 1421, 1423 f.
[348] SK/*Rudolphi*, § 299, Rn. 5; MüKo/*Diemer/Krick*, § 299, Rn. 7; *Fischer*, § 299, Rn. 4.
[349] RGSt 50, 118; RGSt 68, 70; *Lackner/Kühl*, § 299, Rn. 2; LK/*Tiedemann*, § 299, Rn. 18 f.; Wabnitz/Janovsky/*Schubert*, Handbuch des Wirtschaftsstrafrechts, 12. Kapitel, Rn. 75; *Hellmann/Beckemper*, Wirtschaftsstrafrecht, Rn. 763; *Joecks*, Studienkommentar, § 299, Rn. 7.

I. Definition

Beauftragter im Sinne von § 299 ist, wer aufgrund seiner tatsächlichen Stellung berechtigt und verpflichtet ist, für einen geschäftlichen Betrieb befugtermaßen dauernd oder gelegentlich und unter Umständen auch selbstständig geschäftlich tätig zu werden, ohne Geschäftsinhaber oder Angestellter des geschäftlichen Betriebs zu sein.[350] Dass der Geschäftsinhaber selbst nicht erfasst ist, ergibt sich daraus, dass § 299 nach Wortlaut und Schutzzweck einen Täterkreis beschreibt, der auf die geschäftliche Tätigkeit *eines anderen* Einfluss nehmen kann.[351] Da aber die Mediaagentur nicht Geschäftsinhaber des Kunden ist, ergibt sich in der vorliegenden Konstellation daraus kein Problem.

Ein Entgelt ist für die Beauftragtenstellung nicht erforderlich.[352] Voraussetzung ist schlicht, dass dem Täter durch die Berufung seitens des Geschäftsherrn eine besondere Stellung zum Unternehmen verschafft wird.[353] Es kommt entscheidend darauf an, ob der Beauftragte aufgrund der ihm eingeräumten Position dazu in der Lage ist, eigenständige Entscheidungen für den ihn beauftragenden Betrieb zu treffen und so einen nicht unerheblichen Einfluss auszuüben.[354] Deswegen scheiden rein untergeordnete Tätigkeiten von Hilfskräften etc. aus.[355] Indes ist der Beauftragtenbegriff weit zu verstehen und ihm kommt eine gewisse Auffangfunktion zu.[356] Allerdings darf die Grenze des sich aus dem Wort „Beauftragter" ergebenden Wortsinns nicht überschritten werden.[357]

---

[350] BGHSt 2, 396, 401; NK/*Dannecker*, § 299, Rn. 22; LK/*Tiedemann*, § 299, Rn. 16; MüKo/*Diemer/Krick*, § 299, Rn. 5; Sch/Sch/*Heine*, § 299, Rn. 8; v. Heintschel-Heinegg/*Momsen*, § 299, Rn. 11; *Kindhäuser*, LPK-StGB, § 299, Rn. 5; *Fischer*, § 299, Rn. 10; *Lackner/Kühl*, § 299, Rn. 2; *Maurach/Schröder/Maiwald*, Strafrecht BT/2, § 68, Rn. 11; *Kindhäuser*, Strafrecht BT II, § 45, Rn. 5; *Pfeiffer*, FS Gamm, S. 133; *Pragal*, NStZ 2005, 133, 135 (jeweils m.w.N.).
[351] MüKo/*Diemer/Krick*, § 299, Rn. 4; *Baumbach/Hefermehl*, Wettbewerbsrecht, § 12 UWG, Rn. 4. Siehe zum Streit: NK/*Dannecker*, § 299, Rn. 27; *Bürger*, wistra 2003, 130, 131; *Kahmann*, Die Bestechlichkeit und Bestechung im geschäftlichen Verkehr, S. 195 ff.; *Bürger*, DStR 2003, 1421, 1423 ff.
[352] LK/*Tiedemann*, § 299, Rn. 16 (m.w.N.).
[353] NK/*Dannecker*, § 299, Rn. 23a; v. Heintschel-Heinegg/*Momsen*, § 299, Rn. 11; *Fischer*, § 299, Rn. 10; *Pfeiffer*, FS Gamm, S. 133; *Geis*, wistra 2005, 369, 370.
[354] *Schmidl*, wistra 2006, 286, 288.
[355] BayObLG, wistra 1996, 28, 30; MüKo/*Diemer/Krick*, § 299, Rn. 5; SK/*Rudolphi*, § 299, Rn. 4; Sch/Sch/*Heine*, § 299, Rn. 8; *Fischer*, § 299, Rn. 10.
[356] NK/*Dannecker*, § 299, Rn. 22; *Fischer*, § 299, Rn. 10; *Greeve*, Korruptionsdelikte, S. 203. Hingegen für eine enge Auslegung: *Wollschläger*, Der Täterkreis des § 299 I StGB, S. 75.
[357] *Reese*, PharmR 2006, 92, 95.

Zivilrechtlich wäre bei einer Beauftragtenstellung eine Weisungsabhängigkeit zu fordern.[358] Der Bundesgerichtshof forderte in Zivilsachen früher sogar, der Beauftragte müsse in den geschäftlichen Betrieb eingegliedert sein.[359] Jedoch richtet sich der Beauftragtenbegriff des § 299 nicht nach zivilrechtlichen Gesichtspunkten, sondern es sind allein die tatsächlichen Verhältnisse maßgebend.[360] Selbstständigkeit im Betrieb oder die fehlende Eingliederung steht also der Beauftrageneigenschaft nicht entgegen.[361] Der Begriff des Beauftragten ist rein faktisch zu bestimmen.

Entgegengehalten werden könnte aber, dass ohne eine Rechtsbeziehung zwischen Mediaagentur und Kunde die Wortlautgrenze des Wortes „Beauftragter" überschritten wird.[362]

Wenn allerdings eine Eingliederung in den geschäftlichen Betrieb oder eine Weisungsabhängigkeit für den Beauftragtenbegriff des § 299 erforderlich wäre, würde er neben dem ebenfalls erwähnten Angestellten überflüssig.[363] Außerdem kann, wenn schon für die Einordnung des Begriffs des Angestellten ein faktisches Dienstverhältnis ausreicht, nicht für den Beauftragtenbegriff mehr gefordert werden.[364] Folglich ist der Beauftragtenbegriff zwar unter Beachtung der unternehmerischen Entscheidungsfreiheit auszulegen, dennoch sind die Anforderungen nicht zu hoch zu setzen. Es ist die bereits angesprochene Auffangfunktion zu beachten. Erforderlich, aber auch ausreichend, ist demnach irgendein Element der Befugnisberufung durch den Geschäftsherrn.[365] Mithin werden vom Beauftragtenbegriff auch Vermittler erfasst, solange sie an die Interessen der sie beauftragenden Partei gebunden sind und deswegen kein Entgelt von der dritten Partei erlangen dürfen.[366]

Damit ist der Beauftragte aber weiterhin gerade nicht Betriebsangehöriger. Vielmehr können über den Beauftragtenbegriff auch Außenstehende Täter des § 299 Abs. 1 sein. Trotzdem ist, wie erörtert, eine Sonderbeziehung kraft Rechtsgeschäfts zu fordern. Deswegen genügt eine bloße Vermittlerstellung eines Außenstehenden nicht, um Beauftragter im Sinne von § 299 zu sein.[367]

---

[358] Palandt/*Sprau*, § 665 BGB, Rn. 1.
[359] BGHZ 28, 12.
[360] BGHSt 2, 396, 401; OLG Karlsruhe, DJ 2000, 133, 135.
[361] v. Heintschel-Heinegg/*Momsen*, § 299, Rn. 11.
[362] So *Sahan*, ZIS 2007, 69, 72.
[363] LK/*Tiedemann*, § 299, Rn. 17.
[364] *Taschke*, StV 2005, 406, 411.
[365] *Geis*, wistra 2005, 369, 370.
[366] v. Heintschel-Heinegg/*Momsen*, § 299, Rn. 11.
[367] *Tiedemann*, FS Lampe, S. 768.

Kontrovers diskutiert wird die Beauftragtenstellung anhand der genannten Merkmale beispielsweise für Vertragsärzte,[368] Architekten,[369] Rechtsanwälte und Steuerberater,[370] Unternehmensberater,[371] Vorstands-[372] oder Aufsichtsratsmitglieder,[373] Handelsvertreter,[374] freiberufliche Bauingenieure[375] oder Vereinsvorstände.[376] Es lässt sich jedoch aus der Einordnung dieser Berufe unter den Beauftragtenbegriff keine über die eingangs genannte Definition bzw. die entscheidenden Merkmale hinausgehende Erkenntnis ableiten. Erforderlich ist stets die Betrachtung der tatsächlichen Stellung. Diese lässt erkennen, ob die jeweilige Tätigkeit nach ihrer konkreten Ausgestaltung noch mit dem genannten Sinn und Zweck des Beauftragtenbegriffs des § 299 vereinbar ist.

II. Tatsächliche Stellung

Die Mediaagentur ist ein eigenständiges Unternehmen und stellt damit in Bezug auf den geschäftlichen Betrieb ihres Kunden einen Außenstehenden dar. Als eigenständiges Unternehmen dürfte sie sich von der Aussicht auf Vergünstigungen und sonstige Zuwendungen leiten lassen. Dies gilt nur dann nicht, wenn sie durch den Vertrag mit dem jeweiligen Kunden ihre Eigenständigkeit verliert und auf diese Weise eine einem Angestellten vergleichbare Position erhält.[377] Fraglich ist also, ob die Mediaagentur sich so weit in Abhängigkeit zum geschäftlichen Betrieb des Kunden begibt, dass sie ihre ursprüngliche unternehmerische Freiheit verliert.[378] Entscheidend ist dafür, ob ihre rein tatsächliche Stellung die Mediaagentur wie ein

---

[368] *Pragal*, NStZ 2005, 133, 134 f; a.A *Lackner/Kühl*, § 299, Rn. 2; v. Heintschel-Heinegg/*Momsen*, § 299, Rn. 11.1; *Reese*, PharmR 2006, 92, 98; *Geis*, wistra 2005, 369 ff. Ausführlich: NK/*Dannecker*, § 299, Rn. 23c; *Fischer*, § 299, Rn. 10a; LK/*Tiedemann*, § 299, Rn. 16 (jeweils m.w.N.).
[369] BayObLG, NJW 1996, 268, 270.
[370] *Tiedemann*, Wirtschaftsstrafrecht BT, Rn. 200.
[371] OLG Karlsruhe, DJ 2000, 135, 136; Achenbach/Ransiek/*Rönnau*, HWiStR, III 2, Rn. 12; LK/*Tiedemann*, § 299, Rn. 16; *Fischer*, § 299, Rn. 10; *Maurach/Schröder/Maiwald*, Strafrecht BT/2, § 68, Rn. 11; *Schmidl*, wistra 2006, 286, 288.
[372] BGHSt 20, 210; RGSt 66, 81; MüKo/*Diemer/Krick*, § 299, Rn. 5; a.A. *Brand/Wostry*, WRP 2008, 637.
[373] Sch/Sch/*Heine*, § 299, Rn. 8; LK/*Tiedemann*, § 299, Rn. 16; *Fischer*, § 299, Rn. 10.
[374] BGH, NJW 1968, 1572, 1573; MüKo/*Diemer/Krick*, § 299; Rn. 5; Sch/Sch/*Heine*, § 299, Rn. 8.
[375] BGH, NJW 1997, 3043.
[376] RGSt 68, 263, 270; NK/*Dannecker*, § 299, Rn. 23.
[377] *Wollschläger*, Der Täterkreis des § 299 I StGB, S. 75.
[378] NK/*Dannecker*, § 299, Rn. 23b; *Joecks*, Studienkommentar, § 299, Rn. 6.

selbstständiges Unternehmen auf eigenständiger Wirtschaftsstufe oder eher wie einen Beauftragten des jeweiligen Kunden erscheinen lässt.

Herauszuarbeiten ist mithin, ob aus der rein tatsächlichen Stellung der Mediaagentur eine gewisse Selbstständigkeit resultiert, aufgrund derer sie nicht als Beauftragte ihres Kunden im Sinne von § 299 angesehen werden kann. Sie würde dann nicht für den geschäftlichen Betrieb des Kunden tätig, sondern vielmehr ihre eigenen Verbindlichkeiten erfüllen.[379]

1. Historische Betrachtung

Für die Einschätzung der tatsächlichen Stellung der Mediaagentur ist zunächst eine historische Betrachtung anzustellen.

a) Ursprung der Mediaagentur

Zu beleuchten ist der Ursprung der Mediaagentur. Anhand der Entwicklung ihrer Vorläufer ist zu untersuchen, ob die Mediaagentur einer ihrer Vertragsparteien in dem Drei-Personen-Gefüge Kunde – Mediaagentur – Leistungserbringer näher steht. Daraus könnte sich ein Ansatzpunkt für die Beurteilung der tatsächlichen Stellung der Mediaagentur und damit wiederum ein Argument für oder gegen eine Beauftragtenstellung im Sinne von § 299 gewinnen lassen.

Mediaagenturen entstanden in den neunziger Jahren des zwanzigsten Jahrhunderts im Zuge der Aufspaltung der „Full-service"-Werbeagenturen.[380] Diese gehen ihrerseits auf die Annoncenexpeditionen zurück.[381] Erörtert werden muss folglich, auf welcher Seite die Annoncenexpeditionen ihren Ausgangspunkt haben. Anschließend kann erarbeitet werden, ob auch die Mediaagentur diesem Vertragspartner näher steht.

Annoncenexpeditionen entstanden, als findige Köpfe auf eine Möglichkeit der Erwirtschaftung von Gewinnen zwischen den bereits existierenden Marktteilnehmern aufmerksam wurden. Die Wertschöpfungsmöglichkeit ergab sich aus der Zusammenführung von Kunden und Leistungserbringern.[382] Dass die Vorläufer der Mediaagenturen nicht im Zuge der Verselbstständigung einer speziellen Abteilung der

---

[379] Für den Vertragsarzt insoweit: *Sahan*, ZIS 2008, 69, 73.
[380] Siehe Teil 1, A, I; Teil 2, A, I und II.
[381] Siehe Teil 1, A, I; Teil 2, A, I und II.
[382] *Binias*, ZVZV 1962, 56, 57.

Leistungserbringer hervortraten, zeigt sich auch an der Eröffnung der wohl ersten Annoncenexpedition durch einen Buchhändler.[383]

Als Folge der Erkenntnis, andere Marktteilnehmer würden künftig einen Teil ihrer Arbeit anbieten, schlossen die Leistungserbringer diejenigen ihrer Abteilungen, die diese Aufgaben bis dato erledigt hatten.[384] Durch die Schließung konnten die Leistungserbringer Geld einsparen. Einen Teil dieser Einsparungen gaben sie an die Annoncenexpeditionen weiter, um deren wirtschaftliche Existenz zu sichern.[385] Somit ist die Vergütung seitens der Leistungserbringer lediglich als Reaktion auf die Schließung der eigenen Abteilungen im Zuge der Entwicklung der Annoncenexpeditionen zu verstehen. Die Leistungserbringer wollten die Existenz der Annoncenexpeditionen sichern, damit diese weiterhin einen Teil ihrer Arbeit übernehmen konnten.[386] Der Abschlag in Höhe von 15 % hatte deswegen von vornherein Entgeltcharakter.[387] Also ist die Schließung gerade nicht der Beleg dafür, dass die Vorläufer der Mediaagentur durch Verselbstständigung einer vormals zu den Leistungserbringern gehörenden Abteilung entstanden und damit diesen näher stehen,[388] sondern zeigt lediglich, dass sich der Arbeitsbereich der Annoncenexpeditionen mit dem von speziellen Abteilungen der Leistungserbringer zumindest teilweise überlagerte.

Die Annoncenexpeditionen könnten aber auch durch Ausgliederung der Werbeabteilungen der Kunden entstanden sein und deswegen geschichtlich den Kunden näher stehen. Dagegen spricht jedoch wiederum die Eröffnung der ersten Annoncenexpedition durch einen Buchhändler.[389] Ferner lohnte sich für den Großteil der damaligen Unternehmen eine eigene Werbeabteilung aufgrund der Größe des Betriebs nicht und sie erledigten diese Arbeit deswegen durch eigene Leute praktisch nebenbei.[390] Die Annoncenexpeditionen indes konnten im Laufe der Zeit aufgrund ihres Erfahrungsschatzes in Bezug auf Werbungsvoraussetzungen und Werbeerfolg nicht nur als Sammelstelle für Anzeigen fungieren, sondern den werbetreibenden Kunden auch beratend zur Seite stehen.[391] Sie erschlossen sich also mithilfe ihres anderweitig angeeigneten Wissens ein weiteres Geschäftsfeld, welches zuvor von den Kunden nebenbei erledigt worden war. Erst als Reaktion auf diese Entwick-

---

[383] *Lambsdorff/Skora*, Handbuch des Werbeagenturrechts, Rn. 8.
[384] *Lambsdorff*, WRP 1974, 311, 312.
[385] Siehe Teil 2, A, I und II.
[386] *Lambsdorff/Skora*, Handbuch des Werbeagenturrechts, Rn. 180.
[387] So auch: *Fikentscher*, WRP 1970, 1, 4.
[388] *Binias*, ZVZV 1962, 56, 57.
[389] *Lambsdorff/Skora*, Handbuch des Werbeagenturrechts, Rn. 8.
[390] *Heider*, Das Recht der Werbeagentur, S. 5.
[391] *Heider*, Das Recht der Werbeagentur, S. 6.

lung stellten die Kunden ihre eigenen Werbetätigkeiten nach und nach ein.[392] Mithin entstanden die Annoncenexpeditionen auch nicht im Zuge einer schleichenden Ausgliederung der Werbeabteilungen der Kunden.

Folglich hat die Annoncenexpedition und damit die Mediaagentur ihren Ursprung weder auf der Seite der Kunden noch auf der Seite der Leistungserbringer.[393] Sie ist vielmehr an der Schnittstelle zwischen Kunden und Leistungserbringer eigenständig entstanden und hat sich erst zur Gehilfin beider Seiten entwickelt, indem sie ihnen Arbeit abnahm.[394] Daher kann aufgrund der Entwicklung der Mediaagentur aus der Annoncenexpedition nicht als Argument für eine Stellung der Mediaagentur als Beauftragte ihrer Kunden im Sinne von § 299 angeführt werden, sie hätte schon immer den Kunden näher gestanden. Vielmehr spricht der Ausgangspunkt der Vorläufer der Mediaagentur *zwischen* Kunden und Leistungserbringer sogar gegen eine Stellung der Mediaagentur als Beauftragte ihrer Kunden im Sinne von § 299.

Entsprechend der Betrachtung der Entwicklung der Mediaagentur stand zwischen ihr und den Annoncenexpeditionen aber noch die Werbeagentur.[395] Die tatsächliche Stellung der Mediaagentur ist demnach nur erfassbar, wenn auch die Stellung der „Full-service"-Werbeagentur beleuchtet wird.

Aufgrund der Tatsache, dass die Stellung der Mediaagentur noch nicht ausgiebig im Schrifttum behandelt wurde, basiert die Erörterung der tatsächlichen Stellung der Mediaagentur im Folgenden zumeist auf einer Abgrenzung zur „Full-service"-Werbeagentur.[396] Um also nicht die Möglichkeit der argumentativen Abgrenzung der „Full-service"-Werbeagentur von der Mediaagentur für alle kommenden Punkte zunichte zu machen, ist die historische Betrachtung der Stellung der „Full-service"-Werbeagentur an dieser Stelle auf eine Besonderheit zu beschränken: die Einordnung im Rabattgesetz.

---

[392] *Binias*, ZVZV 1962, 56, 57 f.
[393] HHKomm/*Kolonko*, 56. Abschnitt, 5. Teil, 3. Kapitel, Rn. 52.
[394] HHKomm/*Kolonko*, 56. Abschnitt, 5. Teil, 3. Kapitel, Rn. 52.
[395] Siehe Teil 1, B; Teil 2, A, I und II.
[396] Siehe Teil 3, A, II, 2-10.

b) Einordnung der „Full-service"-Werbeagentur im Rabattgesetz

Die Werbeagentur wurde zu Geltungszeiten des Rabattgesetzes[397] einhellig als preisanbietendes Unternehmen im Sinne von § 1 RabattG angesehen, obwohl sie nach den Preislisten der Leistungserbringer abrechnen musste.[398] Wäre sie nicht als preisanbietendes Unternehmen eingestuft, sondern ihrem Kunden zugeordnet worden, hätte das Rabattgesetz keine Anwendung im Verhältnis der Werbeagentur zu ihren Kunden gefunden.[399]

Die Einordnung als preisanbietendes Unternehmen wurde damit begründet, dass die Werbeagentur eine Leistung erbringt, die mit 15 % des Anzeigenpreises entgolten wird, diese 15 % aber bereits in den Listenpreisen enthalten sind.[400]

Das An- und Verkaufen der Werbeplätze ist seit der Aufspaltung der „Full-service"-Werbeagentur in Kreativ- und Mediaagentur Teil des Tätigkeitsfeldes der Mediaagentur.[401] Auch sind die 15 % Agenturvergütung noch immer in den Listenpreisen enthalten.[402] Also müsste die Mediaagentur aufgrund derselben Argumente ebenfalls als preisanbietendes Unternehmen angesehen werden. Die Einordnung als preisanbietendes Unternehmen im Sinne von § 1 RabattG trotz Preislistentreue würde aber die Eigenständigkeit der Stellung der Mediaagentur unterstreichen.

Für die vorliegende Arbeit kommt es nicht auf die Anwendbarkeit des Rabattgesetzes an, sondern es sollen über die Einordnung lediglich Rückschlüsse auf die tatsächliche Stellung der Mediaagentur ermöglicht werden. Deswegen ist es unerheblich, dass das Rabattgesetz nicht mehr in Kraft ist; entscheidend ist, dass auch die Mediaagentur als preisanbietendes Unternehmen angesehen werden müsste. Dies spricht mehr für eine Stellung auf eigenständiger Wirtschaftsstufe und gegen eine Beauftragtenstellung.

---

[397] Das Rabattgesetz trat am 25. Juli 2001 außer Kraft. Instruktiv zu den Auswirkungen des Wegfalls des RabattG in Bezug auf Agenturen: *Rath-Glawatz*, AfP 2001, 169 ff.
[398] BGH, WRP 1994, 169, 171. Siehe zur Preislistentreue: Teil 3, A, II, 7, a), aa) und bb).
[399] Das RabattG galt im Gegensatz zur ZugabeVO nur bei einem Verkauf an den letzten Verbraucher.
[400] OLG Frankfurt a.M., BB 1959, 610, 611; *Fikentscher*, Die Preislistentreue im Recht der Werbeagenturen, S. 28.
[401] Siehe Teil 1, A, I.
[402] Siehe Teil 1, B; Teil 2, A, I und II; Teil 3, A, II, 6.

c) Abgrenzung zur Kreativagentur

Da die Mediaagentur aus der Aufspaltung der „Full-service"-Werbeagentur in Kreativ- und Mediaagentur hervorging,[403] muss ferner zur Erfassung der tatsächlichen Stellung der Mediaagentur die Stellung der ebenfalls aus der Aufspaltung hervorgegangenen Kreativagentur von der Stellung der Mediaagentur abgegrenzt werden. Die Kreativagentur erstellt die Werbung für ihre Kunden.[404] Sie hat im Gegensatz zur Mediaagentur keinen Kontakt mit den Leistungserbringern[405] und wird deswegen direkt durch die Kunden vergütet.[406] Aus diesen Gründen kann sich die Kreativagentur bei der Erstellung der Werbung auch ausschließlich an den Interessen ihrer Kunden orientieren. Somit beinhaltete die Arbeit der „Full-service"-Werbeagentur mit der Erstellung der Werbung einen kundenorientierten Bereich. Die Aufspaltung der „Full-service"-Werbeagentur hat folglich dazu geführt, dass der kundenorientierte Bereich nunmehr eigenständig durch die Kreativagentur betrieben wird, während der Tätigkeitsbereich, der schon immer auch im Interesse der Leistungserbringer lag, die Mediaplanung und der Mediaeinkauf, jetzt durch die Mediaagentur besorgt wird. Daher könnte die Kreativagentur mehr der Seite der Kunden zugeordnet werden, wohingegen die Mediaagentur eher zwischen Kunde und Leistungserbringer steht.

Allerdings wird durch die Arbeit der Kreativagentur die Werbung des Kunden hochwertiger und erreicht deswegen bessere Resultate. Also liegt auch die Arbeit der Kreativagentur im Interesse der Leistungserbringer.[407] Mithin könnte die Kreativagentur trotz der Argumente den Leistungserbringern doch vergleichbar nahe stehen wie die Mediaagentur.

Jedoch liegt die Tätigkeit der Mediaagentur hauptsächlich deswegen im Interesse der Leistungserbringer, weil sie ihnen Arbeit und Risiken abnimmt, indem sie die Verträge mit den Leistungserbringern selbst abschließt und ihnen schaltfertige Werbung liefert etc.[408] Im Gegensatz dazu liegt es zwar auch im Interesse der Leistungserbringer, dass die Kunden insgesamt mehr werben, weil ihre Werbung aufgrund der professionellen Arbeit der Kreativagentur bessere Ergebnisse erzielt. Jede Tätigkeit, die das Werbeaufkommen insgesamt erhöht, liegt im Interesse derer, die Werbemöglichkeiten anbieten. Das Interesse der Leistungserbringer ist al-

---

[403] Siehe Teil 1, B; Teil 2, A, I und II.
[404] Siehe zur Darlegung der Stellung der Kreativagentur: Teil 1, A, I und II.
[405] *Nennen*, GRUR 2005, 214, 215.
[406] *Siegert/Brecheis*, Werbung in der Medien- und Informationsgesellschaft, S. 135 ff.
[407] Siehe bereits die Darlegung in Teil 1, B; Teil 2, A, I und II.
[408] Siehe Teil 1, B; Teil 2, A, I und II.

lerdings nur auf die Erhöhung des Absatzes an Werbeplätzen gerichtet. Die Kreativagentur nimmt den Leistungserbringern durch ihre Tätigkeit nicht etwa wie die Mediaagentur eine Arbeit oder Risiken ab, welche die Leistungserbringer andernfalls selbst zu erbringen bzw. zu tragen hätten, sondern erstellt lediglich die Werbung für die Kunden. Deswegen liegt die Tätigkeit der Kreativagentur eher *indirekt* im Interesse der Leistungserbringer, während die Tätigkeit der Mediaagentur *direkt* in deren Interesse liegt. Folglich steht die Kreativagentur den Leistungserbringern nicht vergleichbar nahe wie die Mediaagentur.

Die Abgrenzung zeigt also, dass die Kreativagentur den Kunden näher steht, während die Mediaagentur zwischen Kunde und Leistungserbringer angesiedelt ist. Diese Einordnung spricht mehr für eine Stellung auf eigener Wirtschaftsstufe und gegen eine Stellung der Mediaagentur als Beauftragte ihrer Kunden im Sinne von § 299. Verstärkt wird dieses Argument noch dadurch, dass bereits die Werbeagentur als auf eigenständiger Wirtschaftsstufe stehend angesehen wurde.[409] Wenn nun im Zuge ihrer Aufspaltung sogar der kundenorientiertere Bereich separat betrieben wird, spricht dies stark dafür, die Mediaagentur erst recht als ein selbstständiges und auf eigener Wirtschaftsstufe angesiedeltes Wirtschaftsunternehmen anzusehen.

d) Zwischenergebnis

Somit veranschaulicht die historische Betrachtung, dass die Mediaagentur als selbstständiges Unternehmen auf eigener Wirtschaftsstufe anzusehen ist und sie selbstständig zwischen Kunde und Leistungserbringer steht.
Allerdings ist für die Frage nach der Stellung der Mediaagentur als Beauftragte ihres Kunden im Sinne von § 299 die tatsächliche Stellung *bei der Tätigkeit für den Kunden* entscheidend. Folglich kann die erörterte Eigenständigkeit ihrer Stellung *im Verhältnis zu den Kunden* zwar als Indiz bei der Klärung der Beauftragtenstellung herangezogen werden, entscheidend und daher im Folgenden zu erarbeiten ist jedoch, ob die Mediaagentur bei ihrer Tätigkeit diese Eigenständigkeit aufgibt und so sehr in den Betrieb des Kunden eingegliedert wird, dass sie als Beauftragte anzusehen ist. Die historische Betrachtung verdeutlicht mithin lediglich das Ausmaß der Eigenständigkeit der Stellung der Mediaagentur und legt daher nahe, dass zur Bejahung einer Beauftragtenstellung gewichtige Argumente erforderlich sind.

---

[409] BGH, NJW 1970, 1317, 1318; *Lambsdorff/Skora*, Handbuch des Werbeagenturrechts, Rn. 295; *Heider*, Das Recht der Werbeagentur, S. 19 ff.; *Löffler*/Wenzel/Sedelmeier, Presserecht, BT Anz, Rn. 266.

2. Ausgestaltung des Vertragsverhältnisses

Um die Besonderheiten der tatsächlichen Stellung der Mediaagentur im Verhältnis zu ihren Kunden zu erkennen, ist die Ausgestaltung des Vertragsverhältnisses zu betrachten. Zwar ist die Beauftragtenstellung im Sinne von § 299 nicht nach zivilrechtlichen Gesichtspunkten zu beurteilen,[410] anhand der Ausgestaltung des Vertragsverhältnisses lassen sich jedoch unter Umständen Rückschlüsse auf die rein tatsächliche Stellung der Mediaagentur ziehen. Beispielsweise könnte sich aus dem Vertragsverhältnis eine gesetzliche Pflicht zur Weiterleitung der erlangten Vergünstigungen seitens der Mediaagentur ergeben. Auch könnte die Mediaagentur ihren Kunden direkt gegenüber den Leistungserbringern verpflichten. Beides würde eher für eine Beauftragtenstellung denn für die selbstständige Stellung der Mediaagentur auf eigener Wirtschaftsstufe sprechen.

a) Makler

Die Mediaagentur könnte als Makler ihres Kunden anzusehen sein.[411]

Makler im Sinne des Zivilrechts (§§ 652 ff. BGB) ist, wer entgeltlich eine Gelegenheit zum Vertragsabschluss nachweist oder einen Vertrag vermittelt. Zu beachten ist, dass der Makler gemäß § 652 BGB nicht zum Tätigwerden für den Kunden verpflichtet wird. Vielmehr wird nur der Kunde aus dem Vertrag verpflichtet. Jedoch muss der Kunde das vereinbarte Entgelt nur aufbringen, wenn der gewünschte Vertrag infolge der Tätigkeit des Maklers tatsächlich zustande kommt.[412] Folglich ist der Maklervertrag kein synallagmatischer Vertrag im Sinne der §§ 320 ff. BGB, sondern ein entgeltlich einseitig verpflichtender Vertrag.[413]

Anders als der Zivilmakler des BGB vermittelt der gewerbsmäßig tätige Handelsmakler im Sinne der §§ 93 ff. HGB Verträge an Dritte, ohne aufgrund eines Vertragsverhältnisses von ihnen ständig damit betraut zu werden. Der Unterschied zwischen beiden Maklertypen liegt hauptsächlich in der Art der zu vermittelnden Vertragsobjekte.[414] Beim Handelsmakler muss es sich um Gegenstände des Handelsverkehrs handeln.

---

[410] Siehe zur Erörterung: Teil 3, A, I.
[411] Von Werbungsmittlern sprechen u.a.: *Lambsdorff/Skora*, Handbuch des Werbeagenturrechts, Rn. 29.
[412] Jauernig/*Mansel*, § 652 BGB, Rn. 24.
[413] MüKoBGB/*Roth*, § 652 BGB, Rn. 3.
[414] Prütting/Wegen/Weinreich/*Fehrenbacher*, § 652 BGB, Rn. 2.

Der eigentliche durch den Makler vermittelte Vertrag wird direkt zwischen dem Kunden des Maklers und dem durch den Makler gefundenen Vertragspartner geschlossen. Als Makler würde die Mediaagentur mithin im Interesse ihres Kunden tätig, wenn sie diesem eine Möglichkeit zum Vertragsschluss sucht. Eine solche Tätigkeit würde für eine Stellung als Beauftragte des Kunden im Sinne von § 299 sprechen.

Jedoch schließt die Mediaagentur zunächst einen Vertrag mit ihrem Kunden und anschließend – selbst – die Verträge mit den jeweiligen Leistungserbringern (sog. Schaltverträge), um der Verpflichtung aus dem Vertrag mit dem Kunden zur Verschaffung der Werbeplätze nachzukommen.[415] Sie handelt dabei zumeist *in eigenem Namen*.[416] Dies ist mittlerweile so üblich, dass die Mediaagentur ausdrücklich und unmissverständlich darauf hinweisen müsste, falls sie den Vertrag im Namen des Kunden schließen will.[417] Die bloße Angabe des Namens des Kunden gegenüber dem Leistungserbringer reicht hierfür nicht aus.[418]

Folglich ist die Mediaagentur kein Makler bzw. Vermittler.[419] Aus diesem Grund ist auch die aus historischen Gründen teilweise noch verwendete Bezeichnung Werbungs*mittler*[420] zumindest für die Mediaagentur juristisch nicht korrekt. Die durch den Begriff implizierte Mittlerstellung hatte zwar die Annoncenexpedition inne, die moderne Mediaagentur jedoch nicht mehr.[421]

b) Handelsvertreter

Die Mediaagentur könnte Handelsvertreter im Sinne der §§ 84 ff. HGB sein. Als solcher wäre sie berechtigt, für ihren Kunden in dessen Interesse zu handeln und deswegen der Wirtschaftsstufe des Kunden zuzuordnen. Dies würde für eine Beauftragtenstellung im Sinne von § 299 sprechen.

Im Gegensatz zum Handelsmakler ist der Handelsvertreter als selbstständiger Gewerbetreibender ständig mit der Geschäftsvermittlung betraut und schuldet lau-

---

[415] BGH, WRP 1994, 169, 171; LG Saarbrücken, AfP 2000, 398, 399; HHKomm/*Kolonko*, 56. Abschnitt, 5. Teil, 3. Kapitel, Rn. 30.
[416] Für viele: OLG München, AfP 1985, 132, 133; *Löffler*/Wenzel/Sedelmeier, Presserecht, BT Anz, Rn. 267 (m.w.N.); *Martinek*, Mediaagenturen und Medienrabatte, S. 3.
[417] Palandt/*Ellenberger*, § 164 BGB, Rn. 1.
[418] *Rath-Glawatz*/Engels/Dietrich, Das Recht der Anzeige, Rn. 432.
[419] Siehe zur Problematik von Vermittlern im Rahmen von § 299: *Wittig*, wistra 1998, 7 ff.
[420] *Lambsdorff*/Skora, Handbuch des Werbeagenturrechts, Rn. 29; *Rath-Glawatz*/Engels/Dietrich, Das Recht der Anzeige, Rn. 429.
[421] Siehe Teil 2, A, I und II; Teil 3, A, II, 1, a).

fend Absatzerfolge, § 84 Abs. 1 Satz 1 HGB. Erforderlich ist eine auf Dauer angelegte beiderseitige Bindung.[422] Einen in kaufmännischer Weise eingerichteten Gewerbebetrieb muss das Unternehmen des Handelsvertreters aber gemäß § 84 Abs. 4 HGB nicht darstellen. Allerdings arbeitet auch der Handelsvertreter in fremdem Namen und auf fremde Rechnung.[423]

Wie dargestellt, handelt die Mediaagentur aber in eigenem Namen.[424] Damit fehlt es auch hier schon an der Geschäfts*vermittlung*. Darüber hinaus engagiert der Kunde eine Mediaagentur meist nur in Bezug auf eine einzelne Werbekampagne.[425] Deshalb besteht in der absoluten Mehrzahl der Fälle auch keine auf Dauer angelegte Bindung.

Mithin ist die Mediaagentur nicht Handelsvertreter des Kunden im Sinne der §§ 84 ff. HGB.

c) Vertreter

Die Mediaagentur könnte Vertreter ihres Kunden im Sinne von § 164 BGB sein. Als Vertreter wäre sie berechtigt, für den Kunden in dessen Interesse zu handeln. Dies würde für eine Beauftragtenstellung im Sinne von § 299 sprechen.

Erforderlich für eine Stellvertretung ist gemäß § 164 Abs. 1 BGB eine eigene Willenserklärung, welche in fremdem Namen erfolgt und im Rahmen der Vertretungsmacht liegt.

Die Mediaagentur schließt die Schaltverträge mit den Leistungserbringern jedoch in eigenem Namen ab.[426] Somit ist sie nicht Vertreter ihres Kunden im Sinne der §§ 164 ff. BGB.

d) Kommissionär

Die Mediaagentur könnte Kommissionär im Sinne der §§ 383 ff. HGB sein. Kommissionär ist gemäß § 383 Abs. 1 HGB, wer es gewerbsmäßig übernimmt, Waren oder Wertpapiere für einen anderen in eigenem Namen zu kaufen oder zu

---

[422] MüKoHGB/*v. Hoyningen-Huene*, § 93 HGB, Rn. 28.
[423] HeidelbergerKomm/*Ruß*, § 84 HGB, Rn. 7.
[424] Siehe Teil 3, A, II, 2, a).
[425] *Martinek*, Mediaagenturen und Medienrabatte, S. 48.
[426] Siehe zur Darlegung: Teil 3, A, II, 2, a).

verkaufen. Der Kommissionär beschränkt sich also nicht auf bloße Vermittlertätigkeiten, sondern schließt den Vertrag selbst ab, handelt aber auf fremde Rechnung.[427] Gemäß § 383 Abs. 2 HGB muss der Kommissionär nicht zwingend Kaufmann sein.

Als Kommissionär wäre die Mediaagentur gemäß § 384 Abs. 2 HGB verpflichtet, dem Kunden als ihrem Kommittenten alles herauszugeben, was sie aus der Geschäftsbesorgung erlangt hat. Diese Verpflichtung würde eher auf ein Handeln im Interesse des Kunden und damit auf eine Beauftragtenstellung hindeuten.

Auch die Mediaagentur schließt die Verträge mit den Leistungserbringern in eigenem Namen ab und vermittelt die Leistungserbringer nicht nur an ihre Kunden.[428] Gemäß dem Vertrag mit ihren Kunden muss die Mediaagentur neben dem Erstellen des Mediaplans auch die zur Erfüllung des Plans nötigen Werbeplätze buchen. Fraglich ist, ob es sich dabei um einen Kauf von Waren oder Wertpapieren handelt, wie von § 383 Abs. 1 HGB gefordert. Waren im Sinne von § 383 Abs. 1 HGB sind jedoch nur bewegliche Sachen.[429] Somit sind Werbeplätze nicht erfasst.[430] Allerdings finden die Vorschriften des dritten Abschnitts gemäß § 406 Abs. 1 HGB auch Anwendung, wenn es sich um ein Geschäft anderer Art als in § 383 HGB bezeichnet handelt, der Kommissionär jedoch in eigenem Namen und auf fremde Rechnung tätig wird. Mithin kann über diese Vorschrift auch ein Werbeplatz zum Gegenstand eines Kommissionsgeschäfts werden.[431]

Folglich ist entscheidend für die Stellung der Mediaagentur als Kommissionär, ob sie auf fremde oder auf eigene Rechnung handelt. Ein Handeln auf eigene Rechnung liegt vor, wenn der Handelnde selbst das wirtschaftliche Risiko aus dem von ihm vorgenommenen Geschäftsabschluss trägt.[432] Typisch für ein Kommissionsgeschäft ist deswegen die Abrede, zum bestmöglichen Preis zu kaufen.[433] Ferner spricht auch die Vereinbarung einer Provision für ein Kommissionsgeschäft.[434] Gegen ein Kommissionsgeschäft spricht die Vereinbarung eines festen Kaufprei-

---

[427] Staub/*Koller*, § 383 HGB, Rn. 5.
[428] Siehe Teil 3, A, II, 2, a).
[429] *Schmidt*, Handelsrecht, § 31, III, 1, c.
[430] Zur ausführlichen Erörterung der Problematik der Einordnung von Werbeplätzen als Ware im Sinne des § 299, siehe: Teil 3, B, V.
[431] Staub/*Koller*, § 383 HGB, Rn. 22.
[432] MüKoHGB/*Häuser*, § 383 HGB, Rn. 30.
[433] RGZ 114, 9, 11.
[434] MüKoHGB/*Häuser*, § 383 HGB, Rn. 32.

ses.[435] Letztlich kann ein Kommissionsgeschäft auch vorliegen, obwohl der Kommittent unmittelbar an den Dritten bezahlen soll.[436]

Der Begriff Provision bezeichnet ein Entgelt für eine vermittlerische Tätigkeit und ist üblich bei Maklern und Handelsvertretern etc.[437] Die Tätigkeit dieser Berufsgruppen ist aber durch die Vermittlung von Verträgen gekennzeichnet; sie schließen sie nicht in eigenem Namen ab. Die Mediaagentur handelt beim Abschluss der Verträge jedoch nicht im Namen ihrer Kunden, sondern in eigenem Namen.[438] Also liegt keine Provision vor, obwohl dieser Begriff teilweise aus der Zeit der Annoncenexpeditionen übernommen wurde.[439]

Für ein Handeln auf fremde Rechnung könnte die Tatsache sprechen, dass die Mediaagentur bei jedem Vertragsabschluss den Namen ihres Auftraggebers nennen muss.[440] Jedoch existiert diesbezüglich keine gesetzliche Pflicht, sondern es handelt sich lediglich um eine häufig verwendete Bedingung in den Allgemeinen Geschäftsbedingungen der Leistungserbringer. Sie versuchen dadurch sicher zu stellen, dass die Mediaagenturen nicht Werbeplätze unabhängig von einem konkreten Auftrag einkaufen, um sie gewinnbringend weiter zu veräußern.[441] Verhindert werden soll das Heranwachsen der Mediaagenturen zu Brokern, die die Preise selbst neu festlegen können.[442]

Für ein Handeln auf eigene Rechnung könnte die historische Betrachtung des Mediaagenturverhältnisses sprechen. Schon 1910 hatte der Verein Deutscher Zeitungsverleger eine Liste mit Voraussetzungen für die Anerkennung als Annoncenexpedition veröffentlicht, in der unter Ziffer zwei gefordert wurde, es müsse in eigenem Namen und auf eigene Rechnung gehandelt werden.[443] Da die Annoncenexpeditionen die Vorläufer der Werbeagenturen waren und sich letztere aufspalteten in Mediaagenturen und Kreativagenturen,[444] spricht die historische Betrachtung für ein Handeln auf eigene Rechnung.[445]

---

[435] OLG Hamburg, BB 1957, 911.
[436] BGH, WM 1959, 269, 270.
[437] Jauernig/*Mansel*, § 652 BGB, Rn. 26.
[438] Siehe zur Darlegung: Teil 3, A, II, 2, a).
[439] So zum Beispiel in: *Löffler*/Wenzel/Sedelmeier, Presserecht, BT Anz, Rn. 269.
[440] HHKomm/*Kolonko*, 56. Abschnitt, 5. Teil, 3. Kapitel, Rn. 30.
[441] OLG München, AfP 1985, 132, 133.
[442] Weiterführend: Teil 5, B, II.
[443] *Lambsdorff*, WRP 1974, 311, 312.
[444] Siehe Teil 1, A, I; Teil 2, A, I und II.
[445] *Kolonko*, AfP 2009, 18, 20.

Grundsätzlich aber ist die Frage des Tätigwerdens auf eigene oder fremde Rechnung eine Frage des konkreten Einzelfalls. Jede Mediaagentur kann insofern nach Belieben verfahren. Das Tätigwerden auf fremde Rechnung ist jedoch rein tatsächlich eine seltene Ausnahme.[446] Diese Branchenübung ist auch von der Rechtsprechung anerkannt.[447] Schon 1969 wurde das Handeln auf eigene Rechnung als international geltender Handelsbrauch bezeichnet.[448]

Im Regelfall wird die Mediaagentur somit auf eigene Rechnung tätig und ist mithin kein Kommissionär.

e) Treuhänder

Vereinzelt wird die Mediaagentur als Treuhänder[449] ihrer Kunden oder sogar als „doppelter" Treuhänder, sowohl im Verhältnis zu ihren Kunden als auch den Leistungserbringern, angesehen.[450] Ein Treuhandverhältnis würde eher für eine Stellung als Beauftragte im Sinne von § 299, als für eine Stellung auf eigenständiger Wirtschaftsstufe sprechen.

Trotz fehlender gesetzlicher Regelung wird unter einer treuhänderischen Funktion die Wahrnehmung der Interessen des Treugebers in eigenem Namen verstanden.[451] Der Treugeber muss dem Treuhänder aus seinem Vermögen das Treugut zu eigener Rechtszuständigkeit mit der Maßgabe übertragen, dass der Treuhänder die übertragene Rechtsmacht nur gemäß dem Treuhandvertrag ausübt.[452] Je nachdem, wessen Interessen im Vordergrund stehen sollen, werden die Sicherungs- und die Verwaltungstreuhand unterschieden.[453] Beide Formen setzen aber voraus, dass dem Treuhänder im Außenverhältnis eine Rechtsmacht eingeräumt wird, die im Innenverhältnis zum Treugeber schuldrechtlich gebunden ist.[454] Typischer Anwendungsbereich einer Treuhand ist beispielsweise die Zahlung des Kaufpreises für ein Grundstück an einen Notar, welcher ihn seinerseits an den Verkäufer auskehrt, sobald

---

[446] *Martinek*, Mediaagenturen und Medienrabatte, S. 44.
[447] BGH, NJW 1970, 1317, 1318; BGH, GRUR 1994, 527, 528; OLG München, AfP 1985, 132, 133.
[448] *Gloede*, AfP 1969, 814, 815.
[449] *Marx*, Media für Manager, S. 14.
[450] *Schneider*, WuW 1962, 260, 265; *Strauf*, Die moderne Werbeagentur in Deutschland, S. 61.
[451] MüKoBGB/*Schramm*, Vor § 164 BGB, Rn. 28.
[452] Soergel/*Leptien*, Vor § 164 BGB, Rn. 51.
[453] Prütting/Wegen/Weinreich/*Frensch*, § 164 BGB, Rn. 6 ff.
[454] *Larenz/Wolf*, BGB AT, § 46, Rn. 66.

dieser die Übertragung des Eigentums an dem betreffenden Grundstück vorgenommen hat.

Demgegenüber erhält die Mediaagentur nicht von ihren Kunden das zur Buchung der Werbeplätze nötige Geld übereignet, um es an die Leistungserbringer weiterzuleiten.[455] Es wird ihr lediglich im Rahmen des Vertragsschlusses mit dem Kunden von diesem dargelegt, wie viel Geld für die jeweilige Werbemaßnahme einkalkuliert wurde.[456] Die für die Buchung der Werbeplätze letztlich aufgewendeten Mittel erlangt die Mediaagentur von ihren Kunden erst im Rahmen der Endabrechnung.[457] Darüber hinaus handelt die Mediaagentur in eigenem Namen und auf eigene Rechnung.[458]

Folglich fehlt es bereits an der Übereignung eines Treuguts oder an der Verleihung von Rechtsmacht zur Verfügung über das Treugut. Somit wird die Mediaagentur gerade nicht von ihren Kunden zur Ausübung eines Vermögensrechts bestellt und dazu mit eigener Rechtszuständigkeit an diesem Recht ausgestattet, sondern erbringt lediglich eine Leistung im Interesse ihrer Kunden. Zwar muss die Mediaagentur im Rahmen der Auswahl des passenden Leistungserbringers auf die Interessen der Kunden Rücksicht nehmen, jedoch genügt die allgemeine (Neben)Pflicht zur Wahrung der Interessen des Auftraggebers gemäß § 242 BGB nicht, um eine Treuhänderstellung zu begründen.[459] Selbst wenn diese Interessenwahrungspflicht mehr als nur Nebenpflicht gemäß § 242 BGB sein sollte,[460] ergäbe sich dadurch noch keine Treuhänderstellung.

Damit ist die Mediaagentur, solange nicht einzelvertraglich etwas anderes vereinbart wurde, nicht Treuhänder ihres Kunden im Rechtssinne. Soweit eine Einstufung als Treuhänder vorgenommen wird, resultiert dies zumeist daraus, dass der Begriff des Treuhandverhältnisses teilweise auch in weiterem Sinne zur Bezeichnung von Rechtsstellungen verwendet wird, bei denen rechtliche Befugnisse zur Ausübung in fremdem Interesse übertragen werden.[461] Ein solches Verständnis entspricht aber

---

[455] Siehe Teil 1, B.
[456] Siehe Teil 1, B.
[457] Siehe die Urteilsbegründung des LG Wiesbaden im „Ruzicka-Prozess" vom 12.05.2009, Az. 1160 Js 26113/05, http://www.absatzwirtschaft.de/Content/Communication/News/_pv/_p/1003 214/_t/ft/_b/69172/default.aspx/das-ruzicka-urteil-und-die-folgen.html, zuletzt abgerufen am 20.10.2011.
[458] Siehe zur Darlegung: Teil 3, A, II, 2, a); Teil 3, A, II, 2, d).
[459] BGH, NJW 1970, 1317, 1318.
[460] *Heider*, Das Recht der Werbeagentur, S. 31.
[461] *Fabricius*, WRP 1969, 305, 317.

nicht dem Rechtsinstitut der Treuhand, sondern missbraucht lediglich dessen Bezeichnung.[462]

f) Geschäftsbesorger

Schließlich könnte die Mediaagentur Geschäftsbesorger ihres Kunden im Sinne der §§ 675 ff. BGB sein.[463] Als Geschäftsbesorger hätte sie alles, was sie infolge der Geschäftsbesorgung erlangt hat, gemäß §§ 675 Abs. 1, 667 BGB dem Geschäftsherrn herauszugeben. Diese Pflicht würde, obwohl sich die Beauftragtenstellung nicht nach zivilrechtlichen Grundlagen richtet, mehr für eine Beauftragtenstellung der Mediaagentur im Sinne des § 299 denn für eine Stellung auf eigener Wirtschaftsstufe sprechen. Daher wird ein Geschäftsbesorgungsvertrag regelmäßig als ausreichend zur Begründung einer Beauftragtenstellung erachtet.[464]

Geschäftsbesorger im Sinne der §§ 675 ff. BGB ist, wer aufgrund eines Dienst- oder Werkvertrags tätig wird, der eine Geschäftsbesorgung zum Gegenstand hat.

aa) Dienst- oder Werkvertrag

Fraglich ist zunächst, ob die Mediaagentur aufgrund eines Dienst- oder Werkvertrags tätig wird. Ein Werkvertrag liegt vor, wenn der Werkunternehmer einen gewissen Erfolg schuldet, wohingegen ein Dienstvertrag vorliegt, wenn lediglich das Tätigwerden bzw. das Bemühen um den Erfolg geschuldet wird.[465] Wenn sich ein Vertrag wegen seiner Vielschichtigkeit nicht rein abstrakt eindeutig zuordnen lässt, kann er auch als typengemischter Vertrag anzusehen sein.[466] Im Falle eines typengemischten Vertrags ist, falls das Kombinationsprinzip nicht weiter hilft, für die Zuordnung der Schwerpunkt des Vertragsziels entscheidend.[467]

Der zwischen der Mediaagentur und ihrem Kunden geschlossene Vertrag enthält sowohl eine Pflicht, den Kunden bezüglich der Werbeplätze zu beraten, als auch die Pflicht, dem Kunden die Werbeplätze zu verschaffen.[468] Damit ist der Vertrag weder eindeutig Dienst- noch Werkvertrag.[469] Folglich ist für die Einordnung frag-

---

[462] BayObLG, NJW-RR 1989, 867, 868; Soergel/*Leptien*, Vor § 164 BGB, Rn. 49.
[463] So: Müller-Gugenberger/Bieneck/*Blessing*, Handbuch Wirtschaftsstrafrecht, § 53, Rn. 64.
[464] LK/*Tiedemann*, § 299, Rn. 16.
[465] Erman/*Schwenker*, Vor §§ 631-651 BGB, Rn. 8.
[466] So beispielsweise im Architektenvertrag: Soergel/*Teichmann*, Vor § 631 BGB, Rn. 32.
[467] Bamberger/Roth/*Gehrlein*, § 311 BGB, Rn. 25.
[468] Siehe zur Darlegung: Teil 2, A, I und II.
[469] *Schiwy/Schütz/Dörr*, Medienrecht, S. 617 f.

lich, welches Element des Vertrags den Schwerpunkt darstellt und auf diese Weise dem Vertag sein Gepräge verleiht. Dazu sind die wesentlichen Elemente darzustellen und zu beleuchten, ob sie eher dienst- oder werkvertraglicher Natur sind.

Die zu erbringende Werbeberatung des Kunden könnte eher auf ein Tätigwerden und damit auf einen Dienstvertrag hindeuten. Als weitere Hinweise für einen Dienstvertrag wurden bei einer Werbeagentur die Abgeltung mit einem Pauschalhonorar und die Zeitbemessenheit der Arbeitsleistung angeführt.[470] Auch die Verpflichtung zur Erstellung der Werbung an sich ist mehr ein geschuldetes Tätigwerden und spricht damit für einen Dienstvertrag.[471] Letztlich deutet auch die Vereinbarung eines Gesamtauftrags mit vielen einzelnen Komponenten, wie einer Vielzahl von Beratungsleistungen und sonstigen Maßnahmen, mehr auf einen Dienstvertrag.[472]

Die Mediaagentur schuldet aber gerade nicht die Erstellung der Werbung selbst.[473] Diese Tätigkeit übernimmt seit der Aufspaltung der „Full-service"-Werbeagentur die Kreativagentur.[474] Außerdem ist das von den Kunden geleistete Honorar, soweit überhaupt ein solches geleistet wird, zu gering, um den Ausschlag für einen Dienstvertrag geben zu können.[475] Letztlich ist die Mediaagentur in der Erbringung ihrer Leistung zeitlich nicht exakt gebunden. Damit spricht auch nicht die Zeitbemessenheit der Arbeitsleistung für die Annahme eines Dienstvertrags.[476] Mithin finden sich keine Anhaltspunkte dafür, dass der Schwerpunkt des Vertrags in dienstvertraglichen Elementen liegt.

Hingegen könnte der Mediaplan den Schwerpunkt der gemäß dem Vertrag mit dem Kunden geschuldeten Leistung der Mediaagentur darstellen. Dann wäre mit der Erstellung des Mediaplans ein Erfolg geschuldet und es läge deswegen ein Werkvertrag vor. Um zu erkennen, ob der Mediaplan tatsächlich den Schwerpunkt der Tätigkeit der Mediaagentur ausmacht, ist die Bedeutung des Mediaplans für den Kunden und für die Tätigkeit der Mediaagentur herauszuarbeiten.

---

[470] BGH, WM 1972, 947 ff. („Bastelwettbewerb-I-Entscheidung").
[471] *Rath-Glawatz*/Engels/Dietrich, Das Recht der Anzeige, Rn. 429.
[472] So auch: *Löffler*/Wenzel/Sedelmeier, Presserecht, BT Anz, Rn. 266; *Schiwy/Schütz/Dörr*, Medienrecht, S. 617 f.
[473] *Rath-Glawatz*/Engels/Dietrich, Das Recht der Anzeige, Rn. 429. Siehe ferner bereits: Teil 1, A, I und II.
[474] Siehe Teil 1, A, I; Teil 2, A, I und II.
[475] Siehe zur Darlegung: Teil 1, B.
[476] BGH, WM 1972, 947 ff. („Bastelwettbewerb-I-Entscheidung").

Die Medien haben sich in den vergangenen Jahrzehnten sehr stark gewandelt. Beispielsweise entwickelte sich das Fernsehen erst in den Nachkriegsjahren zu einem bedeutenden Werbemarkt – heute dem größten nach den Printmedien.[477] Weder in seiner Erscheinungsform noch gemessen an seinem Aufkommen entspricht dieser Werbemarkt heute noch seinen Anfängen.[478] Erst in den achtziger Jahren des zwanzigsten Jahrhunderts entstanden Privatsender und damit umfassendere TV-Werbemöglichkeiten.[479] Selbst Werbung in Printmedien und Hörfunk hat sich erheblich verändert. Auch kamen laufend neue Werbemöglichkeiten hinzu, unter anderem die Außenwerbung, die Verkehrsmittelwerbung oder die Lesezirkelwerbung.[480] Vor allem aber das Internet, welches in der heutigen Zeit den am stärksten wachsenden Werbemarkt überhaupt darstellt,[481] erlebte erst in den späten neunziger Jahren des zwanzigsten Jahrhunderts seinen Aufstieg. *Binias* stellte bereits 1962 fest, dass die Entwicklung der Werbung niemals stillsteht und sich deswegen auch die Annoncenexpeditionen, die Vorläufer der Mediaagenturen, ständig wandeln.[482]

Mit der Entwicklung veränderten sich auch die Anforderungen der Medien an die Werbung in Bezug auf Format, Layout und Kompatibilität etc. Ferner bedeuteten die Veränderungen des Werbemarkts eine erhebliche Vergrößerung des für eine umfassende Marktanalyse erforderlichen Aufwands.[483] Heute besteht allein bei den Printmedien, welche wiederum nur eine von insgesamt 13 Werbeträgergattungen darstellt, in Deutschland die Möglichkeit, in 1800 Zeitschriften, 400 Tageszeitungen und 1300 Anzeigenblättern zu werben.[484] Die Anstrengungen für umfassende Marktforschung, produktbezogene Zielgruppen- und Wettbewerbsanalysen und die sonstigen Grundlagen eines Mediaplans sind somit heute entsprechend groß. Ein moderner Mediaplan ist deswegen ein äußerst komplexes Konstrukt, welches einen großen geistigen Aufwand erfordert, um den Interessen des Kunden gerecht werden zu können. Er umfasst neben der Mediastrategie auch die zur Zielerreichung richtige Aufteilung der Werbemaßnahmen auf die unterschiedlichen Werbeträger, den

---

[477] Außerdem hat der Fernsehmarkt in Bezug auf die Verhandlungen der Mediaagenturen mit den Werbeplatzvermarktern Signalwirkung für die gesamte Branche: HORIZONT, Nr. 09/2010, S. 2.
[478] *ZAW*, Werbung in Deutschland 2009, S. 73.
[479] *Marx*, Media für Manager, S. 86.
[480] *Binias*, ZVZV 1962, 56, 58.
[481] *Hartung*, Erfolgsfaktoren für die Vermarktung des Internet als Werbemedium, S. 2 (m.w.N.); HORIZONT, Nr. 26/2007, S. 4; HORIZONT, Nr. 07/2010, S. 6.
[482] *Binias*, ZVZV 1962, 56.
[483] Siehe zum Aufwand von Zielgruppen- und Wettbewerbsanalysen: *Koschnick*, Medialexikon, S. 1808 f.
[484] *ZAW*, Werbung in Deutschland 2009, S. 234.

sogenannten „Mediamix".[485] Nur durch einen ausgefeilten Mediaplan können diejenigen Werbeplätze, welche die passenden Kunden ansprechen, gefunden und so das Ziel der Werbekampagne erreicht werden. Das bloße Kaufen der Werbeplätze hingegen dient lediglich der Verwirklichung des im Mediaplan verkörperten geistigen Werks und stellt selbst keinen großen Aufwand dar.[486]

Im Gegensatz zur Arbeit der „Full-service"-Werbeagentur, deren Tätigkeitsbereich viel umfangreicher war, könnte die Hauptleistung der Mediaagentur deswegen in der Erstellung des Mediaplans zu sehen sein. Die sonstigen Aufgaben der Mediaagentur hängen unmittelbar mit der Erstellung dieses Plans zusammen oder werden in ihm verkörpert. Sie dienen deswegen nur seiner Verwirklichung.

Jedoch ist zu bedenken, dass der Kunde den Vertrag mit der Mediaagentur nur schließt, um diejenigen Werbeplätze zu erhalten, die seinem Werbevorhaben die größtmögliche Wirkung verleihen. Der Kunde wäre auch ohne die Mediaagentur in der Lage, schlicht *irgendwelche* Werbeplätze zu kaufen. Er schaltet die Mediaagentur somit nur ein, da sie durch ihre Erfahrungen und ihr Know-how eine bessere Werbewirkung in Aussicht stellt.[487] Die Mediaagentur kann ihre Verpflichtung aus dem Vertrag mit ihrem Kunden aber nur erfüllen, wenn sie zunächst herausfindet, welche Werbeplätze überhaupt die „richtigen" sind bzw. welche Werbeplätze die Interessen des Kunden am ehesten verwirklichen. Nur aus diesem Grund erstellt die Mediaagentur den Mediaplan. Dieser erfüllt durch den Kauf der Werbeplätze seine Bestimmung und verliert dadurch gleichzeitig seinen Sinn. Um die ideale Werbewirkung zu erzielen, muss die Werbung dann nur noch tatsächlich erscheinen. Mithin stellt sich der Mediaplan lediglich als notwendiger Zwischenschritt der Mediaagentur auf dem Weg zur Erfüllung ihrer vertraglichen Verpflichtung gegenüber dem Kunden dar. Aus diesem Grund könnte weniger der Mediaplan, als vielmehr die Verpflichtung der Mediaagentur, ihrem Kunden die „richtigen" Werbeplätze zu verschaffen, den Schwerpunkt des Vertrags zwischen Mediaagentur und Kunde bilden.

Folglich wäre es entscheidend, ob der bedeutend arbeitsintensivere Teil des Erstellens des Mediaplans oder der eigentliche Zweck, das Verschaffen der Werbeplätze, dem Vertrag zwischen Kunde und Mediaagentur das Gepräge verleiht. Da allerdings sowohl die Anfertigung des Mediaplans als auch das Verschaffen der Wer-

---

[485] *Unger*, Mediaplanung, S. 24 ff. Zu den sieben Arbeitsstufen der Mediaplanung: *Koschnick*, Medialexikon, S. 1844 f.
[486] *Koschnick*, Medialexikon, S. 1808, 1819.
[487] Siehe Teil 1, A, II; Teil 2, A, II.

beplätze einen zu erbringenden Erfolg bedeuten, kann insofern die Entscheidung, was genau den Schwerpunkt des Vertrags zwischen Kunde und Mediaagentur darstellt und damit dem Vertrag sein Gepräge verleiht, an dieser Stelle dahinstehen.[488] Es liegt in jedem Fall ein Werkvertrag vor.

Gleichwohl können Besonderheiten im Einzelfall ein anderes Ergebnis rechtfertigen. Entscheidend ist insoweit die Ausgestaltung des konkreten Vertrags.[489] Auch wenn es nach dem in der Einführung Gesagten zwar unüblich ist, wäre es zumindest denkbar, dass eine Mediaagentur längerfristig mit der umfassenden Betreuung eines Kunden beauftragt wird und dafür ein festes Honorar erhält.[490] Dies würde dann eher für einen Dienstvertrag sprechen. Im Normalfall liegt jedoch entsprechend der Darlegung ein Werkvertrag vor.

Fraglich ist allerdings, ob dieser eine Geschäftsbesorgung zum Gegenstand hat.

bb) Geschäftsbesorgung

Aus dem Element des Dienst- oder Werkvertrags resultiert, wie schon die Gesetzesüberschrift des § 675 BGB klarstellt, das Erfordernis der Entgeltlichkeit. Die Abgrenzung des Geschäftsbesorgungsvertrags vom Auftrag im Sinne der §§ 662 ff. BGB erfolgt aber hauptsächlich nicht über die Entgeltlichkeit, sondern über den im Gesetz nicht näher konkretisierten Begriff der Geschäftsbesorgung.[491]

Unter einer Geschäftsbesorgung gemäß § 675 Abs. 1 BGB wird jede selbstständige Tätigkeit wirtschaftlicher Art zur Wahrnehmung fremder Vermögensinteressen verstanden.[492] Jedoch sind die Merkmale nicht im Sinne einer begrifflichen, sondern eher einer typologischen Abgrenzung zu verstehen.[493] Es muss anhand der Merkmale beurteilt werden, ob ein Sachverhalt dem umschriebenen Typus entspricht. Im Gegensatz zu gewöhnlichen Dienst- und Werkverträgen ist die Anwendung der in § 675 BGB genannten Auftragsvorschriften nur bei selbstständiger Wahrnehmung fremder Interessen innerhalb einer fremden Vermögenssphäre gerechtfertigt, also vor allem bei Angelegenheiten, die grundsätzlich der Vermögensinhaber selbst wahrnehmen sollte.[494] Zur Wahrnehmung fremder Vermögensinte-

---

[488] Siehe zur endgültigen Entscheidung: Teil 3, A, II, 2, f), bb), (2).
[489] *Löffler*/Wenzel/Sedelmeier, Presserecht, BT Anz, Rn. 266.
[490] Siehe für die Werbeagentur insoweit Palandt/*Sprau*, Einf. v. § 631 BGB, Rn. 31, auch wenn die Unterscheidung zur Mediaagentur fehlt bzw. die Besonderheiten (der Mediaplan etc.) nicht berücksichtigt werden.
[491] MüKoBGB/*Heermann*, § 675 BGB, Rn. 2, 3.
[492] BGH, NJW-RR 2004, 989.
[493] Prütting/Wegen/Weinreich/*Fehrenbacher*, § 675 BGB, Rn. 2.
[494] MüKoBGB/*Heermann*, § 675 BGB, Rn. 3 f.

ressen ist aber ein Handeln auf fremde Rechnung nicht zwingend erforderlich.[495] Es ist möglich, fremde Vermögensinteressen selbstständig wahrzunehmen und trotzdem auf eigene Rechnung zu handeln.[496] Dies stellt ebenfalls einen, wenn auch atypischen, Fall der Geschäftsbesorgung im Sinne von § 675 BGB dar.[497]

Anhand der Besonderheiten des Mediaagenturverhältnisses ist somit im Folgenden herauszuarbeiten, ob die Verbindung zwischen Mediaagentur und Kunde dem oben beschriebenen Typus des Geschäftsbesorgungsvertrags entspricht.

Festzuhalten ist dafür zunächst, dass es sich bei der Tätigkeit der Mediaagentur um eine Aufgabe handelt, die der werbungtreibende Kunde als Geschäftsherr eigentlich selbst zu erfüllen hätte. Außerdem kommt der Mediaagentur gegenüber ihrem Kunden im Hinblick auf die Buchung der Werbeplätze in eigenem Namen und auf eigene Rechnung ein gewisses Maß an Eigenverantwortlichkeit bzw. ein gewisser Handlungs- und Entscheidungsspielraum zu. Gleichwohl ist die Mediaagentur den Weisungen ihres Kunden in gewisser Weise unterworfen. Fordert der Kunde einen bestimmten Werbeplatz, muss die Mediaagentur ihn auch dann kaufen, wenn er nicht im Mediaplan vorgesehen ist. Ferner ist die Tätigkeit der Mediaagentur dem Bereich des Wirtschaftslebens zuzuordnen. Letztlich steht, wie dargelegt, das Handeln auf eigene Rechnung trotz der Atypik einer Einordnung der Mediaagentur als Geschäftsbesorger nicht grundsätzlich entgegen.

Ausführlich zu beleuchten sind somit nur die Entgeltlichkeit der Tätigkeit, das Vorliegen eines Vermögensbezugs, die Fremdnützigkeit und der Interessenwahrungscharakter.

(1) Entgeltlichkeit

Als schwierig erweist sich bereits die Beantwortung der Frage nach der Entgeltlichkeit. Rein wirtschaftlich wird die Mediaagentur von den Leistungserbringern getragen.[498] Fraglich ist somit, ob wegen dieses Entgelts eine Geschäftsbesorgung der Mediaagentur für ihre Kunden bejaht werden kann.

Gemäß § 667 BGB hat der Geschäftsbesorger die Pflicht zur Weiterleitung des Erlangten an den Geschäftsherrn. Folglich soll aus der Geschäftsbesorgung nichts beim Geschäftsbesorger verbleiben. Dafür besteht gemäß § 670 BGB die Pflicht des Geschäftsherrn zum Ersatz der Aufwendungen des Geschäftsbesorgers. Ferner

---

[495] *Fikentscher*, WRP 1970, 1, 2.
[496] *Ulmer*, Der Vertragshändler, S. 277.
[497] *Martinek*, FS Wadle, S. 578 (m.w.N.).
[498] Siehe Teil 1, B.

handelt der Geschäftsbesorger für gewöhnlich auf fremde Rechnung, sodass die Folgen der Geschäftsbesorgung nicht ihn, sondern den Geschäftsherrn treffen.[499] Mithin soll nach der Vorstellung des Gesetzgebers der Geschäftsbesorger nicht durch eine im Rahmen der Geschäftsbesorgung von einem Dritten erlangte Leistung entgolten werden, sondern durch den Geschäftsherrn.

Die Mediaagentur müsste also, um Geschäftsbesorger ihres Kunden im Sinne von § 675 BGB sein zu können, auch von diesem entgolten werden. Üblicherweise erhält die Mediaagentur jedoch von ihren Kunden wenig bis überhaupt kein Honorar,[500] sodass eine Vergütung durch die Kunden ausscheiden könnte.

Eine solche läge allerdings vor, wenn die Preise der Leistungserbringer eigentlich nur 85 % der Listenpreise betragen würden und die verbleibenden 15 % nur aufgeschlagen worden wären, um sie an die Mediaagentur weiterleiten zu können.[501] Gleiches gilt für den Mediaagenturbonus.

Jedoch berechneten die Leistungserbringer auch nach Auftreten der Annoncenexpeditionen, den Vorläufern der Mediaagentur, weiterhin ihre Listenpreise und stellten nur wenn eine *Agentur* die Werbeplätze buchte, dieser wegen der ihnen selbst zugutekommenden Tätigkeit lediglich 85 % der Listenpreise in Rechnung.[502] Mithin wurden die Listenpreise nicht mit Auftreten der Annoncenexpeditionen pauschal um 15 % erhöht.[503] Also entspricht die Annahme im vorbezeichneten Sinn nicht der Realität.[504] Darüber hinaus hätte eine solche Annahme auch wegen Verstoßes gegen das bis 2001 geltende Rabattgesetz zumindest bis dahin eine unzulässige Rabattgewährung bedeutet.

Folglich könnte die Entgeltlichkeit zu verneinen sein und deswegen eine Geschäftsbesorgung gemäß § 675 BGB ausscheiden. Allerdings bedeutet Entgeltlichkeit nichts anderes als Erbringung der Dienste gegen Vergütung.[505] Sie erfordert nicht zwingend eine Zahlung aus dem Vermögen des Geschäftsherrn; eine solche ist lediglich der am häufigsten auftretende Fall der Entgeltlichkeit. Entgeltlichkeit liegt ebenso vor, wenn der Geschäftsbesorger für seine Leistung von dem Geschäftsherrn die Gelegenheit zu einem anderweitigen Gelderwerb erhält.[506] Folglich ist zur Bejahung der Entgeltlichkeit nicht eine direkte Zahlung des Geschäfts-

---

[499] Soergel/*Häuser/Welter*, § 675 BGB, Rn. 16.
[500] Siehe zur Darlegung: Teil 1, B.
[501] *Ulmer*, Der Vertragshändler, S. 284 ff.
[502] *Klosterfelde*, Anzeigen-Praxis, S. 170, 177. Siehe ferner Teil 2, A, I und II.
[503] *Heider*, Das Recht der Werbeagentur, S. 5 ff.
[504] Diese Argumente zeigen ferner, dass der Begriff der Rückvergütung für den Mediaagenturbonus tatsächlich nicht zutrifft. Siehe dazu Teil 1, B, II, 1.
[505] Erman/*Ehmann*, § 675 BGB, Rn. 5.
[506] RGZ 160, 153, 155; *Fikentscher*, WRP 1970, 1, 4.

herrn an den Geschäftsbesorger erforderlich, sondern es genügt die Einräumung einer Gewinnchance für den Geschäftsbesorger durch den Geschäftsherrn.[507]

Durch den Vertrag mit ihrem Kunden erhält die Mediaagentur unabhängig von einer direkten Bezahlung durch den Kunden in jedem Fall die Möglichkeit, die 15 % Agenturvergütung von den Leistungserbringern zu erlangen. Mithin kann aufgrund dieser Gewinnchance die Entgeltlichkeit bejaht werden.[508]

Darüber hinaus erhält die Mediaagentur auch die Chance, tarifliche Rabatte zu erlangen. Sie kann sich durch umgehende Barzahlung den Barzahlungsrabatt (Skonto) sichern. Zahlt der Kunde nicht ebenfalls in dieser Weise an die Mediaagentur, so beruht der Barzahlungsrabatt nur auf einer Leistung der Mediaagentur und entspringt dem separaten Vertrag der Mediaagentur mit dem Leistungserbringer, dem Schaltvertrag.[509] Gleiches gilt für die Möglichkeit, durch Zusammenfassung mehrerer Aufträge den Mal- oder Mengenrabatt zu erhalten. Ob bezüglich all dieser Rabatte eine Weiterleitungspflicht besteht, ist erst im weiteren Verlauf der Arbeit zu erörtern.[510]

In jedem Fall wird die Mediaagentur von ihrem Kunden entgolten, indem dieser ihr die Chance zur Erzielung der Agenturvergütung verschafft. Die Stellung als Geschäftsbesorger scheitert mithin zumindest nicht an der Entgeltlichkeit.

(2) Vermögensbezug

Fraglich ist ferner, ob die Tätigkeit der Mediaagentur einen Vermögensbezug aufweist. Dafür müsste sie auf den Vermögensstatus ihres Kunden Einfluss nehmen können.[511] Allerdings muss die Tätigkeit nicht unmittelbar die Verwaltung des Vermögens zum Inhalt haben.[512] Nicht ausreichend ist jedoch, dass der Tätigkeit lediglich wirtschaftlicher Wert zukommt. Vielmehr muss der Vermögensstatus des Geschäftsherrn mehr als nur mittelbar oder reflexartig beeinflusst werden.[513] Dies muss gerade Ziel und Zweck der geschäftsbesorgerischen Tätigkeit darstellen.[514] Somit scheitert die Annahme einer Geschäftsbesorgung mangels Vermögensbezug, falls nur höchstpersönliche Anliegen und Ziele des Geschäftsherrn gefördert oder

---

[507] *Martinek*, Mediaagenturen und Medienrabatte, S. 39.
[508] *Ulmer*, Der Vertragshändler, S. 284.
[509] Siehe Teil 1, B, I, 1.
[510] Siehe Teil 3, A, II, 2, f), cc).
[511] Palandt/*Sprau*, § 675 BGB, Rn. 3.
[512] Soergel/*Häuser/Welter*, § 675 BGB, Rn. 5.
[513] MüKoBGB/*Heermann*, § 675 BGB, Rn. 8.
[514] Staudinger/*Martinek*, § 675 BGB, Rn. A 18.

verfolgt werden sollen.[515] Der Vermögensbezug ist mithin nicht mit der soeben festgestellten Entgeltlichkeit gleichzusetzen, sondern geht in seiner Bedeutung für die Qualifikation als Geschäftsbesorgungsvertrag über diese hinaus.

Wie erörtert, erzielt die Werbung durch die Arbeit der Mediaagentur bessere Ergebnisse und den Leistungserbringern wird gleichzeitig Arbeit abgenommen.[516] Also kommt der Tätigkeit der Mediaagentur wirtschaftlicher Wert zu. Problematisch ist aber, dass die Mediaagentur wie ihre Vorgänger beim Kauf der Werbeplätze auf eigene Rechnung (und in eigenem Namen) handelt.[517] Im Rahmen eines Geschäftsbesorgungsvertrags sollen aber die Folgen der Geschäftsbesorgung den Geschäftsherrn treffen und deswegen sich sowohl Gewinn als auch Verlust bei diesem realisieren.[518] Auch die bereits erwähnte Verpflichtung zur Herausgabe des Erlangten gemäß § 667 BGB bei gleichzeitigem Anspruch auf Aufwendungsersatz gemäß § 670 BGB verdeutlicht die Stellung des Geschäftsbesorgers als Durchgangsstation. Deswegen wird der typische Geschäftsbesorger im Sinne von § 675 BGB im Regelfall auf fremde Rechnung tätig.[519] Jedoch ist das Handeln auf fremde Rechnung keine zwingende Voraussetzung für eine Geschäftsbesorgung.[520] Fremde Interessen können auch beim Handeln auf eigene Rechnung wahrgenommen werden.[521]

Die Mediaagentur handelt auf eigene Rechnung.[522] Dessen ungeachtet ist der Vertrag zwischen Kunde und Mediaagentur aber darauf gerichtet, dass die Mediaagentur die Werbeplätze kauft und anschließend an den Kunden weitergibt. Der Kunde hat einen vertraglichen Anspruch auf die sich aus dem Mediaplan ergebenden Werbeplätze, soweit die Mediaagentur sie gekauft hat. Vor allem aber erwirbt die Mediaagentur durch den Vertragsschluss mit dem Kunden und dem darauffolgenden Kauf der Werbeplätze bei den Leistungserbringern einen vertraglichen Anspruch gegen den Kunden auf Abnahme und Bezahlung dieser Plätze. Damit liegt ein Bezug der Tätigkeit der Mediaagentur zum Vermögen ihres Kunden vor.

An dieser Stelle wird daher doch entscheidungserheblich, ob das prägende Element des Vertrags zwischen Mediaagentur und Kunde der Mediaplan ist, was den planenden Teil für die rechtliche Einordnung der Gesamttätigkeit maßgebend ma-

---

[515] Staudinger/*Martinek*, § 675 BGB, Rn. A 17.
[516] Siehe Teil 1, B; Teil 2, A, I und II.
[517] Siehe Teil 3, A, II, 2, a); Teil 3, A, II, 2, d).
[518] Soergel/*Häuser/Welter*, § 675 BGB, Rn. 16.
[519] *Schellhammer*, Schuldrecht, Rn. 590.
[520] *Ulmer*, Der Vertragshändler, S. 276 ff.
[521] *Fikentscher*, WRP 1970, 1, 2.
[522] Siehe Teil 3, A, II, 2, d).

chen würde,[523] oder der Mediaeinkauf. Im erstgenannten Fall könnte der Vermögensbezug abzulehnen sein, da von dem Mediaplan selbst keine Einflussnahme auf den Vermögensstatus des Kunden ausgeht. Er ist schlicht ein von der Mediaagentur zu erbringendes Werk, wie es das Decken eines Daches für einen Dachdecker ist.

Wie dargelegt, ist zwar der Mediaeinkauf nur die Verwirklichung des Mediaplans und der Mediaplan auch der arbeitsintensivere Teil, jedoch ist er trotzdem für die Mediaagentur nur notwendiger Zwischenschritt auf dem Weg zur Vertragserfüllung.[524] Entscheidend ist eben der Schwerpunkt des von den Parteien geschlossenen Vertrags und nicht, welcher Teil für einen Vertragspartner arbeitsintensiver ist. Auch wenn der arbeitsintensivere Teil oftmals den Schwerpunkt des gesamten Vertrags darstellt, ist dies nicht zwingend.

Ferner sind die Unterschiede zu einem Fall des BGH klarzustellen, in welchem die planende Tätigkeit als das prägende Element des Vertrags angesehen wurde.[525] Gegenstand der Entscheidung war die Verjährung einer Forderung eines Architekten für Entwürfe, Bauvorlagen sowie Masse- und Kostenberechnungen, welche der Auftraggeber zur Erlangung eines Kredits benötigte. Zur Durchführung des Plans kam es jedoch nicht. Ausschlaggebend war, ob für die Verjährung § 196 Abs. 1 Nr. 7 BGB a.F. anzuwenden war. Dazu war ein Geschäftsbesorgungsvertrag erforderlich. Dies wurde unter Ansehung des planenden Teils als Schwerpunkt des Vertrags bejaht. Allerdings wäre die Situation im vorliegenden Fall womöglich auch anders zu beurteilen, wenn der Vertrag zwischen Mediaagentur und Kunde lediglich auf die Anfertigung des Mediaplans zielen würde. Zweck und Gegenstand des Vertrags ist aber die Verschaffung der Werbeplätze. Der Mediaplan ist daher bloßer Zwischenschritt auf dem Weg zur Vertragserfüllung. Deswegen ist das prägende Element in der Mediaagenturkonstellation der Mediaeinkauf.[526] Insofern unterscheidet sich der vorliegende Fall von dem des BGH. Es muss nicht geklärt werden, ob auch die bloße Planungsleistung bereits eine Geschäftsbesorgung darstellt.

Somit ergibt sich der notwendige Vermögensbezug direkt aus dem Vertrag der Mediaagentur mit ihrem Kunden. Mit dem Vertragsabschluss verpflichtet sich der Kunde, die durch die Mediaagentur entsprechend dem Mediaplan gekauften Werbeplätze von der Mediaagentur zu erwerben. Folglich kann die Mediaagentur durch den Kauf der Werbeplätze auf den Vermögensstatus des Kunden Einfluss nehmen.

---

[523] So der BGH im Fall eines Architekten: BGHZ 31, 224 und BGHZ 45, 223.
[524] Siehe Teil 1, A, II.
[525] BGH, NJW 1966, 1452, 1454.
[526] So auch: *Koschnick*, Medialexikon, S. 1808.

Die Einflussnahme darf jedoch nicht nur mittelbar sein.[527] Im Unterschied zu einem Architekten verpflichtet die Mediaagentur den Kunden gerade nicht direkt gegenüber dem Leistungserbringer, sondern schließt die Schaltverträge jeweils in eigenem Namen und auf eigene Rechnung.[528] Also könnte durch den Erwerb der Werbeplätze in eigenem Namen und auf eigene Rechnung seitens der Mediaagentur eine bloß mittelbare Einflussnahme auf den Vermögensstatus des Kunden vorliegen. Allerdings zeigt sich hier erneut die bereits angesprochene besondere Atypik der vorliegenden Konstellation. Das Handeln auf eigene Rechnung steht einer Einordnung als Geschäftsbesorgungsvertrag gerade nicht entgegen.[529] Ferner kauft die Mediaagentur den Werbeplatz gemäß dem Vertrag mit dem Kunden nur, um ihn später an den Kunden weiterleiten zu können und so ihre vertragliche Pflicht zu erfüllen. Der Kunde ist aus dem Vertrag zur Abnahme des Werbeplatzes verpflichtet. Außerdem ist der Mediaeinkauf der Schwerpunkt des Vertrags.[530] Im Gegensatz zur Mediaplanung stellt der Mediaeinkauf aber mehr als eine nur mittelbare Einflussnahme auf den Vermögensstatus des Kunden dar.

Der erforderliche Vermögensbezug liegt mithin vor. Alles Weitere ist eine Frage der Fremdnützigkeit.

(3) Fremdnützigkeit

Fraglich ist, ob die Tätigkeit der Mediaagentur fremdnützig ist. Dazu müsste sie objektiv im Interesse des Geschäftsherrn liegen. Jedoch wurde bereits festgestellt, dass die Mediaagentur nicht nur im Interesse des Kunden, sondern auch in ihrem eigenen Interesse tätig wird.[531] Allerdings ist es in Bezug auf die Wahrnehmung des Fremdinteresses nicht entscheidend, ob auch ein gewisses Eigeninteresse vorliegt, solange letzteres im Konfliktfall zurücksteht.[532] Insbesondere das eigene Interesse bezüglich der Erlangung des Entgelts stellt ein bloßes Motiv dar und steht daher nicht der Annahme der Fremdnützigkeit entgegen.[533] Dass die Mediaagentur auch ihre eigenen Interessen verfolgt ist mithin unerheblich, solange sie im Konfliktfall den Interessen ihres Kunden den Vorrang einräumt.

---

[527] MüKoBGB/*Heermann*, § 675 BGB, Rn. 8.
[528] Siehe zur Darlegung: Teil 3, A, II, 2, a) und d).
[529] Siehe Teil 3, A, II, 2, f), bb).
[530] Siehe Teil 3, A, II, 2, f), aa).
[531] Siehe Teil 1, A; Teil 1, B, I.
[532] Erman/*Ehmann*, § 667 BGB, Rn. 12.
[533] *Ulmer*, Der Vertragshändler, S. 280.

Jedoch könnte man vertreten, Fremdnützigkeit liege nur dann vor, wenn der Geschäftsherr für den Tätigkeitsbereich ursprünglich selbst hätte sorgen müssen, er ihm aber durch den Geschäftsbesorger abgenommen wird.[534] Demnach müsste der Geschäftsbesorger also eine bereits bestehende Obliegenheit des Geschäftsherrn für diesen wahrnehmen. Mithin würde es an der Fremdnützigkeit fehlen, falls der Aufgabenbereich des Geschäftsherrn erst durch den Geschäftsbesorger geschaffen wurde. Aus diesem Grund verneinte der BGH eine Geschäftsbesorgung im Falle des auf die Erstellung von Bauzeichnungen gerichteten Architektenvertrags.[535]

Würde im vorliegenden Fall, entgegen der obigen Darstellung, der Mediaplan als das prägende Element des Vertrags gesehen und der Mediaeinkauf nur als Verwirklichung des Plans, würde die Mediaagentur folglich nicht eine schon bestehende Obliegenheit des Kunden wahrnehmen, da die Aufgaben dem Geschäftsherrn eben erst mit Durchführung des Plans erwachsen würden. Entsprechend der BGH-Entscheidung bezüglich des Architektenvertrags wäre damit die Fremdnützigkeit und folglich die Geschäftsbesorgung abzulehnen.[536] Fraglich ist aber, ob es im Rahmen der Geschäftsbesorgung tatsächlich darauf ankommen kann, ob der Aufgabenbereich erst durch die Tätigkeit des Geschäftsbesorgers geschaffen wurde.[537] Charakteristisch für den Geschäftsbesorgungsvertrag ist wie dargelegt, dass Interessen des Geschäftsherrn mit der Tätigkeit wahrgenommen werden.[538] Folglich sollte auch dieses Kriterium das entscheidende sein.[539] Deswegen muss ein erst durch den Geschäftsbesorger geschaffener Aufgabenbereich ebenfalls ausreichen. Damit würde die Fremdnützigkeit selbst bei Annahme des Mediaplans als prägendem Element des Vertrags nicht daran scheitern, dass der Mediaeinkauf erst durch den von der Mediaagentur erstellten Mediaplan ermöglicht wird.[540] Auf die sich hieran anschließende Frage nach dem Interessenwahrungscharakter der Tätigkeit ist im Anschluss an die Fremdnützigkeit separat einzugehen.

Letztlich könnte an der Fremdnützigkeit der Agenturtätigkeit aber noch unter dem Gesichtspunkt gezweifelt werden, dass die Mediaagentur darüber hinaus auch im Interesse eines Dritten (des Leistungserbringers) tätig wird.

---

[534] So der BGH im Fall eines Architekten: BGHZ 45, 223, 229.
[535] BGH, NJW 1966, 1452, 1453.
[536] So auch: *Kolonko*, AfP 2009, 18, 22.
[537] Staudinger/*Martinek*, § 675 BGB, Rn. A 20.
[538] Siehe Teil 3, A, II, 2, f), bb).
[539] Soergel/*Häuser/Welter*, § 675 BGB, Rn. 5.
[540] So aber: *Kolonko*, AfP 2009, 18, 22.

Mediaagenturen bündeln und kanalisieren die Werbeströme und übernehmen ferner für die Leistungserbringer die Betreuung der Kunden.[541] Aufgrund der Arbeit der Mediaagentur erhalten die Leistungserbringer ein fertig aufbereitetes Produkt, welches genau ihren Anforderungen entspricht.[542] Außerdem steht ihnen mit der Mediaagentur ein professioneller Verhandlungs- und Ansprechpartner gegenüber, der seine Verpflichtungen fach- und fristgerecht erfüllt.[543] Insgesamt wird die Arbeit der Leistungserbringer also in zeitlicher, personeller und finanzieller Hinsicht durch die Einschaltung einer Mediaagentur erheblich erleichtert.[544] Zu guter Letzt stellen die Mediaagenturen, aufgrund der gleichzeitigen Erleichterung der Werbeschaltung für ihre Kunden, auch eine Absatzhilfe für die Leistungserbringer dar.[545] Schon in der Context-Entscheidung stellte der BGH deswegen klar, dass die Leistungserbringer ein *„begründetes eigenes wirtschaftliches Interesse an der umfassenden und fachkundigen Beratung des Kunden durch die Werbeagentur"* haben.[546] Da die Mediaagenturen in den neunziger Jahren des zwanzigsten Jahrhunderts infolge der Aufspaltung der „Full-service"-Werbeagenturen entstanden,[547] haben die Argumente seither in gleicher Weise Geltung für die Mediaagenturen.

Dass die Mediaagenturen auch im Interesse der Leistungserbringer tätig werden, findet Unterstützung auch darin, dass sie rein wirtschaftlich von diesen getragen werden.[548]

Folglich nimmt die Mediaagentur, wie schon die Werbeagentur, nicht nur die Interessen ihrer Kunden und ihre eigenen, sondern in großem Maße auch solche der Leistungserbringer wahr. Fraglich ist deshalb, ob die Einordnung der Mediaagentur als Geschäftsbesorger ihres Kunden an der gleichzeitigen Tätigkeit im Interesse der Leistungserbringer scheitert. Dabei ist insbesondere zu berücksichtigen, dass es wirtschaftlich betrachtet die Leistungserbringer sind, die die Mediaagentur vergüten.[549]

Die Interessen der Leistungserbringer sind die Förderung des Absatzes an Werbeplätzen sowie die Betreuung der Kunden und die Abnahme der damit verbundenen

---

[541] HHKomm/*Kolonko*, 56. Abschnitt, 5. Teil, 3. Kapitel, Rn. 50.
[542] *Löffler*/Wenzel/Sedelmeier, Presserecht, BT Anz, Rn. 270.
[543] *Klosterfelde*, Anzeigen-Praxis, S. 171.
[544] *Lambsdorff/Skora*, Handbuch des Werbeagenturrechts, Rn. 180.
[545] *Rath-Glawatz*/Engels/Dietrich, Das Recht der Anzeige, Rn. 433.
[546] BGH, NJW 1970, 1317, 1319.
[547] *Kolonko*, AfP 2009, 18, 20; siehe Teil 2, A, II.
[548] Siehe Teil 1, B.
[549] BGH, NJW 1970, 1317, 1319.

Arbeit.[550] Hingegen richtet sich das Interesse der Kunden hauptsächlich auf die sinnvolle Einsetzung des Werbebudgets, um mit minimalem finanziellem Aufwand die bestmögliche Werbewirkung zu erzielen.[551] Folglich stehen die vorgebrachten Interessen der Leistungserbringer (der Dritten) mit denen der Kunden (der Geschäftsherrn) nicht in der Weise in Konflikt, dass der Geschäftsbesorger (die Mediaagentur) nur das eine oder das andere Interesse bedienen kann. Deswegen kann auch hier das Vorliegen eines Drittinteresses der Einordnung als Geschäftsbesorgung nicht entgegenstehen, solange der Geschäftsbesorger im Konfliktfall dem Interesse des Geschäftsherrn den Vorrang einräumt. Es handelt sich lediglich um ein weiteres Drittinteresse. Gleichwohl erscheint die Geschäftsbesorgung der Mediaagentur für den Kunden auch aus diesem Grund in besonderem Maße atypisch.

Somit scheitert eine Einordnung als Geschäftsbesorger nicht an der Wahrnehmung der Interessen der Leistungserbringer und der eigenen neben den Interessen der Kunden. Fremdnützigkeit liegt mithin vor.

(4) Interessenwahrungscharakter

Schließlich müsste die Wahrnehmung der Vermögensinteressen des Kunden die Tätigkeit der Mediaagentur tragen und leiten.[552] Die Fremdinteressenwahrung ist das entscheidende typologische Qualifikationsmerkmal des § 675 BGB.[553] Die Tätigkeit muss also inhaltlich auf die Förderung und Wahrung des Geschäftsherreninteresses gerichtet sein.[554]

Der Vertrag zwischen Kunde und Mediaagentur ist darauf gerichtet, dass die Mediaagentur dem Kunden diejenigen Werbeplätze verschafft, welche dem Kundeninteresse an bestmöglicher Werbewirkung am ehesten entsprechen. Folglich zielt der Vertrag nach seinem Inhalt auf die Förderung und Wahrung des Geschäftsherreninteresses.

Also liegt der erforderliche Interessenwahrungscharakter vor.

---

[550] Siehe Teil 1, B.
[551] Siehe Teil 1, A, II; Teil 1, B.
[552] MüKoBGB/*Heermann*, § 675 BGB, Rn. 8.
[553] *Heider*, Das Recht der Werbeagentur, S. 29.
[554] Staudinger/*Martinek*, § 675 BGB, Rn. A 22.

(5) Zwischenergebnis

Der obigen Darstellung folgend, entspricht das Verhältnis zwischen Mediaagentur und Kunde dem in § 675 BGB umschriebenen Typus. Mithin ist auch die Mediaagentur, trotz der Unterschiede zur Werbeagentur (größeres Tätigkeitsfeld, übersichtlichere Medienlandschaft etc.), wie diese[555] als Geschäftsbesorger des Kunden anzusehen.

cc) Pflicht zur Weiterleitung des Erlangten

Zu erörtern ist allerdings die Stellung der Mediaagentur als Beauftragte im Sinne von § 299. Diese bestimmt sich nicht nach zivilrechtlichen Grundsätzen.[556] Folglich hilft die Tatsache, dass die Mediaagentur Geschäftsbesorger des Kunden ist, separat betrachtet noch nicht weiter. Allerdings würde eine sich aus der Stellung als Geschäftsbesorger ergebende Pflicht zur Weitergabe der Vergünstigungen und Zuwendungen gemäß § 667 BGB für die Klärung der tatsächlichen Stellung der Mediaagentur weiterhelfen. Eine solche Pflicht würde für eine Stellung der Mediaagentur als Beauftragte des Kunden im Sinne von § 299 sprechen.

Gemäß § 667 Alt. 2 BGB hat der Geschäftsbesorger die Pflicht zur Weiterleitung des aus der Geschäftsbesorgung Erlangten. Die Vorschrift erklärt sich aus dem Wesen der Geschäftsbesorgung als ein Geschäft des Geschäftsherrn und nicht des Geschäftsbesorgers.[557] Deswegen sollen die sich aus dem Geschäft ergebenden Vermögensvor- und -nachteile den Geschäftsherrn treffen, §§ 667 und 670 BGB. Jedoch ist für die Herausgabepflicht gemäß § 667 BGB mehr der Gedanke entscheidend, dass die Vorteile dem Geschäfts*herrn* gebühren, als dass der Geschäfts*besorger* keine Vorteile haben soll.[558] Die Vorschrift soll eben die Interessen des Geschäftsherrn schützen und gleichzeitig die Fremdnützigkeit des Handelns des Geschäftsbesorgers absichern.[559] Der Geschäftsbesorger soll sich unbeeinflusst auf die Interessenwahrung für den Geschäftsherrn konzentrieren können.

---

[555] BGH, NJW 1970, 1317 ff.; BGH, WM 1972, 947 ff. („Bastelwettbewerb-I"); BGH, BB 1973, 1043 ff. („Bastelwettbewerb-II"); *Möhringer/Illert*, BB 1974, 65 ff.; *Wronka*, WRP 1976, 142 ff.; *Fikentscher*, WRP 1970, 1 ff.; *Lambsdorff/Skora*, Handbuch des Werbeagenturrechts, Rn. 84; Jauernig/*Mansel*, § 675 BGB, Rn. 12; Staudinger/*Martinek*, § 675 BGB, Rn. B 249. Für die Mediaagentur: *Martinek*, Mediaagenturen und Medienrabatte, S. 50.
[556] Siehe zur Herausarbeitung: Teil 3, A, I.
[557] Soergel/*Beuthien*, § 667 BGB, Rn. 1.
[558] MüKoBGB/*Seiler*, § 667 BGB, Rn. 1.
[559] Erman/*Ehmann*, § 667 BGB, Rn. 11.

Allerdings stellt § 667 BGB dispositives Recht dar und kann somit von den Parteien abbedungen oder modifiziert werden.[560] Die Pflicht zur Herausgabe kann also vertraglich ausgeschlossen werden.[561]

Voraussetzung des § 667 Alt. 2 BGB ist, dass der Geschäftsbesorger etwas aus der Geschäftsbesorgung erlangt hat. Im Gegensatz zur ersten Alternative des § 667 BGB muss es sich hierbei um einen Gegenstand handeln, den der Geschäftsbesorger als Folge seiner Tätigkeit von einem Dritten und nicht von dem Auftraggeber erhalten hat.[562] Nicht erfasst sind allerdings Gegenstände, die der Geschäftsbesorger nur *bei Gelegenheit* der Geschäftsbesorgung, also ohne inneren sachlichen Zusammenhang mit der Geschäftsbesorgung, erlangt hat.[563] Im vorliegenden Fall kommen die von den Leistungserbringern erhaltenen Vergünstigungen und sonstigen Zuwendungen in Betracht. Zu erörtern ist also, ob § 667 BGB diesbezüglich einschlägig ist.

Dafür ist zunächst fraglich, ob überhaupt ein innerer Zusammenhang zwischen der Geschäftsbesorgung und dem Erlangten besteht und der Geschäftsbesorger die Zuwendungen nicht nur bei Gelegenheit erlangt hat. Ein solcher innerer Zusammenhang liegt aber bereits vor, wenn objektiv die Gefahr besteht, der Geschäftsbesorger könnte infolge der Zuwendung das Interesse seines Auftraggebers vernachlässigen.[564] Nicht unter § 667 Alt. 2 BGB fallen deswegen personenbezogene Zuwendungen an den Geschäftsbesorger.[565] Hingegen werden jegliche Sondervorteile erfasst, die eine Willensbeeinflussung zum Nachteil des Geschäftsherrn befürchten lassen.[566]

Im vorliegenden Fall ist es denkbar, dass die Mediaagentur sich aufgrund der Vergünstigungen und sonstigen Zuwendungen statt für den im Interesse des Kunden besten Werbeplatz für denjenigen entscheidet, für den sie selbst die umfassendsten Vorteile erlangt.[567] Also besteht die angesprochene Gefahr im Hinblick auf alle Vergünstigungen und sonstigen Zuwendungen, die die Mediaagentur von den Leistungserbringern erhält. Daher liegt ein innerer sachlicher Zusammenhang zwischen Geschäftsbesorgung und Vergünstigung vor; die Vergünstigungen und

---

[560] BGH, NJW-RR 1997, 778.
[561] BGH, WM 1989, 1813, 1814.
[562] MüKoBGB/*Seiler*, § 667 BGB, Rn. 9.
[563] BGH, NJW 2000, 2669, 2672.
[564] BGHZ 39, 1, 4.
[565] Soergel/*Beuthien*, § 675 BGB, Rn. 13.
[566] BGH, NJW 1982, 1752.
[567] So auch: *Lange*, HORIZONT, Nr. 11/2005, S. 84.

sonstigen Zuwendungen werden nicht nur bei Gelegenheit der Geschäftsbesorgung erlangt.

Die Agenturvergütung wäre aber dann nicht weiterzuleiten, wenn sie im Gegensatz zu den tariflichen Rabatten nicht wie von § 667 Alt. 2 BGB gefordert „aus", sondern „für" den Geschäftsbesorgungsvertrag erlangt würde.[568] Eine Erlangung „für" die Geschäftsbesorgung würde aber bedeuten, die Mediaagentur erlange die Vergütung von den Leistungserbringern als Entgelt für eine Geschäftsbesorgung *für die Leistungserbringer*.[569] Dies ist aber gerade nicht der Fall. Darüber hinaus meint „aus" der Geschäftsbesorgung erlangen nicht, etwas kausal im Sinne einer conditio sine qua non „durch" die Geschäftsbesorgung zu erlangen, sondern es kommt vielmehr auf eine wertungsmäßige Zuweisung an.[570] Somit kann diesem Ansatz nicht gefolgt werden. Dass ferner ein Zusammenhang zwischen der Zuwendung seitens der Leistungserbringer und der Geschäftsbesorgung der Mediaagentur für den Kunden besteht, zeigt sich bereits aufgrund des Interesses der Leistungserbringer an der Tätigkeit der Mediaagentur.[571] Die Agenturvergütung und die sonstigen Vergünstigungen und Zuwendungen werden gerade gewährt, um die Existenz der Mediaagentur zu sichern.[572] Folglich ist eine wertungsmäßige Zuweisung der Agenturvergütung zu der Geschäftsbesorgung der Mediaagentur für den Kunden möglich. Durch das hinter den Zuwendungen der Leistungserbringer an die Mediaagentur stehende Interesse liegt also eine Erlangung „aus" der Geschäftsbesorgung vor. Daher ist § 667 Alt. 2 BGB grundsätzlich anwendbar.

Jedoch könnte man vertreten, ein Anspruch der Kunden auf Weiterleitung des Erlangten gemäß § 667 Alt. 2 BGB bestehe zwar prinzipiell, sie würden auf diesen aber als Entgelt für die Geschäftsbesorgungstätigkeit der Mediaagentur verzichten.[573] Ein Verzicht im Rechtssinne kommt jedoch nur bei Gestaltungsrechten oder Einrederechten in Betracht.[574] Angenommen werden könnte deswegen, wenn überhaupt, ein konkludent geschlossener Erlassvertrag.[575] Gegen einen solchen spricht aber, dass dann das Entgelt der Mediaagentur, entgegen der obigen Darstellung,

---

[568] *Fikentscher*, WRP 1970, 1, 4; *Martinek*, Mediaagenturen und Medienrabatte, S. 62.
[569] *Fikentscher*, WRP 1970, 1, 4.
[570] Staudinger/*Martinek*, § 667 BGB, Rn. 7.
[571] Siehe zum Interesse der Leistungserbringer an der Tätigkeit der Mediaagentur für den Kunden: Teil 1, B; Teil 3, A, II, 2, f) bb), (3).
[572] Siehe Teil 2, A, I und II.
[573] *Heider*, Das Recht der Werbeagentur, S. 34 ff. Siehe ferner: *Martinek*, Mediaagenturen und Medienrabatte, S. 57.
[574] Instruktiv dazu: *Kleinschmidt*, Verzicht im Schuldrecht, S. 159, 201, 259.
[575] *Fabricius*, WRP 1969, 305, 328.

doch direkt von den Kunden kommen würde.[576] Diese Ansicht erweist sich mithin bei genauer Betrachtung lediglich als Versuch, ein von den Kunden geleistetes Entgelt zu konstruieren. Dies erschien notwendig, bevor erkannt wurde, dass die Entgeltlichkeit der Geschäftsbesorgung auch in der Einräumung einer Gewinnchance gesehen werden kann.[577] Diese nicht der Wirklichkeit entsprechende Konstruktion eines konkludent geschlossenen Erlassvertrags ist folglich mittlerweile nicht mehr notwendig.

Man könnte aber wegen der Zugehörigkeit des § 667 BGB zum dispositiven Recht vertreten, seine Anwendung sei von den Parteien konkludent abbedungen worden.[578] Im Unterschied zu oben würde dann der Herausgabeanspruch gar nicht bestehen. Eine solche Annahme erscheint einleuchtend, da die Mediaagentur das Entgelt für die Geschäftsbesorgungstätigkeit nicht von ihrem Kunden direkt, sondern indirekt, durch die Möglichkeit zum Verdienst der Zuwendungen und Vergünstigungen erhält.[579] Mit § 667 BGB soll eben nicht die Entgeltlichkeit des Geschäftsbesorgungsvertrags umgangen, sondern nur sichergestellt werden, dass dem Geschäftsbesorger nicht die eigentlich dem Geschäftsherrn zustehenden Vorteile der Geschäftsbesorgung zukommen.[580] Deswegen könnten die Parteien mit der Vereinbarung dieser Art der Vergütung gleichzeitig auch die Anwendbarkeit des § 667 BGB abbedungen haben. Da die Kunden der Mediaagentur kein bzw. nur ein sehr geringes direktes Entgelt gewähren, scheint diese Lösung auch im Interesse der Kunden zu liegen. Sie müssten für den Werbeplatz mit oder ohne Mediaagentur ohnehin denselben Preis bezahlen.[581] Auch entspricht die Lösung dem Interesse der Mediaagentur, die die Chance zur Gewinnrealisierung nutzen und ferner auch die sonstigen Zuwendungen und Vergünstigungen vermarkten kann.

Jedoch zeigt das nahezu einhellige Verlangen der Kunden nach Weitergabe der erlangten Zuwendungen und Vergünstigungen,[582] dass nicht von einer konkludenten Abbedingung des § 667 BGB ausgegangen werden kann.[583]

---

[576] Siehe aber: Teil 1, B; Teil 3, A, II, 2, f., bb), (1).
[577] So aber: *Fikentscher* WRP 1970, 1, 4; RGZ 160, 153, 155.
[578] Palandt/*Sprau*, § 667 BGB, Rn. 1.
[579] Siehe Teil 3, A, II, 2, f), bb), (1).
[580] MüKoBGB/*Seiler*, § 667 BGB, Rn. 1.
[581] Siehe zur Darlegung: Teil 1, B.
[582] HORIZONT, Nr. 33/2007, S. 20; HORIZONT, Nr. 45/2007, S. 1; *Marx*, Media für Manager, S. 19, 88; HORIZONT, Nr. 21/2007, S. 27; HORIZONT, Nr. 10/2010, S. 8.
[583] Eine richterliche Klärung der Weiterleitungspflicht ist seit der außergerichtlichen Einigung zwischen dem Lebensmittelkonzern Danone und dessen Mediaagentur Carat im Juni 2010 wieder in weite Ferne gerückt: HORIZONT, Nr. 23/2010, S. 6; HORIZONT, Nr. 24/2010, S. 2; HORIZONT, Nr. 24/2010, S. 20.

Fraglich ist aber, ob § 667 BGB, nach dem oben dargestellten Sinn und Zweck, hier überhaupt greift. Dazu gilt es zu berücksichtigen, dass die Mediaagentur wegen des Handelns auf eigene Rechnung *atypischer* Geschäftsbesorger ist.[584] Die Herausgabe des Erlangten entspricht im Hinblick auf die Absicherung der Fremdnützigkeit der Handlung nicht dem dargestellten Sinn und Zweck des § 667 BGB, solange das von der Mediaagentur Erlangte gleichzeitig ihre Bezahlung darstellt. In einem solchen Fall können die Vorteile aus der Geschäftsbesorgung dem Geschäftsherrn gerade nicht zustehen. Andernfalls würde dem Geschäftsbesorger über § 667 BGB wieder genommen, was ihm gemäß § 675 BGB zu gewähren wäre.[585] Letztlich wird der Mediaagentur, indem sie auf eigene Rechnung handelt, ein gewisser unternehmerischer Spielraum überlassen. In diesem Rahmen trägt sie auch das wirtschaftliche Risiko. Es wäre widersinnig, wenn sie trotzdem die innerhalb dieses Spielraums erwirtschafteten Vorteile herausgeben müsste. Nach dem Sinn und Zweck des § 667 BGB können dem Geschäftsherrn die Vorteile nur insoweit gebühren, als er auch selbst das Risiko trägt.[586] Somit erfasst § 667 BGB die vorliegende Konstellation nach seinem Sinn und Zweck gerade nicht. Deswegen könnte er möglicherweise teleologisch zu reduzieren sein.

Eine solche teleologische Reduktion würde im Ergebnis jedoch bedeuten, dass gerade der Interessenkonflikt, den § 667 BGB vermeiden sollte, nun doch ermöglicht wird, da der Geschäftsbesorger unter Umständen nicht mehr rein objektiv im Interesse des Geschäftsherrn handelt.[587] Allerdings ist dies schlicht die zwingende Konsequenz der atypischen Ausgestaltung des Geschäftsbesorgungsverhältnisses durch das Handeln in eigenem Namen und auf eigene Rechnung seitens der Mediaagentur. Dass die Mediaagentur in eigenem Namen und auf eigene Rechnung handelt, entspricht aber gemäß den obigen Darlegungen den Interessen beider Parteien.[588] Die Mediaagentur nimmt mit ihrer Tätigkeit dem Kunden Arbeit ab und stellt ihr Fachwissen zur Verfügung. Trotzdem muss der Kunde nur ein sehr geringes Entgelt an die Mediaagentur leisten. Im Gegenzug erhält die Mediaagentur die Möglichkeit, eine Gewinnchance zu realisieren und Vorteile zur freien Vermarktung zu erzielen. Folglich ist die teleologische Reduktion des § 667 BGB als schlichte Folge aus der besonderen Gestaltung der Mediaagenturkonstellation erforderlich.[589] Um ein eigennütziges Handeln der Mediaagentur auszuschließen,

---

[584] Siehe zur Darlegung: Teil 3, A, II, 2, f), bb).
[585] *Fikentscher*, WRP 1970, 1, 4.
[586] RGZ 99, 31, 33.
[587] Staudinger/*Martinek*, § 667 BGB, Rn. 2.
[588] Siehe Teil 3, A, II, 2, d).
[589] *Martinek*, Mediaagenturen und Medienrabatte, S. 61 ff.

wofür eigentlich § 667 BGB gedacht war, müssen die Parteien eben individualvertraglich tätig werden. Damit steht das einleitend vorgebrachte Argument einer teleologischen Reduktion nicht im Wege.

Somit liegt auf jeden Fall keine Pflicht zur Weiterleitung des aus der Geschäftsbesorgung Erlangten gemäß § 667 Alt. 2 BGB vor.[590] Aufgrund der teleologischen Reduktion existiert diese Pflicht in der Mediaagenturkonstellation schon gar nicht, sodass es nicht auf die konkludente Abbedingung durch die Parteien ankommt.[591] Gleichwohl können die Parteien im Einzelfall eine solche Pflicht individualvertraglich bestimmen.[592] Entscheidend für die abstrakte Erörterung und damit für die vorliegende Arbeit ist indes lediglich das Fehlen einer *gesetzlichen* Pflicht zur Weiterleitung der Vergünstigungen.

g) Ergebnis

Folglich liegt zwischen Kunde und Mediaagentur zwar ein Geschäftsbesorgungsvertrag vor, eine Pflicht der Mediaagentur zur Herausgabe des daraus Erlangten gemäß § 667 Alt. 2 BGB besteht jedoch nicht. Es handelt sich mithin um einen besonders ausgestalteten Geschäftsbesorgungsvertrag.

Auch wenn sich die Beauftragtenstellung im Sinne von § 299 nicht nach zivilrechtlichen Grundsätzen richtet,[593] ist festzuhalten, dass die Mediaagentur zumindest nicht nur ein Außenstehender mit Vermittlerstellung ist, sondern in jedem Fall auf-

---

[590] Anders: *Fabricius*, WRP 1969, 305 ff. Jedoch berichtete das Handelsblatt am 04.11.1969, dass dieser „Fachartikel" ein von der Firma Henkel in Auftrag gegebenes Rechtsgutachten war; vgl. *Fikentscher*, WRP 1970, 1, Fn. 3.
[591] So im Ergebnis auch das OLG München vom 23.12.2009, Az. 7 U 3044/09, S. 5 und 10 mit Verweis auf *Martinek*, Medienrabatte zwischen Weiterleitungspflicht und Kommerzialisierbarkeit im Strukturwandel der Mediaagenturen zu Media-Handelsunternehmen.
[592] HORIZONT, Nr. 12/2008, S. 26. Siehe zur Vereinbarung einer vertraglichen Pflicht im Einzelfall die „Sixt-" und „Apollo-Entscheidungen" des BGH in WM 1999, 694 ff. und ZIP 2003, 2030 ff. Der BGH hat in diesen Entscheidungen eine gesetzliche Pflicht zur Weiterleitung der Rabatte trotz Einordnung der Franchisezentrale als Geschäftsbesorger abgelehnt und klargestellt, dass es insofern nur auf die jeweiligen Verträge ankommt. Auch beim Urteil des OLG München im Prozess Danone gegen die Aegis Media-Tochter Carat vom 23.12.2009 (Az. 7 U 3044/09) waren lediglich die besonders gestalteten vertraglichen Vereinbarungen für eine Weiterleitungspflicht entscheidend. Gleiches gilt für den dem LG München seit Dezember 2009 vorliegenden Fall Haribo gegen Mediaplus (Az. 13 HKO 25386/09), welcher im Juni 2010 mit einem gerichtlichen Vergleich gemäß § 278 Abs. 6 ZPO endete; siehe insgesamt: absatzwirtschaft online vom 16.06.2010, http://www.absatzwirtschaft.de/content/communicat/news/mediaplus-und-haribo-einigen-sich-auf-eine-neutrale-pruefung;70731, zuletzt abgerufen am 20.10.2011; HORIZONT, Nr. 23/2010, S. 6.
[593] Siehe zur Erörterung: Teil 3, A, I.

grund des Geschäftsbesorgungsvertrags zu ihrem Kunden eine Sonderstellung einnimmt. Trotzdem resultiert aus dieser Sonderstellung aber gerade keine gesetzliche Pflicht zur Weiterleitung der Zuwendungen und Vergünstigungen. Die Mediaagentur begibt sich somit zwar durch den Geschäftsbesorgungsvertrag in eine gewisse Abhängigkeit zu ihrem Kunden, verliert jedoch, wie die fehlende Weiterleitungspflicht zeigt, dabei trotzdem ihre ursprüngliche unternehmerische Freiheit nicht vollständig. Aus diesem Grund ergibt sich aus der Stellung als Geschäftsbesorger kein für eine Beauftragtenstellung im Sinne des § 299 sprechendes Argument. Der Mangel der Weiterleitungspflicht spricht sogar eher gegen eine Beauftragtenstellung.[594]

3. Vertragsschluss

Zu betrachten sind die Besonderheiten im Zusammenhang mit dem Vertragsschluss.

Die Mediaagentur schließt je einen Vertrag mit ihrem Kunden und dem jeweiligen Leistungserbringer ab und handelt dabei nicht nur in eigenem Namen, sondern auch auf eigene Rechnung.[595] Dieses eigenständige Auftreten der Mediaagentur nach außen ist allen Vertragsparteien bekannt. Ein selbstständiges Auftreten in eigenem Namen und auf eigene Rechnung spricht aber mehr für die Stellung auf eigenständiger Wirtschaftsstufe denn für eine Beauftragtenstellung im Sinne von § 299.

Für eine Beauftragtenstellung könnte im Rahmen des Vertragsschlusses aber die Tatsache sprechen, dass die Mediaagentur bei jedem Vertragsabschluss den Namen ihres Auftraggebers nennen muss.[596] Allerdings handelt es sich dabei lediglich um eine häufig verwendete Allgemeine Geschäftsbedingung der Leistungserbringer, durch die sie den auftragsunabhängigen Einkauf von Werbeplätzen bzw. die anschließende Weiterveräußerung zur Gewinnerzielung verhindern wollen.[597] Deswegen kann daraus noch kein Argument für eine Beauftragtenstellung im Sinne von § 299 abgeleitet werden.

---

[594] Insbesondere kann also nicht aus der bloßen Stellung als Geschäftsbesorger auf eine Beauftragtenstellung im Sinne von § 299 geschlossen werden, wie: Müller-Gugenberger/Bieneck/*Blessing*, Handbuch Wirtschaftsstrafrecht, § 53, Rn. 64.
[595] Siehe zur Darlegung: Teil 3, A, II, 2, a); Teil 3, A, II, 2, d).
[596] HHKomm/*Kolonko*, 56. Abschnitt, 5. Teil, 3. Kapitel, Rn. 30.
[597] OLG München, AfP 1985, 132, 133. Siehe auch Teil 5, B, II.

Jedoch ergibt sich aus dem Tätigwerden in eigenem Namen und auf eigene Rechnung, dass die Mediaagentur im Rahmen des Vertragsschlusses gegenüber dem Leistungserbringer ihre Interessen bei der Aushandlung der Gegenleistung verfolgen muss.[598] Diese sind zum einen die vertragsgemäße Erbringung der gegenüber dem Kunden geschuldeten Leistung und zum anderen ein möglichst niedriger Preis. Diese Interessen können möglicherweise separat betrachtet werden. Die Mediaagentur muss mithilfe des Mediaplans herausfinden, welche Werbeplätze sie für die ordnungsgemäße Erfüllung ihrer Verpflichtung aus dem Vertrag mit ihrem Kunden kaufen muss. Sobald dies geschehen ist, kann sie in ihrem eigenen Interesse versuchen, eben diese Plätze zu besseren Konditionen zu erhalten, als die Leistungserbringer sie offiziell auszeichnen. Dies liegt in ihrem Interesse als persönlicher Vertragspartner der Leistungserbringer. Solange die Mediaagentur die erforderlichen Werbeplätze bucht und somit ihre Verpflichtung aus dem Vertrag mit dem Kunden erfüllt, kann sie im Rahmen der Preisverhandlung mit den Leistungserbringern ihre eigenen Interessen verfolgen. Darüber hinaus können die Gründe, aus denen die Mediaagentur tatsächlich bessere als die offiziell ausgezeichneten Konditionen erhält, auch allein in der Mediaagentur selbst zu finden sein. Möglicherweise bündelt sie eine so große Marktmacht, dass die Leistungserbringer deswegen bereit sind, ihr als Großkunde besonders entgegen zu kommen. Also können die Interessen der Mediaagentur im Rahmen der Vertragsverhandlung mit den Leistungserbringern separat betrachtet werden.

Wenn die Mediaagentur aber aufgrund des in eigenem Namen und auf eigene Rechnung geschlossenen Vertrags mit den Leistungserbringern (Schaltvertrag) die Gegenleistung für die Werbeplätze selbst verhandelt, spricht dies eher für eine Stellung auf eigenständiger Wirtschaftsstufe denn für eine Beauftragtenstellung im Sinne von § 299.

4. Risikotragung

Ferner ist die Verteilung des Risikos in dem Drei-Personen-Verhältnis Kunde – Mediaagentur – Leistungserbringer zu betrachten.
Das dargestellte Handeln der Mediaagentur in eigenem Namen und auf eigene Rechnung bedeutet, dass sie das aus dem jeweilgen Vertrag resultierende unternehmerische Risiko trägt. Sie muss einen gekauften Werbeplatz auch dann bezahlen, wenn ihr Kunde in der Zwischenzeit in die Insolvenz gefallen ist oder aus

---

[598] Siehe zur Unabhängigkeit der Mediaagentur bei der Aushandlung der Konditionen auch: HORIZONT, Nr. 09/2010, S. 17.

sonstigen Gründen schlicht die Zahlung verweigert. Auf der anderen Seite haftet die Mediaagentur in gleicher Weise auch ihren Kunden für Fehler der Leistungserbringer wie beispielsweise fehlerhafte oder nicht rechtzeitige Schaltung der Werbung. Das Verschulden der Leistungserbringer muss sich die Mediaagentur als deren Erfüllungsgehilfe gemäß § 278 BGB gegenüber ihren Kunden zurechnen lassen.[599]

Darüber hinaus profitieren sowohl die Kunden als auch die Leistungserbringer von der eigenständigen Stellung der Mediaagentur, da ihnen mit der Mediaagentur für alle Fragen und Probleme ein zentraler und fachlich kompetenter Ansprechpartner mit langer Erfahrung zur Verfügung steht. Des Weiteren handelt es sich zumindest bei den angesprochenen „big five" der deutschen Mediaagenturen um sehr große Unternehmen. Folglich ist die Zahlungskräftigkeit für die Leistungserbringer einfacher einzuschätzen als bei den werbetreibenden Unternehmen.

Aus diesen Gründen begrüßen Kunden und Leistungserbringer gleichermaßen das Handeln der Mediaagentur in eigenem Namen und auf eigene Rechnung. Im Falle der „Full-service"-Werbeagentur wurde die wirtschaftliche Tragung durch die Leistungserbringer teilweise auch mit Verweis auf die Übernahme des Delkredererisikos begründet.[600] Dass die Mediaagentur nach der hier vertretenen Ansicht auf eigene Schuld zahlt,[601] ändert an der Gewichtigkeit dieses Arguments nichts. Durch die Begründung einer eigenen Schuld übernimmt die Mediaagentur ein mit der Übernahme des Delkredererisikos im Fall einer Schuld des Kunden vergleichbares unternehmerisches Risiko. Eben diese Risikoübernahme ist entscheidend für die Begründung der wirtschaftlichen Tragung durch die Leistungserbringer; diejenigen, die das Risiko des Zahlungsausfalls des Kunden andernfalls zu tragen hätten.

Jedoch könnte die Mediaagentur das von ihr übernommene unternehmerische Risiko durch eine vertragliche Verpflichtung des Kunden zur Vorleistung abfedern.[602] Allerdings würde diese Ausgestaltung bedeuten, dass die Mediaagentur nicht mehr durch eine schnelle Zahlung den Skontorabatt des Leistungserbringers erlangen könnte oder sie diesen zumindest an den Kunden weiterleiten müsste, da auch er die Voraussetzungen erfüllt hat.[603] Da aber das Skonto einen großen Teil der Ein-

---

[599] *Löffler*/Wenzel/Sedelmeier, Presserecht, BT Anz, Rn. 268.
[600] Siehe hierzu: *Heider*, Das Recht der Werbeagentur, S. 36.
[601] Siehe zur Darlegung: Teil 3, A, II, 2, a); Teil 3, A, II, 2, d).
[602] Siehe absatzwirtschaft online vom 14.01.2010, http://www.absatzwirtschaft.de/Content/_pv/_t/ft/_b/69495/default.aspx/, zuletzt abgerufen am 20.10.2011.
[603] Siehe dazu: Teil 1, B, I, 1.

nahmen der Mediaagentur ausmacht,[604] ist eine Vorleistungsverpflichtung des Kunden äußerst unüblich. Vielmehr werden die Mediaagenturen häufig als Zwischenfinanzierer missbraucht, indem die Kunden ihre Rechnung erst sehr spät begleichen.[605] Außerdem sind bei der Beschaffung der Werbeplätze oftmals schnelle Entscheidungen nötig. Solche sind hingegen nicht möglich, wenn die Mediaagentur, nachdem sie die richtigen Werbeplätze gefunden hat, nicht sofort zugreifen kann, sondern zunächst bei ihren Kunden die entsprechenden Mittel beschaffen muss.[606]

Mithin liegt das unternehmerische Risiko auf den Schultern der Mediaagentur. Die Übernahme dieses Risikos spricht aber für ihre Selbstständigkeit bzw. die Einordnung auf eigenständiger Wirtschaftsstufe und gegen eine Beauftragtenstellung gemäß § 299.

5. Leistung

Des Weiteren sind die von der Mediaagentur zu erbringenden Leistungen zu berücksichtigen.
Die Mediaagentur erbringt zum einen eine Vielzahl verschiedener Leistungen und zum anderen erbringt sie diese Leistungen in zwei verschiedene Richtungen.

Ihre Kunden berät sie bezüglich der Mediastrategie, erstellt für sie im Anschluss an die Wettbewerbs- und Zielgruppenanalysen den Mediaplan und verwirklicht diesen durch den Mediaeinkauf.[607] Erst durch die in dem Mediaplan steckende Arbeit der Mediaagentur und deren Verwirklichung durch den Mediaeinkauf kann das mit der Werbetätigkeit verfolgte Ziel optimal erreicht werden.

Für die Leistungserbringer übernimmt die Mediaagentur alle in Bezug auf die Kunden erforderlichen Tätigkeiten. Dazu gehören hauptsächlich deren Betreuung, die technische Abwicklung und die Aufbereitung der Werbung, um diese den Leistungserbringern im richtigen Format etc. abzuliefern. Diese Leistungen sind für die Leistungserbringer auch deshalb wichtig, weil wegen des Fachwissens der Mediaagentur das Niveau der Werbung höher ist und sie daher zu besseren Ergebnissen

---

[604] Dass die Mediaagenturen teilweise sogar ganz vom Skontorabatt leben, ergibt sich auch aus den medianet-Ausgaben vom 28.06. und 30.06.2006 auf Seite 10 f. sowie aus dem Interview mit *Andreas Hofmeier* vom 23.05.2006: http://www.ziesmann.at/?p=34, zuletzt abgerufen am 20.10.2011.
[605] *Kasperer*, absatzwirtschaft, Nr. 04/2010, S. 30.
[606] Im Rahmen der Bezahlung wird sogleich dargelegt, dass diese Ansicht auch nicht mit der Rechnungsstellung übereinstimmt; siehe Teil 3, A, II, 6.
[607] Siehe zur Darlegung: Teil 1, A, II.

führt.[608] Dadurch steigt die Bereitschaft der Kunden zu werben (Markterschließungsfunktion), was wiederum den Leistungserbringern zugutekommt.[609] Ferner sammeln und bündeln die Mediaagenturen die Aufträge der Kunden für die Leistungserbringer.[610] Infolgedessen müssen die Leistungserbringer sich nicht mit vielen verschiedenen Vertragspartnern abgeben, sondern können sich immer zentral an die jeweilige Mediaagentur wenden. Letztlich trägt die Mediaagentur für die Leistungserbringer das Risiko des Zahlungsausfalls seitens des Kunden und ihre Zahlungsfähigkeit ist für die Leistungserbringer einfacher einzuschätzen.[611]

Es zeigt sich also, dass die Mediaagentur sowohl für ihre Kunden als auch für die Leistungserbringer ein ganzes Bündel wichtiger Leistungen erbringt.[612] Die Tatsache der Erbringung eines Leistungsbündels einerseits und der Erbringung in verschiedene Richtungen andererseits spricht allerdings trotz Auftragserteilung durch die Kunden mehr für eine Eigenständigkeit der Mediaagentur denn für eine Beauftragtenstellung im Sinne von § 299.[613]

Dass die Mediaagentur Leistungen sowohl für ihren Geschäftsherrn (den Kunden) als auch für die dritte Partei (die Leistungserbringer) erbringt, stellt einen entscheidenden Unterschied zu vielen ansonsten vergleichbaren Rückvergütungs-Konstellationen dar und ist gleichzeitig die Besonderheit der vorliegenden Konstellation.[614]

Unter Umständen ist jedoch auch im Rahmen der für den Kunden erbrachten Leistungen eine differenzierte Betrachtungsweise möglich. Anzudenken ist eine getrennte Betrachtung von Mediaplanung und Mediaeinkauf.[615] Im Rahmen der Mediaplanung und -beratung erörtert die Mediaagentur, mit welchen Mitteln die Werbeziele ihrer Kunden bestmöglich erreicht werden können.[616] Darin sind auch die hierfür im Vorfeld erforderliche Mediaanalyse und die Mediaforschung enthalten.[617] Mithin wird die Mediaagentur im Rahmen der Mediaplanung und -beratung

---

[608] *Lambsdorff/Skora*, Handbuch des Werbeagenturrechts, Rn. 180.
[609] BGH, NJW 1970, 1317, 1318.
[610] HHKomm/*Kolonko*, 56. Abschnitt, 5. Teil, 3. Kapitel, Rn. 50.
[611] Siehe zur Darlegung: Teil 1, A; Teil 1, B.
[612] So auch: HORIZONT, Nr. 10/2010, S. 8.
[613] So auch: NK/*Dannecker*, § 299, Rn. 23b.
[614] Siehe als Beispiel etwa: *Schneider/Gottschaldt*, wistra 2009, 133, 137.
[615] Für eine solche Trennung auch: *Marx*, Media für Manager, S. 31; *Martinek*, Mediaagenturen und Medienrabatte, S. 53.
[616] HORIZONT, Nr. 19/2010, S. 16. Siehe grundlegend zur Mediaplanung: *Unger*, Mediaplanung, S. 1-179; Reiter/Karpenfeld/*Fetter*, Mediapraxis, S. 11-17.
[617] *Unger*, Mediaplanung, S. 27 ff.

ausschließlich im Interesse der Kunden tätig. Im Rahmen des Mediaeinkaufs hingegen versucht die Mediaagentur die zur Umsetzung des Plans nötigen Werbeplätze zu buchen, um ihren Verpflichtungen aus dem Vertrag mit ihrem Kunden nachkommen zu können. Dies tut sie aber in eigenem Namen und auf eigene Rechnung.[618]

Während die Mediaagentur in der Mediaplanung also nur die Interessen ihrer Kunden verfolgt, verfolgt sie im Mediaeinkauf auch ihre eigenen wirtschaftlichen Interessen als selbstständiges Unternehmen. Wenn sie aber im Rahmen der Mediaplanung die Interessen ihrer Kunden in den Vordergrund stellt, deutet dies in Bezug auf ihre tatsächliche Stellung auf ein Tätigwerden für den geschäftlichen Betrieb des Kunden hin. Für den Mediaeinkauf gilt dies nicht in gleicher Weise, da sie dort auch ihre eigenen wirtschaftlichen Interessen verfolgt. Folglich erscheint die Mediaagentur im Rahmen der Mediaplanung mehr wie eine Beauftragte, wohingegen sie im Mediaeinkauf mehr als eigenständiges Unternehmen erscheint. Dies steht auch im Einklang mit der Besonderheit, dass die Mediaagentur zwar durch die Kunden eingeschaltet wird, sie aber die Verträge mit den Leistungserbringern in eigenem Namen und auf eigene Rechnung schließt. Im Rahmen der Strafbarkeit wegen Bestechlichkeit im geschäftlichen Verkehr kommt es aber nur darauf an, ob die Mediaagentur sich Vorteile gewähren ließ, um den jeweiligen Leistungserbringer zu bevorzugen. Also ist für die Frage nach der Beauftragtenstellung der Mediaagentur im Sinne von § 299 mehr das Tätigwerden im Rahmen des Mediaeinkaufs von Bedeutung. Der Mediaeinkauf wurde auch als Schwerpunkt des Vertrags mit dem Kunden herausgearbeitet.[619]

Die selbstständige Verfolgung eigener Interessen spricht mehr für die Stellung auf eigenständiger Wirtschaftsstufe und damit gegen eine Beauftragtenstellung im Sinne von § 299.

Letztlich ist dies die Weiterentwicklung des bereits angesprochenen Gedankens, dass die Mediaagentur wegen der vertraglichen Verpflichtung gegenüber ihrem Kunden Werbeplätze buchen muss, bei der Aushandlung der konkreten Konditionen aber selbstständig ihre eigenen Interessen verfolgen kann.

Allerdings gilt die vorbezeichnete Annahme nur insoweit, als die Mediaagentur bei der Erstellung des Mediaplans tatsächlich nur die Interessen ihrer Kunden berücksichtigt. Wenn sie hingegen bereits den Mediaplan danach ausrichtet, von welchem Leistungserbringer sie die umfassendsten Vergünstigungen und sonstigen Zuwen-

---

[618] Siehe Teil 3, A, II, 2, a); Teil 3, A, II, 2, d).
[619] Siehe Teil 3, A, II, 2, f), aa).

dungen erhalten wird, ist bereits das Tätigwerden im Rahmen der Mediaplanung für § 299 entscheidend. Diesbezüglich muss somit der konkrete Einzelfall betrachtet werden.

6. Vergütung

Auch die Vergütung der Mediaagentur könnte Aufschluss über ihre tatsächliche Stellung geben.

Da sie zwei selbstständige Verträge in eigenem Namen und auf eigene Rechnung schließt,[620] erhält sie auch aus zwei Richtungen Gegenleistungen. Die Gegenleistungen des Kunden sind zum einen das geringe von ihm direkt bezahlte Honorar und zum anderen die Einräumung der Chance auf Erzielung eines Gewinns durch das Buchen der Werbeplätze. Die Gegenleistungen der Leistungserbringer sind auf der einen Seite die 15 % Agenturvergütung und auf der anderen Seite der Mediaagenturbonus und die tariflichen Rabatte. Die historische Betrachtung hat ergeben, dass die 15 % auch nicht erst bei Entstehung der Annoncenexpeditionen auf die Preislisten aufgeschlagen wurden,[621] sondern die Leistungserbringer weiterhin nach den bereits bestehenden Preislisten abrechneten und somit die gewährten 15 % tatsächlich einen Abschlag auf die Listenpreise darstellten.[622] Deshalb lag rein wirtschaftlich schon immer eine Vergütung der Agentur durch die Leistungserbringer vor.[623]

Die Vergütung der Leistung der Mediaagentur von zwei Seiten spricht gegen eine Stellung als Beauftragte der einen Seite.

Ferner wurde zu Beginn der dreißiger Jahre des zwanzigsten Jahrhunderts der Konkurrenzdruck unter den frühen Werbeagenturen so groß, dass als Folge die Verhandlungsposition der Kunden immer stärker wurde und diese deswegen ihre Forderungen erhöhen konnten.[624] Die Agenturen führten gegeneinander einen rücksichtslosen Preiskampf um das eigene Überleben.[625] Infolgedessen hatten alle Agenturen im Laufe der Zeit die von den Kunden geforderte Weitergabe der Agenturvergütung in Kauf zu nehmen, um überhaupt noch Aufträge zu erhalten. Machte

---

[620] Siehe Teil 3, A, II, 2, a); Teil 3, A, II, 2, d).
[621] Siehe Teil 3, A, II, 1, a); *Heider*, Das Recht der Werbeagentur, S. 5 ff.
[622] Hierin unterscheidet sich die Mediaagenturkonstellation von Fällen mit einer tatsächlichen Kickbackvereinbarung; siehe beispielsweise den Kölner Müllskandal: *Saliger*, NJW 2006, 3377 ff.
[623] So schon der BGH in seiner „Context-Entscheidung": NJW 1970, 1317, 1319.
[624] *Lambsdorff/Skora*, Handbuch des Werbeagenturrechts, Rn. 30.
[625] *Gloede*, AfP 1969, 814.

bis zur Mitte des zwanzigsten Jahrhunderts die Agenturvergütung daher noch nahezu 85 % der Gesamterträge der Werbeagentur aus,[626] stellen gegenwärtig die 15 % Agenturvergütung nicht mehr die Vergütung der Mediaagentur dar.[627] Es handelt sich bei den 15 % heute vielmehr um einen Durchlaufposten.[628]

Dessen ungeachtet mussten sich die Agenturen in irgendeiner Weise finanzieren. Daher entwickelten sich nach und nach neue Vergütungsvarianten. Die Kunden wollten die Mediaagentur nicht plötzlich bezahlen müssen, die Leistungserbringer waren aber weiterhin am Überleben der Agenturen interessiert. Aus diesem Grund etablierte sich eine neue Art der Vergütung. An die Stelle der Vergütung der Agentur durch die 15 % traten die der Agentur von den Leistungserbringern gewährten Vergünstigungen (unter anderem Mediaagenturboni in Form von Freespace).[629] Das durch die Mehrbelastung entstehende Minus bei den Leistungserbringern wurde langsam über die von ihnen kontrollierte Stellschraube der Bruttopreise korrigiert.[630] Die 15 % Agenturvergütung wurden schlicht im Laufe der Zeit von den Leistungserbringern in die Preise einbezogen.[631] Im Ergebnis erhalten die Kunden deswegen heute zwar die 15 % Agenturvergütung weitergeleitet, müssen aber entsprechend höhere Preise bezahlen, damit die Leistungserbringer wiederum die Mediaagenturen durch den Mediaagenturbonus entlohnen können, ohne insgesamt weniger zu erhalten.[632] Folglich ist eigentlich alles beim Alten geblieben.[633] Dass der Mediaagenturbonus an die Stelle der 15 % Agenturvergütung getreten ist, ist schlicht die Reaktion auf das Weiterleitungsverlangen der Kunden bezüglich dieser

---

[626] *Fikentscher*, Die Preislistentreue im Recht der Werbeagenturen, S. 18.
[627] HORIZONT, Nr. 21/2007, S. 27; *Marx*, Media für Manager, S. 88; HORIZONT, Nr. 34/2009, S. 22; HORIZONT, Nr. 41/2007, S. 34; HORIZONT, Nr. 10/2010, S. 8; medianet, 19.10.2007, S. 10.
[628] medianet, 28.06.2006, S. 11; *Marx*, Media für Manager, S. 19, 88; HORIZONT, Nr. 33/2007, S. 20; HORIZONT, Nr. 21/2007, S. 27; HORIZONT, Nr. 10/2010, S. 8; HORIZONT, Nr. 45/2007, S. 1; absatzwirtschaft online vom 27.08.2009, http://www.absatzwirtschaft.de/content/communicat/news/mediaagenturen-auf-der-suche-nach-neuen-erloesquellen;68699, zuletzt abgerufen am 20.10.2011.
[629] HORIZONT, Nr. 33/2007, S. 20; HORIZONT, Nr. 10/2010, S. 8; HORIZONT, Nr. 19/2010, S. 4; HORIZONT, Nr. 21/2007, S. 27; HORIZONT, Nr. 34/2009, S. 22; HORIZONT, Nr. 03/2008, S. 2; medianet, 28.06.2006, S. 10; W&V, Nr. 41/2005, S. 50.
[630] Siehe zu den ständig steigenden Bruttopreisen: HORIZONT, Nr. 34/2009, S. 21; HORIZONT, Nr. 37/2009, S. 6; HORIZONT, Nr. 49/2004, S. 12; HORIZONT, Nr. 36/2007, S. 1, 4, 30; HORIZONT, Nr. 33/2007, S. 20.
[631] *Martinek*, FS Wadle, S. 559, 583.
[632] HORIZONT, Nr. 33/2007, S. 20.
[633] Dass der Mediaagenturbonus auch in etwa die gleiche Höhe wie die frühere Agenturvergütung hat, ergibt sich aus: HORIZONT, Nr. 10/2010, S. 8; HORIZONT, Nr. 19/2010, S. 4. Allerdings sind auch deutlich höhere Boni durchaus üblich: medianet, 29.06.2006, S. 11; HORIZONT, Nr. 38/2007, S. 12 f; medianet, 28.06.2006, S. 10.

15 %. Neu ist lediglich, dass dadurch jetzt nicht wie früher eine indirekte Vergütung durch die Weitergabe der Werbeplätze zum eigentlichen Originaleinkaufspreis, sondern vielmehr eine *direkte* Vergütung der Mediaagentur durch die Leistungserbringer mithilfe des Mediaagenturbonus vorliegt.

Auch den Kunden muss einleuchten, dass die umfangreiche Tätigkeit der Mediaagentur nicht mit der von ihnen direkt gewährten Vergütung von zumeist weniger als einem Prozent des Auftragsvolumens wirtschaftlich abgedeckt werden kann.[634] Sie weigern sich ja sogar, mehr zu bezahlen, weil sie von einer Vergütung durch die Leistungserbringer ausgehen.[635] Mit der Weigerung mehr zu bezahlen und der gleichzeitigen Forderung der Weitergabe der ursprünglich als Agenturvergütung gedachten 15 % nehmen die Kunden daher eine Vergütung der Mediaagentur auf andere Weise, nämlich durch das Aushandeln eines besseren Preises aufgrund der Bündelung von Marktmacht, bewusst in Kauf.[636] Die (behauptete) fehlende Kenntnis der Kunden von der konkreten Ausgestaltung dieser Bezahlung (Mediaagenturbonus) ist an dieser Stelle unerheblich. Entscheidend ist nur, *dass* die Kunden von der anderweitigen Vergütung der Mediaagentur wissen bzw. wissen müssen und nicht, ob sie wissen, *auf welche Weise* dies geschieht.[637]

Die Entwicklung von der Vergütung der Mediaagentur durch die 15 %, welche für die Werbeagentur noch absolut üblich war und als Vergütung seitens der Kunden angesehen wurde,[638] zu anderweitigen Vergütungsmodalitäten direkt durch die Leistungserbringer weist jedoch eher in Richtung der Stellung der Mediaagentur auf eigenständiger Wirtschaftsstufe. Die Entwicklung der Vergütung zeigt sogar, dass selbst die Beteiligten rein tatsächlich von einer solchen Stellung der Mediaagentur auf eigenständiger Wirtschaftsstufe ausgehen.

Diese Annahme wird auch dadurch unterstrichen, dass das Honorar der Mediaagentur, der Mediaagenturbonus, zumeist in Form von zusätzlichen Werbeplätzen (Freespace) gewährt wird.[639] Um ihr Honorar zu Geld machen zu können, müssen die Mediaagenturen die zusätzlichen Werbeplätze auch vermarkten dürfen. Also sind sie rein faktisch zumindest bezüglich dieser Werbeplätze bereits Werbeplatz-

---

[634] HORIZONT, Nr. 12/2008, S. 26; HORIZONT, Nr. 01/2010, S. 2; HORIZONT, Nr. 12/2008, S. 26; HORIZONT, Nr. 19/2010, S. 4; *Martinek*, Mediaagenturen und Medienrabatte, S. 14.
[635] Siehe Teil 1, B.
[636] HORIZONT, Nr. 21/2007, S. 27; absatzwirtschaft, Nr. 12/2002, S. 96.
[637] HORIZONT, Nr. 12/2008, S. 26.
[638] Siehe zur Darlegung: Teil 1, B; Teil 3, A, II, 2, f), bb), (1).
[639] Siehe Teil 1, B, II, 2.

händler im eigenen Interesse. Dieser Gedanke wird im Folgenden noch aufgegriffen und vertieft.

Die Vergütung der Mediaagentur von zwei Seiten stellt einen weiteren gewichtigen Unterschied zu anderen, grundsätzlich ähnlich gelagerten Rückvergütungs-Konstellationen dar.[640]

Letztlich ist in Bezug auf die Vergütung noch zu beachten, dass sich der Mediaagenturbonus nach der Zahl der gebuchten Werbeplätze und nicht nach dem Arbeitsaufwand der Mediaagentur richtet.[641] Der Mediaagenturbonus fällt umso umfangreicher aus, je mehr Werbeplätze die Mediaagentur bucht.[642] Der Arbeitsaufwand der Mediaagentur zur Ermittlung dieser Werbeplätze (die Mediaplanung) ist somit nicht entscheidend. Beispielsweise wird der Mediaagenturbonus nicht anteilsmäßig von allen Leistungserbringern gewährt, die im Rahmen der jeweiligen Werbeplatzbuchung für einen Kunden ausgewählt werden, sondern jeder Leistungserbringer gewährt den Mediaagenturbonus unabhängig von den anderen. Arbeitet die Mediaagentur also durch den Mediaplan heraus, dass Werbeplätze bei vier verschiedenen Leistungserbringern zu erwerben sind, bestimmt sich der Mediaagenturbonus jeweils ausschließlich nach dem Umfang der bei einem Leistungserbringer gebuchten Werbeplätze. Die Kosten des Mediaplans werden gerade nicht auf die vier Leistungserbringer umgelegt. Mithin vergüten die Leistungserbringer die Mediaagentur nicht für die Tätigkeit für den Kunden, sondern für die Tätigkeit für sie selbst, das allgemeine Erhöhen der Werbeplatzumsätze. Der Umsatz wird erhöht, wenn die Kunden mehr werben, wozu diese bereit sind, wenn die Werbung bessere Ergebnisse erzielt, was wiederum wegen der Tätigkeit der Mediaagentur der Fall ist.[643] Deswegen ist den Leistungserbringern daran gelegen, das wirtschaftliche Überleben der Mediaagentur zu sichern.[644] Darüber hinaus würde es auch einen hohen Verwaltungsaufwand bedeuten, auszurechnen, welchen Teil der Kosten des Mediaplans von welchem Leistungserbringer zu tragen wäre.

Bei der Vergütungssituation wird demnach die Stellung der Mediaagentur zwischen Kunde und Leistungserbringer und ihre Tätigkeit für beide Seiten besonders deutlich.

---

[640] v. Heintschel-Heinegg/*Momsen*, § 299, Rn. 11. Siehe ferner die eingangs genannten, ähnlich gelagerten Fälle: Teil 1, A.
[641] Siehe Teil 1, B, II, 2.
[642] Siehe Teil 1, B, II, 2.
[643] Siehe Teil 3, A, II, 1, c).
[644] Siehe Teil 1, B; Teil 3, A, II, 1, a); Teil 2, A, I und II.

7. Geldfluss

Ferner könnte die Betrachtung des Geldflusses für die Bestimmung der tatsächlichen Stellung der Mediaagentur weiterhelfen.

Die Mediaagentur handelt in eigenem Namen und auf eigene Rechnung.[645] Falls ein Kunde also nicht rechtzeitig an die Mediaagentur leistet, kann diese die Zahlung an den Leistungserbringer nicht mit Verweis auf diesen Umstand verweigern.[646] Folglich bezahlt die Mediaagentur die Rechnung des Leistungserbringers aus eigener Tasche. Von einer Weiterleitung wird nur deswegen vereinzelt gesprochen, weil der Kunde teilweise bereits zuvor geleistet hat.[647] Dies ist aber verwirrend, da tatsächlich die Mediaagentur aus ihrem Vermögen leistet und somit gerade nicht fremde Mittel weiterleitet.

Der Kunde bezahlt seinerseits der Mediaagentur nicht die Kosten der Werbeplätze und die sonstigen Kosten (das Honorar etc.) *separat*, sondern vielmehr *eine* Rechnung.[648] Dieser werden nur die Belege für die Kosten der Werbeplätze beigefügt, wie es auch schon bei den Annoncenexpeditionen der Fall war.[649] Deswegen werden auch in einer jüngsten Entscheidung zum Thema, trotz der separaten Ausweisung, sowohl die Mediakosten als auch das Honorar als Einnahmen der Mediaagentur angesehen und nicht die Mediakosten als Durchlaufposten o.ä. deklariert.[650]

Dies würde aber nahelegen, dass die Mediaagentur mit ihren Kunden selbstständig einen Preis verhandelt, was wiederum ein starkes Argument für die Stellung auf eigenständiger Wirtschaftsstufe und gegen eine Beauftragtenstellung darstellen würde.

Allerdings wäre diese Annahme verfehlt, falls die Mediaagentur nur die von den Leistungserbringern festgesetzten Preise weitergeben würde. Man könnte der Ansicht sein, ein auf eigenständiger Wirtschaftsstufe stehender Akteur dürfe nicht Preise von fremden Listen weitergeben, sondern müsse vielmehr eigene, frei kalkulierbare Preise aushandeln können.[651] Eine entsprechende Pflicht der Mediaagentur

---

[645] Siehe zur Darlegung: Teil 3, A, II, 2, a); Teil 3, A, II, 2, d).
[646] Siehe Teil 3, A, II, 4.
[647] HHKomm/*Kolonko*, 56. Abschnitt, 5. Teil, 3. Kapitel, Rn. 47. Trotzdem ist eine solche Vorleistung nicht die Regel; siehe Teil 3, A, II, 4.
[648] Siehe die Urteilsbegründung des LG Wiesbaden im „Ruzicka-Prozess" vom 12.05.2009, Az. 1160 Js 26113/05.
[649] *Lambsdorff/Skora*, Handbuch des Werbeagenturrechts, Rn. 13.
[650] Siehe die Urteilsbegründung des LG Wiesbaden im „Ruzicka-Prozess" vom 12.05.2009, Az. 1160 Js 26113/05.
[651] *Fikentscher*, Die Preislistentreue im Recht der Werbeagenturen, S. 44.

zur Weitergabe der Preise der Leistungserbringer an die Kunden würde folglich gegen eine Stellung auf eigenständiger Wirtschaftsstufe und mehr für eine Beauftragtenstellung im Sinne von § 299 sprechen.

Jedoch muss in diesem Zusammenhang erneut die Forderung der Kunden nach Weiterleitung der 15 % Agenturvergütung berücksichtigt werden. Wenn ein Kunde die Weitergabe der 15 % fordert, so darf die Bezeichnung „15 % des Listenpreises" nicht darüber hinwegtäuschen, dass der Kunde eigentlich mit der Mediaagentur schlicht über den an die Mediaagentur zu entrichtenden Preis für ihre Dienste verhandelt. Wegen der Preislisten und der eingebürgerten Wortwahl „weiterleiten", wird dies nicht ohne Weiteres ersichtlich. Dass dabei der Gesamtpreis im Interesse der Mediaagentur nicht unter 85 % und im Interesse des Kunden nicht über 100 % der Listenpreise der benötigten Werbeplätze liegt und deswegen auch deren tatsächlichen Kosten oft in der Endabrechnung ausgewiesen werden, ist unerheblich. Verhandelt wird trotzdem über den für die Werbeplätze und den zu ihrer Auffindung erforderlichen Arbeitsaufwand zu entrichtenden Betrag. Die Aushandlung des Preises verdeutlicht, dass der Kunde eben nicht schlicht den in den Preislisten der Leistungserbringer ausgezeichneten Preis der Werbeplätze bezahlt, sondern einen von der Mediaagentur mehr oder weniger frei kalkulierten Betrag entrichten muss. Dass sich die Vertragspartner bei der Verhandlung an den von den Leistungserbringern in ihren Preislisten ausgezeichneten Preisen für die Werbeplätze orientieren, ist lediglich der allgemeinen Zugänglichkeit dieser Information und der damit für beide Parteien verbundenen einfacheren preislichen Orientierung geschuldet. In jedem Fall bezahlt der Kunde nicht den Preis, den die Mediaagentur bezahlt *plus* das Honorar der Mediaagentur, sondern einen separaten, mit der Mediaagentur ausgehandelten Gesamtpreis für ihre Leistung (die Verschaffung der richtigen Werbeplätze). Diese Betrachtung steht mit der bereits dargestellten einheitlichen Beurteilung als Einnahme in Einklang bzw. wird dadurch gestützt. Außerdem wird eine solche Einordnung auch von der Eigenständigkeit der Mediaagentur beim Vertragsschluss bzw. der Selbstständigkeit der Verträge unterstrichen.

Insgesamt ergäbe sich aus dieser Betrachtung ein starkes Argument für eine Stellung der Mediaagentur auf eigenständiger Wirtschaftsstufe. Allerdings wäre die gesamte Argumentation nicht haltbar, wenn die Mediaagentur zur Weitergabe der Preise entsprechend der Listen der Leistungserbringer verpflichtet wäre. Dies würde gegen eine Stellung auf eigenständiger Wirtschaftsstufe und für eine Beauftragtenstellung im Sinne von § 299 sprechen.

a) Rechtliche Grenzen

Die Weitergabe (eines Teils) der 15 % Agenturvergütung könnte rechtlich unzulässig sein. In diesem Fall würde die Verpflichtung, im Verhältnis zu ihren Kunden auf Basis der Preislisten der Leistungserbringer abrechnen zu müssen, für eine Beauftragtenstellung im Sinne des § 299 sprechen.[652]
Fraglich ist also, ob die Mediaagentur zur Preislistentreue verpflichtet ist und deswegen, statt mit dem jeweiligen Kunden eigenständig einen Preis aushandeln zu können, ihm die Preise entsprechend der Liste der Leistungserbringer weitergeben muss.

aa) Preislistentreue und Weitergabeverbot

Wie dargelegt, haben die Leistungserbringer die Pflicht, die Arbeit der Mediaagentur zu vergüten.[653] Dieser Pflicht kamen sie seit jeher mit den 15 % Agenturvergütung nach.[654] Würde die Mediaagentur ihren Kunden diese 15 % weitergeben, so resultierten daraus für die Leistungserbringer Probleme im Direktgeschäft mit den Kunden, da die Kunden den der Mediaagentur vorbehaltenen Preis als 100 % ansehen und ebenfalls fordern würden. Deshalb muss den Kunden verdeutlicht werden, dass sie trotz Einschaltung der Mediaagentur denselben Preis bezahlen. Auf diese Weise wird ihnen die Einschaltung einer Mediaagentur nahegelegt. Dies liegt wiederum im Interesse der Leistungserbringer.[655] Außerdem wollten die Leistungserbringer durch die Agenturvergütung auch die wirtschaftliche Basis der Mediaagentur sichern.[656] Dieser Zielrichtung widerspräche es aber, wenn die Mediaagentur die Vergütung ihrerseits an die Kunden weitergeben würde.[657]
Aus diesen Gründen resultiert aus der Vergütung der Mediaagentur durch die Leistungserbringer als Kehrseite eine Pflicht der Mediaagentur, die Preise der Leistungserbringer nicht durch eine Vergütungsweitergabe zu untergraben.[658] Die Leistungserbringer dürfen verlangen, dass ihre Existenzsicherungsvergütung auch tatsächlich zu diesem Zweck verwendet wird. Die Mediaagenturen sind deswegen bei

---

[652] So auch: *Fikentscher*, Die Preislistentreue im Recht der Werbeagenturen, S. 44 f.
[653] Siehe Teil 2, A, I.
[654] *Heider*, Das Recht der Werbeagentur, S. 5 ff.
[655] Siehe Teil 2, A, I und II.
[656] Siehe Teil 2, A, I und II.
[657] *Rath-Glawatz*/Engels/Dietrich, Das Recht der Anzeige, Rn. 434.
[658] HHKomm/*Kolonko*, 56. Abschnitt, 5. Teil, 3. Kapitel, Rn. 62.

der Abrechnung mit dem Kunden zur Preislistentreue verpflichtet.[659] Um die Preislistentreue durchzusetzen, ist den Mediaagenturen die Weitergabe der Agenturvergütung an gewerbliche Unternehmen insoweit untersagt, als den Leistungserbringern die Weitergabe zu Schaden gereichen könnte.[660] Dies hat auch der BGH in der Context-Entscheidung 1970 bestätigt.[661]

Ohne das Verbot der Weitergabe würde das gesamte System nicht mehr funktionieren und es würde zu Wettbewerbsverzerrungen kommen.[662] Deswegen ist das Verbot vertragsimmanent und wird teilweise auch als Handelsbrauch im Sinne von § 346 HGB[663] oder gar Gewohnheitsrecht[664] angesehen. Das Weitergabeverbot muss somit nicht ausdrücklich in den Verträgen der Leistungserbringer mit den Kunden vereinbart werden, sondern ist auch ohne Vereinbarung Bestandteil der Verträge.

In jedem Fall ist die Weitergabe der Agenturvergütung nicht gestattet.

(1) Verstoß gegen Kartellrecht

Möglicherweise könnte aber das Verbot der Weitergabe der Agenturvergütung einen Verstoß gegen Kartellrecht darstellen.

Früher ergab sich aus § 14 GWB das Verbot wettbewerbsbeschränkender Maßnahmen in Bezug auf die Preisgestaltung bei Verträgen mit Dritten. § 15 GWB a.F. normierte diesbezüglich Ausnahmen für Printerzeugnisse. Beide Paragrafen wurden aber im Rahmen der 7. GWB-Novelle im Jahr 2005 ersatzlos gestrichen.[665] Deswegen kommt nur ein Verstoß gegen § 1 GWB in Frage. § 1 GWB umfasst nun das vormals in §§ 14 bzw. 15 GWB a.F. enthaltene Verbot vertikaler Wettbewerbsbeschränkungen.[666]

Die Mediaagentur und der Leistungserbringer sind selbstständige Unternehmen, die einen Vertrag über gewerbliche Leistungen abschließen. Dieser Vertrag beschränkt die Mediaagentur als Beteiligte durch das Weitergabeverbot in der Freiheit, den Preis in dem Vertrag mit ihrem Kunden als Drittem zu vereinbaren. Damit

---

[659] Vgl. etwa: *Fikentscher*, WRP 1970, 1, 5 f. (m.w.N.); *Schneider*, WuW 1962, 260 ff. (m.w.N.).
[660] *Sandberger*, AfP 1970, 956, 958; *Lambsdorff/Skora*, Handbuch des Werbeagenturrechts, Rn. 264.
[661] BGH, NJW 1970, 1317, 1318.
[662] OLG Stuttgart, AfP 1970, 974.
[663] *Löffler*/Wenzel/Sedelmeier, Presserecht, BT Anz, Rn. 273.
[664] *Lambsdorff/Skora*, Handbuch des Werbeagenturrechts, Rn. 269.
[665] Siehe BT-Drs. 15/5049.
[666] Immenga/Mestmäcker/*Zimmer*, Wettbewerbsrecht, § 1, Rn. 4.

lägen die Voraussetzungen vor und das Weitergabeverbot wäre daher wegen Verstoßes gegen Kartellrecht nichtig.[667]

Fraglich ist aber, ob wirtschaftliche Besonderheiten des Einzelfalls ausnahmsweise einer Anwendung des § 1 GWB entgegenstehen und dieser deswegen teleologisch zu reduzieren ist. Dazu müsste die Regelung nach ihrem Sinn und Zweck aufgrund einer Besonderheit den vorliegenden Fall nicht erfassen. Wie dargelegt, wird die Mediaagentur wirtschaftlich von den Leistungserbringern getragen, da ihre Tätigkeit auch in deren Interesse liegt.[668] Wegen dieser Interessenverknüpfung haben die Leistungserbringer das Recht eine Weitergabe zu untersagen, die ihnen im Direktgeschäft zum Nachteil gereichen würde.[669] Die Vergütung der Mediaagentur durch den Leistungserbringer, obwohl sie von einem Dritten (dem Kunden) engagiert wurde, ist absolut untypisch und verleiht den Vertragsbeziehungen ein besonders eigenartiges Gepräge.[670] Sie erfolgt nur deswegen auf diese Weise, weil im Dreiecksverhältnis Kunde – Mediaagentur – Leistungserbringer die Agentur in beide Richtungen Leistungen erbringt und mithin eine besondere Interessenverknüpfung vorliegt.[671] Die Tätigkeit der Mediaagentur hat für die Leistungserbringer auch wegen der Erhöhung der Bereitschaft der Kunden zu werben ein hohes wirtschaftliches Gewicht.[672] Außerdem ist die Weitergabe nicht grundsätzlich verboten, sondern nur insoweit, als sie den Leistungserbringern zu Schaden gereichen kann.[673] Aufgrund der besonderen Interessenverknüpfung wurde daher dem Weisungsrecht der Leistungserbringer im Fall der *Werbe*agentur Vorrang vor § 15 GWB a.F. eingeräumt.[674] Dies wurde damit begründet, dass die von der Rechtsordnung vorausgesetzte Funktionsfähigkeit des vorliegenden besonderen Vertragstyps nur erhalten werden kann, wenn das Verbot vertikaler Wettbewerbsbeschränkungen aufgrund der wirtschaftlichen Besonderheiten im zu beurteilenden Einzelfall zurücktritt.[675]

Aus diesem Grund wurde das Weitergabeverbot trotz kontroverser Diskussion[676] als zulässig erachtet.[677]

---

[667] So auch: LG Stuttgart, NJW-RR 1993, 689.
[668] Siehe Teil 2, A, I, II.
[669] BGH, NJW 1970, 1317, 1319.
[670] Siehe Teil 3, A, II, 2, f), bb).
[671] HHKomm/*Kolonko*, 56. Abschnitt, 5. Teil, 3. Kapitel, Rn. 65.
[672] BGH, NJW 1970, 1317, 1319.
[673] *Lambsdorff/Skora*, Handbuch des Werbeagenturrechts, Rn. 264.
[674] Immenga/Mestmäcker/*Emmerich*, Wettbewerbsrecht, 3. Auflage, § 14 GWB, Rn. 35.
[675] *Löffler*/Wenzel/Sedelmeier, Presserecht, BT Anz, Rn. 274.
[676] *Fabricius*, BB 1970, 773 ff.; Langen/Bunte/*Klosterfelde/Metzlaff*, Kartellrecht, 8. Aufl., § 15 GWB, Rn. 73 (m.w.N.).

Fraglich ist indes, ob die vorgebrachten Argumente auch noch in der Mediaagenturkonstellation haltbar sind. Wie dargelegt, kommen Direktgeschäfte zwischen Kunde und Leistungserbringer heutzutage so gut wie nicht mehr vor.[678] Damit wäre das Hauptargument des BGH praktisch gegenstandslos.

Jedoch erfolgt die Bezahlung heute nicht mehr indirekt, wie noch zu Zeiten der Context-Entscheidung über die 15 % Preisnachlass als Agenturvergütung, sondern vielmehr direkt über den den Preisnachlass ersetzenden Mediaagenturbonus.[679] Damit ist die Ausprägung der Besonderheit des Interessenverhältnisses in der Drei-Personen-Konstellation in der heutigen Zeit sogar noch stärker geworden. Außerdem sind Direktgeschäfte trotz ihrer Seltenheit in der Praxis weiterhin grundsätzlich möglich. Folglich greifen die zur teleologischen Reduktion der Kartellregeln entwickelten Grundsätze auch für die Mediaagentur.

Somit ist das Weitergabeverbot nicht wegen Verstoßes gegen das GWB nichtig.

(2) Ergebnis

Also wäre das Verbot der Weitergabe der Agenturvergütung zulässig. Wie bereits dargelegt, wird aber die Agenturvergütung in der Praxis trotzdem zumeist weitergegeben.[680] Da wegen des Entgeltcharakters kein gesetzlicher Anspruch des Kunden auf die Weitergabe besteht,[681] wird sie schlicht einzelvertraglich zwischen Kunde und Mediaagentur geregelt.[682] Fraglich ist allerdings, ob diese Praxis einen Verstoß gegen das Weitergabeverbot darstellt.

Sinn und Zweck der aus der Vergütung resultierenden Preislistentreue bzw. des Weitergabeverbots ist aber, dass die Leistungserbringer nicht im Direktgeschäft durch die Vergütung Schwierigkeiten erhalten.[683] Damit die Vergütung nicht dem Leistungserbringer schaden kann, muss den Kunden der volle, für einen Werbeplatz im Direktgeschäft zu bezahlende Preis verdeutlicht werden. Diese Erkenntnis tritt durch Ausweisung der Listenpreise der Leistungserbringer ein. Gleichwohl ist die Agenturvergütung ein Entgelt und muss als solches *insgesamt* trotzdem der

---

[677] BGH, NJW 1970, 1317, 1319; *Droste/Schmidt*, GRUR 1972, 1, 11; *Sandberger*, AfP 1970, 956, 959.
[678] Siehe Teil 2, A, II.
[679] Siehe zur Darlegung: Teil 3, A, II, 6.
[680] Siehe Teil 3, A, II, 6.
[681] Siehe Teil 3, A, II, 2, f), cc).
[682] HORIZONT, Nr. 33/2007, S. 20; HORIZONT, Nr. 21/2007, S. 27; HORIZONT, Nr. 45/2007, S. 1.
[683] Siehe Teil 3, A, II, 7, a), aa).

Mediaagentur zur freien Verfügung stehen.[684] Aus diesem Grund muss nur der *konkrete Schaltauftrag* nach der Preisliste des Leistungserbringers abgerechnet werden.[685] Eine Weitergabe im Rahmen der *Gesamtabrechnung* läuft dem dargestellten Sinn und Zweck der Preislistentreue jedoch nicht entgegen und ist daher gestattet.[686] Wegen des zur Zeit der Werbeagent-Entscheidung noch geltenden Rabattgesetzes war zwar eine Weitergabe nur bis zur Höhe von drei Prozent möglich, das Rabattgesetz ist allerdings 2001 außer Kraft getreten.[687]

Also ist die Weitergabe der Agenturvergütung zumindest im Rahmen der Gesamtabrechnung der Mediaagentur mit dem Kunden möglich. Der Preislistentreue wird durch Anhängen der Listenpreise der einzelnen Schaltaufträge an die Rechnung des Kunden Genüge getan. Auf diese Weise erkennt der Kunde den tatsächlichen Listenpreis. Entscheidend für die vorliegende Arbeit ist aber, dass die Mediaagentur im Rahmen der Gesamtabrechnung den Nachlass weitergeben kann. Folglich kann sie tatsächlich mit dem Kunden einen eigenen Preis aushandeln, solange sie nur im Rahmen der Abrechnung des einzelnen Schaltauftrags die Listenpreise der Leistungserbringer ausweist. Diese teilweise Preisfreiheit gegenüber den Kunden spricht für eine Stellung der Mediaagentur auf eigenständiger Wirtschaftsstufe und gegen eine Beauftragtenstellung im Verhältnis zu den Kunden.

bb) Unterschiede im Fall der Mediaagentur

Absolute Preisfreiheit bestünde jedoch nur, wenn die Preislistentreue und das Weitergabeverbot für die Mediaagentur der heutigen Zeit im Gegensatz zu ihren Vorgängern, den Werbeagenturen, überhaupt nicht mehr greifen würden. Fraglich ist also, ob die durch den BGH im Rahmen der Context-[688] und der Werbeagent-Entscheidung[689] entwickelten Gründe, mithilfe derer das Weitergabeverbot und die Preislistentreue im Fall der Werbeagenturen bestätigt wurden, in gleicher Weise auch bezüglich der Mediaagenturen einschlägig sind oder ob insofern eine neue Betrachtungsweise angezeigt ist.

Zunächst ist zu bedenken, dass die Arbeit der „Full-service"-Werbeagentur seit ihrer Aufspaltung nunmehr von der Kreativ- und der Mediaagentur zusammen er-

---

[684] BGH, GRUR 1994, 527, 528.
[685] HHKomm/*Kolonko*, 56. Abschnitt, 5. Teil, 3. Kapitel, Rn. 71 ff.
[686] So auch: BGH, GRUR 1994, 527, 529.
[687] Siehe Teil 1, B.
[688] BGH, NJW 1970, 1317 ff.
[689] BGH, GRUR 1994, 527 ff.

bracht wird.[690] Folglich muss der Kunde heute der Mediaagentur noch die Kreativagentur vorschalten, um die Werbung überhaupt zu erstellen.[691] Die Agenturvergütung sollte aber der Werbeagentur für ihre Arbeit für die Leistungserbringer zukommen (und auch daher nicht weitergegeben werden).[692] Nur aus dieser Überlegung resultierten überhaupt das Weitergabeverbot und die Pflicht der Agentur zur Preislistentreue.[693] Seit der Aufspaltung der „Full-service"-Werbeagentur wird aber nunmehr ein Teil der den Leistungserbringern zugutekommenden Tätigkeit von der Kreativagentur erbracht.[694] Mithin müsste heute auch die Arbeit der Kreativagentur von der Vergütung durch die 15 % Agenturvergütung erfasst werden.[695] Dies war in der Zeit kein Problem, als sowohl die Kreativ- als auch die Mediaagentur noch Teile der „Full-service"-Werbeagentur waren. Im heutigen System beauftragt ein Kunde allerdings zunächst eine Kreativagentur, um die Werbung zu *produzieren* und erst anschließend eine Mediaagentur, um die fertige Werbung zu *platzieren*. Folglich haben die Leistungserbringer einzig mit der Mediaagentur Kontakt.[696] Nur indem die Mediaagentur also einen Teil der Vergütung an die Kunden weitergibt, kann der hinter der Agenturvergütung stehende Gedanke, auch die Leistung der Kreativagentur für die Leistungserbringer werde durch eben diese vergütet, erreicht werden.

Teilweise wurde dementsprechend die 15 % Agenturprovision auch von vornherein in 12 % für die Kreativ- und 3 % für die Mediaagentur aufgeteilt.[697] Allerdings liegt die Gewinnschwelle einer Mediaagentur bei ca. 3,5 - 6 % des Auftragsvolumens.[698] Folglich spricht diese Tatsache, wie das Weiterleitungsverlangen, dafür, dass die Kunden hätten erkennen müssen, dass die Bezahlung der Mediaagentur nicht ausreicht, um sie wirtschaftlich am Leben zu erhalten und sie deswegen in anderer Weise vergütet wird bzw. vergütet werden muss. Gerade die ungleiche Aufteilung zwischen Media- und Kreativagentur, unter Berücksichtigung der

---

[690] Siehe Teil 1, A, I; Teil 2, A, II.
[691] *Nennen*, GRUR 2005, 214, 215; *Siegert/Brecheis*, Werbung in der Medien- und Informationsgesellschaft, S. 141; HORIZONT, Nr. 51/2007, S. 30. In Einzelfällen wird die Kreativagentur auch für den Kunden von der Mediaagentur eingeschaltet. Insofern kommt es auf den konkreten Vertrag an. Unabhängig vom Vertragspartner muss aber ein Teil der Vergütung auch die Kreativagentur erreichen.
[692] Siehe Teil 3, A, II, 7, a), aa).
[693] Siehe Teil 3, A, II, 7, a), aa).
[694] Siehe Teil 3, A, II, 1, c).
[695] *Marx*, Media für Manager, S. 88.
[696] *Nennen*, GRUR 2005, 214, 215.
[697] *Martinek*, FS Wadle, S. 559.
[698] *Martinek*, FS Wadle, S. 560.

Tatsache, dass letztere keinen Kontakt zu den Leistungserbringern hat, unterstreicht diesen Punkt.

Darüber hinaus sind die Veränderungen bei den Vergütungsmodalitäten zu berücksichtigen. An die Stelle der vormaligen 15 % als Agenturvergütung ist heutzutage der Mediaagenturbonus getreten.[699] Durch diese neue Art der Vergütung wird aber nicht nur die Abnahme der Arbeit der Leistungserbringer durch die Mediaagentur vergütet, sondern gleichzeitig auch versucht, eine Agentur längerfristig durch attraktive Angebote zu binden.[700] Da sich außerdem die Weitergabe im Rahmen der Endabrechnung als feste Praxis etabliert hat, erlangen die Kunden ohnehin den eigentlich der Mediaagentur vorbehaltenen reduzierten Preis.[701] Folglich wäre ein Direktgeschäft mit den Leistungserbringern für die Kunden überhaupt nicht von Vorteil. Aus diesem Grund besteht die durch den BGH angesprochene Gefahr,[702] dass die Preise der Leistungserbringer im Direktgeschäft untergraben werden, nicht mehr. Der Kunde, der seine Werbung von einer Mediaagentur schalten lässt und die Listenpreise kennt, denkt sogar, er müsse aufgrund der Einschaltung der Mediaagentur und der damit einhergehenden Weiterleitung der Agenturvergütung weniger bezahlen als ein Kunde, der ein Direktgeschäft vornimmt und den Listenpreis bezahlt. Dies ist gerade nicht widersinnig,[703] sondern entspricht genau dem Sinn der Agenturvergütung, den Kunden zum Einschalten einer Mediaagentur zu bewegen.[704] Dieses Ziel wird erreicht, wenn der Kunde denkt, sein Ziel der Anzeigenschaltung wegen der professionellen Hilfe nicht nur *qualitativ überzeugender*, sondern gleichzeitig sogar *kostengünstiger* verwirklichen zu können.

Die Gefahr der Preisuntergrabung könnte jetzt allerdings in gleicher Weise im Rahmen des Mediaagenturbonus bestehen. Jedoch war dieser im Gegensatz zu den 15 % Agenturvergütung bei den Kunden bis in neuester Zeit weitgehend unbekannt bzw. ist es noch heute.[705] Folglich konnte auch keine Weiterleitung verlangt werden.

Darüber hinaus wird der jeweilige Mediaagenturbonus individuell ausgehandelt und nur für die aus der Anzeigensammlung resultierende gebündelte Marktmacht gewährt.[706] Also würden die Kunden ihn im Direktgeschäft gar nicht oder zumin-

---

[699] Siehe Teil 3, A, II, 6.
[700] *Martinek*, Mediaagenturen und Medienrabatte, S. 12 f.
[701] HORIZONT, Nr. 21/2007, S. 27.
[702] BGH, NJW 1970, 1317, 1318.
[703] *Rath-Glawatz*/Engels/Dietrich, Das Recht der Anzeige, Rn. 436.
[704] Siehe Teil 3, A, II, 7, a), aa).
[705] Siehe Teil 1, B.
[706] *Kolonko*, AfP 2009, 18, 22.

dest nur in stark reduziertem Umfang erhalten. Letztlich existieren auch keine entsprechenden „Bonuslisten" oder festgesetzte prozentuale Nachlässe. Demnach können die Kunden die Weitergabe des Mediaagenturbonus schon deswegen nicht verlangen, weil sie überhaupt nicht wissen, wie hoch der jeweilige Mediaagenturbonus ist. Folglich besteht auch nicht die Gefahr der Preisuntergrabung durch den Mediaagenturbonus wie im Fall der ursprünglichen Agenturvergütung.

Überdies wurde die Preislistentreue entwickelt, damit die Leistungserbringer im Direktgeschäft mit den Kunden weiterhin auch tatsächlich ihre Preise durchsetzen konnten.[707] Die Pflicht der Agentur zur Preislistentreue resultierte aus der Pflicht der Leistungserbringer zur Vergütung der Agentur.[708] Durch das Weitergabeverbot sollte ferner sichergestellt werden, dass die zur Existenzsicherung der Agentur gedachte Vergütung auch tatsächlich für diesen Zweck eingesetzt wurde.[709] Im Gegensatz zur Werbeagentur wird aber die Mediaagentur von den Leistungserbringern nicht mehr *indirekt*, sondern *direkt* vergütet (durch den Mediaagenturbonus).[710] Darüber hinaus gibt es heutzutage nahezu kein Direktgeschäft zwischen Leistungserbringer und Kunde mehr.[711] Die hoch spezialisierten Mediaagenturen sind aufgrund ihres immensen Know-hows zur Erreichung der Zielgruppe durch die Werbung mit möglichst geringem Streuverlust für die Kunden unverzichtbar geworden.[712] Dies liegt vor allem auch an dem völlig unterschiedlichen Werbemarkt von heute, verglichen mit dem Werbemarkt zur Zeit der BGH-Entscheidungen.[713] Ohne das Wissen der Mediaagentur kann kein Kunde mehr zielführend Werbung auf dem hoch differenzierten Markt platzieren. Da die Einschaltung ohnehin unverzichtbar geworden ist, erscheint es heute nicht mehr von allzu großer Relevanz, den Kunden zu verdeutlichen, dass sie unabhängig von der Einschaltung einer Mediaagentur denselben Preis bezahlen. Also müssen die Leistungserbringer nicht mehr wie zu Beginn der Entwicklung der Werbeagentur mit der Vergütung das Ziel verfolgen, den Kunden durch Kostenfreiheit die Arbeit der Agentur „schmackhaft" zu machen. Außerdem wissen die Kunden um die Agenturvergütung und fordern gleichwohl ihre Weitergabe.[714] Deswegen geht auch das Argument, das Weitergabeverbot wäre erforderlich, da sonst nicht durch die Agenturvergütung die Existenz-

---

[707] Siehe Teil 3, A, II, 7, a), aa).
[708] Siehe Teil 2, A, I und II.
[709] BGH, NJW 1970, 1317, 1318.
[710] Siehe Teil 3, A, II, 6.
[711] Siehe zur Darlegung: Teil 2, A, II.
[712] *Martinek*, Mediaagenturen und Medienrabatte, S. 5; *Kolonko*, AfP 2009, 18, 21; HORIZONT, Nr. 26/2007, S. 16.
[713] Siehe zu den Veränderungen im Werbemarkt: Teil 3, A, II, 2, f).
[714] HORIZONT, Nr. 21/2007, S. 27.

grundlage der Mediaagenturen gesichert wird, fehl, da die Vergütung und damit die Existenzsicherung aufgrund der Weiterleitung im Rahmen der Endabrechnung statt über die 15 % heute über den Mediaagenturbonus erfolgt.[715]

Letztlich ist auch in den vier Jahrzehnten seit der Context-Entscheidung keine Entscheidung eines Gerichts bekannt, welche das Schadensersatzverlangen eines Leistungserbringers wegen eines Schadens im Direktgeschäft zum Gegenstand hatte, obwohl in tatsächlicher Hinsicht schon lange die Kunden die (teilweise) Weitergabe erreichen.[716] Dies spricht dafür, dass die vom BGH zum Ausdruck gebrachte Furcht unbegründet ist.

Somit liegen die Gründe, welche die Preislistentreue und das Weitergabeverbot rechtfertigten, im Fall der Mediaagentur nicht mehr vor.

b) Ergebnis

Die Preislistentreue verstößt nicht gegen das GWB, da die Besonderheiten des Verhältnisses zwischen Kunde, Mediaagentur und Leistungserbringer weiterhin ein Zurücktreten der Kartellregeln rechtfertigen. Jedoch ist keines der wesentlichen Argumente, welche zur Bestätigung der Preislistentreue im Fall der Werbeagentur geführt haben, bei der Mediaagentur noch einschlägig. Das Direktgeschäft, wie es im weniger differenzierten Werbemarkt von 1970 vereinzelt noch vorlag, existiert heute praktisch überhaupt nicht mehr. Kein Kunde kann ohne das Know-how einer Mediaagentur noch Werbung platzieren. Demzufolge ist die Preislistentreue zur Verdeutlichung der Preise für die Kunden nicht länger erforderlich. Die Befürchtung der Untergrabung der Listenpreise der Leistungserbringer im Direktgeschäft besteht ebenfalls nicht mehr. Außerdem ist die Vergütung in gleicher Weise für die Arbeit der Kreativagentur gedacht und muss diese mittlerweile eigenständige Agentur gleichfalls erreichen können. Letztlich erfolgt rein tatsächlich ohnehin die Weitergabe im Rahmen der Endabrechnung.

Deswegen sind in Bezug auf die Mediaagentur heute weder die Preislistentreue noch das Weitergabeverbot haltbar. Daraus folgt, dass die Mediaagentur ihre Preise frei mit den Kunden aushandeln kann. Die Mediaagentur erscheint aus diesem Grund eher wie ein Zwischenhändler auf eigenständiger Wirtschaftsstufe denn wie ein Beauftragter im Sinne des § 299.

---

[715] Siehe Teil 3, A, II, 6.
[716] Siehe Teil 1, B, I; Teil 3, A, II, 2, f), cc).

Selbst wenn die Preislistentreue aber weiterhin als geltend anzusehen wäre, müsste die Mediaagentur zwar den einzelnen Schaltauftrag nach der Preisliste der Leistungserbringer abrechnen, könnte aber im Rahmen der Gesamtabrechnung die Agenturvergütung weitergeben. Also wäre die Mediaagentur rein faktisch auch bei geltender Preislistentreue in der Lage, mit ihrem Kunden einen in gewisser Weise eigenständigen Preis auszuhandeln. Selbst dies spräche weniger für eine Beauftragtenstellung im Sinne von § 299 denn für eine Stellung auf eigenständiger Wirtschaftsstufe.

8. Umgang mit dem Mediaagenturbonus

Letztlich könnte auch der Umgang der Mediaagentur mit dem Mediaagenturbonus für die Frage nach der Beauftragtenstellung im Sinne von § 299 weiterhelfen.

a) Kommerzialisierung als Handelsbrauch

Der Umgang mit dem Mediaagenturbonus, genauer die selbstständige Vermarktung des Freespace etc., könnte als Handelsbrauch im Sinne von § 346 HGB anzusehen sein. Wenn es einen Handelsbrauch darstellt, dass die Mediaagentur den Mediaagenturbonus selbstständig vermarktet, würde dies eher für eine Stellung auf eigenständiger Wirtschaftsstufe denn für eine Beauftragtenstellung der Mediaagentur sprechen.

Per Definition sind Handelsbräuche im Sinne von § 346 HGB die tatsächlich im Handelsverkehr geltenden und ausgeübten Gewohnheiten und Gebräuche.[717] Sie stellen die Verkehrssitte des Handelsverkehrs dar.[718] Erforderlich ist eine verpflichtende Regel, die auf einer gleichmäßigen, einheitlichen und freiwilligen Übung der beteiligten Kreise für vergleichbare Geschäftsvorgänge über einen angemessenen Zeitraum hinweg beruht und der eine einheitliche Auffassung der Beteiligten zugrunde liegt.[719] Zur Herausbildung eines Handelsbrauchs sind demgemäß ein gewisser Zeitraum, die Zustimmung der Beteiligten und die tatsächliche Ausübung erforderlich.[720] In Bezug auf den Zeitraum sind aber die Besonderheiten des jeweiligen Einzelfalls zu beachten.[721]

---

[717] HeidelbergerKomm/*Ruß*, § 346 HGB, Rn. 1.
[718] BGH, NJW 2001, 2465, 2466.
[719] BGH, NJW 1994, 659, 660.
[720] *Baumbach/Hopt/Merkt*, § 346 HGB, Rn. 12.
[721] MüKoHGB/*Schmidt*, § 346 HGB, Rn. 13.

Im Unterschied zu Handels*gesetzen* muss ein Handels*brauch* nicht zwingend allgemeine Geltung besitzen.[722] Eine Beschränkung auf einzelne Geschäftsgebiete oder -zweige ist deshalb möglich. Kein Handelsbrauch sind bloße Geschäftsbedingungen, da sie nur aufgrund vertraglicher Vereinbarung gelten.[723] Letztlich unterscheiden sich mangels verpflichtender Regelung auch bloße Handels*übungen* von Handelsbräuchen.[724]

Zumindest die „big five" der Mediaagenturen vermarkten den Freespace einheitlich und selbstständig.[725] Problematisch ist aber, ob trotz der relativ kurzen Zeit, in der Mediaagenturen und entsprechende Boni überhaupt existieren, bereits von einer gleichmäßigen, einheitlichen und freiwilligen Übung gesprochen werden kann.

Dabei muss der Unterschied zwischen einem Handelsbrauch und Handelsgewohnheitsrecht berücksichtigt werden. Verglichen mit den Anforderungen des Gewohnheitsrechts erfordert eine Handelspraxis eine kürzere Zeitspanne der Anwendung, um sich als Handelsbrauch zu etablieren.[726] Ferner richtet sich der ausreichende Zeitraum gemäß der obigen Definition nach den Gegebenheiten des Einzelfalls. Unter Berücksichtigung der Tatsache, dass die Werbebranche ständigem Wandel unterworfen ist,[727] die „big five" aber schon seit über einem Jahrzehnt die selbstständige Vermarktung des Freespace betreiben,[728] muss diese Zeitspanne als ausreichend angesehen werden.

Die Einstufung als Handelsbrauch könnte allerdings zu verneinen sein, weil vor allem die kleineren Mediaagenturen die freie Vermarktung des Freespace ablehnen, um sich dadurch von den großen abzugrenzen.[729] Dies könnte gegen eine gleichmäßige und einheitliche Regelung und damit gegen das Vorliegen eines Handelsbrauchs sprechen. Außerdem ist die Rabattpraxis seit jeher umstritten und war lange Zeit sogar nur den Mediaagenturen und den Leistungserbringern überhaupt bekannt.[730]

Die selbstständige Vermarktung des Freespace seit über einem Jahrzehnt seitens der „big five" der Mediaagenturen zeigt aber, dass sie sich von dem schon länger

---

[722] HeidelbergerKomm/*Ruß*, § 346 HGB, Rn. 4.
[723] MüKoHGB/*Schmidt*, § 346 HGB, Rn. 1.
[724] *Baumbach/Hopt/Merkt*, § 346 HGB, Rn. 2.
[725] *Martinek*, Mediaagenturen und Medienrabatte, S. 51.
[726] MüKoHGB/*Schmidt*, § 346 HGB, Rn. 16.
[727] Siehe Teil 1, A; Teil 2, A, I und II.
[728] *Martinek*, FS Wadle, S. 588.
[729] Siehe das Interview mit Crossmedia-Chef *Markus Biermann* in: absatzwirtschaft, Nr. 01/2008, S. 90; *Martinek*, Mediaagenturen und Medienrabatte, S. 21.
[730] Siehe zur Darlegung: Teil 1, B, II, 2.

bestehenden Aufbegehren der kleineren Agenturen gegen diese Übung nicht abhalten lassen. Zusammen verfügen die „big five" über mehr als 90 % Marktanteil.[731] Darüber hinaus ist es gemäß der einleitenden Definition überhaupt nicht erforderlich, dass sich *alle* Marktteilnehmer nach dem Handelsbrauch richten, sondern nur die überwiegende Mehrzahl der Handeltreibenden. Diese Mehrzahl stellen die „big five" dar. Also kann auch das teilweise Aufbegehren kleinerer Mediaagenturen nicht die Einordnung der selbstständigen Vermarktung des Freespace als Handelsbrauch verhindern.

Folglich wird die selbstständige Vermarktung des Freespace von einer großen Mehrheit der Marktteilnehmer gleichmäßig, einheitlich und freiwillig betrieben bzw. anerkannt und zwar schon seit einem angemessenen Zeitraum. Damit stellt die selbstständige Vermarktung des Freespace einen Handelsbrauch im Sinne des § 346 HGB dar. Aus diesem Grund ist die Erlaubnis zur selbstständigen Vermarktung des Freespace als Inhalt des Vertrags zwischen Kunde und Mediaagentur anzusehen. Um dies zu vermeiden, müsste der Kunde vor oder bei Vertragsschluss der Geltung dieses Handelsbrauchs ausdrücklich widersprechen.[732] Dieses Ergebnis steht auch in Einklang mit der Tatsache, dass der Mediaagenturbonus an die Stelle der 15 % Agenturvergütung und damit auch an die Stelle der Vergütung im Rahmen des Geschäftsbesorgungsvertrags getreten ist. Mit der ihr zugewendeten Vergütung muss die Mediaagentur nach Belieben verfahren dürfen.

b) Wesen und Notwendigkeit des Mediaagenturbonus

Die Entwicklung in Bezug auf die Ersetzung der 15 % Agenturvergütung durch den Mediaagenturbonus muss näher betrachtet werden.[733]

Zum einen standen die 15 % Agenturvergütung, abgesehen von der Preislistentreue, schon immer der Agentur zu deren freien Verfügung zu.[734] Also muss auch der Mediaagenturbonus als das moderne Äquivalent der Agenturvergütung der Mediaagentur zur freien Verfügung zustehen.[735] Aus der Tatsache, dass die Mediaagentur im Gegensatz zur Werbeagentur nicht mehr *indirekt* über die 15 % Agenturvergütung, sondern aufgrund des Mediaagenturbonus jetzt *direkt* von den Leistungserbringern vergütet wird, ergibt sich insofern sogar ein Erst-recht-Schluss.

---

[731] Siehe zur Darlegung: Teil 2, A, II.
[732] HeidelbergerKomm/*Ruß*, § 346 HGB, Rn. 5.
[733] Siehe Teil 3, A, II, 6.
[734] BGH, GRUR 1994, 527, 528.
[735] Siehe Teil 3, A, II, 6.

Zum andern muss den Kunden einleuchten, dass die Mediaagentur mit dem von ihnen geleisteten Honorar von 0,5 bis 2 % des Auftragsvolumens nicht wirtschaftlich arbeiten kann bzw. zumindest kein so umfassendes Leistungsangebot erbringen könnte.[736] Vielmehr rechtfertigen die Kunden ihre geringe selbst geleistete Vergütung sogar mit dem Vorliegen einer solchen seitens der Leistungserbringer.[737] Trotz allem fordern die Kunden aber die Weitergabe der 15 % Agenturvergütung, obwohl sie die Möglichkeit zur Erlangung Agenturvergütung gerade als Entgelt im Rahmen ihres Geschäftsbesorgungsvertrags mit den Mediaagenturen einsetzen.[738] Wenn jedoch die Kunden den Mediaagenturen die Agenturvergütung wieder nehmen, gleichzeitig aber wissen, dass eine Vergütung erforderlich ist, erkennen sie implizit an bzw. finden sich faktisch mit der Existenz einer anderen Art der Agenturvergütung ab. Also werden der Mediaagenturbonus als Vergütung und dessen selbstständige Vermarktung von den Kunden de facto akzeptiert. Selbst wenn die Kunden tatsächlich nicht genau darüber Bescheid wissen, *welche Art* von Vergütung die Mediaagenturen erhalten und speziell der Mediaagenturbonus bis in jüngste Zeit weitgehend unbekannt war, ändert diese Tatsache nichts an dem gefundenen Ergebnis.[739]

Letztlich ermöglicht auch nur die selbstständige Vermarktung des Mediaagenturbonus der Mediaagentur die Aufrechterhaltung der Scharnierfunktion, die sie als Resultat aus dem Abschluss von zwei selbstständigen Verträgen mit Kunde und Leistungserbringer innehat. Da die Mediaagentur die Verträge in eigenem Namen und auf eigene Rechnung schließt und jeweils die Preise aushandelt,[740] die Werbeplätze aber nicht losgelöst von einem entsprechenden Kundenauftrag kaufen darf,[741] ist es denkbar, dass sie sich im Verhältnis zu einem Kunden zu Konditionen verpflichtet, welche sie später nicht erfüllen kann.[742] Dies kann nicht nur aufgrund unerfüllter Erwartungen bezüglich der Höhe der tatsächlichen Werbekosten oder

---

[736] HORIZONT, Nr. 12/2008, S. 26; HORIZONT, Nr. 21/2007, S. 27; HORIZONT, Nr. 10/2010, S. 8. In HORIZONT, Nr. 11/2005, S. 66 wird sogar nur von der Möglichkeit der Anbietung eines „Basismediaservice" gesprochen. Siehe ferner bereits Teil 3, A, II, 6.
[737] Siehe Teil 1, B; Teil 2, A, I und II.
[738] Siehe Teil 3, A, II, 2, f), bb), (1); Teil 3, A, II, 6.
[739] Siehe absatzwirtschaft online vom 26.06.2009, http://www.absatzwirtschaft.de/Content/_pv/_p/1003214/_t/fthighlight/highlightkey/OWM/_b/68066/default.aspx/ist-scaling-das-neue-gegenmittel-fuer-transparenz.html, zuletzt abgerufen am 20.10.2011; HORIZONT, Nr. 11/2005, S. 66; HORIZONT, Nr. 10/2010, S. 6.
[740] Siehe Teil 3, A, II, 2, a); Teil 3, A, II, 2, d).
[741] Siehe Teil 3, A, II, 2, d); Teil 3, A, II, 3.
[742] HORIZONT, Nr. 09/2010, S. 2; HORIZONT, Nr. 16/2010, S. 23; Kressreport, Nr. 19/2006, S. 34.

unglücklichen Vertragsverhandlungen[743] geschehen, sondern auch schlicht deswegen, weil die Mediaagentur neue Vertragspartner durch günstige Konditionen gewinnen oder alte binden will.[744] Nur wenn die Mediaagentur den Freespace als „Lückenfüller" nutzen kann, kann sie trotz der Risiken, welche zeitlich versetzte Vertragsschlüsse in eigenem Namen und auf eigene Rechnung in zwei verschiedene Richtungen bergen, wirtschaftlich arbeiten. Da sowohl die Kunden als auch die Leistungserbringer vom Abschluss der Verträge in eigenem Namen und auf eigene Rechnung profitieren,[745] müssen sie im Gegenzug auch der Mediaagentur die Möglichkeit lassen, eventuelle Nachteile aus einem Vertrag durch Vorteile aus einem anderen abzufedern. Der Mediaagenturbonus stellt somit das Handwerkszeug der Mediaagentur dar, welches zur Aufrechterhaltung der eigenartigen, historisch gewachsenen Vertragskonstellation erforderlich ist.[746] Eine Abschaffung oder Weitergabe kann demnach nur gefordert werden, wenn das System an sich geändert wird.[747]

Mithin muss der Mediaagenturbonus, wie bereits im Rahmen der Bezahlung und der Kommerzialisierung angedacht, der Mediaagentur zur selbstständigen Vermarktung zustehen.

c) Ergebnis

Die selbstständige Vermarktung des Mediaagenturbonus durch die Mediaagentur ist nicht nur Handelsbrauch, sondern darüber hinaus auch eine Konsequenz der besonderen Ausgestaltung der gewachsenen Mediaagenturkonstellation. Dass die Mediaagentur den Mediaagenturbonus selbstständig vermarkten darf, spricht jedoch gegen eine Stellung als Beauftragte ihres Kunden im Sinne von § 299 und für eine Stellung auf eigenständiger Wirtschaftsstufe. Sie ist zumindest in Bezug auf diese Werbeplätze selbstständiger Werbeplatzhändler.

Letztlich wird die freie Vermarktung des Freespace auch durch die Überlegung gestützt, dass die Übernahme des Risikos für die Mediaagentur anderweitig vorteilhaft sein muss. Der Leistungserbringer vergütet die Mediaagentur auch für die

---

[743] HORIZONT, Nr. 44/2009, S. 1.
[744] *Marx*, Media für Manager, S. 85; HORIZONT, Nr. 21/2007, S. 27; HORIZONT, Nr. 38/2007, S. 13.
[745] Siehe Teil 3, A, II, 4.
[746] Eine entsprechende Einschätzung ergibt sich auch aus: HORIZONT, Nr. 09/2010, S. 1; HORIZONT, Nr. 16/2010, S. 23; HORIZONT, Nr. 03/2008, S. 2.
[747] Siehe dazu Teil 5, C.

Übernahme des Haftungsrisikos.[748] Mithin muss der Freespace als moderne Form der Agenturvergütung der Mediaagentur und nicht deren Kunden zustehen. Der Mediaagentur muss aufgrund der Risikotragung auch ein möglicher Gewinn aus der Rechtsbeziehung verbleiben.

9. Parallelen im Verbundgruppenfranchising

Hinweise für die Beurteilung der Stellung der Mediaagentur könnten sich auch aus Parallelen zur Rabattproblematik im Verbundgruppenfranchising ergeben. Diese wurde vor allem durch die Sixt-[749] und Apollo-Entscheidungen[750] des BGH bekannt. Ausgangspunkt der Entscheidungen war in beiden Fällen ein duales Franchisesystem mit sowohl eigenständig betriebenen Filialen als auch solchen, die von Franchiseunternehmern betrieben wurden.[751] Der Franchisegeber bündelte die Einkaufsmacht seiner Franchisenehmer und konnte deswegen bei den Lieferanten hohe Vergünstigungen und sonstige Zuwendungen (einschließlich Barzahlungen) aushandeln. Gestritten wurde über eine gesetzliche oder vertragliche Weiterleitungspflicht bezüglich dieser Vergünstigungen und Zuwendungen.

Der BGH hat in seinen Entscheidungen klargestellt, dass, obwohl der Franchisegeber im Einkauf Geschäftsbesorger der Franchisenehmer ist, keine gesetzliche Pflicht zur Weiterleitung der Vergünstigungen und Zuwendungen besteht und es insofern allein auf die geschlossenen Verträge ankommt.[752] Die Argumentation für eine Ablehnung eines Anspruchs gemäß §§ 675, 667 BGB entsprach dabei grundsätzlich der oben dargestellten.[753] Des Weiteren wurde der Franchisegeber, wegen des Handelns auf eigene Rechnung und der daraus folgenden Möglichkeit der selbstständigen Gewinn- und Verlustrealisierung, als auf eigenständiger Wirtschaftsstufe stehend angesehen.[754] Diese Rechtsprechung wurde in jüngerer Zeit bestätigt.[755]

---

[748] *Lambsdorff/Skora*, Handbuch des Werbeagenturrechts, Rn. 180. Siehe ferner bereits: Teil 3, A, II, 4.
[749] OLG München, BB 1997, 1429 ff. („Sixt-I"); BGH, WRP 1999, 534 ff. („Sixt-II").
[750] BGH, ZIP 2003, 2030 ff.; BGH, ZIP 2004, 773 ff.
[751] Grundlegend zum Franchiserecht: *Giesler/Nauschütt*, Franchiserecht.
[752] *Prasse*, MDR 2004, 256, 258 (m.w.N.).
[753] Siehe Teil 3, A, II, 2, f). Für Nachweise bezüglich des Streitstands: *Kiethe*, WRP 2004, 1004 ff. Bejahend: *Giesler*, ZIP 2004, 744, 745.
[754] BGH, WRP 1999, 534, 538; *Kiethe*, WRP 2004, 1004, 1008.
[755] OLG Düsseldorf, BB 2007, 738 ff.

Die Tätigkeit des Franchisegebers ist insoweit mit derjenigen einer Mediaagentur vergleichbar, als auch er die Waren der Franchisenehmer bestellt, die Preise mit den Lieferanten aushandelt und schlussendlich mit den Franchisenehmern abrechnet. Der Franchisegeber verdient neben der direkt von den Franchisenehmern entrichteten Franchisegebühr dadurch, dass er die Waren teurer an die Franchisenehmer verkauft als er sie aufgrund der gebündelten Einkaufsmacht selbst beziehen kann. Allerdings erfolgt die Lieferung direkt vom Lieferanten an die Franchisenehmer und nicht zunächst an den Franchisegeber. Insgesamt ist die Situation demnach durchaus mit der ebenfalls in eigenem Namen und auf eigene Rechnung handelnden Mediaagentur vergleichbar. Anders als der Franchisegeber erbringt die Mediaagentur jedoch Leistungen für beide Seiten, wird deswegen rein wirtschaftlich von den Leistungserbringern vergütet und alle Beteiligten wissen um diese Doppelstellung.[756] Vor allem aber ist die Franchisegebühr als das direkt bezahlte Entgelt höher als die von den Kunden direkt bezahlte Vergütung im Fall der Mediaagentur.[757] Der Franchisegeber ist daher weniger stark als die Mediaagentur auf eine anderweitige Vergütung angewiesen.

Die Stellung des Franchisegebers ist folglich in gewissem Maße mit derjenigen der Mediaagentur vergleichbar. Der BGH hat aber im Fall des Verbundgruppenfranchising eine Pflicht des Franchisegebers zur Weiterleitung der Vergünstigungen und Zuwendungen gemäß §§ 675, 667 BGB verneint und ihn als auf eigenständiger Wirtschaftsstufe stehend angesehen. Ein solcher Anspruch besteht auch bei der Mediaagentur nicht.[758] Darüber hinaus wird die Mediaagentur auch im Interesse der Leistungserbringer tätig und sogar hauptsächlich von diesen vergütet. Daher muss als Erst-recht-Schluss die Mediaagentur wie der Franchisegeber als ein auf eigener Wirtschaftsstufe stehendes Unternehmen angesehen werden. Dies spricht gegen eine Beauftragtenstellung der Mediaagentur im Sinne von § 299.

10. Unterschied zu den freien Berufen

Letztlich könnte die tatsächliche Stellung der Mediaagentur auch durch Herausarbeitung der Unterschiede zu den freien Berufen (Architekt, Arzt, Steuerberater etc.)

---

[756] Siehe zur Darlegung: Teil 1, B; Teil 2, A; Teil 3, A, II.
[757] Auch wenn die Gebühr nicht einheitlich festgelegt ist, werden zumindest mehr als 0,5-2 % (wie im Fall der Mediaagentur) angenommen: Giesler/Nauschütt/*Lerchenmüller*, Franchiserecht, Kapitel 1, Rn. 140, Kapitel 5, Rn. 158 ff.
[758] Siehe Teil 3, A, II, 2 f), cc).

verdeutlicht werden.[759] Auch Standesvertreter der freien Berufe können Beauftragte ihrer Kunden im Sinne des § 299 sein.[760]

Freie Berufe sind gemäß § 1 Abs. 2 Satz 1 PartGG all diejenigen, die auf der Grundlage besonderer beruflicher Qualifikation oder schöpferischer Begabung die persönliche, eigenverantwortliche und fachlich unabhängige Erbringung von Dienstleistungen höherer Art im Interesse der Auftraggeber und der Allgemeinheit zum Inhalt haben.[761] Bei der Arbeit der Mediaagentur handelt es sich aber weniger um eine geistig-ideelle Tätigkeit mit intellektuellem Charakter. Mediaagenturen sind auch in keinem der Kataloge für freie Berufe aufgeführt. Sie sind daher nicht den freien Berufen zuzuordnen. Allerdings soll in diesem Abschnitt die tatsächliche Position für die Frage nach der Beauftragtenstellung im Sinne von § 299 erörtert werden. Dafür können auch Erkenntnisse anhand der Abgrenzung zu den freien Berufen gefunden werden.[762]

Freiberuflern wie Steuerberatern, Rechtsanwälten, Ärzten etc. wird ein besonderes Vertrauen der Allgemeinheit in ihre Tätigkeit entgegengebracht.[763] Sie erbringen nur Leistungen für ihre Kunden. Infolgedessen sind sie im Rahmen des Geschäfts durch ihre Berufsordnung an die Interessen ihres Auftraggebers gebunden.[764] Aufgrund dieses besonderen Vertrauensverhältnisses ist es ihnen verboten, ein Entgelt auch von einem Dritten anzunehmen.[765] Dies resultiert als Umkehrschluss aus dem besonderen Vertrauen der Allgemeinheit. Es soll der Anschein unsachlicher Einflussnahme so weit wie möglich vermieden werden. Das Konfliktpotenzial bzw. das andernfalls auftretende Vertrauensproblem lässt sich anhand des Beispiels eines vom Finanzamt vergüteten Steuerberaters gut veranschaulichen. Ein solches Vertrauen in die Unabhängigkeit und Neutralität kann in Bezug auf die Beauftrag-

---

[759] Siehe zur kontroversen Diskussion um die Beauftragtenstellung der Kassenärzte anstelle vieler: *Klötzer*, NStZ 2008, 12 ff. (m.w.N.). Zur Naturalrabattproblematik bei Apothekern: *Gaßner/Klass*, PharmR 2002, 309, 319 f. und PharmR 2002, 356 ff.
[760] LK/*Tiedemann*, § 299, Rn. 16. Zur Einordnung eines Unternehmensberaters als Beauftragten des Kunden im Sinne von § 299 bei auftragsgemäßer Vermittlung von Lieferanten und gleichzeitiger Erlangung von Provisionen ohne Wissen des Kunden: OLG Karlsruhe, BB 2000, 635 f.
[761] Eine einheitliche Definition der Freien Berufe existiert nicht. Weitere Definitionen finden sich in § 18 Abs. 1 Nr. 1 EStG oder auch im Urteil des EuGH vom 11.10.2001 in der Rechtssache C-267/99.
[762] So auch: *Kolonko*, AfP 2009, 18, 22; *Klosterfelde*, Anzeigen-Praxis, S. 170.
[763] *Rittner*, Unternehmen und freier Beruf als Rechtsbegriffe, S. 20.
[764] Zuletzt: OLG Köln, GRUR-RR 2007, 49. Siehe beispielhaft für Rechtsanwälte: § 43 a Abs. 1 BRAO; für Steuerberater: § 9 StBerG.
[765] BGH, NJW 1966, 1452, 1453; BGH, GRUR 1968, 587, 589.

tenstellung im Sinne von § 299 einen Mangel an Eingliederung in den geschäftlichen Betrieb des Kunden ausgleichen.[766]

Wie Leistung von Rechtsanwälten oder Steuerberatern ist auch die Leistung der Mediaagentur für den Kunden eine höhere Dienstleistung, deren Qualität der Kunde nur bedingt beurteilen kann.[767] Im Unterschied zu Rechtsanwälten oder Steuerberatern erbringt die Mediaagentur aber nicht nur Leistungen für ihre Kunden, sondern auch für einen Dritten und darf deswegen ein Entgelt auch von diesem annehmen.[768] Vielmehr wird die Mediaagentur rein wirtschaftlich sogar für die den Kunden betreffende Tätigkeit von dem Dritten (den Leistungserbringern) getragen.[769] Das ist den Kunden nicht nur bewusst, sondern wird sogar von ihnen gefördert, indem sie die Weitergabe der von den Leistungserbringern gewährten Agenturvergütung verlangen, obwohl sie die Vergütung durch die Leistungserbringer als Rechtfertigung für die geringe eigene Vergütung heranziehen und die Möglichkeit zur Erlangung der Agenturvergütung als Entgelt im Rahmen des Geschäftsbesorgungsvertrags einsetzen.[770] Der Mediaagentur wird also nicht ein solches Maß an Vertrauen in ihre Neutralität entgegengebracht, wie es bei Ärzten, Rechtsanwälten oder Steuerberatern etc. der Fall ist. Der Kunde weiß um die Doppelstellung der Mediaagentur. Folglich wird die mangelnde Eingliederung der Mediaagentur in den Betrieb des Kunden auch nicht durch ein besonderes Vertrauen in die Unabhängigkeit und Neutralität der Mediaagentur aufgewogen. Somit ergibt sich auch daraus kein Anhaltspunkt für eine Beauftragtenstellung der Mediaagentur im Sinne von § 299.

11. Ergebnis

In den vorangegangenen Punkten wurde die tatsächliche Stellung der Mediaagentur ausführlich beleuchtet. Zur Übersichtlichkeit sind die Ergebnisse in Stichpunkten festzuhalten:

---

[766] NK/*Dannecker*, § 299, Rn. 23b; *Wollschläger*, Der Täterkreis des § 299 I StGB, S. 94 f.
[767] *Kasperer*, absatzwirtschaft, Nr. 04/2010, S. 30; absatzwirtschaft, Nr. 06/2003, S. 86; absatzwirtschaft, Nr. 03/2008, S. 92.
[768] Siehe Teil 1, B.
[769] BGH, NJW 1970, 1317, 1318.
[770] Siehe Teil 1, B; Teil 2, A, I und II; Teil 3, A, II, 2, f), bb), (1).

- Die Vorläufer der heutigen Mediaagenturen haben sich weder aus den Leistungserbringern noch aus den Kunden entwickelt. Die Mediaagentur steht daher weder den Kunden noch den Leistungserbringern näher.[771]

- Auch die Werbeagentur wurde schon als selbstständiges Unternehmen betrachtet. Der kundenorientierte Bereich wurde im Zuge der Aufspaltung der „Full-service"-Werbeagentur von der Kreativagentur übernommen. Diese steht damit eher auf Kundenseite. Die Mediaagentur steht hingegen selbstständig zwischen Kunde und Leistungserbringer.[772]

- Die Mediaagentur ist Geschäftsbesorger des Kunden im Sinne von § 675 BGB. Es besteht jedoch keine gesetzliche Pflicht zur Herausgabe des aus der Geschäftsbesorgung Erlangten.[773]

- Die Mediaagentur schließt je einen Vertrag mit dem Kunden und einen mit dem jeweiligen Leistungserbringer in eigenem Namen. Sie handelt ferner auf eigene Rechnung. Dadurch geht sie unternehmerische Risiken ein und nimmt unternehmerische Chancen wahr.[774]

- Die Mediaagentur erbringt sowohl für die Kunden als auch für die Leistungserbringer ein ganzes Bündel an Leistungen.[775]

- Die Mediaagentur wird sowohl durch die Kunden als auch durch die Leistungserbringer vergütet. Rein wirtschaftlich wird sie aber von den Leistungserbringern getragen. Die Direktvergütung durch die Kunden ist – wenn überhaupt – minimal.[776]

- Die Kunden fordern die Weitergabe der 15 % Agenturvergütung, obwohl die Einräumung der Möglichkeit zur Erlangung dieser 15 % das Entgelt des Geschäftsbesorgungsvertrags darstellt und das geringe eigene Honorar mit der Möglichkeit zur Erlangung der Agenturvergütung gerechtfertigt wird. Außerdem ist ihnen be-

---

[771] Siehe Teil 3, A, II, 1, a).
[772] Siehe Teil 3, A, II, 1, c).
[773] Siehe Teil 3, A, II, 2, f).
[774] Siehe Teil 3, A, II, 2, a) und d).
[775] Siehe Teil 1, B; Teil 2, A; Teil 3, A, II, 4.
[776] Siehe Teil 1, B.

wusst, dass die Mediaagentur ihr umfassendes Leistungsangebot nicht mit dem von ihnen direkt bezahlten Honorar erbringen könnte. Also akzeptieren die Kunden die Existenz einer anderen Art der Vergütung bzw. finden sich damit ab.[777]

- An die Stelle der 15 % Agenturvergütung ist der Mediaagenturbonus getreten. Die Vergütung erfolgt mithin heute nicht mehr indirekt durch eine Vergünstigung in Höhe von 15 %, sondern direkt über den von den Leistungserbringern gewährten Mediaagenturbonus.[778]

- Die als Vergütung erhaltenen Werbeplätze (Freespace) darf die Mediaagentur selbstständig und in eigenem Interesse vermarkten. Dies ist dem gewachsenen System immanent und stellt gleichzeitig einen Handelsbrauch dar.[779]

- Es liegt sowohl im Interesse der Kunden als auch der Leistungserbringer, dass die Mediaagentur in eigenem Namen und auf eigene Rechnung tätig wird und dadurch u.a. das Risiko des Zahlungsausfalls seitens des Kunden übernimmt. Weil sie in beide Richtungen haftet, muss sie auch die sich aus dem Geschäft ergebenden Vorteile behalten dürfen.[780]

- Es muss in der Betrachtung zwischen Mediaplanung und Mediaeinkauf getrennt werden. Im Rahmen der Mediaplanung verfolgt die Mediaagentur nur die Interessen ihrer Kunden. Im Rahmen des Mediaeinkaufs muss die Mediaagentur zwar die in der Mediaplanung gesteckten Ziele erreichen, kann aber bei der Erreichung ihre eigenen Interessen verfolgen. Im Mediaeinkauf ist die Mediaagentur geschäftsbesorgender Eigenhändler.[781]

- Die Mediaagentur handelt im Rahmen des Vertragsschlusses die Preise mit den Kunden selbstständig aus. Sie ist nicht zur Preislistentreue verpflichtet und es besteht kein Weitergabeverbot.[782]

---

[777] Siehe Teil 3, A, II, 8, b).
[778] Siehe Teil 3, A, II, 6.
[779] Siehe Teil 3, A, II, 8.
[780] Siehe Teil 3, A, II, 2, a) und d); Teil 3, A, II, 4.
[781] Siehe Teil 1, A, II; Teil 3, A, II, 5.
[782] Siehe Teil 3, A, II, 3; Teil 3, A, II, 7, a), aa).

- Es existieren Einkaufsvorteile, die der Mediaagentur nur wegen ihrer Einkaufmacht etc. gewährt werden. Im Direktgeschäft erhielte der Kunde diese Vergünstigungen nicht.[783]

- Die Marktsituation der Mediaagenturen ist sehr speziell. Wenige Mediaagenturen beherrschen den Großteil des Marktes. Gleichzeitig ist der Werbemarkt so ausdifferenziert, dass die Arbeit der Mediaagentur für die Kunden unverzichtbar geworden ist.[784]

- Die fehlende Eingliederung der Mediaagentur in den geschäftlichen Betrieb des Kunden wird nicht durch ein besonderes Vertrauen in die Neutralität der Mediaagentur seitens des Kunden aufgewogen.[785]

- Der Franchisegeber im Verbundgruppenfranchising ist als ein auf eigenständiger Wirtschaftsstufe stehendes Unternehmen anzusehen. Die Mediaagentur ist mit ihm vergleichbar bzw. es ist insofern sogar ein Erst-recht-Schluss möglich.[786]

Aus der Zusammenschau der Ergebnisse ergibt sich, dass die Mediaagentur als selbstständiges Unternehmen auf einer eigenen Wirtschaftsstufe zwischen den Kunden und den Leistungserbringern steht. Sie erzielt Gewinne, indem sie den Ablauf im Interesse aller Beteiligten durch ihr Know-how und die Bündelung der Werbeanfragen verbessert. Dass sie erst von einem Kunden durch das Anvertrauen einer Werbeanfrage eingeschaltet werden muss, ist dafür unerheblich. Aus diesem Grund ergibt sich nur die Kostenfreiheit für den Kunden. Die Mediaagentur bietet ihre Dienste ihren potenziellen Kunden ohne eine direkte Bezahlung zu verlangen an, um engagiert zu werden und so die Möglichkeit zu erhalten, durch die entstehende starke Verhandlungsposition gegenüber den Leistungserbringern Gewinne in Form von Mediaagenturboni zu erlangen.

---

[783] Siehe Teil 3, A, II, 7, a), bb); Teil 3, A, II, 3.
[784] Siehe Teil 2, A, II; Teil 3, A, II, 7, a), bb).
[785] Siehe Teil 3, A, II, 10.
[786] Siehe Teil 3, A, II, 9.

III. Entscheidung der Frage nach der Beauftragtenstellung

Anhand der erörterten Besonderheiten der tatsächlichen Stellung der Mediaagentur ist nunmehr zu entscheiden, ob sie Beauftragte ihres Kunden im Sinne von § 299 ist. Dazu müsste die Mediaagentur entsprechend der oben erarbeiteten Definition aufgrund ihrer tatsächlichen Stellung berechtigt und verpflichtet sein, für den geschäftlichen Betrieb ihres Kunden befugtermaßen dauernd oder gelegentlich und unter Umständen auch selbstständig geschäftlich tätig zu werden, ohne Geschäftsinhaber oder Angestellter des geschäftlichen Betriebs zu sein.[787]

Wie dargelegt, stellt das Unternehmen des Kunden einen geschäftlichen Betrieb im Sinne von § 299 Abs. 1 dar, und die Mediaagentur ist nicht dessen Geschäftsinhaber oder Angestellter.[788] Fraglich ist also, ob eine Verpflichtung der Mediaagentur besteht, für diesen Betrieb ihres Kunden geschäftlich tätig zu werden. Maßgebend ist, ob sich die Mediaagentur als selbstständiges Unternehmen so weit in die Abhängigkeit zu dem sie engagierenden Kunden begibt, dass sie dadurch ihre ursprüngliche Selbstständigkeit verliert.[789] Bei der Gewichtung der diesbezüglichen Argumente ist das erarbeitete Ausmaß der Eigenständigkeit der Stellung der Mediaagentur im Verhältnis zu Kunde und Leistungserbringer zu berücksichtigen.[790]

Die Mediaagentur hat die vertragliche Verpflichtung, ihrem Kunden die nötigen Werbeplätze zu verschaffen.[791] Um dieser Verpflichtung nachzukommen, muss die Mediaagentur den Mediaplan erstellen. Somit könnte aufgrund dieser Verpflichtung zum Tätigwerden der Beauftragtenbegriff erfüllt sein.

Allerdings ist das Schutzgut des § 299, wie oben erörtert, das Leistungsprinzip als Entscheidungsmaßstab für Bevorzugungen im Wettbewerb.[792] Die Mediaagentur soll den Leistungserbringer nicht aus einem anderen Grund bevorzugen als dem, eine bessere Leistung zu erreichen: einen für die Interessen des Kunden besser geeigneten Werbeplatz. Als abstraktes Gefährdungsdelikt kann § 299 aber nicht nur im Bereich des Mediaeinkaufs schützen. Zwar legt die Mediaplanung lediglich fest, welche Werbeplätze die Mediaagentur erwerben muss, um ihren Vertrag im Bezug zu ihrem Kunden ordnungsgemäß zu erfüllen, und ist damit für die Mediaa-

---

[787] Siehe Teil 3, A, I.
[788] Siehe Teil 3, A, I.
[789] NK/*Dannecker*, § 299, Rn. 23b.
[790] Siehe Teil 3, A, II, 1, d).
[791] Siehe Teil 3, A, II, 2, a).
[792] Siehe Teil 2, D, II, 4.

gentur nur ein notwendiger Zwischenschritt auf dem Weg der Vertragserfüllung.[793] Jedoch kann auch die Mediaplanung bereits auf die Erlangung von möglichst umfangreichen Vergünstigungen und Zuwendungen ausgerichtet sein und dadurch auf den späteren Einkauf zurückwirken.[794] Daher darf zur Beurteilung der Beauftragtenstellung nicht nur auf den Mediaeinkauf abgestellt werden, obwohl dieser den Schwerpunkt des Vertrags zwischen Kunde und Mediaagentur bildet bzw. ihm das Gepräge verleiht.[795] Vielmehr muss die gesamte Tätigkeit der Mediaagentur mit allen Verpflichtungen gewertet werden.

Die Erörterung der tatsächlichen Stellung hat ergeben, dass die Mediaagentur als ein auf eigenständiger Wirtschaftsstufe stehendes Unternehmen anzusehen ist, welches bei der Tätigkeit für den Kunden eigene unternehmerische Risiken eingeht und Chancen wahrnimmt.[796] Im Rahmen der Mediaplanung hat sie ausschließlich die Interessen des Kunden zu berücksichtigen. Im Rahmen des Mediaeinkaufs muss sie die entsprechenden Werbeplätze beschaffen. Dabei kann die Mediaagentur, solange sie die den Interessen des Kunden entsprechenden Werbeplätze beschafft, als selbstständiges Unternehmen auf eigener Wirtschaftsstufe ihre eigenen Interessen an der Erfüllung des Vertrags einerseits und der Gewinnerzielung andererseits verfolgen. Sie wird somit eben nicht *nur* für den jeweiligen Kunden tätig und ist dazu auch nicht verpflichtet. Folglich begibt sich die Mediaagentur gerade nicht soweit in Abhängigkeit zum Unternehmen des Kunden, dass sie ihre ursprüngliche Eigenständigkeit verliert. Deswegen sind die von den Leistungserbringern zugewendeten Vergünstigungen als Bestandteil des ausgehandelten Preises anzusehen.

Über die Losgelöstheit von den Kunden darf auch nicht hinwegtäuschen, dass die Mediaagentur immerhin von diesen eingeschaltet wird und sie bei der Werbung nicht ihre eigenen Interessen verfolgt.[797] Entscheidend ist eben nicht die Werbung an sich, sondern nur die *Schaltung* der Werbung bzw. das Buchen der Werbeplätze im Rahmen des Mediaeinkaufs. Die Schaltung liegt aber durchaus im Interesse der Mediaagentur, da sie dadurch den Mediaagenturbonus erlangt. Sie wird jedoch nur dann von einem Kunden engagiert und erhält auf diese Weise die Möglichkeit, durch Bündelung vieler Werbeanfragen bzw. der daraus resultierenden starken Verhandlungsposition den Mediaagenturbonus zu erlangen, wenn sie den Kunden

---

[793] Siehe Teil 3, A, II, 2, f), aa).
[794] Siehe bereits Teil 3, A, II, 5.
[795] Siehe zur Darlegung: Teil 3, A, II, 2, f), aa); Teil 3, A, II, 2 f), bb), (2).
[796] Siehe Teil 3, A, II.
[797] *Rath-Glawatz*/Engels/Dietrich, Das Recht der Anzeige, Rn. 433.

einen kostenfreien Mehrwert bietet. Deswegen liegen die Veredelung der Werbung und die interessengerechte Schaltung nicht nur im Interesse des Kunden, sondern auch im Eigeninteresse der Mediaagentur, engagiert zu werden. Hätte der Gesetzgeber gewollt, dass über den Beauftragtenbegriff auch Personen erfasst werden, die die jeweilige Handlung im eigenen Interesse vornehmen, so hätte er dies im Sinne von Art. 103 Abs. 2 GG in § 299 festhalten müssen.[798] Dass die Werbung an sich nicht die werblichen Interessen der Mediaagentur verfolgt, ist somit unerheblich.

Mithin fehlt die den Beauftragten kennzeichnende Berechtigung oder Verpflichtung, für den geschäftlichen Betrieb des Kunden tätig zu werden. Entsprechend den Darstellungen ist die tatsächliche Stellung der Mediaagentur eben nicht mit der eines Angestellten vergleichbar, sondern sie ist als eigenständiges Wirtschaftsunternehmen auf selbstständiger Wirtschaftsstufe anzusehen.[799] Außerdem kann sie nicht als Vermittler verstanden werden und als solcher den Beauftragtenbegriff erfüllen, da sie gerade nicht ausschließlich an die Interessen der sie beauftragenden Partei gebunden ist und mithin eine Vergütung vonseiten der Leistungserbringer annehmen darf.[800] Daher erfüllt die Mediaagentur bei ihrer hier dargestellten Vorgehensweise nicht den Beauftragtenbegriff des § 299.

Wenn die Mediaagentur allerdings von der oben dargestellten Vorgehensweise abweicht, kann sich ihre tatsächliche Stellung ändern und sie könnte als Beauftragte des Kunden anzusehen sein. Dies wäre der Fall, wenn sie den Vertrag mit den Leistungserbringern nicht in eigenem Namen und auf eigene Rechnung, sondern für den Kunden in dessen Namen und auf dessen Rechnung schließt. Auf diese Besonderheit müsste die Mediaagentur aber extra hinweisen, da eine solche Vorgehensweise entsprechend der obigen Darlegung absolut unüblich ist.[801] Darüber hinaus müsste die von dem Kunden an die Mediaagentur geleistete Vergütung so umfassend sein, dass der Mediaagentur ein wirtschaftliches Arbeiten ermöglicht wird und sie nicht auf eine Vergütung durch die Leistungserbringer angewiesen wäre. Dann wäre die Mediaagentur auch nicht mehr atypischer Geschäftsbesorger. Das von den Leistungserbringern Erlangte wäre folglich nicht mehr Teil ihres Entgelts, sondern die Mediaagentur würde wirtschaftlich von den Kunden getragen. Aufgrund der Handlung auf fremde Rechnung und der daraus folgenden direkten Einflussnahme auf das Vermögen des Kunden wären der Vermögensbezug und die Fremdnützigkeit der Tätigkeit dann zu bejahen. Demzufolge würde die Stellung der

---

[798] *Reese*, PharmR 2006, 92, 98.
[799] Siehe Teil 3, A, II, 1-10.
[800] Siehe Teil 3, A, II, 2, f), bb) und cc); Teil 3, A, II, 5 und 6.
[801] Siehe Teil 3, A, II, 2, a).

Mediaagentur den Vorstellungen des Gesetzgebers von einem Geschäftsbesorger im Sinne von § 675 BGB entsprechen, und sie müsste daher das Erlangte an den Kunden herausgeben. Wenn außerdem aufgrund der vollständigen Bezahlung der Mediaagentur seitens des Kunden ein besonderes Vertrauen in die Unabhängigkeit und Neutralität der Mediaagentur bestünde und dies auch in dem Vertrag zwischen Mediaagentur und Kunde festgehalten würde, würde dieses besondere Vertrauen einen Mangel an Eingliederung der Mediaagentur in den geschäftlichen Betrieb des Kunden aufwiegen.[802] Dann wäre sie aufgrund ihrer tatsächlichen Stellung berechtigt und verpflichtet, für den geschäftlichen Betrieb ihres Kunden befugtermaßen geschäftlich tätig zu werden. Trotz der eigenständigen Entwicklung der Mediaagentur auf einer Wirtschaftsstufe zwischen Kunde und Leistungserbringer würde ihre tatsächliche Stellung bei einer solchen Vorgehensweise folglich auf eine Beauftragtenstellung im Sinne von § 299 hindeuten, da sie sich trotz ihrer Eigenständigkeit als selbstständiges Unternehmen in die Abhängigkeit zu dem Kunden begeben würde. Mithin ist es durchaus möglich, den Vertrag zwischen Kunde und Mediaagentur im Einzelnen so auszugestalten, dass die Mediaagentur als Beauftragte des Kunden anzusehen ist.[803] Auf diese Möglichkeiten wird aber erst im Rahmen des fünften Teils der Arbeit näher eingegangen.[804]

IV. Fazit

Im Rahmen ihrer hier dargestellten Vorgehensweise ist die Mediaagentur nicht als Beauftragte des Kunden im Sinne von § 299 anzusehen, sondern stellt vielmehr eine eigenständige Wirtschaftsstufe dar. Als solche ist es ihr selbstverständliches Recht, Einkaufsvorteile zu erzielen, Externen darüber nicht Auskunft erteilen zu müssen und die Differenz zwischen Einkauf und Verkauf der Werbeplätze als Ge-

---

[802] Siehe Teil 3, A, II, 10.
[803] HORIZONT, Nr. 01/2010, S. 17. So auch die StA München in der Verfügung zur Einstellung des Ermittlungsverfahrens gegen 50 Personen in 15 Mediaagenturen vom 10.12.2009, http://www.absatzwirtschaft.de/Content/Communication/News/_pv/doc_page/5/_p/1003214/nc/0/_t /ft/_b/69495/default.aspx/mediaagenturen-und-werbekunden-unter-zugzwang.html, zuletzt abgerufen am 20.10.2011. Sie sieht „aufgrund der konkreten Gestaltung der Verträge mit den Kunden" die Möglichkeit zur Einflussnahme auf die Entscheidungen des Kunden und bejaht deswegen die Beauftragtenstellung.
[804] Siehe Teil 5, C.

winn zu behalten. Die erlangten Vergünstigungen und sonstigen Zuwendungen sind gerade Bestandteil des ausgehandelten Preises.[805]

Allerdings ist es möglich, beispielsweise durch die Ausgestaltung des Vertrags, auf die tatsächliche Stellung der Mediaagentur so einzuwirken, dass sie als Beauftragte des Kunden anzusehen ist.

B. Weitere Tatbestandsmerkmale des § 299 StGB

Nachdem die Beauftragtenstellung der Mediaagentur erörtert wurde, sind im Folgenden die restlichen Tatbestandsmerkmale des § 299 Abs. 1 zu beleuchten. Ziel der Arbeit ist die Klärung der Frage nach der strafrechtlichen Verantwortlichkeit der Mediaagentur als Beauftragte im Sinne von § 299 Abs. 1. Auch wenn die Mediaagentur entsprechend der obigen Argumentation für gewöhnlich nicht als Beauftragte des Kunden anzusehen ist, sind die restlichen Tatbestandsmerkmale noch auf Besonderheiten hinsichtlich der Mediaagenturkonstellation zu untersuchen. Diese Ergebnisse sind von großer Relevanz, da der Streit um die Beauftragtenstellung weniger gewichtig wäre, wenn die Mediaagentur bei ihrem üblichen Vorgehen ohnehin nicht die Tatbestandsmerkmale des § 299 Abs. 1 erfüllen würde und deswegen eine Strafbarkeit unabhängig vom Ergebnis der Diskussion um die Beauftragtenstellung nicht in Betracht käme. Außerdem kann schon eine geringfügige Änderung der Ausgangssituation oder eine entsprechende Ausgestaltung der Verträge die tatsächliche Stellung der Mediaagentur verändern und damit im Hinblick auf die Beauftragtenstellung zu einem anderen Ergebnis führen. Letztlich ist die exakte Reichweite des Tatbestandes auch für die im fünften Teil der Arbeit zu erörternden Möglichkeiten zur Problemvermeidung von entscheidender Bedeutung.

I. Vorteil

Zunächst fordert § 299 Abs. 1 einen Vorteil für den Täter oder einen Dritten.

Unter einem Vorteil im Sinne von § 299 ist jede Zuwendung zu verstehen, die zu einer objektiven Besserstellung in materieller oder immaterieller, wirtschaftlicher,

---
[805] So auch: NK/*Dannecker*, § 299, Rn. 23b.

rechtlicher oder auch nur persönlicher Hinsicht führt und auf die kein rechtlich begründeter Anspruch besteht.[806] Das Tatbestandsmerkmal des Vorteils in § 299 ist begrifflich mit dem in § 331 identisch.[807]

Nicht von Bedeutung ist die Höhe der Besserstellung; auch geringwertige Vorteile werden erfasst.[808] Ausgenommen sind hingegen sozialadäquate Zuwendungen.[809] Es ist nicht erforderlich, dass der Vorteil bereits konkretisiert ist, sondern es genügt ein Versprechen von Erkenntlichkeiten, die der Art nach bestimmbar sind.[810] Dies ergibt sich aus der für den Vorteilsbegriff essenziellen Anreizfunktion.[811]

Der Vorteil muss ferner nicht zwingend aus dem Vermögen des Vorteilsgebers stammen.[812] Folglich muss das Vermögen des Vorteilsgebers nicht durch den Vorteil gemindert werden, sondern die Besserstellung muss lediglich auf sein Verhalten zurückzuführen sein.[813]

Letztlich muss der Vorteil auch keine dauerhafte Besserstellung des Vorteilsempfängers bedeuten. Selbst ein umgehend an einen Dritten weitergereichter Vorteil wird erfasst, solange der Vorteilsempfänger über diese weitere Verwendung entscheidet.[814] Von § 299 werden jedoch im Gegensatz zu § 12 UWG a.F. ohnehin auch Drittvorteile erfasst. Sie wurden zur Klarstellung im Rahmen des KorrBekG ausdrücklich in die Bestechungsdelikte aufgenommen.[815] Folglich sind auch Fälle strafbar, in denen der Vorteil von vornherein einem Dritten zugutekommen sollte. Dies ergibt sich insbesondere daraus, dass die von § 299 geschützten Rechtsgüter in diesem Fall in gleicher Weise verletzt sind.[816] Außerdem sollte durch die Fassung des § 299 der Gleichlauf mit den Bestechungsvorschriften bei Amtsträgern erreicht werden.[817]

---

[806] BGHSt 31, 264, 279; BGH, NJW 2003, 2296, 2297 (m.w.N.); BGH, NStZ 2001, 425; Sch/Sch/*Heine*, § 299, Rn. 11; MüKo/*Diemer/Krick*, § 299, Rn. 9; v. Heintschel-Heinegg/*Momsen*, § 299, Rn. 9; *Joecks*, Studienkommentar, § 299, Rn. 8; *Pfeiffer*, FS Gamm, S. 134; *Otto*, Grundkurs Strafrecht, BT, § 61, Rn. 156.
[807] NK/*Dannecker*, § 299, Rn. 35 (m.w.N.).
[808] BGH, NStZ 2000, 596, 599; SK/*Stein/Rudolphi*, § 331, Rn. 20; *Creifelds*, GA 1962, 33, 34.
[809] BGH, wistra 2005, 226, 227; *Lackner/Kühl*, § 299, Rn. 4; SSW-StGB/*Rosenau*, § 299, Rn. 20.
[810] RGSt 23, 141, 142.
[811] Dazu: NK/*Kuhlen*, § 331, Rn. 51.
[812] BGH, NStZ 1987, 326, 327; *Pfeiffer*, FS Gamm, S. 134.
[813] LK/*Tiedemann*, § 299, Rn. 26.
[814] BGHSt 15, 286, 287.
[815] Siehe: BT-Drs. 13/5584, S. 15.
[816] MüKo/*Diemer/Krick*, § 299, Rn. 9.
[817] BT-Drs. 13/5584, S. 15.

Im vorliegenden Zusammenhang könnte der Vorteil in dem der Mediaagentur von den Leistungserbringern gewährten Mediaagenturbonus zu sehen sein.[818] Dieser stellt in seiner Ausgestaltung als Cashback oder Freespace eine materielle Zuwendung dar. Außerdem bedeutet er eine Besserstellung der Mediaagentur.

Mithin liegt mit dem der Mediaagentur gewährten Bonus ein materieller Vorteil im Sinne von § 299 vor. Der Frage, inwieweit auch immaterielle Vorteile von § 299 erfasst werden, muss folglich hier nicht weiter nachgegangen werden.[819]

Zu erörtern ist lediglich, ob ein Anspruch der Mediaagentur auf diese Vorteile besteht, und ob die Zuwendungen möglicherweise aufgrund ihrer Sozialadäquanz nicht vom Vorteilsbegriff des § 299 erfasst werden.

1. Anspruch der Mediaagentur

Gemäß der obigen Definition läge ein Vorteil im Sinne von § 299 nicht vor, wenn die Mediaagentur einen rechtlich begründeten Anspruch auf den Mediaagenturbonus hätte.

Ursprünglich wurde die Mediaagentur durch die 15 % Agenturvergütung bzw. durch die Möglichkeit zu deren Erlangung entgolten.[820] Der Anspruch auf die 15 % Agenturvergütung besteht entweder direkt aus dem konkreten Vertrag zwischen Mediaagentur und Leistungserbringer oder aus Gewohnheitsrecht.[821] Wie dargelegt, ist jedoch der Mediaagenturbonus an die Stelle der ursprünglichen 15 % Agenturvergütung getreten.[822] Wenn aber der Mediaagenturbonus heutzutage die 15 % Agenturvergütung ersetzt, besteht demnach ein Anspruch der Mediaagentur auf die Zuwendung des Mediaagenturbonus. Folglich würde dieser nach der obigen Definition keinen Vorteil im Sinne von § 299 darstellen.

Eine Einschränkung des Vorteilsbegriffs durch das Nichtvorliegen eines Anspruchs würde aber bedeuten, dass die Bestechungstatbestände durch die Vereinbarung eines Vertrags zwischen Mediaagentur und Leistungserbringer jederzeit umgangen werden könnten. Zu denken ist insofern nur an einen einseitigen Vertrag, der lediglich dem Leistungsempfänger einen Anspruch auf die Zuwendung einräumt, wie

---

[818] Zur Bejahung der materiellen Vorteilseigenschaft von Rückvergütungen: BGH, GRUR 1973, 382, 383; MüKo/*Diemer/Krick*, § 299, Rn. 9; *Fischer*, § 299, Rn. 7; Großkommentar UWG/*Otto*, § 12 UWG, Rn. 11.
[819] Siehe dazu: *Ambos*, JZ 2003, 345, 348 (m.w.N.).
[820] Siehe Teil 3, A, II, 2, f), bb), (1); Teil 3, A, II, 6.
[821] *Lambsdorff/Skora*, Handbuch des Werbeagenturrechts, Rn. 178 f. (m.w.N.); siehe Teil 2, A, I.
[822] Siehe Teil 3, A, II, 6.

beispielsweise ein schriftliches Schenkungsversprechen.[823] Aus diesem Grund könnte eine Einengung insoweit erforderlich sein, dass im Falle einer anspruchsbegründenden Vereinbarung auch deren Abschluss bereits den Vorteil darstellen kann.[824] Dies soll sogar dann gelten, wenn die Zuwendung nur das angemessene Entgelt für die aufgrund des Vertrags geschuldeten Leistungen darstellt.[825]

Problematisch gestaltet sich die Einschränkung bei einer Drei-Personen-Konstellation wie im vorliegenden Fall. Die Mediaagentur erhält den Anspruch auf die Zuwendung aufgrund des Schaltvertrags mit dem Leistungserbringer. Der Abschluss des Schaltvertrags ist aber die im Verhältnis zu ihrem Kunden geschuldete Leistung. Außerdem stellt die Möglichkeit der Erlangung der Agenturvergütung (also heutzutage des Mediaagenturbonus) gleichzeitig das Entgelt des Kunden für die Geschäftsbesorgung dar.[826] Den Mediaagenturbonus erhält die Mediaagentur jedoch gerade aus bzw. aufgrund des Schaltvertrags.

Wegen des Anspruchs der Mediaagentur auf den Mediaagenturbonus würde nach der obigen Definition mithin ein Vorteil ausscheiden. Folglich gilt es zunächst zu erörtern, ob in diesem Fall der Abschluss des Schaltvertrags als die zuwendungsbegründende Vereinbarung den Vorteil darstellen kann. Dass der tatbestandliche Vorteil der Mediaagentur aber im Abschluss des Schaltvertrags zu sehen sein soll, erscheint insbesondere deswegen in höchstem Maße verwunderlich, weil dies gerade die Verpflichtung der Mediaagentur gegenüber dem Kunden ist und gleichzeitig die daraus resultierende Möglichkeit zur Erlangung des Mediaagenturbonus ihre Vergütung darstellt.[827]

Allerdings sind sowohl der Grundsatz, wonach kein Vorteil vorliegt, solange ein Anspruch auf die Zuwendung besteht, als auch die Einschränkung, dass schon der Abschluss der anspruchsbegründenden Vereinbarung den Vorteil darstellt, möglicherweise nicht haltbar. In einem solchen Fall läge mit der bestehenden materiellen Besserstellung der Mediaagentur durch den Mediaagenturbonus ein Vorteil im Sinne von § 299 vor.

---

[823] Für viele: MüKo/*Korte*, § 331, Rn. 72.
[824] BGH, NStZ 2008, 216, 217; Sch/Sch/*Heine*, § 331, Rn. 18; *Knauer/Kaspar*, GA 2005, 385, 392; *Kienle/Kappel*, NJW 2007, 3530, 3532 (m.w.N.).
[825] BGHSt 31, 264, 281.
[826] Siehe Teil 3, A, II, 2, f), bb), (1); Teil 3, A, II, 6; Teil 3, A, II, 8, a) und b).
[827] Siehe Teil 3, A, II, 2, f), bb), (1); Teil 3, A, II, 2, g).

a) Haltbarkeit der Einschränkungen des BGH

Man könnte die vom BGH vertretene Ausnahme ablehnen und argumentieren, ein bestehender Anspruch auf die jeweilige Zuwendung schließe das Vorliegen eines Vorteils zumindest dann zwingend aus, wenn die den Anspruch begründende Vereinbarung wirksam im Sinne des Zivilrechts ist.[828] In dieser Hinsicht darf ein Vertrag aber insbesondere nicht gemäß § 138 BGB nichtig sein, weil die Tauschbeziehung zur Vorteilsgewährung erfolgt.[829]
Im vorliegenden Fall liegen keine Anhaltspunkte für eine zivilrechtliche Unwirksamkeit des Schaltvertrags als die für den Mediaagenturbonus anspruchsbegründende Vereinbarung vor. Wenn also ein bestehender Anspruch den Vorteil ausschließen sollte, der Vorteil indessen nicht im Abschluss des Schaltvertrags gesehen werden könnte, wäre ein Vorteil wegen des Anspruchs aus dem Schaltvertrag abzulehnen. Es müsste dann nicht weiter beleuchtet werden, ob aufgrund der Verpflichtung der Mediaagentur zum Abschluss des Schaltvertrags dieser überhaupt als Vorteil angesehen werden dürfte.

Zivilrechtliche Nichtigkeitsgründe eignen sich jedoch nicht zur Begründung des Unrechts eines Bestechungsdelikts.[830] Außerdem spricht das bereits angeführte Argument der Umgehungsmöglichkeit aller Bestechungsdelikte durch Vereinbarung eines einseitigen Vertrags mit dem späteren Leistungsempfänger gegen diese Auffassung.[831]
Allerdings lässt sich letzteres Argument nicht gegen *wirtschaftlich ausgeglichene* Verträge anführen. Folglich könnte man vertreten, dass der Abschluss der anspruchsbegründenden Vereinbarung eben nur dann keinen Vorteil darstellt, wenn der Vertrag wirtschaftlich ausgeglichen ist.[832] Auf diese Weise würde aber eine Trennung zwischen wirtschaftlich ausgeglichenen und wirtschaftlich nicht ausgeglichenen Verträgen erforderlich. Eine solche hätte jedoch unlösbare Abgrenzungsschwierigkeiten zur Folge. Darüber hinaus kann es nicht auf die wirtschaftliche Ausgeglichenheit des jeweiligen Vertrags ankommen, sondern es muss vielmehr die Verknüpfung mit der bezweckten Handlung entscheidend sein.[833] Dies leuchtet schon deshalb ein, weil auch wirtschaftlich ausgeglichene Verträge in eine Tausch-

---

[828] *Zieschang*, StV 2001, 290, 291; *Lüderssen*, JZ 1997, 112, 114.
[829] *Lüderssen*, Die Zusammenarbeit von Medizinprodukte-Industrie, Krankenhäusern und Ärzten, S. 36 ff.
[830] NK/*Kuhlen*, § 331, Rn. 50.
[831] BGHSt 31, 264, 280.
[832] *Dingeldey*, NStZ 1984, 503, 505.
[833] LK/*Sowada*, § 331, Rn. 46.

beziehung gestellt werden können.[834] Durch eine daraus resultierende objektive Besserstellung kann der Schein der Käuflichkeit, dessen Vermeidung die Bestechlichkeit im geschäftlichen Verkehr gerade vor Augen hat, in gleicher Weise verursacht werden.[835] Folglich können auch wirtschaftlich ausgeglichene Verträge nicht generell von der Einschränkung auszunehmen sein.[836]

Aus diesen Gründen kann der einleitend genannten Auffassung nicht gefolgt werden.[837] Wenn der Vorteil mithilfe des Nichtvorliegens eines Anspruchs auf die jeweilige Zuwendung definiert wird, muss auch anerkannt werden, dass bereits die den Anspruch begründende Vereinbarung den Vorteil darstellen kann.

In der vorliegenden Konstellation müsste der Vorteil also bereits im Abschluss des Schaltvertrags gesehen werden. Dann wäre zu untersuchen, inwieweit die Verpflichtung der Mediaagentur zum Abschluss des Schaltvertrags und die Tatsache, dass die daraus resultierende Möglichkeit zur Erlangung des Mediaagenturbonus gleichzeitig ihre Vergütung darstellt, etwas an diesem Ergebnis ändert.

b) Haltbarkeit des Grundsatzes

Möglicherweise ist jedoch bereits die Definition des Vorteils mithilfe der negativen Voraussetzung des Nichtvorliegens eines Anspruchs des Zuwendungsempfängers abzulehnen. Dann läge aufgrund der materiellen Besserstellung der Mediaagentur durch den Mediaagenturbonus ein Vorteil vor.

Allerdings würde dann die erforderliche Restriktion des Tatbestands nahezu vollständig in das Kriterium der Unrechtsvereinbarung verlagert.[838] Eine solche Restriktion ist aber vor allem seit der Ausdehnung der Bestechungsdelikte bis an die Grenze der Unbestimmtheit dringend erforderlich, um die strafwürdigen Verhaltensweisen von den sozial anerkannten und gesellschaftlich üblichen zu trennen und die Ultima-ratio-Funktion des Strafrechts zu erhalten.[839]

Dies ist indes für sich genommen noch kein schlagendes Argument für eine Verortung der Restriktion im Vorteil. Außerdem spricht für eine Ablehnung, dass zwischen der Frage, ob eine Besserstellung *vorliegt*, und der Frage, ob diese Besser-

---

[834] NK/*Kuhlen*, § 331, Rn. 51.
[835] SSW-StGB/*Rosenau*, § 331, Rn. 17.
[836] SK/*Stein/Rudolphi*, § 331, Rn. 22a.
[837] Entsprechend auch: Lackner/Kühl, § 331, Rn. 4; *Fischer*, § 331, Rn. 12; OLG Hamburg, StV 2001, 284; *Rönnau*, JuS 2003, 232, 234.
[838] LK/*Sowada*, § 331, Rn. 32.
[839] BT-Drs. 16/4244; SSW-StGB/*Rosenau*, § 331, Rn. 13.

stellung *sachgerecht* ist, getrennt werden muss.[840] Die Frage nach der Sachgerechtigkeit ist eben erst im Rahmen der Unrechtsvereinbarung zu stellen.[841] Im Rahmen des naturalistisch geprägten Vorteilsbegriffs ist hingegen lediglich die grundsätzliche Besserstellung des Empfängers zu erörtern.[842] Somit ist erst dann, wenn eine solche Besserstellung festgestellt wurde, die wichtige Frage anzuschließen, ob die Besserstellung im Zusammenhang mit der Bevorzugung stand.[843] Das Vorliegen eines Vorteils indiziert eben zunächst grundsätzlich die Gefahr, dass das Leistungsprinzip als Entscheidungsmaßstab für Bevorzugungen im Wettbewerb verdrängt wird. Solange die Mediaagentur den anspruchsbegründenden Vertrag selbst abschließt, also Vertragsinhalt und Vertragspartner eigenständig bestimmen kann, besteht diese Gefahr auch bei Vorliegen eines Anspruchs auf den Vorteil. Es bleibt dann weiterhin möglich, dass die Mediaagentur den Vertrag nicht auf Grundlage des Leistungsprinzips schließt, sondern eigenen (sachfremden) Interessen den Vorzug gibt.

Der fehlende Anspruch kann daher kein Kriterium des Vorteils sein,[844] sondern eine solche Überlegung ist vielmehr im Rahmen der Unrechtsvereinbarung anzustellen.[845] Andernfalls würde der naturalistische Vorteilsbegriff mit Überlegungen überfrachtet, die ihren Ursprung eigentlich in der Unrechtsvereinbarung haben.[846] Eine dadurch erfolgende normative Aufladung des Vorteilsbegriffs durch Hineintragen unnötiger Rechts- und Abgrenzungsfragen würde den Blick auf das Wesentliche, nämlich die Frage nach der Besserstellung des Zuwendungsempfängers, verstellen.[847] Außerdem kann das Vorliegen eines Anspruchs auf die Zuwendung lediglich ein Indiz für die Straflosigkeit darstellen.[848]

Darüber hinaus darf ohnehin nicht der Standpunkt der Prüfung im Rahmen des § 299 Abs. 1 entscheidend sein.[849] Ferner kann der objektive Gehalt der Besserstellung aufgrund des im Gesetz fehlenden Bezugspunkts sowieso nur aus einer Gesamtbewertung von Täterstellung, Handlung und Unrechtsvereinbarung entnommen werden.[850]

---

[840] Handkommentar gesamtes Strafrecht/*Bannenberg*, § 331, Rn. 14.
[841] Sch/Sch/*Heine*, § 331, Rn. 18.
[842] *Knauer/Kaspar*, GA 2005, 385, 392.
[843] *Satzger*, ZStW 2003 (115), 469, 476.
[844] Handkommentar gesamtes Strafrecht/*Bannenberg*, § 331, Rn. 15.
[845] NK/*Kuhlen*, § 331, Rn. 51.
[846] *Knauer/Kaspar*, GA 2005, 385, 393.
[847] *Ambos*, JZ 2003, 345, 351.
[848] LK/*Sowada*, § 331, Rn. 32.
[849] LK/*Sowada*, § 331, Rn. 46.
[850] *Fischer*, § 331, Rn. 11a.

Letztlich könnte sich hier auch ein Unterschied zwischen den Bestechungsdelikten im Amt und der Bestechlichkeit im geschäftlichen Verkehr zeigen. Amtsträger werden vom Staat alimentiert. Deswegen ist es nicht notwendig, dass sie Verträge schließen dürfen, aus denen sie einen Anspruch auf eine Gegenleistung erhalten.[851] Im Falle der Mediaagentur ist es aber gerade deren Verpflichtung aus dem Vertrag mit ihrem Kunden, Verträge in eigenem Namen und auf eigene Rechnung mit den Leistungserbringern zu schließen und aus diesen Schaltverträgen etwas zu erlangen.[852] Die sich so ergebende Möglichkeit zur Erzielung von Gewinnen stellt sogar gerade ihre Vergütung dar.[853] Ob eine solche Zuwendung unter § 299 fällt, kann also nicht im Rahmen des Vorteils, sondern nur im Rahmen der Unrechtsvereinbarung erörtert werden. Zumindest im vorliegenden Fall muss aus diesen Gründen der Vorteil ohne die negative Voraussetzung des fehlenden Anspruchs definiert werden.

Bei Anerkennung des Negativkriteriums des Nichtvorliegens eines Anspruchs des Zuwendungsempfängers wäre darüber hinaus zumindest auch die Höhe des jeweiligen Anspruchs zu berücksichtigen. Dann wären jedoch Abgrenzungsschwierigkeiten bereits vorprogrammiert.[854] Zur Vermeidung müsste eine fixe Grenze bei einem bestimmten Geldbetrag gezogen werden.[855] Eine solche ist allerdings schwerlich absolut setzbar, sondern höchstens im jeweiligen Einzelfall zu ziehen und darüber hinaus ohnehin eine Frage der Sozialadäquanz. Wenn schlicht die „Unangemessenheit" als eine im Einzelfall festgesetzte Grenze gewählt würde, ergäbe sich wiederum das Problem der Bestimmtheit.[856] Und selbst wenn die Bestimmtheitsgrenze noch eingehalten sein sollte, stellt sich doch die ganze Vorgehensweise letztlich nur als Versuch dar, etwas in den Vorteil zu ziehen, was dort nicht hingehört.[857] Rein sachlich darf aus dem Prüfungsstandort ohnehin kein Unterschied für das Ergebnis resultieren.[858] Folglich spricht auch diese Argumentation dagegen, den Vorteil bei Vorliegen eines Anspruchs des Zuwendungsempfängers zu verneinen.

---

[851] *Lackner/Kühl*, § 331, Rn. 4.
[852] Siehe Teil 3, A, II, 3; Teil 3, A, II, 2, f), bb), (1).
[853] Siehe Teil 3, A, II, 2, f), bb), (1).
[854] So auch: *Dingeldey*, NStZ 1984, 503, 505; *Zieschang*, StV 2008, 253, 255.
[855] Für eine solche fixe Grenze bei 50 DM: *Kaiser*, NJW 1981, 321. Siehe dazu auch: *Koepsel*, Bestechlichkeit und Bestechung im geschäftlichen Verkehr, S. 130 f.
[856] Zur Unangemessenheit als einschränkendes Kriterium: *Lüderssen*, JZ 1997, 112, 114. Zur Vereinbarkeit der Verwendung wertausfüllungsbedürftiger Klauseln und Generalklauseln mit dem Bestimmtheitsgrundsatz: LK/*Dannecker*, § 1, Rn. 183, 197 ff.
[857] Zur Bestimmtheitsfrage insbesondere: *Zieschang*, StV 2008, 253, 255.
[858] *Knauer/Kaspar*, GA 2005, 385, 393.

Der Fall der Mediaagentur stellt sich somit als der Paradefall heraus, der deutlich macht, dass es Fälle mit einwandfreien Gegenansprüchen geben kann und es deswegen zumindest in § 299 nicht im Rahmen des Vorteils auf einen solchen Gegenanspruch ankommen darf.

Aus diesen Gründen erscheint es vorzugswürdig, auf das Kriterium des Rechtsanspruchs für die Vorteilsdefinition zu verzichten und darauf im Rahmen der Unrechtsvereinbarung einzugehen.[859]

c) Ergebnis

Somit kann der Ansicht, die das Nichtvorliegen eines Anspruchs auf die Zuwendung als Definitionsmerkmal des Vorteils erachtet, nicht gefolgt werden. Der Vorteilsbegriff ist naturalistisch und nicht normativ zu bestimmen. Demzufolge ist unter einem Vorteil jede Zuwendung zu verstehen, die zu einer objektiven Besserstellung in materieller oder immaterieller, wirtschaftlicher, rechtlicher oder auch nur persönlicher Hinsicht führt. Damit ist ein Vorteil im Sinne von § 299 Abs. 1 aufgrund der materiellen Besserstellung der Mediaagentur durch den Bonus zu bejahen, obwohl die Mediaagentur einen Anspruch auf ihn hat. Die bereits angeschnittenen aber noch nicht abschließend erörterten Probleme sind im Rahmen der Unrechtsvereinbarung aufzuarbeiten.

2. Sozialadäquanz

Jedoch könnte die Einordnung des Mediaagenturbonus als Vorteil zu verneinen sein, weil die Zuwendung der Leistungserbringer an die Mediaagentur sozialadäquat ist.[860]

Nach der Lehre der Sozialadäquanz sind Handlungen auch dann nicht tatbestandsmäßig,[861] obwohl sie vom Wortlaut einer Strafbestimmung erfasst sind, wenn sie sich im Rahmen der allgemein anerkannten sozialen Ordnung halten.[862] Diese Überlegung fußt auf der Tatsache, dass die Gewährung von Aufmerksamkeiten an potenzielle Geschäftspartner ein unerlässliches Mittel des marktwirtschaftlichen Systems ist.[863] Im Gegensatz zu der in manchen Bereichen unvermeidbaren Zu-

---

[859] So auch: *Schwieger*, Der Vorteilsbegriff in den Bestechungsdelikten, S. 183.
[860] Grundlegend zur Sozialadäquanz bei Bestechungsdelikten: *Thomas*, FS Jung, S. 973 ff.
[861] Eingehend: *Martín*, FS Tiedemann, S. 209 ff.
[862] Die Lehre geht zurück auf *Welzel*, ZStW 1939 (58), 491, 516 ff.
[863] *Koepsel*, Bestechlichkeit und Bestechung im geschäftlichen Verkehr, S. 124.

sammenarbeit mit Amtsträgern findet sich in der freien Wirtschaft nahezu immer ein alternativer Geschäftspartner. Deswegen ist, anders als im Verhältnis Bürger – Amtsträger, das Verhältnis von Geschäftspartnern untereinander auf ein gutes zwischenmenschliches Verhältnis angewiesen. Mit der Grenze der Sozialadäquanz soll also die bereits angesprochene erforderliche Abgrenzung von strafrechtlich relevantem zu sozial angemessenem Verhalten aufrechterhalten und so eine Ausuferung des weit gefassten Tatbestandes vermieden werden.[864] Auch wenn der Vorteil nach der obigen Argumentation naturalistisch zu betrachten ist, eröffnet die Sozialadäquanz die Möglichkeit, einer Ausuferung der Bestechungsdelikte entgegenzuwirken, ohne den Vorteilsbegriff, wie erwähnt, zu sehr normativ aufzuladen oder die Einschränkung vollständig der Unrechtsvereinbarung aufzuerlegen. Daher wird mithilfe der Sozialadäquanz nahezu überwiegend bereits der Vorteil eingeschränkt.[865] Für eine Behandlung im Rahmen der Unrechtsvereinbarung gelten jedoch die angebrachten Argumente entsprechend; inhaltliche Unterschiede ergeben sich aus diesem aufbautechnischen Problem nicht.

Statt als Tatbestandsausschließungsgrund[866] wird die Sozialadäquanz teilweise auch als Strafausschließungsgrund,[867] als Rechtfertigungs-[868] oder als Entschuldigungsgrund[869] angesehen. Aufgrund der Unschärfe und der Unbestimmtheit wird die Sozialadäquanz vereinzelt sogar gänzlich abgelehnt.[870] Jedoch ist die Ablehnung mit dem Argument der fehlenden Bestimmtheit insoweit nicht nachvollziehbar, als die Vertreter dieser Ansicht die Fälle dann über die objektive Zurechnung erfassen wollen, einen ebenfalls sehr unbestimmten Begriff. Richtigerweise sollen mithilfe der Sozialadäquanz bestimmte Verhaltensweisen mangels Bedrohung für das Rechtsgut bereits tatbestandlich nicht erfasst werden, um so schon nicht in den Blick des Strafrechts zu geraten.[871] Deswegen ist die Sozialadäquanz als Tatbestandsausschließungsgrund zu begreifen.[872] Allerdings stellt sie kein allgemeines Auslegungsprinzip dar, sondern ist vielmehr Auslegungsbehelf für diejenigen nach

---

[864] Siehe Teil 3, B, I.
[865] NK/*Dannecker*, § 299, Rn. 39; LK/*Tiedemann*, § 299, Rn. 28; MüKo/*Diemer/Krick*, § 299, Rn. 9, jeweils m.w.N.
[866] So auch: *Zipf*, ZStW 1970 (82), 633, 634; *Dölling*, FS Otto, S. 219.
[867] *Wolter*, GA FS, S. 285.
[868] *Klug*, FS Schmidt, S. 264.
[869] *Roeder*, Die Einhaltung sozialadäquaten Risikos, S. 67 f.
[870] Siehe dazu genauer: *Eser*, FS Roxin, S. 203 ff. (mit guter Definition der Sozialadäquanz, S. 211); *Gribl*, Der Vorteilsbegriff in den Bestechungsdelikten, S. 98 ff. (m.w.N.).
[871] *Ulbricht*, Bestechung und Bestechlichkeit im geschäftlichen Verkehr, S. 76.
[872] *Welzel*, ZStW 1939 (58), 491, 517 f. Zur ausführlichen Ablehnung der Einordnung als Rechtfertigungs- oder Entschuldigungsgrund: *Martín*, FS Tiedemann, S. 210.

dem Wortlaut zu weit gefassten Tatbestände, in denen nicht bereits die allgemeinen Auslegungsregeln ergeben, dass ein Verhalten im konkreten Einzelfall nicht erfasst wird.[873] Als eben solcher Auslegungsbehelf könnte die Sozialadäquanz hier im Rahmen des Vorteils eingesetzt werden.[874]

Den Hauptanwendungsfall der Lehre von der Sozialadäquanz stellt die Annahme geringwertiger Geschenke dar.[875] Eine genaue Grenze der Geringwertigkeit existiert jedoch nicht. Teilweise wird vertreten, die Grenze des § 248a sei anzuwenden.[876] Allerdings ist auch diese Grenze nicht unumstritten.[877] Teilweise wird sogar eingewendet, die Anerkennung einer bestimmten Summe indiziere bereits die grundsätzliche Akzeptanz der Käuflichkeit.[878] Jedoch kann bezweifelt werden, ob bei einer geringen Summe schon von „Käuflichkeit" die Rede sein kann und nicht der Wortsinn in einem solchen Fall ein anderes Ergebnis nahelegt.

Bedacht werden muss hingegen in jedem Fall, dass die Grenze bezüglich der Sozialadäquanz bei § 299 weiter zu ziehen sein muss als bei der öffentlichen Verwaltung bzw. deren Bestechung, da im Verkehr mit Amtsträgern diese durch Gesetze gebunden sind und deswegen die Herstellung eines guten Klimas nicht erforderlich ist.[879] Daher können unter Umständen auch nicht geringwertige Zuwendungen sozialadäquat sein.[880] Dementsprechend ist als Maßstab der Sozialadäquanz das Urteil eines mit der Situation vertrauten Außenstehenden anzulegen[881] und es sind außer dem Wert der Zuwendung auch der im Einzelfall betroffene Geschäftsbereich mit seinen Besonderheiten zu berücksichtigen.[882] Entscheidend ist, ob der Vorteil aufgrund seiner Geringfügigkeit objektiv zur Willensbeeinflussung ungeeignet ist.[883] Ein häufig zitiertes Beispiel einer sozialadäquaten Zuwendung ist eine Tasse Kaffee bei einer Besprechung oder, besser mit der vorliegenden Konstellation vergleichbar, Trinkgelder für Kellner.[884] Allerdings könnte ein spitzfindiger

---

[873] Sch/Sch/*Lenckner/Eisele*, Vorbem §§ 13, Rn. 70.
[874] Siehe zur Auslegung der Sozialadäquanz im Rahmen des § 299 Abs. 1: *Ulbricht*, Bestechung und Bestechlichkeit im geschäftlichen Verkehr, S. 77 ff.
[875] MüKo/*Korte*, § 331, Rn. 126; *Heine*, ZBJV 2002, 533, 546.
[876] Müller-Gugenberger/Bieneck/*Blessing*, Handbuch Wirtschaftsstrafrecht, § 53, Rn. 20.
[877] SSW-StGB/*Kudlich*, § 248a, Rn. 7 (m.w.N.).
[878] *Otto*, Grundkurs Strafrecht, BT, § 61, Rn. 157.
[879] *Koepsel*, Bestechlichkeit und Bestechung im geschäftlichen Verkehr, S. 132; LK/*Tiedemann*, § 299, Rn. 28; v. Heintschel-Heinegg/*Momsen*, § 299, Rn. 9.1.
[880] *Knauer/Kaspar*, GA 2005, 385, 397.
[881] NK/*Dannecker*, § 299, Rn. 40.
[882] *Kahmann*, Die Bestechlichkeit und Bestechung im geschäftlichen Verkehr, S. 227; *Wollschläger*, Der Täterkreis des § 299 I StGB, S. 110.
[883] *Lackner/Kühl*, § 299, Rn. 5; *Wittig*, Wirtschaftsstrafrecht, § 26, Rn. 46.
[884] Für weitere Beispiele: *Lesch*, AnwBl 2003, 261, 263.

Betrachter zwischen beiden Fällen bereits wieder einen Unterschied bezüglich der objektiven Eignung zur Willensbeeinflussung ausmachen.

Im vorliegenden Fall könnten die Zuwendungen der Leistungserbringer an die Mediaagentur deswegen sozialadäquat sein, weil es im Geschäftsbereich der Mediaagenturen üblich ist, entsprechende Boni zu gewähren und sie sogar mit Billigung aller Beteiligten an die Stelle der Agenturvergütung getreten sind.[885]

Die genaue Höhe des Mediaagenturbonus variiert in den jeweiligen Vereinbarungen zwischen Mediaagentur und Leistungserbringer und ist deswegen nicht genau bezifferbar. Jedoch ist angesichts der aufgezeigten üblichen Prozentsätze der Mediaagenturbonus in jedem Fall nicht grundsätzlich so gering, dass er deswegen schon objektiv zur Willensbeeinflussung der Mediaagentur ungeeignet wäre. Des Weiteren sind Mediaagenturboni in der Gesellschaft noch nicht einmal flächendeckend *bekannt*, geschweige denn *anerkannt*. *Bekannt* sind sie nur den beteiligten Kreisen und *anerkannt* werden sie wiederum nur von deren Großteil.[886] Auch wenn Gepflogenheiten der jeweiligen Branche zu berücksichtigen sind,[887] genügt die bloße Branchen*üblichkeit* der Zuwendung nicht zur Begründung der Sozialadäquanz.[888] Andernfalls könnte auf diesem Weg ein branchentypisches Schmiergeldsystem etabliert werden.[889] Dies gilt umso mehr, als die Mediaagenturboni noch nicht einmal allen Kunden der Mediaagentur bekannt sind bzw. auf jeden Fall noch nicht seit längerer Zeit.[890]

Die weitgehende Unbekanntheit der Bonusregelungen und die mangelnde Transparenz im Umgang mit dem Mediaagenturbonus sprechen also gegen ein sozial absolut anerkanntes und geduldetes Verhalten wie beispielsweise im Falle von Trinkgeldern für Kellner.[891] Außerdem handelt es sich bei den der Mediaagentur gewährten Boni um umsatzbezogene Vergünstigungen. Solche indizieren per se bereits eine verbotene Austauschbeziehung.[892] Dies gilt umso mehr, als es sich zwar vorwiegend um Freespace und deswegen rein tatsächlich um Sachzuwendungen handelt, der Freespace aber für die Mediaagentur aufgrund des jederzeitigen Bedarfs an Werberaum und der einfachen Absetzbarkeit rein faktisch einer Bargeldzuwendung gleichsteht. Verglichen mit Sachzuwendungen sind Bargeldzu-

---

[885] Siehe Teil 3, A, II, 6.
[886] Siehe Teil 1, B, II, 2.
[887] Müller-Gugenberger/Bieneck/*Blessing*, Handbuch Wirtschaftsstrafrecht, § 53, Rn. 56.
[888] BGH, NJW 2003, 763, 765.
[889] LK/*Tiedemann*, § 299, Rn. 28.
[890] Siehe Teil 1, B, II, 2; Teil 2 A, II.
[891] So auch: *Ambos*, JZ 2003, 345, 351.
[892] BGH, JZ 2003, 372, 374.

wendungen allerdings grundsätzlich anrüchiger, da sie im Regelfall nicht den geschäftlichen Gepflogenheiten der Kontaktpflege entsprechen.[893] Letztlich muss auch beachtet werden, dass der Vorteil gerade dem Entscheidungsträger zugewendet wird und deswegen nicht argumentiert werden kann, das Rechtsgut (das Leistungsprinzip als Entscheidungsmaßstab für Bevorzugungen im Wettbewerb) wäre ohnehin nicht gefährdet.

Folglich scheidet der Mediaagenturbonus in jedem Fall nicht über die Grenze der Sozialadäquanz aus dem Tatbestand des § 299 Abs. 1 aus.

II. Handlungsvarianten

Als Tathandlung schreibt § 299 Abs. 1 das Fordern, Sich-Versprechen-Lassen oder Annehmen des Vorteils vor. Die einzelnen Handlungsvarianten sind stufenförmig aufgebaut.[894] Fordern und Sich-Versprechen-Lassen sind im tatbestandlichen Geschehensablauf oftmals Vorstufen des späteren Annehmens.[895]

Einen Vorteil fordert, wer ausdrücklich oder konkludent einseitig erklärt, dass er als Gegenleistung für eine unlautere Bevorzugung im Wettbewerb einen Vorteil begehrt.[896] Die Vollendung wird dadurch weit in das Vorbereitungsstadium verlagert.[897]

Sich-Versprechen-Lassen ist die Annahme eines ausdrücklichen oder konkludenten Angebots, dem Täter künftig einen Vorteil als Gegenleistung für die unlautere Bevorzugung im Wettbewerb zukommen zu lassen.[898] Kernstück des Sich-Versprechen-Lassens ist die bewusste Übereinkunft von Vorteilsgeber und Vorteilsnehmer über die unlautere Bevorzugung.[899] Das Sich-Versprechen-Lassen hat also nicht den Charakter eines Unterlassens, sondern meint vielmehr das aktive Sich-Einlassen auf das von dem potenziellen Vorteilsgeber angebotene Geschäft.[900]

---

[893] *Koepsel*, Bestechlichkeit und Bestechung im geschäftlichen Verkehr, S. 134.
[894] BGHSt 11, 345, 346; *Fischer*, § 331, Rn. 17.
[895] BGH, NStZ 1995, 92.
[896] BGHSt 8, 214, 215.
[897] Siehe dazu: *Sommer*, Korruptionsstrafrecht, Rn. 298; Sch/Sch/*Heine*, § 299, Rn. 16.
[898] NK/*Dannecker*, § 299, Rn. 33.
[899] *Fischer*, § 299, Rn. 17; NK/*Kuhlen*, § 331, Rn. 21.
[900] *Mitsch*, Strafrecht BT/2, Teilbd. 2, § 3, J, Rn. 228.

Annehmen ist die tatsächliche Entgegennahme des Vorteils durch den Täter, verbunden mit dem nach außen bekundeten Willen, über ihn zu eigenen Zwecken oder zugunsten eines Dritten zu verfügen.[901] Eine Annahme im Sinne von § 299 Abs. 1 setzt aber darüber hinaus eine Willensübereinstimmung zwischen Täter und Vorteilsgeber dahingehend voraus, dass die Zuwendung als Gegenleistung für die künftige Bevorzugung im Wirtschaftsverkehr erfolgt.[902] Annehmen ist eben mehr als bloßes *Hin*nehmen;[903] beide Parteien müssen sich über Gegenstand und Zweckrichtung der Zuwendung einig sein.[904] Ein Annehmen scheidet mithin aus, wenn der Vorteil erst *nach* der Bevorzugung gewährt wird und deswegen nicht Gegenleistung für die *künftige* Bevorzugung des Vorteilsgebers ist.[905] Allerdings liegt ein Annehmen auch dann vor, wenn die Unrechtsvereinbarung zum Zeitpunkt der Zuwendung zwar noch nicht besteht, aber später vereinbart wird und die bezweckte Bevorzugung zu diesem Zeitpunkt noch in der Zukunft liegt.[906]

Mithin ist es wie für das Sich-Versprechen-Lassen auch für das Annehmen entscheidend, ob eine Unrechtsvereinbarung zwischen Mediaagentur und Leistungserbringer vorliegt. Indessen ist eine ausdrückliche Erklärung für eine solche nicht erforderlich, sondern es genügt schlüssiges Handeln.[907] Das Annehmen muss den Erklärungswert besitzen, der Täter nehme den Vorteil als Erfüllung der Vereinbarung über die künftige Bevorzugung im Wirtschaftsverkehr an.[908]

Im Fall der Mediaagentur kommen alle drei Handlungsvarianten in Betracht. Zu beachten ist indes, dass wegen der Üblichkeit des Mediaagenturbonus unter Umständen keine ausdrückliche Absprache zwischen Mediaagentur und Kunde stattfindet und eine konkludente Absprache schwer nachweisbar ist. In der dieser Arbeit zugrundeliegenden Konstellation nimmt die Mediaagentur den Vorteil (den Mediaagenturbonus) aber tatsächlich entgegen. Außerdem bekundet sie durch die Vermarktung des Mediaagenturbonus konkludent den Willen, über den Vorteil für eigene Zwecke verfügen zu wollen. Naheliegend wäre folglich das Vorliegen einer Annahme. Aufgrund der Stufenförmigkeit der Handlungsvarianten geht einem Annehmen jedoch in vielen Fällen ein Sich-Versprechen-Lassen oder ein Fordern voraus.[909] Gerade die weitgehende Anerkennung des Mediaagenturbonus innerhalb

---

[901] RGSt 58, 263, 266; BGH, NJW 1987, 1340, 1341.
[902] MüKo/*Diemer/Krick*, § 299, Rn. 13.
[903] *Schmidt*, Die Bestechungstatbestände, Rn. 121.
[904] *Fischer*, § 299, Rn. 17.
[905] *Wittig*, wistra 1998, 7, 8.
[906] BGHSt 15, 88, 105 f.
[907] *Lackner/Kühl*, § 299, Rn. 4; § 331, Rn. 7.
[908] Sch/Sch/*Heine*, § 331, Rn. 24.
[909] *Schmidl*, wistra 2006, 286, 290.

des Geschäftskreises lässt es nicht fernliegend erscheinen, von einem entsprechenden (zumindest konkludenten) Angebot seitens der Leistungserbringer auszugehen, der Mediaagentur den Bonus für die Bevorzugung zu gewähren. In einem solchen Fall läge ein Sich-Versprechen-Lassen durch die Mediaagentur nahe. Auch dieses erfordert aber eine Unrechtsvereinbarung. In gleicher Weise ist auch ein bloßes Fordern vonseiten der Mediaagentur im jeweiligen Einzelfall möglich und somit nicht auszuschließen. Jedoch sind die Beweisschwierigkeiten bei dieser Handlungsvariante groß.

Die Bestimmung der einschlägigen Handlungsvariante muss im jeweiligen Einzelfall erfolgen. Für die vorliegende Arbeit und das Ziel der Klärung der strafrechtlichen Verantwortlichkeit der Mediaagentur als Beauftragte im Sinne von § 299 ergibt sich für das weitere Vorgehen kein Unterschied daraus, ob von einem Fordern, einem Sich-Versprechen-Lassen oder einem Annehmen ausgegangen wird. Folglich sind die Handlungsvarianten nicht weiter zu vertiefen.

III. Geschäftlicher Verkehr

Die Mediaagentur müsste den Vorteil im Rahmen des geschäftlichen Verkehrs fordern, sich versprechen lassen oder annehmen.

Das Handeln im geschäftlichen Verkehr ist weit auszulegen.[910] Es umfasst alle Maßnahmen, die auf die Förderung eines beliebigen Geschäftszwecks gerichtet sind.[911] Erforderlich ist eine selbstständige Tätigkeit, die der Verfolgung eines wirtschaftlichen Zwecks dient und in der eine Teilnahme am Wettbewerb irgendwie zum Ausdruck kommt.[912] Auch freiberufliche, künstlerische oder wissenschaftliche Tätigkeiten werden erfasst, soweit sie zu Erwerbszwecken erfolgen.[913] Lediglich rein private Tätigkeiten[914] und amtliches Handeln in Ausübung von Hoheitsgewalt[915] scheiden aus.

---

[910] *Lackner/Kühl*, § 299, Rn. 2 m.w.N.
[911] Müller-Gugenberger/Bieneck/*Blessing*, Handbuch Wirtschaftsstrafrecht, § 53, Rn. 54.
[912] Sch/Sch/*Heine*, § 299, Rn. 9.
[913] MüKo/*Diemer/Krick*, § 299, Rn. 8 (m.w.N.).
[914] BGHSt 10, 358, 366. NK/*Dannecker*, § 299, Rn. 28: Der Wettbewerb um Kunden ist nicht geschützt.
[915] BGHSt 2, 396, 403; SSW-StGB/*Rosenau*, § 299, Rn. 14; *Kindhäuser*, LPK-StGB, § 299, Rn. 6.

Die Mediaagentur verfolgt durch den Abschluss der Schaltverträge mit den Leistungserbringern einen wirtschaftlichen Zweck und nimmt auch am Wettbewerb teil. Wenn also die Mediaagentur tatsächlich aufgrund der Unrechtsvereinbarung den Mediaagenturbonus als Vorteil annimmt, so geschieht dies in jedem Fall im geschäftlichen Verkehr. Folglich stellt das Merkmal des geschäftlichen Verkehrs für die dieser Arbeit zugrundeliegende Konstellation keine Schwierigkeit dar.

IV. Zukünftige unlautere Bevorzugung im Wettbewerb

Erforderlich ist darüber hinaus, dass die Mediaagentur den Vorteil als Gegenleistung für eine zukünftige unlautere Bevorzugung des Leistungserbringers im Wettbewerb annimmt.

1. Unrechtsvereinbarung

Zwischen der Mediaagentur und dem Leistungserbringer muss eine Unrechtsvereinbarung bestehen bzw. der Wille der Mediaagentur muss auf eine solche gerichtet sein. Die Unrechtsvereinbarung ist die inhaltliche Verknüpfung des Vorteils mit der künftigen unlauteren Bevorzugung.[916]

a) Erforderlichkeit

Teilweise wird der Begriff der Unrechtsvereinbarung in der Literatur als verwirrend oder unglücklich erachtet.[917] Einen Schritt weiter geht *Pragal*, in dem er anregt, auf den Begriff der Unrechtsvereinbarung gänzlich zu verzichten.[918] Nach seiner Auffassung wird die Unrechtsvereinbarung im Wortlaut des Tatbestandes nicht erwähnt und hat außerdem zumindest für die Handlungsvariante des Forderns keine Gültigkeit, weil in diesem Fall eben keine beidseitige Vereinbarung vorliegt.[919] Inhaltlich entfernt sich *Pragal* aber nicht von den unter dem Begriff der Unrechtsvereinbarung zusammengefassten Voraussetzungen, indem er ein konkre-

---

[916] *Fischer*, § 299, Rn. 13; SSW-StGB/*Rosenau*, § 299, Rn. 22.
[917] *Jaques*, Bestechungstatbestände, S. 129; *Mitsch*, Strafrecht BT/2, Teilbd. 2, § 3, J, Rn. 235.
[918] *Pragal*, Die Korruption innerhalb des privaten Sektors, S. 171, 173.
[919] *Pragal*, Die Korruption innerhalb des privaten Sektors, S. 171.

tes Do-ut-des-Verhältnis und eine Zweckbestimmung bezüglich des Vorteils fordert.[920]

Jedoch zeigt schon der Wortlaut „als Gegenleistung dafür (...), dass er einen anderen (...) bevorzuge", dass zwischen dem Vorteil und der künftigen Bevorzugung eine Verbindung bestehen muss.[921] Außerdem kann der Oberbegriff der Unrechtsvereinbarung in der Handlungsvariante des Forderns als eine auf ihren Abschluss zielende Erklärung verstanden werden.[922] Deswegen ist an dem Begriff der Unrechtsvereinbarung festzuhalten.

b) Voraussetzungen

Der Vorteil muss somit in Übereinstimmung mit dem Leistungserbringer von der Mediaagentur als Gegenleistung für eine zukünftige unlautere Bevorzugung angenommen werden.[923] Erforderlich ist eine wenigstens stillschweigende Vereinbarung, dass der Vorteil für die angestrebte Bevorzugung gedacht ist.[924] Zumindest der Täter muss von einem solchen konkreten Do-ut-des-Verhältnis zwischen Vorteil und künftiger Bevorzugung ausgehen.[925] Also werden Zuwendungen zur Belohnung für in der Vergangenheit liegende Bevorzugungen nicht erfasst.[926] Da es sich um ein objektives Tatbestandsmerkmal handelt, muss sich der Bevorzugungswille ferner in irgendeiner Weise nach außen manifestieren.[927]

Fraglich ist, ob auch Fälle erfasst werden, in denen der Leistungserbringer die Mediaagentur nur grundsätzlich ihm gegenüber wohlwollend stimmen will. Bei der Amtsträgerbestechung wird eine solche Vorteilsgewährung ohne Forderung einer konkreten Gegenleistung zum Zweck des Herstellens eines positiven Klimas seit dem KorrBekG erfasst.[928] Es reicht dort aus, wenn der Vorteil allgemein in Bezug auf die Dienstausübung gefordert (etc.) wird.[929] Dies resultiert aus der Überlegung, dass Amtsträgern eine besondere Pflichtenstellung obliegt und der Staat ein Inte-

---

[920] *Pragal*, Die Korruption innerhalb des privaten Sektors, S. 172.
[921] LK/*Tiedemann*, § 299, Rn. 29; NK/*Dannecker*, § 299, Rn. 42; v. Heintschel-Heinegg/*Momsen*, § 299, Rn. 13; MüKo/*Diemer/Krick*, § 299, Rn. 15 f; SK/*Rudolphi*, § 299, Rn. 8; Sch/Sch/*Heine*, § 299, Rn. 16; *Fischer*, § 299, Rn. 13; *Kindhäuser*, LPK-StGB, § 299, Rn. 8.
[922] BGH, NStZ 2000, 319; Sch/Sch/*Heine*, § 299, Rn. 16; *Fischer*, § 299, Rn. 17.
[923] *Otto*, Grundkurs Strafrecht, BT, § 61, Rn. 158.
[924] MüKo/*Diemer/Krick*, § 299, Rn. 15.
[925] NK/*Dannecker*, § 299, Rn. 42.
[926] BGH, GRUR 1968, 587, 588; *Fischer*, § 299, Rn. 13.
[927] *Lackner/Kühl*, § 299, Rn. 5.
[928] *Dannecker*/Leitner, Schmiergeld, S. 117 f.
[929] *Fischer*, § 331, Rn. 23.

resse am rechtsstaatlichen Erscheinungsbild seines Verwaltungsapparats hat.[930] Hingegen besteht diese besondere Pflichtenstellung im privaten Geschäftsverkehr nicht. Deswegen hat der Gesetzgeber bei § 299 von einer entsprechenden Lockerung der Unrechtsvereinbarung abgesehen.[931] Es soll eben nicht wie bei §§ 331 ff. jeglicher Anschein der Käuflichkeit vermieden, sondern nur die tatsächliche oder potenzielle Beeinflussung des Wettbewerbs sanktioniert werden.[932]

Bürger hält diese Begründung für wenig aussagekräftig und fordert, bei § 299 müsse entscheidend sein, ob eine Beeinträchtigung der geschützten Interessen eintritt.[933] Das Erscheinungsbild der öffentlichen Verwaltung ist schon dann beeinträchtigt, wenn der Amtsträger sich von sachfremden Erwägungen wie dem Vorteil leiten lässt. Bei § 299 kommt es aber gerade auf die Verknüpfung von Vorteil und künftiger Bevorzugung an. Die Unrechtsvereinbarung tritt an die Stelle des Leistungsprinzips als Entscheidungsmaßstab für Bevorzugungen im Wettbewerb und bildet den Kern des tatbestandlichen Unrechts.[934] Anders als bei der Interaktion mit Amtsträgern ist darüber hinaus, wie schon im Rahmen der Sozialadäquanz dargelegt, ein gutes zwischenmenschliches Klima bei den Akteuren im privaten Wirtschaftsverkehr für eine erfolgreiche wirtschaftliche Kooperation schlichtweg notwendig.[935]

Somit ist es nicht ausreichend, wenn der Leistungserbringer die Mediaagentur nur generell ihm gegenüber wohlwollend stimmen will.[936] Erforderlich ist eine zumindest stillschweigende Vereinbarung, dass der Vorteil für die künftige Bevorzugung gedacht ist.[937]

2. Zukünftige Bevorzugung im Wettbewerb

Die Unrechtsvereinbarung muss also eine zukünftige Bevorzugung im Wettbewerb zum Ziel haben.

In diesem Zusammenhang ist die Deliktsnatur des § 299 zu berücksichtigen. Das Rechtsgut des § 299 wird erst verletzt, wenn das Leistungsprinzip als Entscheidungsmaßstab für Bevorzugungen im Wettbewerb tatsächlich durch den Vorteil

---

[930] Sch/Sch/*Heine*, § 299, Rn. 16.
[931] *Greeve*, Korruptionsdelikte, S. 210. Siehe zur Lockerung der §§ 331 ff. im Rahmen des KorrBekG: *Wittig*, wistra 1998, 7, 8; BR-Drs. 298/95.
[932] *Schmidl*, wistra 2006, 286, 289.
[933] *Bürger*, wistra 2003, 130, 131.
[934] SK/*Rudolphi*, § 299, Rn. 8; *Krey/Hellmann*, Strafrecht BT/2, § 15, Rn. 534 f.
[935] Siehe Teil 3, B, I, 2.
[936] BGH, NJW 1985, 391, 392; SSW-StGB/*Rosenau*, § 299, Rn. 22 (m.w.N.).
[937] Beispiele zur Veranschaulichung finden sich bei: *Lesch*, AnwBl 2003, 261, 263, 265.

ersetzt und der Gewährende bevorzugt wird.[938] Die Bevorzugung als solche wird aber von § 299 nicht vorausgesetzt. Da also unerheblich ist, ob es im Ergebnis zu einer Verletzung kommt, ist lediglich die abstrakte Gefährdung entscheidend: § 299 ist mithin als abstraktes Gefährdungsdelikt ausgestaltet.[939] Dahinter steckt die Intention des Gesetzgebers, das Schmiergeldunwesen in jeglicher Form zu beseitigen.[940] Folglich kommt es nicht auf das Vorliegen einer Bevorzugung an, sondern die Unrechtsvereinbarung muss eine solche nur zum Ziel haben. Dies widerspricht auch nicht dem Schuldprinzip.[941]

Eine Bevorzugung kann jede Handlung oder Unterlassung sein, die eine andere Person im Wettbewerb mit seinen Konkurrenten mittelbar oder unmittelbar besser stellt.[942] Eine Besserstellung erfordert eine Entscheidung zwischen mindestens zwei Bewerbern.[943] Folglich setzt eine Bevorzugung die Benachteiligung eines Mitbewerbers und damit Wettbewerb im wirtschaftlichen[944] Sinne zwischen dem Vorteilsgeber und dessen Mitbewerber voraus.[945] Ein dafür erforderliches Konkurrenzverhältnis liegt immer dann vor, wenn der gleichzeitige Vertrieb der Ware oder Leistung potenzielle Absatznachteile für die jeweils andere Partei zur Folge hat, selbst wenn die Parteien in ganz verschiedenen Branchen tätig sind.[946] Daher sind Mitbewerber in diesem Sinne alle Marktteilnehmer, die Waren oder Leistungen gleicher oder verwandter Art herstellen oder in den Geschäftsverkehr bringen.[947] Es

---

[938] *Tiedemann* sieht als Rechtsgut den lauteren Wettbewerb. Dieser werde schon durch das Schmieren an sich verfälscht. Deshalb handele es sich um ein Verletzungsdelikt: LK/*Tiedemann*, § 299, Rn. 7. So auch: *Hellmann/Beckemper*, Wirtschaftsstrafrecht, Rn. 760.
[939] SSW-StGB/*Rosenau*, § 299, Rn. 1; MüKo/*Diemer/Krick*, § 299, Rn. 2; Sch/Sch/*Heine*, § 299, Rn. 2; NK/*Dannecker*, § 299, Rn. 11; *Fischer*, § 299, Rn. 2b; *Kindhäuser*, LPK-StGB, § 299, Rn. 1; *Lesch*, AnwBl 2003, 261, 264; *Wittig*, Wirtschaftsstrafrecht, § 26, Rn. 8 f. Zur Frage, ob darin ein Verstoß gegen das Schuldprinzip liegt: *Gercke/Wollschläger*, wistra 2008, 5, 10; NK/*Dannecker*, § 299, Rn. 12.
[940] Siehe Teil 2, B, IV, 1; RGSt 48, 291, 294.
[941] NK/*Dannecker*, § 299, Rn. 12; a.A. *Gercke/Wollschläger*, wistra 2008, 5, 10. Siehe zur Vereinbarkeit abstrakter Gefährdungsdelikte mit dem Schuldprinzip: *Kaufmann*, JZ 1963, 425, 432; *Cramer*, Der Vollrauschtatbestand, S. 50 ff.
[942] BGHSt 2, 396, 400; BGH, NJW 2007, 2932; MüKo/*Diemer/Krick*, § 299, Rn. 16.
[943] BGH, NJW 2003, 2996, 2997; Müller-Gugenberger/Bieneck/*Blessing*, Handbuch Wirtschaftsstrafrecht, § 53, Rn. 61.
[944] Dass bei der Auslegung des Wettbewerbsbegriffs die Vorschriften des UWG und nicht des HGB zu berücksichtigen sind, wurde bereits dargelegt; siehe Teil 2, B, IV, 1.
[945] BGH, NJW 2006, 3290, 3298; Sch/Sch/*Heine*, § 299, Rn. 23; *Köhler* verweist insofern auf die Wortherkunft des deutschen Wortes „Wettbewerb" von dem lateinischen Wort „concurere" bzw. „competitio": *Köhler*/Bornkamm, Gesetz gegen den unlauteren Wettbewerb, Einleitung, Rn. 1.1.
[946] BGH, GRUR 2002, 828, 829.
[947] BGH, wistra 1991, 99, 101.

gilt insofern die Legaldefinition des Mitbewerbers gemäß § 2 Abs. 1 Nr. 3 UWG.[948]

Entscheidend ist allerdings nicht das tatsächliche Vorliegen von Mitbewerbern, sondern nur die dahingehende Vorstellung des Täters zum Zeitpunkt der Tathandlung.[949] Sie muss darauf gerichtet sein, dass im Zeitpunkt der Bevorzugung Mitbewerber vorliegen, die durch die Zuwendung des Vorteils ausgeschaltet werden können.[950] Es ist also unerheblich, wenn sich später herausstellt, dass zum Zeitpunkt der Bevorzugung gar kein wirtschaftliches Konkurrenzverhältnis (mehr) vorlag.[951] Ferner muss sich die Vorstellung nicht auf einen bestimmten Mitbewerber, sondern lediglich allgemein auf das Vorhandensein von Mitbewerbern beziehen.[952] Jedoch darf das Erfordernis „im Wettbewerb" nicht mit dem des „geschäftlichen Verkehrs" gleichgesetzt werden, um nicht aufgrund der grundsätzlichen Offenheit des Geschäftsverkehrs für Wettbewerb überflüssig zu sein.[953] Somit muss, auch wenn der Mitbewerber also zum Tatzeitpunkt nicht bekannt sein muss,[954] das zukünftige Wettbewerbsverhältnis zumindest hinreichend konkretisierbar sein.[955] Die lediglich abstrakte Möglichkeit des Wettbewerbs genügt mithin nicht.[956]

Wettbewerb als ein wirtschaftliches Konkurrenzverhältnis liegt jedoch zumindest dann nicht vor, wenn eine Monopolstellung besteht[957] bzw. in einem solchen Fall die bezweckte Bevorzugung nicht dem Ausschalten eines zukünftigen Mitbewerbers dient.[958]

Letztlich muss die angestrebte Bevorzugung die Gegenleistung für den Vorteil sein.[959] Deswegen liegt keine Bevorzugung vor, wenn der Begünstigte einen Anspruch auf die Besserstellung hat.[960]

---

[948] LK/*Tiedemann*, § 299, Rn. 37.
[949] BGH, GRUR 1968, 587, 589; RGSt 66, 16, 18.
[950] *Fischer*, § 299, Rn. 15.
[951] MüKo/*Diemer/Krick*, § 299, Rn. 18.
[952] BGHSt 10, 358, 367.
[953] *Wollschläger*, Der Täterkreis des § 299 I StGB, S. 112.
[954] BGH, NJW 2004, 3129, 3132.
[955] *Klengel/Rübenstahl*, HRRS 2007, 52, 57.
[956] NK/*Dannecker*, § 299, Rn. 48.
[957] BGH, NJW 2007, 2932; *Koepsel*, Bestechlichkeit und Bestechung im geschäftlichen Verkehr, S. 122; *Gercke/Wollschläger*, wistra 2008, 5, 7.
[958] *Fischer*, § 299, Rn. 15.
[959] Lüderssen, Die Zusammenarbeit von Medizinprodukte-Industrie, Krankenhäusern und Ärzten, S. 76.
[960] *Gloy/Harte-Bavendamm*, Wettbewerbsrecht, § 45, Rn. 14; *Baumbach/Hefermehl*, § 12 UWG, Rn. 10. Siehe zur Diskussion um die Verortung der Prüfung des Vorteils bereits Teil 3, B, I, 1.

3. Unlauterkeit

Die geplante Bevorzugung durch den Täter im Wettbewerb muss ferner in unlauterer Weise erfolgen. Das Merkmal der Unlauterkeit wurde ursprünglich als Entsprechung zum englischen Begriff „corruptly" aus dem Corruption Act, der Vorbildvorschrift des § 12 UWG a.f., übernommen.[961] Wie der Begriff der Unlauterkeit aufzufassen ist und welche Stellung er im Tatbestandsgefüge des § 299 einnimmt, ist allerdings Gegenstand kontroverser Diskussion.[962]

Grundsätzlich stellt die Bevorzugung eines Bewerbers den natürlichen Abschluss des wirtschaftlichen Wettbewerbs dar. Durch den Begriff der Unlauterkeit soll deswegen, unter Berücksichtigung des geschützten Rechtsguts, die Erhaltung des Leistungsprinzips als Entscheidungsmaßstab für Bevorzugungen im Wettbewerb gesichert werden. Für das Verständnis der Unlauterkeit wird aus diesem Grund zumeist auf die Eignung der Bevorzugung zur Schädigung von Mitbewerbern durch Umgehung der Regeln des Leistungswettbewerbs und durch Ausschaltung der Konkurrenz abgestellt.[963] Eine Bevorzugung ist mithin unlauter, wenn sie nicht lediglich sachlichen Erwägungen folgt, sondern zumindest *auch* auf der Vorteilsgewährung beruht.[964] Die Unlauterkeit der Bevorzugung resultiert folglich aus der Tatsache, dass die Bevorzugung nicht aufgrund eines besseren Angebots erfolgt und somit mit Mitteln des Leistungswettbewerbs erreicht wurde, sondern durch den Appell an das Erwerbsstreben der Angestellten oder Beauftragten die unternehmensinternen Willensbildungsfaktoren gewonnen wurden.[965] Die Mediaagentur müsste demnach zum Ziel haben, die Bevorzugung nicht nach dem Leistungsprinzip, sondern nach dem Vorteil (dem Mediaagenturbonus) vorzunehmen. Somit dient die Unlauterkeit der Abgrenzung von sachwidrigen und sachgerechten Motiven der Bevorzugung[966] und ist daher das für die vorliegende Konstellation entscheidende Tatbestandsmerkmal.[967]

Jedoch handelt es sich auch bei der Unlauterkeit um ein auf die Zukunft gerichtetes und daher nur von der Vorstellung des Täters abhängiges Merkmal.[968] Die Frage nach der Unlauterkeit ist deshalb letztlich nichts anderes als die Frage nach

---

[961] *Baumbach/Hefermehl*, § 12 UWG, Rn. 12; *Vogel*, FS Weber, S. 395, 403.
[962] Siehe zur Bestimmung der Unlauterkeit insbes. auch: *Tiedmann*, FS Rissing-van Saan, S. 685 ff.
[963] Sch/Sch/*Heine*, § 299, Rn. 19; *Fischer*, § 299, Rn. 16.
[964] BGH, wistra 2005, 22, 27; *Odenthal*, wistra 2005, 170, 171; SK/*Rudolphi*, § 299, Rn. 8; *Otto*, Grundkurs Strafrecht, BT, § 61, Rn. 159; a.A. *Bürger*, wistra 2003, 131, 133.
[965] *Leo*, WRP 1966, 153, 154.
[966] Müller-Gugenberger/Bieneck/*Niemeyer*, Handbuch Wirtschaftsstrafrecht, § 53, Rn. 77.
[967] *Tiedmann*, FS Rissing-van Saan, S. 690.
[968] LK/*Tiedmann*, § 299, Rn. 39.

der Wahrscheinlichkeit, mit der die Bevorzugung des Leistungserbringers durch die Mediaagentur aufgrund des Vorteils erfolgen wird.[969] Durch die Unlauterkeit soll eben die Grenze zwischen verbotenen und harmlosen Zuwendungen gezogen werden.[970] Gerade bei einer solchen Formulierung darf allerdings nicht verkannt werden, dass die Unlauterkeit, entsprechend dem Wortlaut, auf die *Bevorzugung* und nicht auf den *Vorteil* zielt.

Die Gepflogenheiten des jeweiligen Verkehrskreises sind im Rahmen der Unlauterkeit zwar zu beachten, aber normativ zu bewerten.[971] Folglich ist es unerheblich, ob Bestechungen in einzelnen Branchen üblich sind oder nicht.[972] Andernfalls könnte ein branchentypisches Schmiergeldsystem etabliert werden. *Tiedemann* weist zwar zu Recht darauf hin, dass die Wahrscheinlichkeit der Bevorzugung eines Leistungserbringers durch die Mediaagentur aufgrund des Vorteils dann gering ist, wenn alle Leistungserbringer den Vorteil gewähren.[973] Da der Mediaagenturbonus aber anders als noch die Agenturvergütung nicht einheitlich gewährt wird,[974] lässt im vorliegenden Fall die flächendeckende Gewährung die Unlauterkeit des Mediaagenturbonus nicht entfallen.

a) Sittenwidrigkeit

Teilweise wird der Begriff der Unlauterkeit als deckungsgleich mit einem Verstoß gegen die guten Sitten gemäß § 1 UWG a.F.,[975] § 138 BGB[976] oder § 228 StGB[977] erachtet.

Jedoch stellt sich bei allgemeinen Rechtsbegriffen wie der Sittenwidrigkeit im strafrechtlichen Zusammenhang grundsätzlich die Frage nach der ausreichenden Bestimmtheit[978] und damit der Verfassungsmäßigkeit[979] des Begriffs. Daher ist die Sittenwidrigkeit, um nicht zum Einfallstor für rechtsgutsfremde Erwägungen zu

---

[969] *Tiedemann*, Wirtschaftsstrafrecht BT, Rn. 206.
[970] *Baumbach/Hefermehl*, § 12 UWG, Rn. 12.
[971] Sch/Sch/*Heine*, § 299, Rn. 19.
[972] *Walter*, wistra 2001, 321, 327 (m.w.N.); *Fischer*, § 299, Rn. 16.
[973] *Tiedemann*, FS Rissing-van Saan, S. 699.
[974] Siehe Teil 3, A, II, 6; Teil 3, A, II, 7, a), bb).
[975] BGH, GRUR 1977, 619, 620; *Köhler*/Piper, 1. Aufl., § 12 UWG, Rn. 13.
[976] *Pfeiffer*, FS Gamm, S. 138.
[977] *Ulbricht*, Bestechung und Bestechlichkeit im geschäftlichen Verkehr, S. 98.
[978] SK/*Horn*/*Wolters*, § 228, Rn. 8.
[979] Kritisch insoweit: *Sternberg-Lieben*, FS Amelung, S. 336 ff., 351 f.

werden, also letztlich aus Gründen der Rechtssicherheit, restriktiv auszulegen.[980] Deswegen finden sich in den heutigen §§ 4, 5 UWG Fallgruppen der Unlauterkeit. Aufgrund dieser Vertypisierung in Fallgruppen hilft aber die Annahme der Deckungsgleichheit mit § 1 UWG a.f. für § 299 nicht weiter.

In Bezug auf § 138 BGB und § 228 StGB ist zu bedenken, dass das Zuwenden eines Vorteils zur Erlangung einer künftigen Bevorzugung in jedem Fall gegen die kaufmännische Sitte und die Regeln des geschäftlichen Anstands verstößt und folglich § 138 BGB oder § 228 StGB immer erfüllt wären.[981] Eine solche Auffassung würde jedoch der nötigen restriktiven Handhabung der Sittenwidrigkeit entgegenwirken. Aus diesem Grund hilft auch das Abstellen auf § 138 BGB oder § 228 StGB für die Unlauterkeit im Sinne von § 299 nicht weiter.

Der Begriff der Unlauterkeit ist daher weder deckungsgleich mit § 1 UWG a.f. noch identisch mit § 138 BGB oder § 228 StGB.[982]

Die Herkunft des § 299 darf aber trotzdem nicht vollständig ignoriert werden. Deshalb muss, auch wenn die Unlauterkeit wegen des Schuldprinzips eng zu fassen ist,[983] zur ihrer Konkretisierung auf die hinter den Fallgruppen der §§ 4, 5 UWG stehenden Grundgedanken zurückgegriffen werden.[984] In gleicher Weise sind zur Auslegung der Unlauterkeit die die Sittenwidrigkeit im Einzelfall begründenden Umstände zu berücksichtigen. Liegt die Sittenwidrigkeit vor, stellt sie immerhin ein Indiz für die Unlauterkeit dar.[985] Eine Bevorzugung wäre demnach dann unlauter, wenn sie gegen die Grundsätze des redlichen Geschäftsverkehrs verstößt.[986]

b) Pflichtwidrigkeit

Teilweise wird vertreten, die Unlauterkeit sei im Sinne einer Pflichtwidrigkeit gegenüber dem Prinzipal oder dessen Mitbewerbern zu verstehen.[987]

Zu dieser Schlussfolgerung kommt beispielsweise *Szebrowski* im Wege der Auslegung des § 299.[988] Nach der Feststellung, dass sowohl die grammatikalische,

---

[980] *Freund*, ZStW 1997 (109), 455, 473. Grundlegen hierzu auch: *Nitschmann*, ZStW 2007 (119), 547 ff.; 563 ff.
[981] RG, GRUR 1940, 220, 221; BGH, GRUR 1962, 466, 467; OLG Karlsruhe, BB 2000, 635, 636.
[982] *Lackner/Kühl*, § 299, Rn. 5; insbes. zu § 1 UWG (m.w.N.): LK/*Dannecker*, § 1, Rn. 207 ff.
[983] *Bach*, wistra 2008, 47, 49.
[984] NK/*Dannecker*, Vor § 298, Rn. 18.
[985] LK/*Tiedemann*, § 299, Rn. 41.
[986] RGSt 48, 291, 295; MüKo/*Diemer/Krick*, § 299, Rn. 19.
[987] *Szebrowski*, Kick-Back, S. 194.
[988] *Szebrowski*, Kick-Back, S. 190 ff.

die historische als auch die systematische Auslegung nicht zielführend sind, leitet er sein Ergebnis unter Zugrundelegung des von ihm ermittelten Rechtsguts der Pflichten- bzw. Loyalitätsbeziehung zwischen Prinzipal und Agent her.

Dieser Versuch geht jedoch bereits aufgrund des angenommenen Rechtsguts fehl.[989] Ob die Handlung der Mediaagentur mit Wissen und Billigung des Dienstherren erfolgte und deswegen ihm gegenüber nicht unlauter war, ist für das Leistungsprinzip als Entscheidungsmaßstab für Bevorzugungen im Wettbewerb unerheblich. Darüber hinaus hat der Angestellte oder Beauftragte regelmäßig keine Pflichten gegenüber den Mitbewerbern seines Prinzipals.[990] Eben solche wären aber erforderlich, wenn die Unlauterkeit der Bevorzugung bereits bei Pflichtwidrigkeit des Handelns gegenüber dem Prinzipal vorliegen soll. Die Pflichtwidrigkeit gegenüber dem Prinzipal kann somit schon deswegen nicht entscheidend sein.[991] Dieses Ergebnis wird ferner durch das Fehlen einer Heimlichkeitsvoraussetzung im Wortlaut des § 299 gestützt. Dieses Fehlen kann auch nicht durch einen Verweis darauf entkräftet werden, dass das Wort „Schmieren" im allgemein üblichen Sprachgebrauch eine gewisse Heimlichkeitskomponente enthält.[992] Außerdem wurde die Pflichtwidrigkeit gegenüber dem Prinzipal im Rahmen der Gesetzesberatungen zu § 12 UWG a.F., dem Vorläufer zu § 299, ausdrücklich vom Gesetzgeber verworfen und durch die Unlauterkeit ersetzt.[993]

Letztlich muss erkannt werden, dass sich der Agent selbst bei einer offenen Zuwendung gegenüber dem Zuwendenden verpflichtet fühlt und die in ihn gesetzten Erwartungen nicht enttäuschen möchte.[994] Eine Gefahr für das Leistungsprinzip als Entscheidungsmaßstab für Bevorzugungen im Wettbewerb liegt somit auch bei mit Wissen oder Billigung des Prinzipals offen zugewendeten Vorteilen, sogenannten entschleierten Schmiergeldern,[995] nahe. Auch deswegen kann ein heimliches Vorgehen gegenüber dem Prinzipal nicht erforderlich bzw. entscheidend sein.[996]

Veranschaulicht werden kann die Konstellation der mit Genehmigung des Prinzipals an dessen Angestellte zugewendeten Vorteile durch den „Korkengeld-Fall".[997] In diesem hatten Kellner mit Wissen ihres Prinzipals vom Hersteller einer bestimmten Schaumweinmarke eine Prämie als Anreiz erhalten, damit sie bei jeder

---

[989] Siehe insofern die Darlegungen zum Rechtsgut unter: Teil 2, C.
[990] *Heiseke*, WRP 1969, 362, 364; LK/*Tiedemann*, § 299, Rn. 40.
[991] RGSt 48, 291, 293; MüKo/*Diemer/Krick*, § 299, Rn. 19; a.A. *Jaques*, Bestechungstatbestände, S. 185.
[992] *Hirschenkrämer*, WRP 1965, 130, 131.
[993] *Pfeiffer*, FS Gamm, S. 130; RGSt 48, 291, 294; *Bürger*, wistra 2003, 130, 133.
[994] BGHSt 2, 396, 401.
[995] Der Begriff geht wohl zurück auf *Wassermann*, GRUR 1931, 549, 554.
[996] Anstelle vieler: *Hiersemann*, WRP 1964, 222, 223 (m.w.N.); a.A. *Heiseke*, WRP 1969, 362, 365.
[997] RGSt 48, 291 ff.

Nachfrage durch einen Gast gerade den Schaumwein dieses Herstellers empfehlen. Die Belohnung wurde an den eingereichten Korken bemessen. Fraglich in diesem Fall war die Pflichtwidrigkeit gegenüber dem Geschäftsherrn. Insbesondere wurde der Schaumwein zu marktüblichen Preisen verkauft.[998] Im Gegensatz zum Geschäftsherrn des Kellners, der nur ein Interesse am Verkauf *irgendeines* Schaumweines hat, steht in der Mediaagenturkonstellation aber, je nach Werbeplatz, gegebenenfalls das Interesse des Kunden der Mediaagentur entgegen. Anders als im „Korkengeld-Fall" ist in der Mediaagenturkonstellation der Kunde, also letztlich der Käufer, der Geschäftsherr. Außerdem zielen im Fall der Mediaagentur die Leistungserbringer mit ihrer Vergütung möglicherweise weniger auf die Absatzförderung ihres Produktes *im Verhältnis zu anderen*, sondern auf den Absatz von Werbeplätzen *überhaupt*. Letztlich wollen die Leistungserbringer die wirtschaftliche Grundlage der Mediaagentur erhalten, da sie ihnen Arbeit abnimmt (etc.). Folglich ist die vorliegende Fallkonstellation anders gelagert als der Korkengeld-Fall.

Allerdings darf nicht verkannt werden, dass trotz dieser Argumente die Offenheit der Zuwendung des Vorteils noch immer eine negative Indizwirkung hat.[999]
Für die Unlauterkeit der Bevorzugung kommt es aber nicht auf die Pflichtwidrigkeit an.[1000]

c) Verstoß gegen § 81 GWB

Die Unlauterkeit könnte indes wegen eines Verstoßes der der Mediaagentur gewährten Vergünstigungen und sonstigen Zuwendungen gegen § 81 GWB bzw. Art. 101 AEUV (ex Art. 81 EGV) zu bejahen sein.
Eine Berührung des GWB mit den Vorschriften des 26. Abschnitts des Strafgesetzbuchs (Straftaten gegen den Wettbewerb) ergibt sich für gewöhnlich nur bei der Erörterung der Rechtswidrigkeit der Absprache im Rahmen von § 298 Abs. 1.[1001] Fraglich ist hier aber, ob aufgrund eines Verstoßes der gewährten Vergünstigungen und sonstigen Zuwendungen gegen § 81 GWB auch auf die Unlauterkeit der zu-

---

[998] Siehe dazu: *Rengier*, FS Tiedemann, S. 837 ff.
[999] *Fischer*, § 299, Rn. 18; Wabnitz/Janovsky/*Schubert*, Handbuch des Wirtschaftsstrafrechts, 12. Kapitel, Rn. 75 f.
[1000] MüKo/*Diemer/Krick*, § 299, Rn. 14; NK/*Dannecker*, § 299, Rn. 52; a.A. *Szebrowski*, Kick-Back, S. 187 ff.
[1001] Siehe dazu: NK/*Dannecker*, § 298, Rn. 47 ff.; LK/*Tiedemann*, § 298, Rn. 32 ff.; *Dannecker*, JZ 2005, 49, 50 (m.w.N.). Ferner besteht seit 1992 die Möglichkeit der strafrechtlichen Verfolgung von Submissionskartellen über § 263: BGHSt 38, 193.

künftigen Bevorzugung bei § 299 geschlossen werden kann.[1002] Nicht verwechselt werden darf diese Frage mit den bereits angestellten Untersuchungen zur Abgrenzung der gleichzeitigen Anwendbarkeit von GWB und UWG in Fällen, in denen eine kartellrechtliche Norm nicht vollständig erfüllt ist, das Verhalten jedoch beispielsweise in den Anwendungsbereich der lauterkeitsrechtlichen Generalklausel fällt.[1003]

Um zu erkennen, ob die Unlauterkeit der künftigen Bevorzugung gemäß § 299 und damit letztlich die Strafbarkeit aufgrund eines Verstoßes der Vergünstigungen und Zuwendungen gegen § 81 GWB bejaht werden kann, ist zunächst auf den Sinn und Zweck des Gesetzes gegen Wettbewerbsbeschränkungen und speziell auf den von § 81 GWB einzugehen. Anschließend ist die bereits erörterte Zweckrichtung des § 299 hiervon abzugrenzen.

Solange der Markt vollkommen frei ist und alle Anbieter gleich stark sind, kann kein Marktteilnehmer die grundlegenden Faktoren des Wettbewerbs beeinflussen.[1004] In einem solchen Umfeld lassen Angebot und Nachfrage die für die Nachfrager besten Konditionen entstehen und verhindern ferner die Herausbildung von wettbewerbsbeschränkenden Machtpositionen.[1005] Gleichzeitig zwingt der freie Wettbewerb die Anbieter, ihre Produkte durch Forschung und Entwicklung laufend zu verbessern, da sich lediglich das nach Leistung oder Preis beste Produkt durchsetzen kann.[1006] Allerdings kann sich ein Anbieter nur dann nicht vor Konkurrenz sicher fühlen und muss deswegen weiterhin an seinem Produkt arbeiten, wenn die Offenhaltung des Marktes gesichert ist.[1007] Der Schutz dieser Grundprinzipien ist Sinn und Zweck des GWB.[1008] Es soll den notwendigen Rahmen zur Lenkung der freien Kräfte des Marktes bieten und deren Konzentration verhindern.[1009] Durch das GWB soll mithin die Freiheit des Wettbewerbs geschützt und wirtschaftliche Macht beseitigt werden, wo sie die Wirksamkeit des Wettbewerbs und die mit ihm verbundene Tendenz zur Leistungssteigerung beeinträchtigt.[1010] Ziel des GWB ist

---

[1002] Ausführlich: *Tiedemann*, FS Rissing-van Saan, S. 691 ff.
[1003] Siehe dazu: *Köhler*, WRP 2006, 139, 147; *Köhler*, WRP 2005, 645, 647; *Ulmer*, GRUR 1977, 565; *Mestmäcker*, Der verwaltete Wettbewerb, S. 78 ff.
[1004] Grundlegend zu den Funktionen und der fehlenden einheitlichen Definition des Wettbewerbs: *Gloy/Leistner*, Wettbewerbsrecht, § 4, Rn. 1 ff., 19 ff.; *Emmerich*, Kartellrecht, § 1, Rn. 2 ff.
[1005] Für viele: *Ekey*, Grundriss des Wettbewerbs- und Kartellrechts, Rn. 5.
[1006] *Tiedemann*, Kartellrechtsverstöße und Strafrecht, S. 9; *Neef*, Kartellrecht, § 1, Rn. 4; *Kling/Thomas*, Grundkurs Wettbewerbs- und Kartellrecht, Teil 2, § 1, Rn. 2.
[1007] *Emmerich*, Kartellrecht, § 1, Rn. 6.
[1008] *Wiedemann*, Handbuch des Kartellrechts, § 1, Rn. 1 f.
[1009] *Bunte*, Kartellrecht, S. 2 f., unter Verweis auf den Regierungsentwurf des GWB.
[1010] *Lettl*, Kartellrecht, S. 207.

es, ein marktwirtschaftlich-wettbewerbliches Wirtschaftssystem und die individuelle Handlungsfreiheit der Marktteilnehmer zu garantieren.[1011] Schließlich soll es auch die Handlungs- und Wahlfreiheit Dritter sicherstellen.[1012]

Geschützt wird der Wettbewerb ferner durch das UWG. Aus diesem stammt § 299 ursprünglich.[1013] Folglich ist zur Klärung der Frage, ob eine GWB-Vorschrift im Rahmen einer ehemaligen UWG-Vorschrift herangezogen werden kann, die Schutzrichtung des UWG zur Schutzrichtung des GWB abzugrenzen.

Wie schon der Titel impliziert, soll das UWG die Lauterkeit des Wettbewerbs schützen.[1014] Folglich richtet sich das UWG gegen unlautere Maßnahmen der Wettbewerbsteilnehmer untereinander, bezieht sich also auf das Verhalten im Wettbewerb, während das GWB den Wettbewerb als Institution vor Beschränkungen schützen will, also zu gewährleisten versucht, dass überhaupt Wettbewerb stattfindet.[1015] Während mithin das UWG mehr die Fairness der Marktteilnehmer schützt, sichert das GWB mehr die Freiheit des Wettbewerbs an sich.[1016] Darum kann, wenn das Lauterkeitsrecht (UWG) und das Kartellrecht (GWB) zusammen als Wettbewerbsrecht verstanden werden, das Lauterkeitsrecht als Wettbewerbsrecht im engeren und das Kartellrecht als Wettbewerbsrecht im weiteren Sinne aufgefasst werden.[1017] Die beiden Schutzsysteme hängen jedoch eng zusammen und überschneiden sich zuweilen auch. Trotzdem sind sie nicht deckungsgleich. Aufgrund des ähnlichen Schutzziels muss allerdings bei der Auslegung des GWB und des UWG immer auch der Sinn und Zweck des jeweils anderen Gesetzes berücksichtigt werden, um Wertungswidersprüche zu vermeiden.[1018] *Holtorf* spricht insofern von einem „ergänzenden Konkurrenzverhältnis".[1019]

Somit ist trotz der möglichen Überschneidungen beim Schutz des Wettbewerbs vor Verfälschungen nicht jede unlautere Handlung kartellrechtswidrig und nicht jede kartellrechtswidrige Handlung unlauter. Vorwiegend beziehen sich die beiden

---

[1011] Hefermehl/*Köhler*/Bornkamm, Einl. UWG, Rn. 6.1.
[1012] *Tiedemann*, Kartellrechtsverstöße und Strafrecht, S. 103.
[1013] Siehe zur Entwicklung des ehemaligen § 12 UWG: Teil 2, B, IV, 1.
[1014] *Lettl*, Kartellrecht, § 7, Rn. 7; *Ekey*, Grundriss des Wettbewerbs- und Kartellrechts, Rn. 8.
[1015] Gloy/*Holtorf*, Wettbewerbsrecht § 16, Rn. 3; *Rittner*/*Kulka*, Wettbewerbs- und Kartellrecht, § 1, Rn. 53; *Lettl*, Wettbewerbsrecht, § 1, Rn. 43.
[1016] *Kling*/*Thomas*, Grundkurs Wettbewerbs- und Kartellrecht, Teil 2, § 1, Rn. 9.
[1017] *Köhler*, WRP 2005, 645, 647; *Kling*/*Thomas*, Kartellrecht, § 11, Rn. 7.
[1018] *Müller-Gugenberger*/Bieneck, Handbuch Wirtschaftsstrafrecht, § 57, Rn. 6; *Köhler*, WRP 2006, 139, 145; *Lettl*, Wettbewerbsrecht, § 1, Rn. 45.
[1019] Gloy/*Holtorf*, Wettbewerbsrecht § 16, Rn. 11.

Rechtssysteme sogar auf unterschiedliche Arten der Beeinträchtigung und Verfälschung des Wettbewerbs.[1020]

Übertragen auf die Mediaagenturkonstellation ergibt die Darstellung der Schutzrichtungen, dass das Kartellrecht vornehmlich die Rahmenbedingungen für ordnungsgemäßen Wettbewerb schützt, während § 299, ehemals § 12 UWG, vor der Ausschaltung des Wettbewerbs durch Einräumung von Vergünstigungen und sonstigen Zuwendungen zur zukünftigen Bevorzugung schützen will.[1021] § 299 richtet sich eben speziell gegen die Gefahren, die für das Gesamtsystem des Wettbewerbs von Korruption als unlauterem Verhalten ausgehen.[1022] Im Unterschied zu dem als „Hochstufung von Kartellordnungswidrigkeiten" bezeichneten § 298[1023] bezweckt § 299 somit nicht vorwiegend den Schutz der Institution des Wettbewerbs als Steuerungs- und Verteilungsinstrument, sondern vielmehr den Schutz der Lauterkeit des Wettbewerbs und den Konkurrentenschutz durch Gewährleistung wirtschaftlich-ethischer Verhaltensstandards.[1024] Über § 299 soll verhindert werden, dass der Mediaagentur etwas zugewendet wird und sie deswegen den Wettbewerb durch Bevorzugung des Bestechenden verfälscht. § 81 GWB findet zwar auch auf Fälle von Rabattgewährungen Anwendung, entsprechend des beschriebenen Zwecks des GWB allerdings nur vor dem Hintergrund der Bewahrung des Wettbewerbs als Institution vor der Verfälschung durch Vergünstigungen und sonstigen Zuwendungen, wie beispielsweise im Fall der Verdrängung von Marktteilnehmern mithilfe von Rabatten, § 81 Abs. 2 Nr. 1 i.V.m. § 20 Abs. 4 GWB. Mithin regelt § 299 sehr spezielle Fälle der Wettbewerbsbeschränkung, während § 81 GWB allgemein sicherstellen soll, dass der Wettbewerb in den im GWB vorgezeichneten Bahnen abläuft.[1025]

Demnach ist § 299 auf einen Spezialfall für illegale Zuwendungen zugeschnitten und erfasst ein über § 81 GWB hinausgehendes Unrecht; § 81 GWB ist weiter gefasst und nicht nur für illegale Zuwendungen gedacht. § 81 GWB richtet sich gegen Fälle, in denen Marktteilnehmer eine Absprache treffen, in einem bestimmten Be-

---

[1020] LK/*Tiedemann*, Vor § 298, Rn. 2; *Rittner/Kulka*, Wettbewerbs- und Kartellrecht, § 1, Rn. 55.
[1021] Siehe bereits die Erarbeitung des von § 299 geschützten Rechtsguts, das Leistungsprinzip als Entscheidungsmaßstab für Bevorzugungen im Wettbewerb: Teil 2, C.
[1022] *Dannecker*, JZ 2005, 49, 51.
[1023] BT-Drs. 13/5584, S. 14; *Greeve*, NStZ 2002, 505 ff.; *Kleinmann/Berg*, BB 1998, 277 ff. *Kerner/Rixen*, GA 1996, 355, 388 f., sehen in der Einführung des § 298 eine „systemwidrige Teilkriminalisierung des GWB"; a.A. LK/*Tiedemann*, § 299, Rn. 1.
[1024] NK/*Dannecker*, Vor §§ 298 ff., Rn. 18; LK/*Tiedemann*, § 299, Rn. 2 f. *Dannecker* verweist in Rn. 19 ferner auf die Anlehnung des Wettbewerbsschutzes durch §§ 298 und 299 an die Schutzzweckdiskussion bei GWB und UWG.
[1025] Langen/Bunte/*Raum*, Kartellrecht, 10. Aufl., § 81 GWB, Rn. 2; *Lettl*, Kartellrecht, § 7, Rn. 5, 6.

reich nicht in Konkurrenz zu treten, wohingegen bei § 299 die Zuwendung zur zukünftigen Bevorzugung bereits die Wettbewerbsbeeinträchtigung darstellt.

Folglich ergibt schon die Darstellung der unterschiedlichen Schutzrichtungen, dass die von § 299 geforderte Unlauterkeit nicht aufgrund eines Verstoßes der Vergünstigungen und sonstigen Zuwendungen gegen § 81 GWB bejaht werden kann.[1026]

Darüber hinaus müssen die möglichen Rechtsfolgen Beachtung finden. Dass § 299 ein über § 81 GWB hinausgehendes Unrecht erfasst, lässt sich auch daran erkennen, dass ein Verstoß gegen § 299 mit Strafe bedroht ist, während ein Verstoß gegen § 81 GWB lediglich eine Ordnungswidrigkeit darstellt.[1027] Zweck des § 81 GWB ist es nicht, die durch eine Tat verletzten ethischen Werte zu sühnen,[1028] sondern die im GWB beschriebene Ordnung einzuhalten.[1029] Eine Bejahung der Unlauterkeit und damit des § 299 aufgrund eines Verstoßes der Vergünstigungen und sonstigen Zuwendungen gegen § 81 GWB würde bedeuten, dass eine Ordnungswidrigkeitsvorschrift letztlich zur Strafbarkeit führt. Strafe ist aber die schärfste dem Staat zur Verfügung stehende Sanktion und darf deswegen vom Gesetzgeber nur als ultima ratio eingesetzt werden.[1030] Auch ist das Strafrecht gewollt lückenhaft.[1031] Dass die aufgeführten Kartellrechtsverstöße aber bewusst als Ordnungswidrigkeiten ausgestaltet wurden, zeigt bereits die Begründung des Regierungsentwurfs zu § 81 GWB: *„(...) weder in der deutschen Öffentlichkeit, noch in den beteiligten Wirtschaftskreisen* [ist] *(...) bisher ein lebendiges Gefühl dafür verbreitet, dass wettbewerbsbeschränkende Verträge und Geschäftspraktiken unerlaubt und ethisch verwerflich* [sind]*.*"[1032] Ferner wird davon ausgegangen, dass *„weite Kreise eine Zuwiderhandlung gegen das Gesetz nur als (...) Verstoß gegen gewisse Ordnungsprinzipien der Wettbewerbswirtschaft auffassen (...).*"[1033] Diese Bewertung darf nicht umgangen werden. Zwar sollte eine Verschärfung zu „echten

---

[1026] So i.E. auch: *Tiedemann*, FS Rissing-van Saan, S. 690 f.
[1027] Siehe zur historischen Beschränkung des GWB auf Ordnungswidrigkeitstatbestände: *Tiedemann*, Kartellrechtsverstöße und Strafrecht, S. 23 ff.; FrankfurterKomm/*Achenbach*, Vorbem. § 81 GWB, Rn. 12 ff.
[1028] Siehe zum sozialethischen Unwerturteil durch Kriminalstrafen etwa: *Kühl*, FS Eser, S. 153 ff. Siehe ferner zum Verhältnis von Strafsanktionen und Ordnungswidrigkeitstatbeständen im Wirtschaftsstrafrecht: Müller-Gugenberger/Bieneck/*Richter*, Handbuch Wirtschaftsstrafrecht, § 3, Rn. 13 ff.; *Achenbach*, StV 2008, 324 ff.; Immenga/Mestmäcker/*Dannecker/Biermann*, Wettbewerbsrecht, Vor § 81 GWB, Rn. 21 ff.
[1029] Langen/Bunte/*Raum*, Kartellrecht, 10. Aufl., § 81 GWB, Rn. 2.
[1030] BVerfGE 39, 1, 47; 45, 187, 253; *Roxin*, Strafrecht AT/1, § 2, Rn. 97.
[1031] *Maiwald*, FS Maurach, S. 9 ff.
[1032] BT-Drs. 2/1158, Teil B II, S. 28.
[1033] BT-Drs. 2/1158, Teil B II, S. 28.

Strafen" im Falle des Wandels der gesellschaftlichen Anschauungen nicht ausgeschlossen sein[1034] und dies ist vierzig Jahre nach Einführung des GWB[1035] mit § 298 auch geschehen. Auch wenn teilweise eine weitergehende Aufwertung der Kartellrechtsverstöße zu Straftatbeständen gefordert wird,[1036] muss die Entscheidung der Verschärfung dem Gesetzgeber vorbehalten bleiben. Sein Handeln bzw. Unterlassen ist zu respektieren,[1037] selbst wenn gewichtige Gründe für eine Verschärfung der Sanktionen von Kartellrechtsverstößen sprechen mögen.[1038]

Außerdem existiert zum Schutz des Wettbewerbs ein ganzer Kanon an unterschiedlichen Reaktionsweisen[1039] und das Kartellrecht selbst kennt auch einschneidende Sanktionen.[1040] Folglich ist eine Verschärfung der Regeln nicht bereits aus diesem Grund zwingend geboten.

Die hinsichtlich der Rechtsfolgen aufgezeigten Unterschiede zwischen § 81 GWB und § 299 würden durch Bejahung der Unlauterkeit aufgrund eines Verstoßes der Vergünstigungen und sonstigen Zuwendungen gegen § 81 GWB umgangen werden.[1041]

Letztlich ist zu beachten, dass § 299 die Unlauterkeit der *Bevorzugung* und nicht die Unlauterkeit des *Vorteils* fordert. Für die Unlauterkeit der Bevorzugung ist, wie dargelegt, die Frage nach der Wahrscheinlichkeit zu stellen, mit der der Täter seine Entscheidung nicht aus wettbewerbskonformen Überlegungen, sondern aufgrund des Vorteils treffen wird.[1042] Der Vorteil muss somit zur sachwidrigen Bevorzugung geeignet sein. Die Bevorzugung ist daher unlauter, wenn sie statt durch sachliche Erwägungen durch den Vorteil motiviert ist. Ein bloßer Verstoß der Vergünstigungen und Zuwendungen gegen § 81 GWB sagt für sich genommen jedoch noch

---

[1034] *Selmer*, Probleme einer Kriminalisierung des Kartellrechts, S. 1.
[1035] Das GWB trat am 27.07.1957 in Kraft, BGBl. 1957 I, S. 1081; heutige Fassung vom 15.07.2005, BGBl. 2005 I, S. 2114; BGBl. 2009 I, S. 3850. Siehe allgemein zur Entwicklung des Kartellrechts: *Emmerich*, Kartellrecht, § 2, Rn. 1 ff.
[1036] Vgl. etwa: Immenga/Mestmäcker/*Dannecker/Biermann*, Wettbewerbsrecht, Vor § 81 GWB, Rn. 17; NK/*Dannecker*, Vor §§ 298 ff., Rn. 19a (jeweils m.w.N.).
[1037] So auch: *Wiedemann/Klusmann*, Handbuch des Kartellrechts, § 56, Rn. 1. Siehe zu den mit der Kriminalisierung von Kartellrechtsverstößen einhergehenden Problemen bereits: *Möschel*, FS Kummer, S. 433 ff.
[1038] Jeweils m.w.N.: NK/*Dannecker*, Vor §§ 298 ff., Rn. 19a; Immenga/Mestmäcker/*Dannecker/Biermann*, Wettbewerbsrecht, Vor § 81 GWB, Rn. 17, 19, 102; FrankfurterKomm/*Achenbach*, Vorbem. § 81 GWB, Rn. 18 ff., allerdings mit interessanten Gegenargumenten bei Rn. 27.
[1039] *Kling/Thomas*, Kartellrecht, § 21.
[1040] *Achenbach*, StV 2008, 324. Siehe zu Beispielen bezüglich einschneidender Sanktionen etwa: *Wiedemann/Klusmann*, Handbuch des Kartellrechts, § 56, Rn. 2.
[1041] *Gloy/Holtorf*, Wettbewerbsrecht, § 16, Rn. 7.
[1042] Siehe zu den Voraussetzungen: Teil 3, B, IV, 3.

nicht zwingend etwas über die Eignung der Vergünstigungen und sonstigen Zuwendungen zur sachwidrigen Bevorzugung aus. Vielmehr sind die konkreten Vergünstigungen und Zuwendungen zu betrachten und zu fragen, weshalb ein Verstoß gegen § 81 GWB vorliegt. Ein Verstoß der Vergünstigungen und Zuwendungen gegen § 81 Abs. 2 Nr. 1 i.V.m. § 20 Abs. 4 GWB und gleichzeitig gegen das UWG läge beispielsweise dann vor, wenn die Vergünstigungen geeignet wären, Wettbewerber vom Markt zu verdrängen. Ferner verstoßen retroaktive Vergünstigungsmodelle gegen § 81 GWB.[1043] Die Frage nach der Eignung der Vergünstigungen und Zuwendungen zur sachwidrigen Bevorzugung ist aber gerade im Rahmen der unlauteren zukünftigen Bevorzugung zu erörtern.[1044] Insofern ergibt sich kein zusätzlicher Erkenntnisgewinn, wenn die Vergünstigungen und sonstigen Zuwendungen gegen § 81 GWB verstoßen. Dies kann allenfalls als Indiz für die Unlauterkeit aufgefasst werden.

Folglich kann die Unlauterkeit der angestrebten Bevorzugung nicht aufgrund eines Verstoßes des der Mediaagentur gewährten Bonus gegen § 81 GWB bejaht werden.

d) Weitere Ansichten

Rudolphi hält die Unlauterkeit für ein „gesamttatbewertendes Merkmal".[1045] Solche sind rechtswidrigkeitsausschließende Merkmale, die nicht nur das tatbestandsmäßige Verhalten an sich umschreiben, sondern zugleich einen derart hohen normativen Gehalt aufweisen, dass sie die im Normalfall der Rechtswidrigkeit vorbehaltene Gesamtbewertung der Tat erfordern.[1046] Aus diesem Grund können solche Tatbestandsmerkmale jedoch nicht sauber von Unrechtsmerkmalen getrennt werden.[1047] Bedeutung erlangt diese Ansicht allerdings erst im Rahmen eines Irrtums. Wenn ein Irrtum über ein Tatbestandsmerkmal gemäß § 16 den Vorsatz ausschließt, ist die irrtümliche Annahme von Umständen, die die Unlauterkeit entfallen lassen, ein Tatbestandsirrtum, obwohl er sich eigentlich auf Rechtfertigungs-

---

[1043] Siehe die Mitteilung der Europäischen Kommission: „Erläuterungen zu den Prioritäten der Kommission bei der Anwendung von Artikel 82 des EG-Vertrags auf Fälle von Behinderungsmissbrauch durch marktbeherrschende Unternehmen" vom 09.02.2009, IV, A, Rn. 40 ff., http://eur-lex.europa.eu/LexUriServ/LexUriServ.do?uri=CELEX:52009XC0224%2801%29:EN:NOT, zuletzt abgerufen am 20.10.2011.
[1044] Siehe dazu: Teil 3, B, IV, 4.
[1045] SK/*Rudolphi*, § 299, Rn. 8.
[1046] *Roxin*, Strafrecht AT/1, § 10, Rn. 45; SK/*Rudolphi*, § 16, Rn. 17.
[1047] *Roxin*, Strafrecht AT/1, § 10, Rn. 45.

voraussetzungen bezieht.[1048] Wenn hingegen der Täter nur sein Verhalten nicht als unlauter erfasst, so befindet er sich in einem Verbotsirrtum im Sinne von § 17.[1049] Vereinzelt wird die Unlauterkeit, da die Privatautonomie Bevorzugungen im Wettbewerb an sich erlaubt, als Unrechtskern des § 299 angesehen.[1050] Dabei muss aber beachtet werden, dass diese Ansicht die Unrechtsvereinbarung nicht als eigenständigen Punkt behandelt.

Letztlich wird von einer Vielzahl von Verfassern zu Recht darauf hingewiesen, das Merkmal der Unlauterkeit beschreibe entsprechend der einleitenden Darstellung nur das Verhältnis von Leistung und Gegenleistung im Gefüge der Unrechtsvereinbarung.[1051] Allerdings ist jedwede Bevorzugung, die auf einer Unrechtsvereinbarung beruht, sachwidrig und damit per se unlauter.[1052] Folglich spielt die Unlauterkeit lediglich für die Auslegung des Tatbestandes eine Rolle.[1053] Eine eigenständige Bedeutung im Tatbestand kommt ihr deswegen nicht zu.[1054]

Hingegen denkt *Pragal* an, den Begriff der Unlauterkeit lediglich auf das *Ausmaß* der Bevorzugung zu beziehen, um auf diese Weise nicht strafwürdige Bagatellfälle auszuscheiden.[1055] Allerdings dürfe es sich nur um Bevorzugungen in der Auftrags*abwicklung* und nie um solche bei der Auftrags*vergabe* handeln.[1056] Da es im vorliegenden Fall aber nicht um eine Bevorzugung bei der Auftragsabwicklung wie beispielsweise der Stundung des Kaufpreises geht, kommt die Ansicht *Pragals* nicht zum Tragen.

Der Ansatz geht m.E. dennoch in die richtige Richtung. Wie die Sozialadäquanz im Rahmen des Vorteils zur Ausscheidung nicht strafwürdiger Bagatellfälle eingesetzt werden kann, so könnte die Unlauterkeit eingesetzt werden, um Fälle einer angestrebten Bevorzugung auszuscheiden, denen trotz Vorteilszuwendung kein Element der Sachwidrigkeit innewohnt, sondern bei denen die Sachgerechtigkeit

---

[1048] *Roxin*, Strafrecht AT/1, § 10, Rn. 50.
[1049] SK/*Rudolphi*, § 299, Rn. 10. Zu Abgrenzungsschwierigkeiten in dieser Hinsicht eingehend: *Baumann*, FS Welzel, S. 533 ff.
[1050] *Maurach/Schröder/Maiwald*, Strafrecht BT/2, § 68, Rn. 12.
[1051] *Winkelbauer*, FS Weber, S. 388.
[1052] *Hellmann/Beckemper*, Wirtschaftsstrafrecht, Rn. 534; *Zöller*, GA 2009, 137, 147 f.
[1053] LK/*Tiedemann*, § 299, Rn. 42. A.A. *Pragal*, der mit guter Hinführung die Erfüllung des Tatbestandes als von der Unlauterkeit unabhängig ansieht: *Pragal*, Die Korruption innerhalb des privaten Sektors, S. 180.
[1054] NK/*Dannecker*, § 299, Rn. 53; *Fischer*, § 299, Rn. 16; *Baumbach/Hefermehl*, § 12 UWG, Rn. 12; Großkommentar UWG/*Otto*, § 12 UWG, Rn. 29; *Tiedemann*, ZStW 1974 (86), 990, 1030.
[1055] *Pragal*, Die Korruption innerhalb des privaten Sektors, S. 179.
[1056] *Pragal*, Die Korruption innerhalb des privaten Sektors, S. 179.

trotz der Bevorzugung erhalten bleibt.[1057] Dies gilt umso mehr, als es sich bei § 299 um ein abstraktes Gefährdungsdelikt handelt und es folglich auf die tatsächliche Bevorzugung im Einzelfall überhaupt nicht ankommt. Jedoch darf die Deliktsnatur durch diese Auslegung der Unlauterkeit nicht umgangen werden. Es ist deswegen stets darauf zu achten, dass es sich um eng umgrenzte Ausnahmen für besonders gelagerte Einzelfälle handeln muss.

4. Im Fall der Mediaagentur

In der dieser Arbeit zugrundeliegenden Konstellation stellen sich in Bezug auf die auf eine zukünftige unlautere Bevorzugung des Leistungserbringers im Wettbewerb zielende Unrechtsvereinbarung zahlreiche Probleme. Die nachfolgenden Punkte greifen deswegen inhaltlich ineinander über und sind als argumentative Einheit aufzufassen. Die Unterteilung in Unterpunkte dient nur der Übersichtlichkeit und besseren Nachvollziehbarkeit der Begründung.

a) In Bezug auf die Unrechtsvereinbarung

Zunächst ist zu erörtern, ob zwischen Mediaagentur und Leistungserbringer eine auf eine zukünftige Bevorzugung gerichtete Unrechtsvereinbarung vorliegt bzw. sie sich nach außen manifestiert. Die Frage nach dem Vorliegen einer Unrechtsvereinbarung ist zwar eine solche des jeweiligen Einzelfalls, eine abstrakte Näherung bzw. Herausarbeitung der Problemstellen der dieser Arbeit zugrundeliegenden Fallkonstellation ist aber dennoch möglich.
Die zukünftige Bevorzugung eines Mediums ist dessen Auswahl als Leistungserbringer. Jedoch resultiert der Mediaagenturbonus als der Vorteil gerade aus dem Schaltvertrag, durch welchen die Auswahl des Mediums als Leistungserbringer erfolgt.[1058] Deswegen könnte der Mediaagenturbonus als Belohnung für den Vertragsschluss anzusehen sein und wäre daher auf die Vergangenheit gerichtet, statt auf die Beeinflussung des *zukünftigen* Buchungsverhaltens. Dafür spricht auch, dass sobald der Leistungserbringer bei der nächsten Werbeplatzbuchung der Mediaagentur (erneut) bevorzugt werden will, erneut ein Mediaagenturbonus fällig wird.

[1057] In diese Richtung auch: *Pfeiffer*, NJW 1997, 782, 784, der die Unlauterkeit als Mittel sieht, um zulässige Handlungen von der Strafbarkeit auszunehmen. Ähnlich: *Kuhlen*, FS Schröder, S. 537.
[1058] Siehe zur Darlegung: Teil 3, B, I, 1.

Auf der anderen Seite könnte allerdings der gewährte Vorteil an sich den Zukunftsbezug und damit die Unrechtsvereinbarung indizieren, da der Freespace erst bei *künftigen* Werbeplatzbuchungen genutzt werden kann. Erst wenn die Mediaagentur abermals einen Werbeplatz für einen Kunden benötigt, kann sie, anstatt eines neuen Platzes, den noch aus einem früheren Geschäft vorhandenen Freespace verwenden. Die Mediaagentur könnte demzufolge den Vorteil in Form von Freespace im Rahmen einer stillschweigenden Vereinbarung annehmen, den Leistungserbringer durch eine zukünftige Buchung eben dieses Freespace zu bevorzugen.

In Rechtsprechung und Literatur sind schon vermehrt Fälle der Angestelltenbestechlichkeit diskutiert worden, die der dieser Arbeit zugrundeliegenden Konstellation zumindest in ihren Grundzügen entsprechen und deswegen zur Abgrenzung hilfreich sein können. Zu denken ist insoweit an den „clix-Mann-"[1059] und „Herdweiß-Fall"[1060], die „Goldpunkte-"[1061], „Verschlusskapselprämie-"[1062] und „sixperts-Entscheidungen"[1063] oder das Miles&More-Kundenbindungsprogramm[1064], um nur einige zu nennen.[1065]

Im Fall des Miles&More-Kundenbindungsprogramms werden dem Passagier, abhängig von seiner Reisestrecke und der gebuchten Sitzkategorie, Meilen auf ein persönliches Konto gutgeschrieben. Diese Meilen kann er sich entweder auf den Flugpreis für künftige Flüge, bis hin zum völligen Entgelterlass, anrechnen lassen oder aber zur Bestellung von Sachprämien verwenden.[1066] Strafrechtlich interessant wird das Kundenbindungsprogramm, wenn der Vertragspartner und der fliegende Passagier auseinanderfallen; also beispielsweise wenn ein Unternehmen einen Angestellten auf Dienstreise schickt und deswegen für ihn ein Ticket benötigt. Dann bucht der Angestellte sich möglicherweise den Flug trotz billigerer Konkurrenzangebote bei dem Anbieter des Miles&More-Programms, um als Ticketinhaber die Meilengutschrift zu erhalten. Selbst wenn er das Ticket nicht eigenständig buchen kann, sondern die Firma das Ticket für den Angestellten auf dessen Namen bucht, kann letzterer trotzdem beispielsweise durch Gestaltung seiner Reisepläne etc. darauf hinwirken, dass das Ticket bei dem Anbieter des Miles&More-Programms ge-

---

[1059] BGH, GRUR 1971, 223 ff.
[1060] RG, GRUR 1938, 619 ff.
[1061] OLG Stuttgart, BB 1974, 1265 ff.
[1062] BGH, GRUR 1974, 394 ff.
[1063] OLG Hamburg, GRUR-RR 2004, 117 ff.
[1064] *Bach*, wistra 2008, 47 ff.
[1065] Eine ausführliche Aufarbeitung der Fälle findet sich bei: *Heermann*, WRP 2006, 8, 13 ff.; *Wollschläger*, Der Täterkreis des § 299 I StGB, S. 30 ff.; *Steinbeck*, GRUR 2005, 17 ff.
[1066] Siehe zum Miles&More-Programm: *Maluga*, WRP 1996, 184 ff.

bucht wird. In jedem Fall wäre das Leistungsprinzip als Maßstab für Bevorzugungen im Wettbewerb durch den Vorteil ersetzt worden. Die Situation ist vergleichbar mit der Tätigkeit der Mediaagentur. Auch hier wird die Mediaagentur Vertragspartner des Leistungserbringers[1067] und erhält deswegen die Vergünstigung, obwohl rein tatsächlich der Kunde den Werbeplatz benötigt und schlussendlich auch bezahlt.

Bach sieht im beschriebenen Fall des Miles&More-Programms den Tatbestand des § 299 im Ergebnis erfüllt.[1068] Insbesondere erachtet er den Zukunftsbezug und damit die Unrechtsvereinbarung ohne nähere Begründung schon deswegen als gegeben, weil bereits durch den vorausgehenden Vertragsschluss (die Anmeldung zum Programm) sicher gestellt wird, dass die sich später aus dem eigentlichen Vertragsschluss (dem Beförderungsvertrag) resultierende Belohnung in Form der Meilen auch verwendet werden kann.[1069] Der Vertrag zur Aufnahme in das Bonusprogramm stellt also nach seiner Ansicht bereits den Vorteil dar. Die Zukunftsgerichtetheit bzw. die Unrechtsvereinbarung sei daher zu bejahen. In gleicher Weise arbeitet *Schmidl* heraus, dass eine Unrechtsvereinbarung auch dann bestehen kann, wenn der Vorteil zwar erst *nach* der Bevorzugung zugewendet wird, er aber seine *motivierende Wirkung* bereits im Vorfeld entfalten konnte.[1070] *Fischer* hingegen hält den Ansatz zur Bejahung einer auf eine zukünftige Bevorzugung gerichtete Unrechtsvereinbarung über eine vergangenheitsgerichtete Belohnung für den Ticketkauf für fragwürdig.[1071]

Wie im Falle des Miles&More-Programms, wird auch der Mediaagentur ein Vorteil in Form von Freespace gewährt, welchen sie bei der nächsten Buchung entsprechend nutzen kann, oder es wird direkt ein Cashback gewährt, welcher im Rahmen der Rechnung für die nächste Buchung berücksichtigt wird.[1072] In jedem Fall ist der für kommende Buchungen gewährte Vorteil leicht einsetzbar und deswegen für die Mediaagentur mit einer Geldzuwendung vergleichbar, ohne tatsächlich eine solche zu sein.[1073] Auch existiert im Fall der Mediaagentur zumindest eine stillschweigende Übereinkunft mit dem Leistungserbringer, dass die Mediaagentur den Freespace bzw. den Cashback bei Buchungen in der Zukunft verwenden kön-

---

[1067] Siehe Teil 3, A, II, 2, a) und d).
[1068] *Bach*, wistra 2008, 47, 50; krit.: *Joecks*, Studienkommentar, § 299, Rn. 9.
[1069] *Bach*, wistra 2008, 47, 49.
[1070] *Schmidl*, wistra 2006, 286, 289.
[1071] *Fischer*, § 299, Rn. 13.
[1072] Siehe Teil 1, B, II, 2.
[1073] OLG Düsseldorf, WRP 1999, 1197; siehe Teil 3, B, I, 2.

nen wird. Insofern läge auch bei der in dieser Arbeit zu erörternden Problematik die Annahme einer auf eine zukünftige Bevorzugung gerichteten Unrechtsvereinbarung jedenfalls nahe.

Jedoch mutet das Ergebnis zumindest im Falle des Miles&More-Programms fragwürdig an, weil eine Gutschrift der aus dem Ticket resultierenden Meilen auch nachträglich, d.h. ohne vorherige Anmeldung zu dem Kundenbindungsprogramm, möglich ist.[1074] Folglich müsste danach differenziert werden, ob ein Passagier sich bereits vor dem Flug angemeldet hat bzw. von dem Programm weiß, oder er erst im Nachhinein Kenntnis davon erlangt, sich aber dann trotzdem anmeldet und die Meilen nachträglich gutschreiben lässt. Im Fall der späteren Kenntniserlangung bzw. Anmeldung kann bezüglich des früheren Flugs nicht vom Vorliegen einer Unrechtsvereinbarung gerichtet auf eine zukünftige Bevorzugung ausgegangen werden. Der Passagier richtet sich mangels Kenntnis des Anreizes noch nicht nach dem Vorteil. Das Leistungsprinzip als Maßstab für Bevorzugungen im Wettbewerb ist dann noch nicht in Gefahr, durch den Vorteil ersetzt zu werden.

Im Falle der *vorherigen* Anmeldung bzw. Kenntniserlangung ist hingegen durchaus zuzugestehen, dass, solange die spätere Vorteilszuwendung sicher ist, eine Anreizwirkung vorliegt, auch wenn es sich rein tatsächlich um eine vergangenheitsgerichtete Belohnung handelt. Außerdem wird durch Zuwendung von Meilen der Sammeltrieb des Passagiers geweckt, da die Einlösung erst ab einer bestimmten Anzahl von Meilen möglich ist und vor allem die Prämien mit steigender Meilenzahl wertvoller und damit begehrenswerter sind.[1075] Folglich wird der Passagier auch bei zukünftigen Buchungen den Anbieter des Miles&More-Programms bevorzugen, um noch mehr Meilen zu erhalten.

Die Gutschrift der Meilen und deren Einlösemöglichkeit sind ab der Anmeldung für das Programm sicher.

Die Mediaagentur weiß von vornherein von dem Mediaagenturbonus, da er die neue Form der Agenturvergütung darstellt.[1076] Ferner ist seine Einlösemöglichkeit im Falle einer erneuten Werbeplatzbuchung sicher. Durch den Mediaagenturbonus könnte also ebenfalls eine zukünftige Bevorzugung im Rahmen der nächsten Werbeplatzbuchung in die Wege geleitet werden sollen, obwohl er rein tatsächlich erst

---

[1074] Siehe die Miles&More Teilnahmebedingungen unter Punkt 2.3.6.: http://www.miles-and-more.com/online/portal/mam/de/nonav/no_taxonomy_simple?nodeid=2490851&size=2&l=de&cid=1800 2#23, zuletzt abgerufen am 20.10.2011.
[1075] Siehe zur Einschätzung des durch die Meilen ausgelösten Sammeltriebs der Kunden: *Maluga*, WRP 1996, 184 ff.
[1076] Siehe Teil 3, A, II, 6.

aus dem Vertrag resultiert und damit streng genommen eine vergangenheitsgewandte Belohnung für den Vertragsschluss ist.[1077] Deswegen könnte die Annahme einer auf eine zukünftige Bevorzugung gerichteten Unrechtsvereinbarung im Falle der Mediaagentur nahe liegen.[1078]

Jedoch muss an dieser Stelle bedacht werden, dass der Mediaagenturbonus heutzutage die 15 % Agenturvergütung ersetzt hat, sodass er die Vergütung der Mediaagentur für ihre Arbeit für die Leistungserbringer darstellt und auch ein entsprechender Anspruch der Mediaagentur besteht.[1079] Im Falle des Miles&More-Programms und den anderen erwähnten Fällen mit Umsatzprämien im Stufenwettbewerb war die Verkäuferprämie stets als Anreiz dafür gedacht, den Angestellten oder Beauftragten zu einer einseitigen Beratung zugunsten des Vorteilsgewährenden und damit zu einer künftigen Bevorzugung anzuregen.[1080] Im „Herdweiß-Fall" argumentierte das Reichsgericht, die Verkäuferprämien würden dazu führen, dass irgendwann eine Ware nicht mehr ohne die Gewährung einer solchen Prämie abgesetzt werden kann.[1081] Auf diese Weise würde zulasten des Endverbrauchers der Preis gesteigert, nur um einen volkswirtschaftlich unnützen Zwischenverdiener zu schaffen. Deswegen wurde die Gewährung als unlauter angesehen.

Die Mediaagentur ist jedoch wegen dem von ihr geschaffenen Mehrwert keine volkswirtschaftlich unnütze, sondern eine sehr nützliche Zwischenstufe.[1082] Ferner stellt der Mediaagenturbonus auch keine nachträgliche Preissteigerung zulasten des Endverbrauchers (des Kunden) dar, da sein Vorläufer, der Abschlag von 15 %, bei seiner Entstehung gerade nicht auf die Endpreise aufgeschlagen wurde, sondern ein tatsächlicher Abschlag war.[1083] Der Mediaagenturbonus, als funktionales Äquivalent zu den früheren 15 %, soll deswegen heute die wirtschaftliche Grundlage der Mediaagentur sichern und so den Absatz von Werbeplätzen *insgesamt* fördern.[1084] Daher wird er auch von nahezu allen Leistungserbringern gewährt und es besteht ein Anspruch auf den Mediaagenturbonus als Vergütung.[1085] Folglich kann der Bonus nicht nur als Anreiz für eine zukünftige Bevorzugung eines bestimmten Leistungserbringers angesehen werden, sondern auch schlicht eine besonders aus-

---

[1077] Dazu: *Tiedemann*, FS Lampe, S. 769.
[1078] *Lackner/Kühl*, § 299, Rn. 5.
[1079] Siehe Teil 3, A, II, 6; Teil 3, B, I, 1.
[1080] BGH, GRUR 1971, 223, 225; OLG Hamburg, GRUR-RR 2004, 117; *Leo*, WRP 1966, 153, 155.
[1081] GRUR 1938, 619, 620.
[1082] Siehe Teil 1 A; Teil 2, A.
[1083] Teil 1, B; Teil 2, A, I und II.
[1084] Siehe Teil 1, B; Teil 3, A, II, 1, a); Teil 2, A, I und II.
[1085] Siehe Teil 1, B; Teil 3, B I, 1. Im Rahmen des Vorteils wurde argumentiert, dass auf den Anspruch erst im Rahmen der Unrechtsvereinbarung einzugehen ist.

gestaltete Form der Vergütung darstellen. Mithin greift auch die Ansicht *Schmidls*[1086] im Fall der Mediaagentur nicht, da der Mediaagenturbonus zwar trotz nachträglicher Gewährung schon von vornherein sicher ist, er aber eben nicht *zwingend* im Vorfeld eine motivierende Wirkung hinsichtlich einer zukünftigen Bevorzugung entfalten soll. Des Weiteren kann aufgrund der zumindest faktischen Kenntnis der Kunden von dem Mediaagenturbonus bzw. dessen faktische Akzeptanz auch nicht die Heimlichkeit der Zuwendung als Hinweis für eine Unrechtsvereinbarung herangezogen werden.[1087]

Die Gewährung des Vorteils kann also nach alledem nicht als Indiz für das Vorliegen einer Unrechtsvereinbarung angeführt werden. Diese Argumentationslinie wird aufgrund der Überschneidungen im Rahmen der Unlauterkeit erneut aufgegriffen und erst dort abgeschlossen.[1088]

Bei der Abwägung bezüglich des Vorliegens einer möglichen Unrechtsvereinbarung muss ferner berücksichtigt werden, dass die Mediaagentur im Regelfall nur für einzelne Projekte und selten längerfristig von einem Kunden engagiert wird.[1089] Aus diesem Grund ist ihr daran gelegen, den Kunden mit ihrer Arbeit zufrieden zu stellen und damit die Chance auf ein neues Engagement zu erhöhen. Daraus ergibt sich ein gewichtiger Unterschied zu „normalen" Fällen der Angestellten- oder Beauftragtenbestechung. Die Mediaagentur hat ein direktes Interesse an zufriedenen Kunden, während ein normaler Angestellter hingegen von zufriedenen Kunden nur mittelbar profitiert, beispielsweise durch eine dadurch eintretende Sicherung seines Arbeitsplatzes.[1090] Deswegen ist davon auszugehen, dass die Mediaagentur sich nicht in gleichem Maße wie ein sonstiger Angestellter oder Beauftragter von dem Vorteil leiten lassen wird, sondern den Mediaagenturbonus als besondere Form der Vergütung anerkennt. Auch dies spricht gegen den Abschluss einer Unrechtsvereinbarung gerichtet auf eine zukünftige unlautere Bevorzugung bzw. gegen die abstrakte Gefährdung des Rechtsguts durch die Gewährung des Mediaagenturbonus.

Aus der Betrachtung dürfen aber auch die anderen im Problemaufriss erwähnten Arten der der Mediaagentur gewährten Zuwendungen und Vergünstigungen nicht

---

[1086] *Schmidl*, wistra 2006, 286, 289.
[1087] Siehe Teil 3, B, IV, 3, b). Weitergehend: *Hamacher/Robak*, DB 2008, 2747, 2749 ff.
[1088] Siehe Teil 3, B, IV, 4, c).
[1089] Zu jährlich stattfindenden „Pitches", bei denen die Aufträge neu vergeben werden: HORIZONT, Nr. 47/2009, S. 26; *Martinek*, Mediaagenturen und Medienrabatte, S. 6, 64; *Marx*, Media für Manager, S. 94 ff.; HORIZONT, Nr. 44/2009, S. 1; HORIZONT, Nr. 19/2010, S. 20.
[1090] *Heermann*, WRP 2006, 8, 11.

ausgenommen werden. Wie dargelegt, gibt es Rabattmodelle, bei denen die Mediaagentur die Vergünstigung auf das gesamte Budget erst erhält, wenn sie einen gewissen Prozentsatz ihres Gesamtbudgets im Laufe eines Jahres bei einem bestimmten Leistungserbringer gebucht hat.[1091] Bei diesem Modell besteht die Gefahr, dass sich die Mediaagentur bemüht, die Grenze zur Erlangung der Vergünstigung zu erreichen. Es handelt sich folglich bei einem solchen System weniger um eine Vergütung, als mehr um einen bloßen Anreiz zur Gewinnsteigerung durch künftige Bevorzugung.[1092] Dementsprechend liegt in einem solchen Fall eine konkludente Vereinbarung gerichtet auf eine zukünftige Bevorzugung zumindest nahe. Als Handlungsvariante käme dann bereits ein Sich-Versprechen-Lassen in Betracht.

b) In Bezug auf die Bevorzugung im Wettbewerb

Die zukünftige Bevorzugung ist, wie erörtert, in der Auswahl als Leistungserbringer zu sehen. Auch hat kein potenzieller Leistungserbringer einen dahingehenden Anspruch.

In Bezug auf das Wettbewerbserfordernis ist festzuhalten, dass es eine Fülle von Medien gibt, die Werbeplätze anbieten und der Mediaagentur dies auch bewusst ist.[1093] Die Mediaagentur geht also grundsätzlich vom Vorliegen weiterer Mitbewerber zum Zeitpunkt der zukünftigen Bevorzugung aus. Damit ist das Wettbewerbserfordernis erfüllt.

Die Bejahung des Wettbewerbserfordernisses stellt somit für die vorliegende Arbeit keine Schwierigkeiten dar.

c) In Bezug auf die Unlauterkeit

Probleme stellen sich in der dieser Arbeit zugrundeliegenden Fallkonstellation allerdings in Bezug auf die Unlauterkeit der zukünftigen Bevorzugung. Diese ergeben sich zum einen aus der Bestimmung der Unlauterkeit im konkreten Fall und

---

[1091] Siehe Teil 1, B, II, 2.
[1092] HORIZONT, Nr. 38/2007, S. 86; HORIZONT, Nr. 11/2008, S. 46. So auch das Bundeskartellamt im Verfahren gegen die TV-Werbeplatzvermarkter SevenOneMedia und IP Deutschland im Jahr 2007, http://www.bundeskartellamt.de/wDeutsch/archiv/PressemeldArchiv/2007/2007_11_30. php, zuletzt abgerufen am 20.10.2011. Zur Vorgehensweise der Werbeplatzvermarkter: *Marx*, Media für Manager, S. 85 ff.
[1093] Siehe Teil 1, A, I und II.

zum anderen daraus, dass die Mediaagentur möglicherweise trotz Annahme des zugewendeten Vorteils letztlich den Leistungserbringer auswählt, der die im Kundeninteresse beste Leistung erbringt. Insgesamt sind, wie erwähnt, bei der Unlauterkeit auch die bereits im Rahmen der auf eine zukünftige Bevorzugung gerichteten Unrechtsvereinbarung vorgetragenen Argumente zu bedenken.

aa) Bestimmung der Unlauterkeit

Da die Unlauterkeit nicht im Sinne einer Pflichtwidrigkeit gegenüber dem Prinzipal verstanden werden kann, sie aber auch nicht deckungsgleich mit §§ 4, 5 UWG, § 138 BGB oder § 228 StGB ist, muss die Eignung der Bevorzugung zur Schädigung der Mitbewerber durch Ausschaltung der Konkurrenz anhand einer Gesamtabwägung herausgearbeitet werden. Dies ist auch im Sinne derer, die in der Unlauterkeit ein gesamttatbewertendes Merkmal sehen. In dieser Abwägung sind zur Konkretisierung der Unlauterkeit auch die hinter den §§ 4, 5 UWG, § 138 BGB und § 228 StGB stehenden Grundgedanken zu berücksichtigen. Fraglich ist also, ob eine Gesamtabwägung ergibt, dass es das Ziel der Mediaagentur ist, die Bevorzugung nicht nach dem Leistungsprinzip als sachgerechtem Motiv, sondern nach dem Mediaagenturbonus als sachwidrigem Motiv vorzunehmen. Zu erörtern ist dabei die abstrakte Frage nach der Wahrscheinlichkeit, mit der die Mediaagentur den Leistungserbringer aufgrund des Mediaagenturbonus bevorzugen wird.[1094]

Zunächst ist zu beachten, dass der Kunde und nicht der Leistungserbringer die Mediaagentur zwischenschaltet. Deswegen kann der Kunde grundsätzlich von der Mediaagentur auch die Wahrung seiner Interessen erwarten. Jedoch schaltet der Kunde die Mediaagentur nur zwischen, um von ihrem Know-how zu profitieren. Gleichzeitig gewährt er ihr aber nahezu keine direkte Vergütung für ihre Tätigkeit, sondern sie wird wirtschaftlich von den Leistungserbringern getragen.[1095] Das Entgelt für die Geschäftsbesorgung ist lediglich die Möglichkeit zur Erzielung der Agenturvergütung im Rahmen der Tätigkeit für den Kunden.[1096] Außerdem ist die Tätigkeit der Mediaagentur nicht mit der der freien Berufe vergleichbar.[1097] Der Kunde weiß von der Vergütung durch die Leistungserbringer und kann deswegen von einer vollständigen Objektivität nicht in gleicher Weise ausgehen, wie wenn er

---

[1094] *Tiedemann*, Wirtschaftsstrafrecht BT, Rn. 206.
[1095] Siehe Teil 1, B.
[1096] Siehe Teil 3, A, II, 2, f), bb), (1); Teil 3, A, II, 6.
[1097] Siehe zur Darlegung: Teil 3, A, II, 10.

die Mediaagentur ausschließlich direkt vergüten würde.[1098] Zumindest wird nicht eine besondere Erwartung in die Neutralität der Mediaagentur gesetzt bzw. die Erwartungshaltung des Kunden ist nicht derart von der Neutralität bestimmt wie im Fall eines Anwalts o.ä.[1099]

Der Hauptunterschied zu den eingangs zitierten und als unlauter eingestuften Fällen der Umsatzprämien im Stufenwettbewerb[1100] ist jedoch der zugewandte Vorteil an sich. Es handelt sich bei dem Mediaagenturbonus nicht um einen Vorteil für die Buchung, wie im Falle der Meilen beim Miles&More-Programm und den restlichen eingangs zitierten Fällen, sondern vielmehr um eine *Vergütung*.[1101] Die Mediaagentur erbringt auch Leistungen für die Leistungserbringer, und diesen ist daher daran gelegen, dass die wirtschaftliche Grundlage der Mediaagentur gesichert wird.[1102] Dies ist den Kunden auch bewusst bzw. sie nutzen die Möglichkeit der Mediaagentur zur Erlangung einer Vergütung durch den Leistungserbringer sogar aus, indem sie die Ermöglichung der Erlangung der Agenturvergütung als Vergütung für die Geschäftsbesorgungstätigkeit der Mediaagentur einsetzen und ihre geringe direkte Vergütung damit rechtfertigen.[1103] Da die Kunden indes trotz der geringen eigenen Vergütung die Weitergabe der 15 % Agenturvergütung fordern und deswegen von dem Mediaagenturbonus rein tatsächlich wissen müssen,[1104] kann sogar von einer Zuwendung des Mediaagenturbonus mit Billigung des Prinzipals ausgegangen werden. Also handelt es sich bei dem Mediaagenturbonus möglicherweise um eine harmlose Zuwendung, welche die Wahrscheinlichkeit einer zukünftigen Bevorzugung nicht erhöht. Dafür spricht auch, dass der Vorteil als „offene" Zuwendung ausgestaltet ist und deswegen die Heimlichkeit ebenfalls nicht als Indiz für die Unlauterkeit der Bevorzugung herangezogen werden kann.[1105] Darüber hinaus werden aufgrund der ungenügenden eigenen Vergütung und der Kenntnis um die Zuwendung durch die Leistungserbringer die Voraussetzungen an

---

[1098] NK/*Dannecker*, § 299, Rn. 27a.
[1099] Siehe zu den Unterschieden zwischen der Mediaagentur und den freien Berufen: Teil 3, A, II, 10. Siehe ferner zur Pflicht einer objektiven und neutralen Entscheidung bei Anwälten: OLG Köln, NJW-RR 2007, 190, 191; *Köhler/Bornkamm*, Gesetz gegen den unlauteren Wettbewerb, § 4, Rn. 1.84.
[1100] Siehe zur Aufarbeitung unter dem Gesichtspunkt der Unlauterkeit im Sinne des UWG: *Wollschläger*, Der Täterkreis des § 299 I StGB, S. 29 ff.; *Heermann*, WRP 2006, 8, 11 ff.
[1101] Siehe Teil 3, A, II, 6.
[1102] Siehe Teil 1, B; Teil 2, A, I und II.
[1103] Siehe Teil 3, A, II, 2, f), bb), (1).
[1104] Siehe Teil 3, A, II, 6.
[1105] Gerade die fehlende Offenheit wurde bei der „sixperts-Entscheidung" als ausschlaggebend angesehen: OLG Hamburg, GRUR-RR 2004, 117.

die Unlauterkeit auch nicht wegen besonderer Schutzwürdigkeit der Kunden herabgesetzt.[1106]

Außerdem wird der Mediaagenturbonus von der überwiegenden Mehrzahl der Leistungserbringer gewährt.[1107] Zwar ist es unerheblich ist, ob Schmiergeldleistungen in bestimmten Branchen üblich sind, es handelt sich aber im Falle des Mediaagenturbonus gerade nicht zwingend um Schmiergeld, sondern möglicherweise ausschließlich um eine Zuwendung zum Erhalt der wirtschaftlichen Grundlage der Mediaagenturen.[1108] Dann fehlt es gerade an der Schmiergeld innewohnenden Anreizfunktion. Überdies ist der Mediaagenturbonus aufgrund des Weiterleitungsverlangens bezüglich der Agenturvergütung an die Stelle dieser 15 % getreten ist.[1109] Also geht von dem Vorteil zumindest kein übertriebener Anlockeffekt (§ 4 Nr. 1 UWG) aus.[1110] Dies senkt die Wahrscheinlichkeit der Bevorzugung aufgrund des Vorteils und spricht mithin gegen die Unlauterkeit der Bevorzugung.

Allerdings ist auch der Unterschied zwischen den 15 % Agenturvergütung und dem heutigen Mediaagenturbonus zu berücksichtigen. Solange die Mediaagentur eine Zuwendung von jedem Leistungserbringer in Aussicht gestellt bekommt, besteht nicht die Gefahr, dass sie ihre Bevorzugungsentscheidung von der Erlangung einer solchen Zuwendung abhängig macht; die Zuwendung stellt dann keinen Anreiz dar, einen bestimmten Leistungserbringer *anstelle eines anderen* zu bevorzugen. Also wäre das Rechtsgut, das Leistungsprinzip als Entscheidungsmaßstab für Bevorzugungen im Wettbewerb, nicht gefährdet. Allerdings trifft dies nur bei immer gleicher Höhe der Zuwendung zu. Anders als bei der Agenturvergütung mittels eines Abschlags von 15 % ist aber der Umfang des Mediaagenturbonus nicht genau vorgegeben.[1111] Also kann im Gegensatz zur Agenturvergütung mittels eines Abschlags von 15 % im Falle des Mediaagenturbonus nicht als Argument gegen die Unlauterkeit der Bevorzugung vorgebracht werden, aufgrund der Gewährung des Mediaagenturbonus durch nahezu alle Leistungserbringer bestehe nicht die Gefahr der *Bevorzugung eines bestimmten* Leistungserbringers zum Zweck der Erlangung des Mediaagenturbonus, § 299 ziele aber gerade auf eine solche Situation ab. In diesem Zusammenhang muss aber auch erwähnt werden, dass in der Praxis die Höhe des Mediaagenturbonus oftmals mit der Höhe der ehemaligen Agenturvergü-

---

[1106] Siehe die „Einpfennig-Süßwaren-Entscheidung": BGH, GRUR 1971, 223 ff.
[1107] Vgl. etwa: HHKomm/*Kolonko*, 56. Abschnitt, 5. Teil, 3. Kapitel, Rn. 47; siehe ferner: Teil 1, A; Teil 1, B.
[1108] Siehe zur Darlegung: Teil 2, A, I und II; Teil 1, B.
[1109] Siehe Teil 3, A, II, 6.
[1110] Zu einem solchen Anlockeffekt: LG Frankfurt a. M., GRUR-RR 2004, 204.
[1111] Siehe Teil 3, A, II, 6; Teil 3, A, II, 7, a), bb).

tung vergleichbar ist und deswegen das Argument rein tatsächlich doch zumeist greifen würde.[1112]

Zur Herausarbeitung der Unlauterkeit der Bevorzugung können aber möglicherweise die Gemeinsamkeiten und Unterschiede der anderen bereits genannten Fälle der Umsatzprämien im Stufenwettbewerb herangezogen werden.[1113] Den angesprochenen Fällen ist gemeinsam, dass der Hersteller eines Produkts den Angestellten eines Zwischenhändlers einen Vorteil verspricht, wenn sie das Produkt besonders gut vermarkten. Dabei ließen sich die Hersteller teilweise ausgefeilte Ideen einfallen, um die tatsächlich gewünschte Bevorzugung ihres Produktes durch die Angestellten zu verschleiern. Beispielsweise lobte der Hersteller einer Skibindung einen Vorteil für denjenigen Verkäufer aus, der einen als Kunden getarnten Mitarbeiter des Herstellers über die Vorzüge des Produktes bestmöglich informierte.[1114] Da den Angestellten mitgeteilt wurde, der Tester könne nicht von herkömmlichen Kunden unterschieden werden, lag es an den Angestellten, gegenüber jedem Kunden die Vorzüge des Produktes herauszustellen, um den Vorteil zu erhalten, falls es sich bei dem jeweiligen Kunden tatsächlich um den Testkäufer handeln sollte.

In einem anderen Fall etablierte der Anbieter von Mietwagen für die Angestellten von Reisebüros ein Prämiensystem in Form von Punkten für die Buchung seiner Wagen.[1115] Diese Punkte konnten die Angestellten in Sachprämien umwandeln.

Durch eine derartige Vorgehensweise der Herstellerfirma entsteht die Gefahr einer einseitigen Beratung durch die Angestellten des Zwischenhändlers.[1116] Dieses Vorgehen spricht daher für die Unlauterkeit einer Bevorzugung, da der Kunde in seiner berechtigten Erwartung einer sachlichen und objektiven Beratung getäuscht wird.[1117] Dabei ist die Gefahr umso größer, als sich die Erlangung der Vorteile am Leistungsprinzip und nicht wie im Falle einer Verlosung am Zufallsprinzip orientiert.[1118]

Hingegen ist der Fall der Mediaagentur in zweierlei Hinsicht anders gelagert: Die Leistungserbringer gewähren zum einen die Vorteile, um die wirtschaftliche

---

[1112] HORIZONT, Nr. 10/2010, S. 8; HORIZONT, Nr. 19/2010, S. 4. Allerdings sind auch deutlich höhere Boni üblich: medianet, 29.06.2006, S. 11; HORIZONT, Nr. 38/2007, S. 12 f; medianet, 28.06.2006, S. 10.
[1113] Siehe Teil 3, B, IV, 4, a).
[1114] BGH, GRUR 1971, 223 ff. („clix-Mann").
[1115] OLG Hamburg, GRUR-RR 2004, 117 f. („sixperts").
[1116] LG Frankfurt a. M., GRUR-RR 2002, 204 („Club-Klasse-Tickets").
[1117] BGH, GRUR 1974, 394, 395 („Verschlusskapselprämie"). Dass die Erwartung sachlicher und objektiver Beratung nicht nur bei freien Berufen besteht, dort das Vertrauen in die Objektivität lediglich besonders ausgeprägt ist, wurde auch bereits in Teil 3, A, II, 10 erarbeitet.
[1118] LG Frankfurt a.M., GRUR-RR 2002, 204, 205.

Grundlage der Mediaagentur zu erhalten und nicht um gegenüber den anderen Leistungserbringern bevorzugt zu werden. Es geht mithin gerade nicht wie in den eingangs zitierten Fällen der Umsatzprämien im Stufenwettbewerb um die Absatzförderung durch künftige Bevorzugung ihres Produktes *im Verhältnis zu anderen*, sondern die Leistungserbringer wollen durch die Sicherung der wirtschaftlichen Grundlage der Mediaagenturen den Absatz von Werbeplätzen *insgesamt* verbessern.[1119] Der Fall ist daher eher vergleichbar mit der Prämiengewährung an die Angestellten eines Kfz-Vertragshändlers, da es dort ebenfalls nicht um die Verdrängung der Konkurrenz geht.[1120] Wie dort ist die Wahrscheinlichkeit der Bevorzugung eines Leistungserbringers aufgrund des Mediaagenturbonus wegen der fehlenden Eignung zur Verdrängung anderer Mitbewerber gering.

Zum anderen wissen die Kunden der Mediaagentur von der Entlohnung durch die Leistungserbringer und können deswegen nicht von vollständiger Objektivität ausgehen.[1121] Allerdings besteht bei Mediaagenturen die die vollständige Objektivität vernichtende Beziehung nicht nur gegenüber einem *speziellen* Leistungserbringer, wie in der „clix-Mann-" oder „sixperts-Entscheidung", sondern gegenüber den Leistungserbringern *insgesamt*, sodass gerade keine *einseitige* Beratung/Bevorzugung droht. Mithin bleibt die Sachgerechtigkeit erhalten. Diese Argumente sprechen allesamt gegen die Unlauterkeit der zukünftigen Bevorzugung seitens der Mediaagentur.

Des Weiteren ist genauer zu untersuchen, ob die angestrebte Bevorzugung gegen die hinter den §§ 4, 5 UWG stehenden Grundgedanken verstößt und deswegen als unlauter anzusehen ist. Zu denken ist insofern an § 4 Nr. 1, Nr. 4 und Nr. 10 UWG.

Gemäß § 4 Nr. 1 UWG ist es unlauter, die Entscheidung eines Verbrauchers durch unsachlichen Einfluss zu beeinträchtigen. Gemäß § 4 Nr. 4 UWG ist es unlauter, Preisnachlässe o.ä. nicht klar anzugeben, gemäß § 4 Nr. 10 UWG, Mitbewerber gezielt zu behindern. Neben den bereits erwähnten Argumenten, insbesondere der Erwartungshaltung der Kunden, ist somit in Bezug auf die Unlauterkeit der angestrebten Bevorzugung durch die Mediaagentur gemäß §§ 4, 5 UWG noch auf die Art der Vergünstigung einzugehen und der Empfänger zu beachten.[1122]

Bezüglich der Art der Vergünstigung ist zu berücksichtigen, dass es sich nicht um Bargeld, sondern um Freespace handelt. Das von Bargeld ausgehende Indiz einer unlauteren Bevorzugung liegt also nicht vor. Allerdings wurde bereits erar-

---

[1119] Siehe Teil 2, A, I und II; Teil 1, B.
[1120] *Leo*, WRP 1966, 153, 156.
[1121] Siehe zur Darlegung: Teil 3, A, II, 6; Teil 3, A, II, 10.
[1122] *Steinbeck*, GRUR 2005, 15, 18. Zur Herleitung der Beurteilungskriterien: *Wollschläger*, Der Täterkreis des § 299 I StGB, S. 41 ff.

beitet, dass der Mediaagenturbonus als Zuwendung mit Bargeld durchaus vergleichbar ist.[1123] Insofern wiegt dieses Argument nicht besonders schwer.

Zumindest kommt der Mediaagenturbonus der Mediaagentur jedoch nicht privat, sondern geschäftlich zu.[1124] Eine solche Zuwendung zur geschäftlichen Verwendung kann im Gegensatz zu einer Zuwendung zur privaten Verwendung nicht als Indiz für die Unlauterkeit der Bevorzugung herangezogen werden.[1125]

Letztlich sind keine Indizien für eine gezielte Behinderung von Mitbewerbern durch die Bevorzugung seitens der Mediaagentur ersichtlich. Solche müssten im Einzelfall nachgewiesen werden.

Folglich finden sich auch durch Abstellen auf die hinter den §§ 4, 5 UWG stehenden Grundgedanken keine Anhaltspunkte für die Unlauterkeit der zukünftigen Bevorzugung durch die Mediaagentur. Zu betrachten ist aber jeweils der konkrete Einzelfall. Je nach Ausgestaltung ist ein anderes Ergebnis durchaus möglich.

bb) Bevorzugung des „richtigen" Leistungserbringers

Fraglich ist, ob eine Strafbarkeit gemäß § 299 Abs. 1 auch in Betracht kommen kann, wenn die Mediaagentur zwar den Vorteil annimmt, letztendlich aber doch denjenigen Leistungserbringer auswählt, der die im Kundeninteresse objektiv beste Leistung erbringt. Die Eigenschaft des Mediaagenturbonus als Vergütung der Mediaagentur lässt diesen Fall naheliegend erscheinen.

Zu berücksichtigen ist dabei, dass es sich bei § 299 um ein abstraktes Gefährdungsdelikt handelt,[1126] die abstrakte Gefahr einer unsachgemäßen Entscheidung aber schon durch die Gewährung eines Vorteils im Rahmen einer Unrechtsvereinbarung begründet wird.[1127] Auf die Bevorzugung kommt es nicht mehr an. Da dies im Einzelfall zu unbilligen Ergebnissen führen kann, wird teilweise vertreten, abstrakte Gefährdungsdelikte bei fehlender konkreter Gefährdung im Einzelfall einzuschränken.[1128] Anschaulich wird die Problematik bei Brandstiftungsdelikten, in denen der Täter sich zuvor vergewissert, dass sich kein Mensch in dem Gebäude befindet.[1129]

[1123] Siehe Teil 3, B, I, 2.
[1124] Anders im „Kleidersack-Fall" der BGH: GRUR 2003, 624 ff.
[1125] *Steinbeck*, GRUR 2005, 15, 19.
[1126] Siehe zur Darlegung: Teil 3, B, IV, 2.
[1127] BGH, wistra 2003, 385, 386; NK/*Dannecker*, § 299, Rn. 53.
[1128] Instruktiv zu den vorgeschlagenen Einschränkungen von abstrakten Gefährdungsdelikten bei Ungefährlichkeit im Einzelfall: *Zieschang*, Die Gefährdungsdelikte, S. 349 ff. (m.w.N.).
[1129] *Gercke/Wollschläger*, wistra 2008, 5, 8 f.

Jedoch ist die Unerheblichkeit der tatsächlichen Verletzung den abstrakten Gefährdungsdelikten gerade immanent.[1130] Für die Strafbarkeit der Mediaagentur kann es wegen der Deliktsnatur daher nicht erheblich sein, ob sich aufgrund der Bevorzugung der besten Leistung schlussendlich die Gefährdung nicht realisiert und das Rechtsgut nicht verletzt wird.[1131]

Eine abstrakte Gefahr geht von dem Mediaagenturbonus trotz seiner Eigenschaft als Vergütung aus, da nicht ausgeschlossen werden kann, dass die Mediaagentur dem Kunden bereits erhaltenen Freespace in Rechnung stellt und damit einen Leistungserbringer bevorzugt, um so den Freespace zu Geld zu machen, obwohl dieser Werbeplatz nicht den Interessen des Kunden entspricht.[1132] Die abstrakte Gefahr zeigt sich ferner daran, dass die Höhe des Mediaagenturbonus als Vergütung nicht wie im Fall der 15 % festgelegt ist.[1133] Also könnte eine Mediaagentur, obwohl sie von jedem Leistungserbringer einen Mediaagenturbonus erhalten würde, gerade denjenigen Leistungserbringer bevorzugen, der einen besonders hohen Bonus gewährt, auch wenn die so erlangten Werbeplätze nicht dem Interesse des Kunden entsprechen. Letztlich könnte eine Mediaagentur auch überzogene Bonusforderungen stellen und denjenigen Leistungserbringer bevorzugen, der sie akzeptiert. Dies ist nicht ausgeschlossen, da der Leistungserbringer seinerseits der Mediaagentur einen entsprechend höheren Preis für die Werbeplätze in Rechnung stellen kann, da die Mediaagentur die Aufwendungen für die Werbeplätze letztendlich wieder von den Kunden ersetzt bekommt.

Krack[1134] denkt zur Lösung der Problematik an, aufgrund der Vorverlagerung des Vollendungszeitpunktes vor die Rechtsgutverletzung eine tätige Reue zuzulassen, obgleich eine solche nicht normiert ist, und somit nach dem Vorliegen einer schmiergeldbedingten Bevorzugung zu fragen.[1135] Jedoch handelt es sich bereits rein tatsächlich nicht zwingend um eine tätige Reue seitens der Mediaagentur. Die Mediaagentur verhindert zumindest bei ihrer üblichen Vorgehensweise nicht *nachträglich* den Erfolgseintritt, sondern will *von vornherein* nicht unlauter bevorzugen. Diese Intention wird nur erst durch die Auswahl des objektiv besten Leistungserbringers ersichtlich.

[1130] Siehe zur Dogmatik der abstrakten Gefährdungsdelikte: *Saal*, Das Vortäuschen einer Straftat als abstraktes Gefährdungsdelikt, S. 70 ff.
[1131] Siehe diesbezüglich auch die Problematik im Rahmen der Schweren Brandstiftung, LK/*Wolff*, § 306a, Rn. 2 f; MüKo/*Radtke*, § 306a, Rn. 3 (jeweils m.w.N.).
[1132] Siehe auch Teil 3, A, II, 2, f), cc).
[1133] Siehe Teil 3, A, II, 7, a), bb); Teil 3, B, IV, 4, c) aa).
[1134] *Krack*, NStZ 2001, 505, 507.
[1135] Weitergehend gegen eine Anwendung der Tätigen Reue aufgrund fehlender Normierung: MüKo/*Diemer/Krick*, § 299, Rn. 29 (m.w.N.).

Denkbar wäre eine teleologische Reduktion. Im Rahmen der abstrakten Gefährdungsdelikte darf die verfassungsrechtlich gebotene Verhältnismäßigkeit nicht ausgeblendet werden. Ihretwegen könnte die Unlauterkeit der Bevorzugung abzulehnen sein, falls letztendlich der beste Leistungserbringer bevorzugt wurde.[1136] Dies würde aufzeigen, dass sich die abstrakte Gefahr der Bevorzugung aufgrund sachwidriger, insbesondere eigennütziger Überlegungen nicht verwirklicht hat, sondern tatsächlich nach sachgerechten Kriterien ausgewählt und das Rechtsgut deswegen nicht verletzt wurde. In der Mediaagenturkonstellation könnte die bloße Gefährdung durch die dem Mediaagenturbonus innewohnende abstrakte Gefahr der regelwidrigen Bevorzugung aus verfassungsrechtlichen Gründen nicht ausreichen dürfen, da die Gefahr lediglich aus der besonderen Vergütungssituation resultiert und der Umfang dieser Gefahr sehr gering, der ordnungsgemäße Einsatz des Mediaagenturbonus hingegen naheliegend ist.

Die besondere Offenheit der Unlauterkeit für verfassungsrechtliche Wertungen und die Möglichkeit, über dieses Merkmal Fälle auszusondern, in denen die Sachgerechtigkeit erhalten bleibt, wurden bereits erörtert.[1137] Trotz der Deliktsnatur des § 299 und dem Interesse des Gesetzgebers an einem umfassenden Rechtsgüterschutz durch das Strafrecht allgemein und durch die abstrakten Gefährdungsdelikte im Speziellen,[1138] könnte die Unlauterkeit mithin aufgrund des Verhältnismäßigkeitsgrundsatzes und des Ultima-ratio-Prinzips bei Auswahl des objektiv richtigen Leistungserbringers ausnahmsweise abzulehnen sein.[1139] Jedoch müsste es sich um eine eng zu fassende Ausnahme handeln, um die Deliktsnatur des abstrakten Gefährdungsdelikts nicht umzukehren.

Für eine solche Ablehnung der Unlauterkeit könnten ferner die Unterschiede zur Amtsträgerbestechung sprechen. Einem Amtsträger wäre trotz einer im Ergebnis richtigen Entscheidung vorzuwerfen, diese mit innerlicher Vorbelastung getroffen zu haben.[1140] Geschützt wird durch §§ 331 ff. gerade das Vertrauen der Allgemeinheit in die Unbestechlichkeit von Amtsträgern.[1141] Hier beeinträchtigen Bestechungshandlungen die Bereitschaft der Bürger zur Abnahme von Verwaltungsentscheidungen und damit unmittelbar die Funktionsbedingungen staatlicher Verwal-

---

[1136] LK/*Tiedemann*, § 299, Rn. 43. Bei bereits feststehender Entscheidung zugunsten eines Wettbewerbers: RG, GRUR 1915, 103; a.A. BGH, NJW 2006, 3290, 3298; abl.: *Gercke/Wollschläger*, wistra 2008, 5 ff.
[1137] Sch/Sch/*Heine*, § 299, Rn. 19; siehe Teil 3, B, IV, 3, d).
[1138] *Roxin*, Strafrecht AT/1, § 11, Rn. 156.
[1139] Ähnlich: *Koepsel*, Bestechlichkeit und Bestechung im geschäftlichen Verkehr, S. 128 ff.
[1140] RG, DR 1943, 77.
[1141] *Lackner/Kühl*, § 331, Rn. 1; SK/*Stein/Rudolphi*, § 331, Rn. 4.

tung.[1142] Da dies im Privatrechtsverkehr anders ist, gelten die strengen Regeln der öffentlichen Hand nicht in gleicher Weise.[1143]

Allerdings müssen die Unterschiede des § 299 zu anderen abstrakten Gefährungsdelikten beachtet werden, insbesondere den Brandstiftungsdelikten. § 306a setzt für eine Strafbarkeit beispielsweise lediglich das vorsätzliche Inbrandsetzen eines Gebäudes voraus. § 299 StGB fordert aber neben dem vorsätzlichen Annehmen eines Vorteils eine auf eine unlautere Bevorzugung gerichtete Unrechtsvereinbarung. Daher ist eine teleologische Reduktion im vorliegenden Fall nicht im selben Maße erforderlich wie bei den Brandstiftungsdelikten. Vielmehr zwingt die obige Feststellung lediglich dazu, in der Mediaagenturkonstellation das Vorliegen der auf eine zukünftige unlautere Bevorzugung gerichteten Unrechtsvereinbarung sehr genau zu prüfen. Die bloße Gewährung des Mediaagenturbonusses darf eben nicht ausreichen, um auf das Vorliegen einer auf eine zukünftige unlautere Bevorzugung gerichtete Unrechtsvereinbarung zu schließen. Dies gilt umso mehr, wenn sich im Rahmen des Strafprozesses ergibt, dass die Mediaagentur tatsächlich den im Interesse des Kunden objektiv besten Leistungserbringer bevorzugt hat. Auch wenn dem Mediaagenturbonus eine abstrakte Gefahr innewohnt, stellt er eben auch die Vergütung der Mediaagentur dar und sowohl die Arbeits- als auch die Vergütungsweise liegt im Interesse aller beteiligten Parteien.

Jedoch ist, auch wenn es prozessual einfacher nachzuweisen ist, dass letztlich der richtige Leistungserbringer ausgewählt wurde, als nachzuweisen, dass die Mediaagentur sich nicht von dem Vorteil leiten ließ bzw. die Entscheidung auf sachgerechten Erwägungen beruhte und die Bevorzugung deshalb nicht unlauter war,[1144] dies nicht ausreichend als Nachweis für das Nichtvorliegen einer Unrechtsvereinbarung. Die Auswahl des richtigen Leistungserbringers deutet zwar darauf hin, dass keine Unrechtsvereinbarung geschlossen wurde bzw. die angestrebte Bevorzugung nicht unlauter war, ist aber wiederum lediglich ein Indiz. Die Mediaagentur kann auch dann von sachwidrigen Überlegungen geleitet gewesen sein, wenn letztendlich tatsächlich (zufällig!) der richtige Leistungserbringer bevorzugt wurde. Die Bevorzugung muss nicht zwingend auf sachgerechten Erwägungen beruht haben und kann somit unlauter gewesen sein.[1145] Die zufällige Richtigkeit der Bevorzugung kann für das abstrakte Gefährdungsdelikt nicht erheblich sein; der Vorteil

---

[1142] *Loos*, FS Welzel, S. 889 f.
[1143] *Vormbaum*, FS Schröder, S. 651. Siehe ferner bereits die Darlegung in Teil 3, B, I, 2.
[1144] Dazu: Arzt/Weber/*Heinrich*/Hilgendorf, Strafrecht BT, § 49, Rn. 59.
[1145] *Otto*, Grundkurs Strafrecht, BT, § 61, Rn. 159; Sch/Sch/*Heine*, 299, Rn. 19; *Lackner/Kühl*, 299, Rn. 9.

eines abstrakten Gefährdungsdelikts ist gerade die Ausschaltung des Zufallsmoments.[1146]

Im Falle einer teleologischen Reduktion ist letztlich noch der aufgrund der Annahme eines Vorteils im Rahmen einer Unrechtsvereinbarung auch bei Auswahl des objektiv besten Leistungserbringers verbleibende Regelverstoß zu beachten.[1147] Möglicherweise darf die Unlauterkeit schon deswegen nicht einfach abgelehnt werden, obwohl im Ergebnis der richtige Leistungserbringer ausgewählt wurde.

Selbst wenn aber ein auf einer Unrechtsvereinbarung beruhender Vorteil gewährt worden sein sollte, legt *Tiedemann* dar, dass dieser Regelverstoß zumindest im Rahmen der Privatwirtschaft nicht den Einsatz des Strafrechts, sondern allenfalls den des Ordnungsrechts rechtfertigt.[1148] Dazu verweist er auf § 81 Abs. 1 Nr. 2 und Abs. 2 Nr. 1 GWB, der den Missbrauch einer beherrschenden Stellung bzw. die missbräuchliche Ausnutzung einer marktbeherrschenden Stellung als ordnungswidrig einstuft. Folglich verbleibt, selbst wenn ein Vorteil im Rahmen einer Unrechtsvereinbarung angenommen wurde, kein Regelverstoß, welcher der Ablehnung der Unlauterkeit (und damit der Strafbarkeit gemäß § 299) entgegenstehen könnte. Dies ist vor allem auch wegen der Ausgestaltung des Vorteils als Vergütung der Mediaagentur zu berücksichtigen.[1149]

Folglich ist es als Indiz für das Nichtvorliegen einer Unrechtsvereinbarung bzw. der Unlauterkeit der künftigen Bevorzugung anzusehen, falls die Mediaagentur im Ergebnis den objektiv besten Leistungserbringer bevorzugt hat.[1150] Da der Mediaagenturbonus die Vergütung der Mediaagentur darstellt und sie ihn deswegen annimmt, ist diese Indizwirkung wegen der einfacheren prozessualen Nachweisbarkeit von großer praktischer Wichtigkeit für die vorliegende Konstellation.

5. Ergebnis

Somit darf im vorliegenden Zusammenhang auf die auf eine zukünftige Bevorzugung gerichtete Unrechtsvereinbarung nicht schon wegen der Gewährung des Mediaagenturbonus geschlossen werden; es ist vielmehr der jeweilige Einzelfall zu prüfen. Festgestellt werden muss eine Vereinbarung zwischen der Mediaagentur und dem jeweiligen Leistungserbringer, welche eine Bevorzugung des Leistungs-

---

[1146] *Saal*, Das Vortäuschen einer Straftat als abstraktes Gefährdungsdelikt, S. 72 ff.
[1147] *Tiedemann*, Wirtschaftsstrafrecht BT, Rn. 199, 207.
[1148] *Tiedemann*, Wirtschaftsstrafrecht BT, Rn. 207.
[1149] Siehe dazu: Teil 3, A, II, 6.
[1150] So i.E. auch: LK/*Tiedemann*, § 299, Rn. 43; NK/*Dannecker*, § 299, Rn. 53b.

erbringers bei einer zukünftigen Buchung durch die Mediaagentur aufgrund der gewährten Zuwendungen und Vergünstigungen zum Inhalt hat. Solange der Mediaagenturbonus und die sonstigen Zuwendungen und Vergünstigungen aber nur zur Existenzsicherung der Mediaagenturen und damit zur Absatzförderung von Werbeplätzen insgesamt, anstatt zur Bevorzugung im Verhältnis zu anderen Leistungserbringern, gewährt werden, liegt eine Unrechtsvereinbarung nicht nahe. Der Mediaagenturbonus indiziert also keine Bezahlung seitens des Leistungserbringers für seine wirtschaftliche Bevorzugung durch die Mediaagentur als Repräsentant des Geschäftsherrn (des Kunden). Er stellt nicht die Manifestation der Unrechtsvereinbarung nach außen hin dar. Die Behauptung, keine Unrechtsvereinbarung getroffen zu haben, darf mithin nicht aufgrund des Mediaagenturbonus, wie in der Praxis üblich,[1151] als Schutzbehauptung gewertet werden. Ferner besteht eine negative Indizwirkung bezüglich einer Unrechtsvereinbarung, wenn der Mediaagenturbonus mit Wissen des Kunden der Mediaagentur zugewendet wird.[1152] Letztlich liegt eine Unrechtsvereinbarung dann nicht vor, wenn Leistungserbringer und Mediaagentur in ihrem Vertrag festhalten, die Mediaagentur dürfe den erlangten Mediaagenturbonus nur verwenden, sobald sie ohnehin wieder einen Werbeplatz bei diesem Leistungserbringer buchen müsste.[1153]

Ist der Mediaagenturbonus hingegen so ausgestaltet, dass die Vergünstigung erst bei Überschreitung gewisser Budgetanteile auf das gesamte Buchungsvolumen rückwirkt (retroaktives Vergünstigungsmodell), liegt eine Unrechtsvereinbarung nahe, da ein solches System einen über den Mediaagenturbonus hinausgehenden Anreiz darstellt, Werbeplätze unabhängig von ihrer Eignung bei diesem Leistungserbringer zu buchen.[1154] Ferner ist es ein Indiz für das Vorliegen einer Unrechtsvereinbarung, wenn die Zuwendungen und Vergünstigungen nicht der Mediaagentur als Gesellschaft, sondern dem Entscheidungsträger persönlich zugewendet werden. Darüber hinaus liegt die Annahme einer Unrechtsvereinbarung nahe, wenn die gewährten Zuwendungen und Vergünstigungen nicht die Vergütung der Mediaagentur darstellen. Dies ist beispielsweise der Fall, wenn der Kunde die Mediaagentur umfassend vergütet oder er auf die Weiterleitung der 15 % Agenturvergütung verzichtet. Letztlich ist es als Hinweis auf das Vorliegen einer Unrechtsvereinbarung zu werten, wenn die Mediaagentur zunächst die Höhe des möglichen

---

[1151] Siehe dazu: *Kienle/Kappel*, NJW 2007, 3530, 3534.
[1152] Siehe Teil 3, B, IV, 3.
[1153] Siehe Teil 3, B, IV, c), bb).
[1154] Auch aus diesem Grund wurde die retroaktive Vergünstigungsgewährung mittlerweile weitgehend eingestellt: medianet, 19.10.2007, S. 10.

Mediaagenturbonus bei allen Leistungserbringern in Erfahrung bringt und erst daraufhin die Werbeplätze beschafft oder gar erst den Mediaplan erstellt.

Viele dieser Indizien können gleichermaßen als Hinweise auf die Unlauterkeit der Bevorzugung dienen. Auch diese ist am jeweiligen Einzelfall zu prüfen. Insbesondere ist die angestrebte Bevorzugung des bonusgewährenden Leistungserbringers nicht schon aufgrund des Mediaagenturbonus per se unlauter[1155] bzw. die Wahrscheinlichkeit der Bevorzugung aufgrund des Mediaagenturbonus ist gering. Durch den Mediaagenturbonus besteht nicht zwingend die Gefahr, dass die Mediaagentur sich nach diesem statt nach dem Leistungsprinzip richtet und deswegen die Sachgerechtigkeit bezüglich der künftigen Bevorzugung nicht erhalten bleibt. Außerdem verstößt die künftige Bevorzugung eines bonusgewährenden Leistungserbringers nicht gegen die bei Mediaagenturen üblichen Grundsätze des redlichen Geschäftsverkehrs. Dies spricht insgesamt gegen die Unlauterkeit der zukünftigen Bevorzugung.

Für die Unlauterkeit der zukünftigen Bevorzugung würde beispielsweise sprechen, dass die Zuwendungen und Vergünstigungen nicht der Mediaagentur, sondern dem jeweiligen Entscheidungsträger persönlich zugewendet werden. Außerdem kann ein großer Unterschied in der Höhe der gewährten Zuwendungen und Vergünstigungen zwischen einem Leistungserbringer im Vergleich zum Rest der Leistungserbringer auf eine unlautere Bevorzugung hinweisen.[1156]

Hingegen ist die Bevorzugung dann nicht unlauter, wenn die Mediaagentur von einem sachgerechten Motiv der Bevorzugung ausgeht und nicht die eingeräumten Zuwendungen und Vergünstigungen bei der Entscheidung berücksichtigt. Ferner ist die Unlauterkeit der angestrebten Bevorzugung zu verneinen, wenn die Mediaagentur die Vorteile weiterleitet, also sie rein tatsächlich für den Kunden mit den Leistungserbringern aushandelt.[1157] Dann ist die künftige Bevorzugung schon nicht abstrakt geeignet, das Rechtsgut zu gefährden. Letztlich ist die Unlauterkeit abzulehnen, wenn sich die Mediaagentur im Ergebnis nicht nach sachfremden Kriterien gerichtet und trotz Annahme des Mediaagenturbonus den objektiv richtigen Leistungserbringer bevorzugt hat.

Sollte ferner ein Leistungserbringer auf einem speziellen Werbemarktgebiet ein Monopol besitzen oder beispielsweise aus einem Vertrag mit dem Kunden einen Anspruch auf die Bevorzugung haben, so liegt bereits das Wettbewerbserfordernis der zukünftigen unlauteren Bevorzugung nicht vor.

[1155] So i.E. auch: *Tiedemann*, FS Rissing-va Saan, S. 699 f.
[1156] Siehe Teil 3, B, IV, 3, c).
[1157] So auch: *Winkelbauer*, FS Weber, S. 391. Ähnlich: *Odenthal*, wistra 2005, 170, 172, der allerdings in diesem Fall die Unrechtsvereinbarung ablehnt.

V. Bezug von Waren oder gewerblichen Leistungen

Darüber hinaus muss die Bevorzugung des Leistungserbringers im Wettbewerb durch die Mediaagentur beim Bezug von Waren oder gewerblichen Leistungen erfolgen.

Die Begriffe der Waren und der gewerblichen Leistungen sind nicht im Sinne des Handelsrechts, sondern wettbewerbsrechtlich zu verstehen.[1158] Danach sind Waren alle wirtschaftlichen Güter, die Gegenstand des Handels sein können.[1159] Gewerbliche Leistungen sind alle geldwerten Leistungen des gewerblichen oder geschäftlichen Lebens.[1160] Ob allerdings der Begriff der gewerblichen Leistung so weit auszulegen ist, dass auch die nicht gewerblichen Leistungen der freien Berufe als solche des geschäftlichen Lebens erfasst sein sollen, ist umstritten.[1161] Für die vorliegende Arbeit ist diese Frage aufgrund des Vorliegens einer gewerblichen Tätigkeit jedoch nicht von Belang.[1162]

Der Begriff des Bezugs umfasst den gesamten wirtschaftlichen Vorgang von der Bestellung, über die Lieferung, bis hin zur Bezahlung der Leistung,[1163] also mit den Worten des BGH *„das gesamte wirtschaftlich auf die Erlangung von Ware gerichtete Geschäft."*[1164] Zu beachten ist, dass nach dem Wortlaut des § 299 der Vorteilsgeber die Ware oder gewerbliche Leistung sowohl beziehen als auch liefern kann.[1165] Der Bezug der Waren oder gewerblichen Leistungen, für den die Bevorzugung erfolgen soll, muss aber eine geschäftliche Angelegenheit des Betriebs darstellen, dessen Angestellter oder Beauftragter der Täter ist.[1166]

In der dieser Arbeit zugrundeliegenden Konstellation kauft die Mediaagentur von den Leistungserbringern die Werbeplätze. Diese sind nicht verkörpert. Jedoch ist der Begriff der Ware auf Grundlage der Verkehrsauffassung bei wirtschaftlicher Betrachtungsweise weit auszulegen.[1167] Entscheidend beim Begriff der Ware im

---

[1158] LK/*Tiedemann*, § 299, Rn. 30.
[1159] Köhler/*Piper*, 3. Aufl., Einf., Rn. 189.
[1160] *Lehmler*, UWG, § 2 UWG, Rn. 40.
[1161] BT-Drs. 13/5584, S. 14. Abl.: NK/*Dannecker*, § 299, Rn. 54; LK/*Tiedemann*, § 299, Rn. 29; Wabnitz/Janovsky/*Bannenberg*, Handbuch des Wirtschaftsstrafrechts, 10. Kapitel, Rn. 102. Zust.: *Pfeiffer*, FS Gamm, S. 138; Sch/Sch/*Heine*, § 299, Rn. 22; *Fischer*, § 299, Rn. 14; *Kindhäuser*, LPK-StGB, § 298, Rn. 4. Siehe diesbezüglich die angedachte Änderung des § 299: Teil 2, B, IV, 2.
[1162] Mediaagenturen sind keine Freiberufler, vgl. Teil 3, A, II, 10.
[1163] MüKo/*Diemer/Krick*, § 299, Rn. 17.
[1164] BGHSt 10, 269, 270.
[1165] BGHSt 2, 396, 401.
[1166] NK/*Dannecker*, § 299, Rn. 55.
[1167] *Fischer*, § 299, Rn. 14.

Sinne des Wettbewerbsrechts ist nicht die Substanz, sondern vielmehr die Funktion.[1168] Daher sind auch Immaterialgüter wie elektrischer Strom oder Werbeideen Waren im Sinne des Wettbewerbsrechts.[1169] Erforderlich ist mithin nur, dass es sich um ein wirtschaftliches Gut handelt, welches im Verkehr wie eine Ware Gegenstand von Handelsgeschäften ist. Dies ist bei Werbeplätzen der Fall.[1170]

In Wirklichkeit wird aber nicht ein Werbeplatz gekauft, sondern das tatsächliche Erscheinen der Werbung in dem jeweiligen Medium. Die Bezeichnung „Werbeplatz" ist lediglich ein willkürlicher Verkörperungsgedanke. Die Tätigkeit des Einstellens der jeweiligen Werbung in das Medium stellt eine geldwerte Leistung des gewerblichen Lebens dar. Deswegen könnte streng genommen eher von einer gewerblichen Leistung als von einer Ware auszugehen sein, obwohl Werbeplätze rein tatsächlich wie Waren im gewerblichen Verkehr gehandelt werden.

Die Erörterung zeigt, dass sich die Abgrenzung zwischen Waren und gewerblichen Leistungen mitunter schwierig gestaltet. Entscheidend ist in solchen Fällen für gewöhnlich der Schwerpunkt.[1171] Allerdings erscheint es schon einen Schritt *zu* genau, auf das letztendliche Einstellen der Werbung abzustellen, obwohl Werbeplätze wie Waren gehandelt werden. Aus diesem Grund ist eher von einer Ware auszugehen. Da aber beide Fälle gleich zu behandeln sind, ist für die vorliegende Arbeit eine diesbezügliche Entscheidung nicht erforderlich. In jedem Fall liegt eine Ware oder eine gewerbliche Leistung vor.

Des Weiteren schließt die Mediaagentur entsprechend ihrer Verpflichtung aus dem Vertrag mit ihrem Kunden einen Vertrag mit dem jeweiligen Leistungserbringer über einen Werbeplatz und bezahlt diesen auch. Ein Bezug liegt demnach vor. Die Frage, ob auch wirklich ein Bezug des Werbeplatzes durch den Kunden als den Geschäftsherrn der Mediaagentur vorliegt, ist eine Frage der Beauftragtenstellung. Wenn die Mediaagentur bei dem Geschäft mit dem Leistungserbringer Beauftragte ihres Kunden ist, liegt ein Bezug des Kunden vor, in dessen Rahmen die Mediaagentur einen Vorteil für eine Bevorzugung entgegennehmen könnte.

Damit ist das Tatbestandsmerkmal des Bezugs von Waren oder gewerblichen Leistungen für die vorliegende Arbeit nicht weiter zu problematisieren.

[1168] *Köhler*/Bornkamm, Gesetz gegen den unlauteren Wettbewerb, § 2 UWG, Rn. 39.
[1169] *Hoth*, WRP 1956, 262 ff.
[1170] Auch *Heuer* hält Anzeigenraum für eine Ware: Dovifat/*Heuer*, Handbuch der Publizistik/III, S. 263.
[1171] So beispielsweise bei einem Programm auf einer Diskette: KG, NJW-RR 1989, 1319.

VI. Subjektiver Tatbestand

Auf subjektiver Seite stellt § 299 Abs. 1 keine über den Vorsatz des Täters bezüglich der objektiven Voraussetzungen hinausgehenden Anforderungen.[1172] Dolus eventualis ist diesbezüglich grundsätzlich ausreichend.[1173] Der Täter muss sich also insbesondere mit der Möglichkeit abgefunden haben, als Beauftragter eines geschäftlichen Betriebs im geschäftlichen Verkehr einen Vorteil zu fordern, sich versprechen zu lassen oder anzunehmen und es muss ihm die Eignung des Vorteils als Gegenleistung für eine Bevorzugung im Wettbewerb bewusst sein.[1174]

Über weitergehende subjektive Voraussetzungen besteht keine Einigkeit.[1175] Teilweise werden keine weiteren Voraussetzungen gefordert und dolus eventualis als ausreichend erachtet.[1176] Vereinzelt wird in allen Handlungsvarianten dolus directus ersten Grades bezüglich der Unrechtsvereinbarung verlangt.[1177] Außerdem wird mitunter gefordert, die Absicht des Täters müsse sich auch auf die Erlangung des Vorteils erstrecken.[1178] Überwiegend wird hingegen die Absicht bezüglich der Unrechtsvereinbarung im Rahmen von § 299 Abs. 1 nur in der Handlungsvariante des Forderns als Voraussetzung angesehen.[1179] Dem Täter müsse es darauf ankommen, dass der andere den Vorteil als Gegenleistung für die Bevorzugung im Wettbewerb erkennt und darauf eingeht.[1180] Diese strengere Voraussetzung (Absicht) gelte bei den anderen Handlungsvarianten des § 299 Abs. 1 jedoch nicht.[1181]

In der dieser Arbeit zugrundeliegenden Konstellation ist davon auszugehen, dass die Mediaagentur den Vorteil, den Mediaagenturbonus, tatsächlich annimmt.[1182] In einem solchen Fall reicht dolus eventualis, sodass der angeführte Streit nicht relevant wird. Gleiches gilt, wenn ein Sich-Versprechen-Lassen als Handlungsvariante angenommen wird. Selbst wenn aber kein Annehmen vorliegt, sondern es lediglich um eine Strafbarkeit wegen des Forderns eines Vorteils geht, kann davon ausge-

---

[1172] *Lackner/Kühl*, § 299, Rn. 8.
[1173] *Fischer*, § 299, Rn. 22.
[1174] Großkommentar UWG/*Otto*, § 12 UWG, Rn. 48.
[1175] Siehe für den gesamten Streitstand zum subjektiven Tatbestand des § 299: *Pragal*, Die Korruption innerhalb des privaten Sektors, S. 173 ff.
[1176] *Mitsch*, Strafrecht BT/2, Teilbd. 2, § 3, J, Rn. 239; zust. insofern: *Pragal*, Die Korruption innerhalb des privaten Sektors, S. 175 (m.w.N.).
[1177] *Pfeiffer*, FS Gamm, S. 139 f., 142 f.
[1178] *Maurach/Schröder/Maiwald*, Strafrecht BT/2, § 68, Rn. 14.
[1179] MüKo/*Diemer/Krick*, § 299, Rn. 27; NK/*Dannecker*, § 299, Rn. 57; LK/*Tiedemann*, § 299, Rn. 54; SK/*Rudolphi*, § 299, Rn. 11; *Lackner/Kühl*, § 299, Rn. 8; *Pfeiffer*, FS Gamm, S. 139.
[1180] Sch/Sch/*Heine*, § 299, Rn. 29.
[1181] SK/*Rudolphi*, § 299, Rn. 11.
[1182] Siehe Teil 3, B II.

gangen werden, dass die Mediaagentur, falls überhaupt eine Unrechtsvereinbarung vorliegt, auch mit Absicht in Bezug auf diese handelt. Entscheidend wäre insofern wieder die Frage, ob der Gewährung des Mediaagenturbonus tatsächlich eine Unrechtsvereinbarung bezüglich einer künftigen unlauteren Bevorzugung zugrunde liegt oder ob es sich nicht lediglich um eine Vergütung zum Erhalt der Mediaagentur handelt, die gerade nicht auf eine subjektive Bevorzugung abzielt. In letzterem Fall würden keine Anhaltspunkte vorliegen, anhand derer ein dolus directus ersten Grades der Mediaagentur in Bezug auf die Unrechtsvereinbarung bejaht werden könnte. Allerdings ist eine rein abstrakte Bewertung nicht möglich, sondern es ist der Einzelfall entscheidend.

Also enthält der subjektive Tatbestand keine im Rahmen dieser Arbeit abstrakt zu vertiefenden Probleme.

VII. Fazit

Bei Unterstellung der Beauftragtenstellung der Mediaagentur weisen auch andere Tatbestandsmerkmale des § 299 Abs. 1 große Problemfelder auf. Folgendes ist festzuhalten:

- Der Vorteil ist in dem Bonus zu sehen, den die Mediaagentur von den Leistungserbringern erhält. Dass ein Anspruch auf diesen Bonus aus dem Schaltvertrag resultiert, ist nicht im Rahmen des Vorteils, sondern im Rahmen der Unrechtsvereinbarung zu berücksichtigen. Auch ist der Mediaagenturbonus nicht als sozialadäquate Zuwendungen anzusehen.[1183]

- Für die Handlungsvariante ist im jeweiligen Einzelfall zu berücksichtigen, ob eine Unrechtsvereinbarung vorliegt oder nur die Mediaagentur einseitig eine solche abschließen will.[1184]

- Die Bejahung des geschäftlichen Verkehrs ist mit dem Abschluss der Verträge mit den Leistungserbringern durch die Mediaagentur

---

[1183] Siehe Teil 3, B, I.
[1184] Siehe Teil 3, B, II.

zu einem wirtschaftlichen Zweck unter Teilnahme am Wettbewerb ohne Schwierigkeiten möglich.[1185]

- Die auf eine zukünftige unlautere Bevorzugung im Wettbewerb, gerichtete Unrechtsvereinbarung stellt das größte Problemfeld dar. Die künftige Bevorzugung im Wettbewerb liegt in der Auswahl eines Leistungserbringers. Bezüglich der Unrechtsvereinbarung und der Unlauterkeit der zukünftigen Bevorzugung ist auf den jeweiligen Einzelfall abzustellen. Erforderlich ist eine Gesamtabwägung, welche die Eignung der Bevorzugung zur Schädigung der Mitbewerber durch Ausschaltung der Konkurrenz ergibt. Allerdings darf auf die auf eine zukünftige Bevorzugung gerichtete Unrechtsvereinbarung nicht schon wegen der Gewährung des Mediaagenturbonus geschlossen werden. In gleicher Weise ist die angestrebte Bevorzugung des bonusgewährenden Leistungserbringers nicht schon aufgrund des Mediaagenturbonus per se unlauter.[1186]

- Die Unlauterkeit ist abzulehnen, wenn die Mediaagentur sich nicht von sachwidrigen Überlegungen leiten ließ und im Ergebnis trotz Annahme des Mediaagenturbonus den objektiv richtigen Leistungserbringer bevorzugt hat. Diese Ausnahme ist allerdings eng zu fassen.[1187]

- Der Bezug einer Ware liegt mit dem Abschluss des Schaltvertrags über den Werbeplatz vor.[1188]

- In Bezug auf den subjektiven Tatbestand ist eine abstrakte Erörterung nicht möglich. Festzuhalten ist lediglich, dass nur bei der Handlungsvariante des Forderns zusätzlich Absicht in Bezug auf die Unrechtsvereinbarung erforderlich ist, bezüglich der restlichen Tatbestandsmerkmale aber dolus eventualis ausreicht.[1189]

[1185] Siehe Teil 3, B, III.
[1186] Siehe Teil 3, B, IV.
[1187] Siehe Teil 3, B, IV, 4, c), bb).
[1188] Siehe Teil 3, B, V.
[1189] Siehe Teil 3, B, VI.

Teil 4
Weitere zu berücksichtigende Vorschriften

Im Rahmen dieses vierten Teils sind in der gebotenen Kürze noch mit Blick auf die dieser Arbeit zugrundeliegende Konstellation die Voraussetzungen für das Vorliegen eines besonders schweren Falls, das Strafantragserfordernis, der erweiterte Verfall und die Verjährung zu beleuchten. Gleichfalls ist die Strafbarkeit der Mediaagentur wegen Betrugs- und Untreue kurz zu betrachten. Die dadurch gewonnenen Einsichten sind für das Gesamtverständnis der Rahmenbedingungen erforderlich, welches seinerseits wiederum für die im fünften Teil der Arbeit zu erörternden Möglichkeiten zur Problemvermeidung notwendig ist. Gleichwohl sind die Ausführungen knapp zu halten, um nicht den Schwerpunkt der Arbeit zu verlagern oder den Rahmen zu sprengen.

A. Besonders schwerer Fall, Strafantrag, erweiterter Verfall, Verjährung

Zunächst sind die unmittelbar für eine Strafbarkeit nach § 299 relevanten Vorschriften des besonders schweren Falls (§ 300), des Strafantragserfordernisses (§301), des erweiterten Verfalls (§ 302) sowie der Verjährung zu zu betrachten.

I. Besonders schwerer Fall

§ 300 normiert eine Erhöhung des Strafrahmens bei besonders schweren Fällen der Bestechlichkeit und Bestechung im geschäftlichen Verkehr. Ein solcher liegt gemäß § 300 Satz 2 Nr. 1 in der Regel vor, wenn sich die Tat auf einen Vorteil großen Ausmaßes bezieht oder gemäß § 300 Satz 2 Nr. 2 der Täter gewerbsmäßig oder als Mitglied einer Bande handelt, die sich zur fortgesetzten Begehung solcher Taten verbunden hat. Darüber hinaus sind unbenannte schwere Fälle möglich.

Zu beachten ist, dass nach dem Gesetzeswortlaut nicht der Umfang der unlauteren Bevorzugung, sondern der *Vorteil* das große Ausmaß haben muss. Dies könnte insofern problematisch sein, als es für eine Störung des Wettbewerbs nicht auf die Höhe des Schmiergelds, sondern auf das Ausmaß der sachwidrigen Bevorzugung ankommt.[1190] Jedoch ist das Ausmaß der Störung des Wettbewerbs durch Ersetzung des Leistungsprinzips als Maßstab für Bevorzugungen im Wettbewerb schwer feststellbar.[1191]

Über die konkrete Höhe des Vorteils besteht keine Einigkeit.[1192] Als Werte werden 5000 €[1193], 10.000 €[1194], 20.000 €[1195] und 25.000 €[1196] angegeben, wobei insofern immer der konkrete Einzelfall zu würdigen sein soll.[1197] Zu Recht wird darauf verwiesen, der Wert müsse aufgrund der geringeren Strafdrohung im Vergleich zum wortgleichen § 335 und dem größeren Unrechtsgehalt der Amtsträgerkorruption höher anzusetzen sein, als bei § 335.[1198] Der BGH verweist auf § 263 Abs. 2 Satz 2 Nr. 2 und legt so einen Wert von 50.000 € zugrunde.[1199]

Bei mehreren einzelnen Zuwendungen kommt es auf den Gesamtwert an, solange die Annahme nur eine Bestechlichkeitshandlung darstellt.[1200]

Gewerbsmäßig handelt, wer sich aus der fortgesetzten Begehung der Straftat eine dauerhafte Einnahmequelle von einigem Umfang sichern will.[1201] Eine Bande sind mehrere Personen, welche sich ausdrücklich oder konkludent zur Begehung von im Einzelnen noch nicht bestimmten Straftaten zusammengeschlossen haben.[1202] Seit der Entscheidung des BGH vom 22.03.2001 sind für eine Bande mindestens drei Personen erforderlich.[1203]

Aufgrund der großen Auftragsvolumina und den entsprechend hohen Bonuszahlungen ist die Strafzumessungsvorschrift des § 300 in der Mediaagenturkonstellation besonders relevant. Gleiches gilt aufgrund der Tatsache, dass die Mediaagentur

---

[1190] Sch/Sch/*Heine*, § 300, Rn. 3 (m.w.N.); *Fischer*, § 300, Rn. 3 (m.w.N.).
[1191] In Bezug auf den Wettbewerb: NK/*Dannecker*, § 300, Rn. 5; MüKo/*Diemer/Krick*, § 300, Rn. 2.
[1192] LK/*Tiedemann*, § 300, Rn. 4 (m.w.N.).
[1193] SK/*Rudolphi*, § 300, Rn. 3.
[1194] *Fischer*, § 300, Rn. 4.
[1195] LK/*Tiedemann*, § 300, Rn. 4.
[1196] MüKo/*Diemer/Krick*, § 300, Rn. 2; NK/*Dannecker*, § 300, Rn. 5; *Wessels/Hillenkamp*, Strafrecht BT/2, Rn. 702.
[1197] *Wolters*, JuS 1998, 1100, 1103: tatbestandsspezifische Auslegung des Begriffs.
[1198] Anstelle vieler: *Fischer*, § 300, Rn. 3.
[1199] BGH, NJW 2006, 3290, 3298.
[1200] NK/*Dannecker*, § 300, Rn. 5.
[1201] BGHSt 1, 383; BGH, NStZ-RR 2006, 106, 107 (m.w.N.).
[1202] SSW-StGB/*Rosenau*, § 300, Rn. 4.
[1203] BGH, NJW 2001, 2266, 2267.

gewerbsmäßig ihren Kunden Werbeplätze verschafft und dabei die Mediaagenturboni erhält. Das Vorliegen eines besonders schweren Falls liegt demnach in der Mediaagenturkonstellation, solange die Voraussetzungen des § 299 Abs. 1 als gegeben angesehen werden, zumindest nahe.

II. Strafantragserfordernis

Wie bereits erwähnt, wird die Bestechlichkeit und Bestechung im geschäftlichen Verkehr gemäß § 301 Abs. 1 nur auf Antrag oder bei Vorliegen eines besonderen öffentlichen Interesses verfolgt. Es handelt sich mithin um ein relatives Antragsdelikt. Antragsberechtigt sind gemäß § 301 Abs. 2 neben dem Verletzten alle in § 8 Abs. 3 Nr. 1, 2 und 4 UWG genannten Gewerbetreibenden, Verbände und Kammern.

Der Verletzte ist der Träger des Rechtsguts und damit jeder auf demselben Markt tätige Mitbewerber, der gleiche oder ähnliche Waren anbietet.[1204] Umstritten ist, ob nur solche Mitbewerber erfasst sind, die sich um den konkreten Auftrag beworben haben und somit tatsächlich beeinträchtigt sind.[1205] Dagegen spricht, dass es sich bei § 299 um ein abstraktes Gefährdungsdelikt handelt[1206] und außerdem § 8 Abs. 3 Nr. 1 UWG für den Mitbewerber auf § 2 Abs. 1 Nr. 3 UWG verweist, welcher sowohl Anbieter als auch Nachfrager erfasst, die in einem konkreten Wettbewerbsverhältnis stehen.[1207]

Letztlich wird überwiegend auch der Geschäftsherr als antragsberechtigt angesehen, solange die Schmiergeldzahlung pflichtwidrig war und ihm gegenüber nicht offen gelegt wurde.[1208] Diese Antragsberechtigung ist unabhängig davon, dass die Vermögensinteressen des Geschäftsherrn gerade nicht das die Auslegung bestim-

---

[1204] LK/*Schmid*, § 77, Rn. 35.
[1205] Zust.: *Köhler*/Bornkamm, Gesetz gegen den unlauteren Wettbewerb, § 8 UWG, Rn. 3.27. Abl.: LK/*Tiedemann*, § 301, Rn. 2. Zur Rechtslage im UWG: *Schwartz*, FS Ficker, S. 412.
[1206] Siehe Teil 3, B, IV, 2.
[1207] NK/*Dannecker*, § 299, Rn. 4.
[1208] Sch/Sch/*Heine*, § 301, Rn. 3.

mende Rechtsgut darstellen[1209] bzw. der Geschäftsherr durch § 299 nur nachrangig geschützt wird.[1210]

Ein besonderes öffentliches Interesse ist abhängig von der Höhe des Vorteils, dem Ausmaß der Bevorzugung, dem Umfang der Schädigung Dritter, den Auswirkungen auf den Wettbewerb und der Stellung des Täters in der Öffentlichkeit zu beurteilen.[1211] Liegt ein besonders schwerer Fall im Sinne von § 300 vor, so ist ein besonderes öffentliches Interesse nur in Ausnahmefällen zu verneinen.[1212]

In der dieser Arbeit zugrundeliegenden Konstellation ist ein Strafantrag der Mitbewerber unwahrscheinlich, da auch sie an dem Mediaagenturbonus festhalten wollen und deswegen keine Überprüfung der Bonuspraxis anstreben. Ein Strafantrag eines Kunden ist wahrscheinlicher. Diese Ansicht entspricht indes erstaunlicherweise nicht der Realität. Einem von der Staatsanwaltschaft München jüngst eingeleiteten Ermittlungsverfahren gegen 50 Personen in 15 Mediaagenturen und bei zwei Vermarktern hat sich kein einziger Kunde angeschlossen oder gar Anzeige erstattet, sodass das Ermittlungsverfahren letztlich wegen mangelnden öffentlichen Interesses am 10.12.2009 eingestellt wurde.[1213] Dieses Verhalten zeigt, dass möglicherweise auch die Kunden insgeheim mit dem bestehenden System nicht in der Weise unzufrieden sind, wie es vereinzelt in der Öffentlichkeit verlautet. Immerhin müssen sie den Mediaagenturen für deren hilfreiche Tätigkeit kein direktes Honorar zuwenden.

[1209] Siehe Teil 2, D, II, 2, b).
[1210] LK/*Tiedemann*, § 299, Rn. 2; *Wessels/Hillenkamp*, Strafrecht BT/2, Rn. 702; *Lackner/Kühl*, § 299, Rn. 1. Instruktiv dazu auch: *Mölders*, Bestechung und Bestechlichkeit im internationalen geschäftlichen Verkehr, S. 133 ff.
[1211] MüKo/*Diemer/Krick*, § 301, Rn. 3.
[1212] *Fischer*, § 301, Rn. 3, mit Verweis auf Nr. 242a Abs. 2 RiStBV.
[1213] absatzwirtschaft, Nr. 04/2010, S. 27; HORIZONT, Nr. 48/2009, S. 22; http://www.absatzwirtschaft.de/Content/Communication/News/_pv/doc_page/1/_p/1003214/nc/0/_t/ft/_b/69495/default.aspx/mediaagenturen-und-werbekunden-unter-zugzwang.html, zuletzt abgerufen am 20.10.2011.

III. Erweiterter Verfall

Wenn die Mediaagentur gewerbsmäßig oder als Mitglied einer Bande handelt, welche sich zur fortgesetzten Begehung von Straftaten zusammengeschlossen hat, so ist gemäß § 302 Abs. 1 der erweiterte Verfall gemäß § 73d anzuwenden.[1214]

IV. Verjährung

Die Frist für die Verjährung der Strafverfolgung beträgt gemäß § 78 Abs. 3 Nr. 4 fünf Jahre. Sie beginnt gemäß § 78a S. 1 mit der Beendigung der Tat, im Fall des § 299 Abs. 1 also mit der Annahme des Vorteils.[1215] Solange allerdings ein Vorteil nur gefordert oder versprochen, nicht aber gewährt wird, beginnt die Verjährungsfrist erst zu laufen, wenn der Täter mit der Erfüllung nicht mehr rechnet, da bis zu diesem Zeitpunkt die von dem erhofften Vorteil ausgehende motivierende Kraft fortbesteht.[1216] Für die Mediaagentur ist des Weiteren zu berücksichtigen, dass die Verjährung bei Handlungseinheit mit dem Abschluss des letzten Einzelakts beginnt.[1217] Bei gewerbsmäßigen Taten kann jedoch nicht schon wegen der Gewerbsmäßigkeit eine Handlungseinheit angenommen werden.[1218]

B. Betrugs- und Untreuestrafbarkeit

Abschließend sind die Betrugs- und Untreuestrafbarkeit der Mediaagentur in der vorliegenden Konstellation kurz zu beleuchten. Durch die dabei erlangten Einsichten lassen sich möglicherweise Rückschlüsse auf die Strafbarkeit der Mediaagentur als Beauftragte gemäß § 299 Abs. 1 ziehen. Außerdem verdeutlicht die Betrachtung

---

[1214] Siehe dazu: NK/*Dannecker*, § 302, Rn. 6.
[1215] BGH, NStZ-RR 2008, 42, 43.
[1216] *Greeve*, Bestechungsdelikte, S. 227. Grundlegend zum Streit über den Verjährungsbeginn bei Bestechungsdelikten: NK/*Saliger*, § 78a, Rn. 22 ff.; *Helmrich*, wistra 2009, 10 ff.
[1217] LK/*Schmid*, § 78a, Rn. 13. Siehe zum Streit bezüglich der tatbestandlichen Handlungseinheit seit dem Wegfall des Fortsetzungszusammenhangs: SK/*Rudolphi/Wolter*, § 78a, Rn. 8a.
[1218] Sch/Sch/*Stree/Sternberg-Lieben*, Vorbem §§ 52 ff., Rn. 100.

der Betrugs- und Untreuestrafbarkeit die Relevanz der bezüglich der Strafbarkeit gemäß § 299 erarbeiteten Ergebnisse.

I. Betrugsstrafbarkeit

In Betracht kommen könnte eine Strafbarkeit der Mediaagentur wegen Betrugs gemäß § 263. Dazu müsste sie durch Täuschung über Tatsachen eine irrtumsbedingte Vermögensverfügung hervorgerufen haben, welche unmittelbar zu einem Vermögensschaden führte.

Eine Täuschung über Tatsachen ist gegeben, wenn durch eine Erklärung über gegenwärtige oder vergangene Verhältnisse oder Geschehnisse auf die Vorstellung einer anderen Person eingewirkt wird, um einen Irrtum hervorzurufen.[1219] Ein Irrtum ist jede Abweichung zwischen subjektiver Vorstellung und Wirklichkeit.[1220]

Eine Vermögensverfügung ist jedes Tun oder Unterlassen, welches sich unmittelbar vermögensmindernd auswirkt.[1221] Ein Vermögensschaden liegt vor, wenn das Vermögen des Getäuschten oder eines Dritten durch die Vermögensverfügung unmittelbar gemindert wurde. Um dies zu ermitteln, wird im Wege der Gesamtsaldierung das Gesamtvermögen vor und nach der Tat verglichen.[1222]

1. Betrug gegenüber und zu Lasten eines Leistungserbringers

In der vorliegenden Konstellation wäre ein Betrug gegenüber und zu Lasten eines Leistungserbringers denkbar. Um einen besonders hohen Mediaagenturbonus zu erhalten, könnte die Mediaagentur einen Leistungserbringer in Bezug auf ihre Bereitschaft zu dessen Bevorzugung bei der jetzt von ihr vorzunehmenden Buchung von Werbeplätzen täuschen.[1223] Allerdings erhält die Mediaagentur den Mediaagenturbonus (den Freespace) erst *im Anschluss* an die Buchung der Werbeplät-

---

[1219] Sch/Sch/*Cramer/Perron*, § 263, Rn. 6. Umfassend zur Täuschung: NK/*Kindhäuser*, § 263, Rn. 57 ff. Instruktiv zum Irrtum: *Kargl*, ZStW 2007, 250, 254 ff. Zum Tatsachenbegriff: *Lackner/ Kühl*, § 263, Rn. 3 f.
[1220] BGHSt 24, 257, 260; LK/*Tiedemann*, § 263, Rn. 84 f.
[1221] BGHSt 14, 170 f; SK/*Hoyer*, § 263, Rn. 158 ff.; MüKo/*Hefendehl*, § 263, Rn. 235.
[1222] NK/*Kindhäuser*, § 263, Rn. 226 ff.; *Fischer*, § 263, Rn. 88 f.
[1223] BGHSt 15, 88, 99; NK/*Dannecker*, § 299, Rn. 87; LK/*Tiedemann*, § 299, Rn. 60.

ze.¹²²⁴ Der Mediaagenturbonus ist nicht bei dieser, sondern erst bei der nächsten Buchung einsetzbar.¹²²⁵ Daher würde eine Täuschung des Leistungserbringers über dessen Bevorzugung nicht zur Erlangung des Mediaagenturbonus führen. Allenfalls eine Täuschung über die Bevorzugung bei der späteren *Verwendung* des bei der jetzigen Buchung erhaltenen Freespaces kommt in Betracht. Die Mediaagentur könnte gegenüber dem Leistungserbringer behaupten, sie werde den Freespace bei der nächsten Buchung von Werbeplätzen in jedem Fall verwenden, also den Leistungserbringer unabhängig von der Eignung des jeweiligen Werbeplatzes bevorzugen.¹²²⁶ Wenn diese Täuschung der Mediaagentur eine Fehlvorstellung des Leistungserbringers hervorruft und er ihr deswegen den Freespace zukommen lässt, liegen ein Irrtum und eine Vermögensverfügung vor. Solange allerdings der Leistungserbringer der Mediaagentur den Freespace als Vergütung für ihre Tätigkeit gewährt und nicht weil sie vorgibt, den Leistungserbringer bei der nächsten Buchung unabhängig von der Eignung des Werbeplatzes zu bevorzugen,¹²²⁷ fehlt es an der erforderlichen Kausalität zwischen Irrtum und Vermögensverfügung.¹²²⁸ Nur wenn die Mediaagentur den Leistungserbringer durch ihre Täuschung veranlassen würde, den Mediaagenturbonus zu erhöhen, ihn also entgegen der eigentlichen Vorgehensweise nicht nur als Vergütung der Mediaagentur einzusetzen, sondern auch als Anreiz für eine ungerechtfertigte zukünftige Bevorzugung, läge eine irrtumsbedingte Vermögensverfügung auch bei dieser Vorgehensweise vor. Der Leistungserbringer würde einen erhöhten Mediaagenturbonus dann nur gewähren, weil die Mediaagentur ihn über eine zukünftige Bevorzugung täuscht. Entsprechend wäre auch das Vermögen des Leistungserbringers um die Differenz zwischen eigentlichem und erhöhtem Mediaagenturbonus gemindert, sodass ein Vermögensschaden ebenfalls gegeben wäre. Wenn jedoch die Mediaagentur die spätere Bevorzugung in einem solchen Fall nicht vornimmt (also tatsächlich den Leistungserbringer diesbezüglich täuscht), wird der Leistungserbringer seine Geschäftsbeziehung mit der Mediaagentur abbrechen und ihr Vorgehen den anderen Leistungserbringern mitteilen. Also setzt ein solcher Fall voraus, dass die Mediaagentur bereit ist, zur einmaligen Erlangung eines erhöhten Mediaagenturbonus ihre Geschäftsbeziehungen zu den Leistungserbringern zu riskieren. Dies ist auf-

---

[1224] Siehe Teil 1, B, II, 2.
[1225] Siehe Teil 1, B, II, 2; Teil 3, A, II, 1, a).
[1226] Siehe dazu den Unterschied zwischen der „gewöhnlichen" Vorgehensweise der Mediaagentur und der hier beschriebenen: Teil 1, A, II; Teil 1, B, II und III.
[1227] Siehe Teil 3, A, II, 6.
[1228] MüKo/*Hefendehl*, § 263, Rn. 233.

grund der oligopolistischen Ausgestaltung des Mediaagenturmarkts[1229] als eher unwahrscheinlich einzustufen.

2. Betrug gegenüber und zu Lasten des Kunden

Ein Betrug ist daher eher gegenüber und zu Lasten des Kunden denkbar. Die Mediaagentur könnte über die richtige Auswahl des Werbeplatzes zur Erreichung der Interessen des Kunden oder aber über den Erhalt der Vergünstigung täuschen.

a) Täuschung über die Eignung des Werbeplatzes

Um den Werbeplatz buchen zu können, der den größten Mediaagenturbonus mit sich bringt, müsste die Mediaagentur den Kunden bezüglich der Eignung dieses Werbeplatzes zur Erreichung der idealen Werbewirkung täuschen. Die ideale Werbewirkung ist als Zusammenfassung vieler Einzeltatsachen zu sehen, etwa dass die entsprechende Zielgruppe durch dieses Medium am besten erreicht wird. Allerdings handelt es sich dabei um eine Prognoseentscheidung. Auch die Mediaagentur kann nicht sicher bestimmen, welcher Werbeplatz die ideale Werbewirkung entfalten wird. Jedoch kann die Mediaagentur aufgrund ihrer langen Erfahrung die Werbewirkung besser als ein Durchschnittsbürger beurteilen.[1230] Sie behauptet daher gegenüber dem Kunden, ihre Erfahrung eingesetzt und den Werbeplatz nach anerkannten Kriterien zur Ermittlung der besten Werbewirkung ausgewählt zu haben. Also läge eine Täuschung des Kunden über Tatsachen vor, wenn die Mediaagentur die Auswahl tatsächlich anhand des Umfangs des Bonus getroffen hat. Erachtet der Kunde die Äußerungen der Mediaagentur für wahr, differieren seine subjektiven Vorstellungen bezüglich des Werbeplatzes mit der Wirklichkeit. Er befindet sich somit im Irrtum.

Eine irrtumsbedingte Vermögensverfügung des Kunden ist dann in der Bezahlung des Werbeplatzes zu erblicken. Problematisch wäre allein der Vermögensschaden, da der Kunde immerhin einen Werbeplatz erhält und für diesen „nur" den normalen Marktpreis entrichtet. Allerdings ist der Werbeplatz nicht nach anerkannten Kriterien zur bestmöglichen Erreichung der Werbeinteressen des Kunden ausgewählt worden. Zu denken ist an die Auswahl eines Werbeplatzes in einer Frauenzeitschrift, wenn der Kunde für ein Männerprodukt werben will. Ein solcher

---

[1229] Siehe Teil 2, A, II.
[1230] Siehe Teil 2, A, I und II; Teil 1, A, I und II.

Platz wäre zur Erreichung der Zielgruppe sicher nicht ideal, da zumindest durchschnittlich weniger Männer Frauenzeitschriften lesen und weniger Frauen Männerprodukte kaufen. Hinsichtlich des Schadens in einer solchen Konstellation hat der BGH bereits im Melkmaschinen-Fall entschieden, dass ein solcher anzunehmen ist, wenn eine Leistung zwar objektiv wert ist, was der Getäuschte für sie entrichtet hat, er sie aber nicht oder nicht in vollem Umfang zum vertraglich vereinbarten Zweck nutzen kann.[1231] Im vorliegenden Fall ist der vertraglich vereinbarte Zweck die Auswahl zum bestmöglichen Erreichen der Zielgruppe. Diesem Zweck entspricht der verschaffte Werbeplatz nicht. Also liegt trotz objektiv ausgeglichenem Geschäft ein negativer Saldo vor. Folglich wäre ein Vermögensschaden zu bejahen.

b) Täuschung über den Erhalt der Vergünstigung

Wie über die Werbewirkung des Werbeplatzes kann die Mediaagentur den Kunden (darüber hinaus) auch hinsichtlich des Preises bzw. der erhaltenen Vergünstigungen täuschen. Allerdings teilt die Mediaagentur dem Kunden nicht mit, sie habe einen bestimmten Betrag für den Werbeplatz entrichtet, obwohl diese Mitteilung aufgrund der eingeräumten Vergünstigungen nicht der Wirklichkeit entspricht. Vielmehr rechnet die Mediaagentur ja gegenüber dem Kunden auf Basis der Listenpreise ab.[1232] Sie nennt dem Kunden den Preis, den er für den Werbeplatz gemäß der Preisliste zu bezahlen hätte, wenn er direkt bei dem jeweiligen Leistungserbringer buchen würde. Aus diesem Grund liegt keine Täuschung der Mediaagentur gegenüber dem Kunden bezüglich der erhaltenen Vergünstigungen vor. Allenfalls an eine konkludente Täuschung wäre zu denken. Eine solche scheidet diesbezüglich jedoch ebenfalls aus, da der Kunde die Mediaagentur nicht selbst vergütet und daher wissen muss, dass die Mediaagentur nicht denselben Preis an die Leistungserbringer bezahlen muss.[1233] Dies zeigt sich vor allem in seinem Verlangen nach Weitergabe der 15 % Agenturvergütung trotz fehlender eigener Vergütung, welche den Mediaagenturbonus erst entstehen ließ.[1234]

Folglich kommt hinsichtlich einer Täuschung über Vergünstigungen nur die Buchung eines Werbeplatzes seitens der Mediaagentur in Betracht, welcher zu einem geringeren Preis erhältlich gewesen wäre. Unerheblich ist, ob der Preis höher ist, weil dieser Leistungserbringer im Vergleich zu anderen Anbietern von sich aus

---

[1231] BGHSt 16, 321, 325 f; Lehre vom individuellen Schadenseinschlag. Dazu auch: MüKo/ *Hefendehl*, § 263, Rn. 632 ff. (m.w.N.).
[1232] Siehe Teil 1, B.
[1233] Siehe Teil 3, A, II, 6.
[1234] Siehe Teil 3, A, II, 6.

einen größeren Mediaagenturbonus einräumt, um seine Werbeplätze überhaupt verwerten zu können, oder weil die Mediaagentur und der Leistungserbringer einen erhöhten Preis vereinbart haben, um sich den Überschuss teilen zu können. In beiden Fällen täuscht die Mediaagentur den Kunden über den tatsächlich für den Werbeplatz zu entrichtenden Betrag bzw. die Tatsache, dass der Preis für den Werbeplatz der geringste war, und ruft dadurch einen entsprechenden Irrtum des Kunden hervor. Die auf diesem Irrtum beruhende Vermögensverfügung ist in der Bezahlung der Werbeplätze durch den Kunden zu sehen und der Vermögensschaden in den erhöhten Kosten des Werbeplatzes. Also läge ein Betrug vor.

Diese Fallkonstellation entspricht aber nicht dem in der vorliegenden Arbeit beschriebenen Normallfall der Vorgehensweise der Mediaagentur bzw. lediglich die Gestaltung der Vergütung an sich lässt noch nicht den Rückschluss auf ein solches Vorgehen zu, da auch ein regelgerechtes Verhalten denkbar ist.[1235] Vereinbaren Mediaagentur und Leistungserbringer, dem Kunden einen überhöhten Preis in Rechnung zu stellen, damit die Differenz als Rückvergütung (anteilweise) der Mediaagentur zukommt, so liegt ein typischer Fall von Kickbackzahlungen vor.[1236] In Kickback-Fällen vermutet der BGH, ein Vermögensschaden ergebe sich aus der Einbeziehung der Kickbacks in das Angebot, da das eigentliche Angebot zumindest um die Kickbacks günstiger wäre.[1237] Die Vermutung beruht darauf, dass der Betrag, der für Provisionen, Kickbacks o.ä. aufgewendet wird, grundsätzlich andernfalls dem Vertragspartner in Form eines Preisnachlasses zukommen könnte.[1238] Da die Vermögensmehrung durch den Abschluss des Vertrags zu günstigeren Konditionen ausbleibt, wird ein Vermögensschaden bejaht.[1239] Die Chance der Mehrung des Vermögens ist im Strafrecht aber nur geschützt, wenn bereits eine hinreichende Verdichtung der Erwerbsaussichten vorlag.[1240] Die Vermögensmehrung muss in ihrer Entwicklung zum Vollrecht schon so konkret geworden sein, dass sie nach der Verkehrsauffassung bereits einen messbaren wirtschaftlichen Wert darstellt (sog. faktische Expektanz).[1241]

[1235] Siehe dazu Teil 1, A, I und II; Teil 3, B, IV.
[1236] Siehe Teil 1, B, II, 1.
[1237] BGH, NJW 2005, 300, 305; BGHSt 47, 83, 89; BGH, wistra 2005, 58, 62; OLG Karlsruhe, BB 2000, 635, 636; NK/*Kindhäuser*, § 266, Rn. 114; krit.: *Klengel/Rübenstahl*, HRRS 2007, 52, 61 f., 65; *Bernsmann*, StV 2005, 576, 577. Instruktiv zu Vermögensschäden durch Kickbackvereinbarungen: LK/*Schünemann*, § 266, Rn. 167; *Szebrowski*, Kick-Back, S. 24 ff., 31 ff.
[1238] BGH, NJW 2005, 300, 305.
[1239] BGH, NJW 1983, 1807; Sch/Sch/*Perron*, § 266, Rn. 46.
[1240] *Lackner/Kühl*, § 263, Rn. 34.
[1241] *Wessels/Hillenkamp*, Strafrecht BT/2, § 13, Rn. 535.

Im vorliegenden Fall muss der Kunde jedoch immer denselben Preis bezahlen, unabhängig von der Einschaltung einer Mediaagentur.[1242] Entgegen der Vermutung des BGH fällt der der Mediaagentur gewährte Mediaagenturbonus nicht andernfalls dem Kunden zu. Ein für den Kunden günstigerer Vertragsabschluss ist mithin nicht möglich. Der Mediaagenturbonus ist eben kein Kickback, sondern die Vergütung der Tätigkeit der Mediaagentur.[1243] Er wird nicht wie Schmiergeld auf den eigentlichen Preis *aufgeschlagen* und erhöht somit nicht den letztlich von den Kunden für die Werbeplätze zu entrichtenden Preis.[1244] Daher fällt er nicht in die Vermögenssphäre des Kunden.[1245] Nur wenn eine Pflicht zur Weiterleitung des Mediaagenturbonus bestünde, könnte der Vermögensschaden möglicherweise aufgrund der Nichtweiterleitung bejaht werden.[1246] Da eine gesetzliche Pflicht zur Weiterleitung des Mediaagenturbonus im vorliegenden Fall aber nicht besteht,[1247] liegt ein Vermögensschaden nur vor, wenn die Mediaagentur für den Werbeplatz einen überhöhten Mediaagenturbonus erhält und dieser entsprechend auf den Preis des Werbeplatzes aufgeschlagen wurde, oder wenn der Werbeplatz zur Erreichung der Werbeinteressen des Kunden untauglich ist. Dies ist im Einzelfall festzustellen, entspricht aber nicht der üblichen Vorgehensweise in der Mediaagenturkonstellation.

Zur Veranschaulichung kann in diesem Zusammenhang ein Fall des BGH dienen, in dem ein Arzt Kontaktlinsen mit der Krankenkasse zum marktüblichen Preis abrechnete, den Erhalt eines Mengenrabatts beim Bezug der Linsen jedoch verschwieg.[1248] Nach Ansicht des BGH beinhaltete die Abrechnung des vollen Preises stillschweigend die Erklärung, diese Kosten seien tatsächlich und endgültig angefallen.[1249] Da der Mengenrabatt unberücksichtigt blieb, wurde die Erklärung des Arztes als falsch erachtet und daher ein Betrug bejaht. In gleicher Weise wie der Arzt im Fall des BGH erlangt auch die Mediaagentur in dem dieser Arbeit zugrundeliegenden Fall den Werbeplatz letztlich zu besseren Konditionen. Allerdings unterscheidet sich der Fall zunächst dadurch, dass die Mediaagentur nur zu Zeiten der 15 % Agenturvergütung tatsächlich weniger für die Werbeplätze bezahlt hat. Sie stellte zwar den Kunden die vollen Listenpreise in Rechnung, musste aber selbst

---

[1242] Siehe Teil 1, B.
[1243] Siehe Teil 1, B; Teil 3, A, II, 2, f), bb), (1); Teil 3, A, II, 6.
[1244] BGH, wistra 2005, 58, 62 f.
[1245] Weiterführend hierzu: *Rönnau*, FS Kohlmann, S. 239, 259.
[1246] Zum Vermögensschaden bei vermögenswerten Ansprüchen gegen den Täter: NK/*Kindhäuser*, § 266, Rn. 97.
[1247] Siehe Teil 3, A, II, 2, f), cc).
[1248] BGH, NStZ 2004, 568.
[1249] BGH, NStZ 2004, 568, 569.

nur 85 % davon an die Leistungserbringer bezahlen.[1250] Also lag ein Rabatt vor.[1251] Heute leitet die Mediaagentur diese 15 % hingegen an die Kunden weiter; sie bezahlen also eigentlich auch lediglich 85 % für ihren Werbeplatz.[1252] Dafür erhält die Mediaagentur im Anschluss von den Leistungserbringern den Mediaagenturbonus.[1253] Somit liegt kein Rabatt mehr vor.[1254] Selbst wenn dies mit einem Gesamtbetrachtungsargument bestritten werden sollte, ist ein weiterer gewichtiger Unterschied, dass der Arzt von den Patienten bzw. der Kasse vergütet wird, im Falle der Mediaagentur aber der Mediaagenturbonus die Vergütung der Mediaagentur für ihre Tätigkeit für den Kunden und die Leistungserbringer darstellt.[1255] Die Mediaagentur ist auf diese Art der Vergütung angewiesen und es besteht daher kein Anspruch der Kunden auf Weiterleitung.[1256] Darüber hinaus wissen die Kunden von der Vergütung mittels des Mediaagenturbonus.[1257] Also kann nicht wie im Falle des Arztes von einer konkludenten Täuschung der Mediaagentur ausgegangen werden.

3. Ergebnis

Eine Strafbarkeit der Mediaagentur wegen Betrugs liegt in der dieser Arbeit zugrundeliegenden Fallkonstellation nicht nahe. Nur wenn eine Mediaagentur einen Werbeplatz bucht, der zur bestmöglichen Erreichung der Zielgruppe ungeeignet ist und den Interessen des Kunden somit nicht gerecht wird, oder wenn die Mediaagentur einen solchen Werbeplatz zu einem erhöhten Preis bucht, kommt ein Betrug in Betracht. In Bezug auf die Vergünstigungen der Mediaagentur fehlt es jedoch bereits an der erforderlichen Täuschung des Kunden.

[1250] Siehe Teil 1, B, I und II; Teil 2, A, I und II.
[1251] Siehe Teil 1, B, I; Teil 1, B, II, 1.
[1252] Siehe Teil 3, A, II, 6.
[1253] Siehe Teil 1, B, II, 1 und 2.
[1254] Siehe Teil 1, B, I; Teil 1, B, II, 1.
[1255] Siehe Teil 1, B; Teil 3, A, II, 2, f), bb), (1); Teil 3, A, II, 6.
[1256] Siehe Teil 3, A, II, 2, f), cc).
[1257] Siehe Teil 3, A, II, 6.

II. Untreuestrafbarkeit

Wirtschaftskorruptionsdelikte werden in der Praxis des Weiteren vorwiegend über § 266 erfasst.[1258] Fraglich ist daher, ob eine Strafbarkeit der Mediaagentur wegen Untreue gemäß § 266 vorliegen könnte.

1. Missbrauchsvariante

§ 266 enthält in seinem ersten Absatz zwei Varianten der Untreue, die Missbrauchs- und die Treubruchsvariante.[1259] Allerdings kommt ein Vertrag aufgrund des kollusiven Zusammenwirkens von Mediaagentur und Leistungserbringer wegen des Missbrauchs der Vertretungsmacht seitens der Mediaagentur nicht zu Stande, wenn die Parteien vereinbaren, den Preis für den Werbeplatz zu erhöhen und die Differenz als erhöhten Mediaagenturbonus (teilweise) an die Mediaagentur zurückzuführen. In einem solchen Fall scheidet daher mangels wirksamer Verpflichtung die Missbrauchsvariante aus.[1260] Wenn die Mediaagentur auf übliche Weise vorgeht, liegt zwar kein kollusives Vorgehen vor, welches den Vertrag vernichtet, in diesem Fall missbraucht die Mediaagentur aber auch ihre Befugnis nicht. Der mit dem Leistungserbringer vereinbarte Mediaagenturbonus ist die Vergütung für die Tätigkeit der Mediaagentur.[1261] Somit scheidet die Missbrauchsvariante in der Mediaagenturkonstellation in jedem Fall aus. Ob also schon für die Missbrauchsvariante eine Vermögensbetreuungspflicht der Mediaagentur zu fordern wäre, kann dahingestellt bleiben.[1262] In Frage kommt lediglich die Treubruchsvariante, § 266 Abs. 1 Alt. 2.[1263]

[1258] *Vogel*, FS Weber, S. 404; *Zöller*, GA 2009, 137, 149. Zur Erfassung von Kickbacks über § 266 auch: *Rönnau*, FS Kohlmann, S. 239 ff. (m.w.N.). Vgl. zur Konkurrenz von Bestechlichkeit und Untreue: BGH, NStZ 2009, 445 f; *Bittmann*, wistra 2002, 405 ff.
[1259] Siehe zum Verhältnis von Missbrauchs- zu Treubruchsvariante: NK/*Kindhäuser*, § 266, Rn. 11 ff.; *Fischer*, § 266, Rn. 6 ff.
[1260] Grundlegend zu Kickbacks und Untreue: BGH, NJW 1983, 1807, 1809 f.
[1261] Siehe Teil 3, A, II, 6; Teil 3, A, II, 2, f), bb), (2).
[1262] Siehe zur Diskussion: NK/*Kindhäuser*, § 266, Rn. 11 ff.
[1263] *Fischer*, § 266, Rn. 26.

2. Treubruchsvariante

Diese setzt im objektiven Tatbestand eine (qualifizierte) Vermögensbetreuungspflicht, ein pflichtwidriges Handeln und das Zufügen eines Nachteils voraus. Die qualifizierte Vermögensbetreuungspflicht erfordert eine durch Eigenverantwortlichkeit und Selbstständigkeit geprägte Geschäftsbesorgung für einen Anderen in einer wirtschaftlich nicht ganz unbedeutenden Angelegenheit.[1264] Die Pflicht zur Besorgung fremder Vermögensangelegenheiten darf nicht nur eine untergeordnete Rolle spielen, sondern muss vielmehr die Hauptpflicht darstellen und für das Verhältnis zumindest mitbestimmend sein.[1265] Beispielsweise wäre die bloße Pflicht zur Weiterleitung erlangter Schmiergelder an den Geschäftsherrn nach ständiger Rechtsprechung keine qualifizierte Treupflicht im Sinne von § 266.[1266]

In der vorliegenden Konstellation ist die Mediaagentur zwar Geschäftsbesorger des Kunden,[1267] handelt aber in eigenem Namen und auf eigene Rechnung.[1268] Allerdings geht die Tätigkeit der Mediaagentur über eine bloße Beratungsleistung hinaus, da sie die Werbeplätze für den Kunden auch selbst beschafft. Jedoch sind die Werbeplätze, obwohl die Mediaagentur in eigenem Namen und auf eigene Rechnung handelt, für den Kunden bestimmt[1269] und dieser ist zur Abnahme verpflichtet.[1270] Dessen ungeachtet verbleibt der Mediaagentur bei ihrer Tätigkeit trotzdem ein gewisser Ermessensspielraum; der Kunde gibt nur seine Ziele vor und überlässt der Mediaagentur die Ausarbeitung des Mediaplans und dessen Verwirklichung durch den Mediaeinkauf.[1271] Die Gesamtschau verdeutlicht folglich, dass die Tätigkeit der Mediaagentur die Besorgung der Vermögensangelegenheiten des Kunden zum Gegenstand hat, obwohl sie bei Beschaffung der Werbeplätze in eigenem Namen und auf eigene Rechnung handelt. Es zeigt sich hier erneut die besondere Ausgestaltung dieses Geschäftsbesorgungsvertrags. Eine Vermögensbetreuungspflicht im Sinne des § 266 liegt somit vor. Dass die Mediaagentur durch ihre Tätigkeit gleichzeitig auch eigene Interessen verfolgt, ist hierfür unerheblich.[1272]

[1264] BGHSt 1, 188; BGHSt 4, 170; BGHSt 24, 386.
[1265] BGHSt 1, 186, 188; BGHSt 4, 170; Sch/Sch/*Perron*, § 266, Rn. 23; *Kindhäuser*, LPK-StGB, § 266, Rn. 21 ff.; SK/*Hoyer*, § 266, Rn. 27 ff.; MüKo/*Dierlamm*, § 266, Rn. 142.
[1266] BGH, NStZ 1986, 361, 362; BGH, wistra 1989, 224; BGH, NStZ 1995, 233, 234; BGH, wistra 2001, 304. Weitergehend: *Rönnau*, FS Kohlmann, S. 245 f.
[1267] Siehe Teil 3, A, II, 2, f).
[1268] Siehe Teil 3, A, II, 2, a) und d).
[1269] Siehe zur Pflicht der Angabe des Namens des Kunden: Teil 3, A, II, 2, d).
[1270] Siehe Teil 3, A, II, 2, f), bb), (2).
[1271] Siehe Teil 1, A, II und III.
[1272] Sch/Sch/*Perron*, § 266, Rn. 28.

Zu untersuchen ist an dieser Stelle, ob von dem Vorliegen einer Vermögensbetreuungspflicht gemäß § 266 auf eine Beauftragtenstellung im Sinne von § 299 geschlossen werden darf.[1273] Dass dies nicht so ist, ergibt sich jedoch bereits daraus, dass § 266 sowohl von einer gesetzlichen als auch von einer rechtsgeschäftlichen Einräumung von Befugnissen ausgeht, § 299 hingegen nur die rechtsgeschäftliche Befugniseinräumung enthält. Mithin ist die Beauftragung im Sinne von § 299 nur der Unterfall der Befugniseinräumung des § 266.[1274] Ferner sind die Vermögensbetreuungspflicht und die Befugnis über fremdes Vermögen zu verfügen in § 266 Abs. 1 Alt. 1 zwei eigenständige Tatbestandsmerkmale.[1275] Folglich sind die Begriffe nicht identisch. Wenn aber die Beauftragung nur ein Unterfall der Befugniseinräumung ist, kann von der Vermögensbetreuungspflicht nicht auf die Beauftragtenstellung geschlossen werden.[1276] Letztlich schützen die beiden Delikte auch unterschiedliche Rechtsgüter, § 266 mit dem Vermögen ein Individualinteresse[1277] und § 299 mit dem Leistungsprinzip als Entscheidungsmaßstab für Bevorzugungen im Wettbewerb ein Universalinteresse.[1278] Daraus, dass die Mediaagentur eine Vermögensbetreuungspflicht im Sinne von § 266 bezüglich des Kunden innehat, darf mithin nicht als geschlossen werden, die Mediaagentur sei auch Beauftragte des Kunden im Sinne von § 299.

Die Tathandlung der Untreue in der Variante des Treubruchs ist der Verstoß gegen die Vermögensbetreuungspflicht (Pflichtverletzung). In bestimmten Fällen beinhaltet die Treuepflicht sogar eine Pflicht zur Vermögensmehrung.[1279] Somit läge eine Pflichtverletzung vor, wenn der Abschluss desselben Vertrags zu besseren Konditionen vereitelt wird. Im Falle von Kickbackvereinbarungen liegt eine Pflichtverletzung daher dann vor, wenn die Chance auf den Abschluss des Vertrags ohne die überhöhte Leistung (die Schmiergeldzahlung) vernichtet wurde.[1280]

[1273] So das OLG Braunschweig in seinem Beschluss vom 23.02.2010 – Ws 17/10 (= PharmR 2010, 230).
[1274] *Sahan/Urban*, ZIS 2011, 23, 24.
[1275] So zumindest die Rspr. und die h.M., siehe: BGHSt 24, 386; BGHSt 33, 244, 250; LK/*Schünemann*, § 266, Rn. 6 ff.; NK/*Kindhäuser*, § 266, Rn. 11 ff.; MüKo/*Dierlamm*, § 266, Rn. 14 ff.; SK/*Hoyer*, § 266, Rn. 10 ff.
[1276] *Sahan/Urban*, ZIS 2011, 23, 24.
[1277] BGHSt 8, 245 ff.; *Fischer*, § 266, Rn. 2.
[1278] Siehe Teil 2, C, II.
[1279] BGHZ 141, 357, 361.
[1280] Zum Streit über eine aktive Begehung oder eine Begehung durch Unterlassung: *Szebrowski*, Kick-Back, S. 24 ff.; *Rönnau*, FS Kohlmann, S. 239, 249 ff.; *Thalhofer*, Kick-Backs, Exspektanzen und Vermögensnachteil nach § 266 StGB, S. 62 ff., 72 ff.; *Saliger*, NJW 2006, 3377, 3378 (jeweils m.w.N.).

Fraglich ist aber, ob auch in der Mediaagenturkonstellation der Vertragsschluss die erforderliche Pflichtverletzung darstellen kann. Im Gegensatz zu Kickback-Fällen stellt die Einräumung der Möglichkeit der Erlangung des Mediaagenturbonus gerade die Vergütung der Tätigkeit der Mediaagentur durch den Kunden dar.[1281] Deswegen besteht keine Verpflichtung, den Mediaagenturbonus abzuführen.[1282] Außerdem bezahlt der Kunde mit oder ohne Einschaltung der Mediaagentur denselben Preis; das für die Werbeplätze zu entrichtende Entgelt wird also nicht aufgrund (oder gar durch) die Mediaagentur erhöht.[1283] Darüber hinaus wissen beide Parteien um die Vergütung der Mediaagentur durch den Leistungserbringer.[1284] Sie wird deshalb von den Leistungserbringern vergütet, weil sie für beide Seiten Leistungen erbringt und die Leistungserbringer ein Interesse an der Sicherung ihrer wirtschaftlichen Grundlage haben.[1285] Folglich kann eine Pflichtverletzung seitens der Mediaagentur nicht schon in der Annahme des Mediaagenturbonus bzw. des Abschlusses eines entsprechenden Vertrages gesehen werden. Es handelt sich im Falle des Mediaagenturbonus eben nicht wie vom BGH gefordert um einen *„sachlich nicht gerechtfertigten Verteuerungsfaktor (...) um sich unberechtigte und vom Geschäftsherrn nicht genehmigte Vorteile zu verschaffen, die über die eigene Vergütung hinausgehen."*[1286] Eine Pflichtverletzung kann folglich nur dann vorliegen, wenn die Mediaagentur mit dem jeweiligen Leistungserbringer einen überhöhten Mediaagenturbonus vereinbart und dieser dem Kunden durch Erhöhung des Preises in Rechnung gestellt wird, oder aber wenn die Mediaagentur aufgrund der Zuwendung einen Werbeplatz bucht, welcher nicht dem Interesse des Kunden an der bestmöglichen Werbewirkung gerecht wird. Dies ist im Einzelfall zu überprüfen. Allein die Annahme der Zuwendung ist hierfür nicht ausreichend und kann maximal als Indiz herangezogen werden, welches jedoch aufgrund der durchaus bestehenden Möglichkeit der Ausgestaltung der Zuwendung als atypische Vergütung für die Tätigkeit der Mediaagentur für beide Seiten nicht besonders schwer wiegt.

Letztlich ist das Vorliegen eines Nachteils problematisch. Der Begriff des Nachteils ist mit dem des Vermögensschadens in § 263 identisch.[1287] Es müsste also durch die Handlung des Täters eine Position vernichtet oder gefährdet worden sein, welche zum Vermögen des Opfers gehörte. Strafrechtlich ist das Vermögen die

---

[1281] Siehe Teil 3, A, II, 2, f), bb), (1).
[1282] Siehe Teil 3, A, II, 2, f), c).
[1283] Siehe zur Darlegung: Teil 1, B.
[1284] Siehe Teil 3, A, II, 6.
[1285] Siehe Teil 2, A, I und II; Teil 1, B; Teil 3, A, II, 6.
[1286] BGHSt 49, 317, 333.
[1287] *Fischer*, § 266, Rn. 110 (m.w.N.).

Summe aller geldwerten Güter einer Person abzüglich ihrer Verbindlichkeiten.[1288] Fraglich ist mithin, ob die im Rahmen des Geschäfts gewonnene Position diesen Verlust kompensiert (Grundsatz der Gesamtsaldierung).[1289]

Bezüglich des Vermögensschadens gilt das bereits im Rahmen der Betrugsstrafbarkeit Gesagte.[1290] Ein Vermögensschaden liegt nur vor, wenn die Mediaagentur einen Werbeplatz bucht, der nicht den Interessen des Kunden gerecht wird, oder wenn die Mediaagentur für diesen Platz einen überhöhten Preis bezahlt.[1291]

3. Ergebnis

Folglich kommt eine Strafbarkeit wegen Untreue in der Mediaagenturkonstellation nur in Betracht, wenn die Mediaagentur für den Kunden einen Werbeplatz bucht, welcher die Interessen des Kunden nicht erfüllt oder wenn für einen tauglichen Werbeplatz ein erhöhter Preis abgerechnet wird.

[1288] Instruktiv zu den Ansichten zum strafrechtlichen Vermögensbegriff: MüKo/*Hefendehl*, § 263, Rn. 293 ff. (m.w.N.).
[1289] LK/*Schünemann*, § 266, Rn. 164 f., 168, 169.
[1290] Siehe Teil 4, C, I.
[1291] Weiterführend: *Thalhofer*, Kick-Backs, Exspektanzen und Vermögensnachteil nach § 266 StGB, S. 62 ff.

Teil 5
Möglichkeiten zur straffreien Interessenverfolgung

Im Folgenden werden Verhaltensweisen zur Vermeidung der in den vorangegangenen Teilen im Zusammenhang mit der Mediaagenturkonstellation aufgeworfenen Problemstellen erarbeitet. Es wird dargestellt, wie die Beteiligten ihre Interessen erreichen können, ohne die aufgezeigte Grenze der Strafbarkeit zu überschreiten. Dazu werden vorab die Ziele der Beteiligten erfasst und die aktuellen Entwicklungen erörtert. Anschließend werden konkrete Ausgestaltungen zur Vermeidung der aufgezeigten Probleme entwickelt.

A. Ziele der Beteiligten

Zunächst sind die Ziele aller an der Mediaagenturkonstellation beteiligten Akteure herauszustellen. Nur unter Berücksichtigung dieser Ziele können rechtmäßige Verhaltensweisen erarbeitet werden, die auch in der Praxis umsetzbar sind.

I. Ziele der Kunden

Primäres Ziel der Kunden als Wirtschaftsunternehmen ist die maximale/optimale Werbewirkung des eingesetzten Budgets. Daher liegt es in ihrem Interesse, selbst nicht die Mediaagentur für ihre Tätigkeit vergüten zu müssen bzw. von der Vergütung einen kleinstmöglichen Teil tragen zu müssen. Folglich wollen die Kunden möglichst große Teile, zumindest aber den ihrem Budgetanteil entsprechenden Anteil der Agenturvergütung und des Mediaagenturbonus weitergeleitet bekommen, da auf diese Weise vermeintlich die Schaltkosten sinken. Dazu ist Transparenz in der Vertragsbeziehung zu den Mediaagenturen, vor allem bezüglich der Zahlungsströme, erforderlich. Dies stellt somit das sekundäre Ziel der Kunden dar.

II. Ziele der Mediaagentur

Das Ziel der Mediaagentur als Wirtschaftsunternehmen ist ein größtmöglicher Gewinn. Woher dieser Gewinn stammt, ob von den Kunden in Form einer Direktvergütung oder von den Leistungserbringern in Form von Boni, ist bei gleicher absoluter Höhe für die Mediaagentur unerheblich. Jedoch ist es für die Mediaagentur einfacher, als eigenständige Wirtschaftsstufe durch den Handel mit Werbeplätzen Geld zu verdienen, als die Vorteile offenzulegen bzw. weiterzuleiten und eine gleich hohe Direktvergütung mit den Kunden auszuhandeln. Im Falle vollständiger Offenlegung wäre ersichtlich, wie viel Gewinn die Mediaagentur tatsächlich macht; dies könnte Begehrlichkeiten bei den Kunden wecken.[1292] Zu berücksichtigen ist aber auch, dass das Risiko beim Handel mit Werbeplätzen größer ist als bei einer festen Vergütung durch die Kunden.

III. Ziele der Leistungserbringer

Das Ziel der Leistungserbringer in Bezug auf die Mediaagentur ist es, diese als Institution am Leben zu erhalten. Die Mediaagenturen sollen ihnen auch weiterhin einen gewissen Teil der Arbeit abnehmen.[1293] Jedoch wollen auch die Leistungserbringer als Wirtschaftsunternehmen möglichst große Gewinne erwirtschaften und sind deswegen an einer möglichst geringen Vergütung der Mediaagenturen interessiert. Ob die Vergütung der Mediaagenturen allerdings über Vergünstigungen auf die Preise, wie früher im Fall der 15 %, oder über eine direktere Form der Bezahlung erfolgt, wie heutzutage durch den Mediaagenturbonus, ist für die Leistungserbringer bei gleicher absoluter Höhe ohne Bedeutung.[1294]

[1292] http://www.absatzwirtschaft.de/Content/_pv/_p/1003214/_t/fthighlight/highlightkey/OWM/_b/68066/default.aspx/ist-scaling-das-neue-gegenmittel-fuer-transparenz.html, zuletzt abgerufen am 20.10.2011.
[1293] Siehe zu der von den Mediaagenturen für die Leistungserbringer erbrachten Arbeit: Teil 1, B; Teil 2, A, I und II; Teil 3, A, II, 5.
[1294] Siehe zur Ersetzung der Agenturvergütung durch den Mediaagenturbonus: Teil 3, A, II, 6.

B. Aktuelle Entwicklungen

Zu beleuchten sind die aktuellen Entwicklungen in der Mediaagenturbranche. Es ist auf den Code of Conduct und Scaling einzugehen und zu erörtern, ob diese Entwicklungen den Beteiligten straffreie und praxistaugliche Möglichkeiten zur Erreichung ihrer Interessen bieten.

I. Code of Conduct

Wörtlich übersetzt aus dem Englischen bedeutet Code of Conduct Verhaltenskodex. Im vorliegenden Zusammenhang ist ein von der Organisation Werbungtreibende im Markenverband (OWM) veröffentlichtes Dokument zur Ermöglichung einer vertrauensvollen Zusammenarbeit zwischen Kunde, Mediaagentur und Leistungserbringer gemeint.[1295] Die OWM ist ein Zusammenschluss von knapp 100 Mitgliedern, unter ihnen nach eigenen Angaben neun der zehn werbestärksten Unternehmen in Deutschland.[1296] Der Code of Conduct wurde als Reaktion auf die voranschreitende Verschlechterung der Beziehungen zwischen den Beteiligten im Oktober 2004 veröffentlicht und seither mehrfach überarbeitet. Als Anlagen zu den lediglich zwei Seiten umfassenden Verhaltensempfehlungen wurden weitere Dokumente, etwa über das Leistungsspektrum und die Honorierung von Mediaagenturen, sowie ein Mustervertrag veröffentlicht.[1297]

1. Inhalt

Der Code of Conduct soll faire Verhältnisse auf dem Werbemarkt schaffen.[1298] Dazu wird zunächst eine leistungsgerechte Entlohnung der Mediaagentur durch die Kunden festgeschrieben. Die Mediaagentur wird als Dienstleister, Berater und

---

[1295] Der Code of Conduct findet sich unter: http://www.owm.de/pdf/coc/CodeofConduct.pdf, zuletzt abgerufen am 20.10.2011.
[1296] Angaben von Juli 2010: http://www.owm.de/, zuletzt abgerufen am 20.10.2011. Siehe auch die gleichlautende Feststellung des Bundeskartellamts, Beschluss vom 19.01.2006, B 6-92202/Fa/103/05.
[1297] http://www.owm.de/dokumente/empfehlungen_vorlagen/coc.php, zuletzt abgerufen am 20.10.2011.
[1298] Siehe insgesamt: http://www.owm.de/pdf/coc/CodeofConduct.pdf, zuletzt abgerufen am 20.10.2011.

Mittler mit Treuhandfunktion bezeichnet, der eine objektive Beratung anbietet und den Zielen seiner Kunden verpflichtet ist. In Bezug auf die Mediaagentur wird ferner festgehalten, dass sie aufgrund der ausschließlichen Vergütung durch die Kunden jedwede Vergütung seitens der Leistungserbringer gegenüber den Kunden offenzulegen und verursachungsgerecht abzurechnen hat.

Die Leistungserbringer werden aufgefordert, alle Leistungen und Vergünstigungen kundenbezogen zur Verfügung zu stellen und entsprechend abzurechnen. Es sollen keine Vergünstigungen etc. gewährt werden, die nicht einem Kunden zugeordnet werden können. Außerdem sollen die Leistungserbringer die Geschäftsbeziehungen zu den Mediaagenturen bei entsprechendem Wunsch der Kunden transparent machen.

Die Kunden verpflichten sich, die Arbeit der Mediaagentur angemessen zu vergüten und vor allem keine übertriebenen Konditionsanforderungen zu stellen. Fernerhin sollen die Kunden auch alle anderen von ihnen eingeschalteten Hilfspersonen zur Beachtung der im Code of Conduct festgeschriebenen Grundsätze anhalten.

a) Vorteile

Ein Vorteil des Code of Conduct ist zunächst in dem Bestreben zur Erreichung von Transparenz bei der Abrechnung zu sehen. Wie in den vorangegangenen Teilen der Arbeit dargelegt, ist gerade die Transparenz bei der Abrechnung nicht mehr gegeben und stellt die Hauptursache für das die Beziehung zerstörende Misstrauen aller Beteiligten dar.[1299] Im Falle transparenter Abrechnung wüssten die Kunden, welche Zuwendungen die Mediaagentur im Rahmen ihrer Tätigkeit erhält und somit auch, wie hoch die eigene Bezahlung ausfallen sollte, um die Arbeitsfähigkeit der Mediaagentur zu erhalten.[1300] Überzogene Konditionsvorstellungen gehören dann in gleicher Weise wie Weiterleitungsforderungen der Vergangenheit an. Ferner müssten die Kunden nicht mehr befürchten, einen überhöhten Preis für die Werbeplätze zu bezahlen (welche möglicherweise noch nicht einmal ihrem Interesse am ehesten entsprechen), da die Mediaagentur mit dem Leistungserbringer einen überhöhten Mediaagenturbonus vereinbart und der Leistungserbringer deswegen seinerseits die Preise für die Werbeplätze entsprechend erhöht hat.[1301]

[1299] Siehe Teil 2, A, I und II; Teil 3, A, II, 1.
[1300] Die Gewinnschwelle einer Mediaagentur liegt bei ca. 3,5 - 6 % des Auftragsvolumens: *Martinek*, FS Wadle, S. 560.
[1301] Siehe dazu bereits: Teil 1, B, III; Teil 3, B, IV, 4, b), bb).

Ein weiterer Vorteil des Code of Conduct ist darin zu sehen, dass die Mediaagentur sich bei fairer und leistungsgerechter Vergütung durch ihre Kunden bei ihrer Arbeit nicht länger von Renditegedanken leiten lassen muss und sich stattdessen ganz auf die Interessen der Kunden konzentrieren kann.

Letztlich wird durch den Code of Conduct auch die Stellung der Mediaagentur geklärt. Sie wird als Dienstleister, Berater und Mittler mit Treuhandfunktion dargestellt. Im Gegensatz zu dem im dritten Teil erarbeiteten Ergebnis ist die Mediaagentur nach dem Code of Conduct also Beauftragte des Kunden im Sinne von § 299.[1302] Bei vollumfänglicher Berücksichtigung des Code of Conduct würde sich die Mediaagentur jedoch ungeachtet ihrer Beauftragtenstellung ohnehin nicht gemäß § 299 Abs. 1 wegen Bestechlichkeit im geschäftlichen Verkehr strafbar machen, da sie ausschließlich durch die Kunden vergütet wird und keinen Vorteil von den Leistungserbringern für sich selbst entgegennehmen darf.

b) Nachteile

Der Nachteil des Code of Conduct ist, dass es sich um ein rein freiwilliges Konstrukt mit bloßem Empfehlungscharakter handelt und seine inhaltlichen Vorschläge noch nicht einmal für die Mitglieder des OWM verbindlich sind. Ferner gleicht der Code of Conduct mangels unabhängiger Kontrollinstanz und wegen fehlender Sanktionsmöglichkeiten zur Ahndung von Fehlverhalten einem „zahnlosen Papiertiger".[1303]

Darüber hinaus versucht der Code of Conduct auf die Beziehungen zu den Leistungserbringern einzuwirken, obwohl die Kunden, da die Mediaagentur in eigenem Namen und auf eigene Rechnung handelt, keine vertraglichen Beziehungen zu den Leistungserbringern haben. Die Durchsetzung der Verhaltensempfehlungen im Verhältnis der Mediaagentur zu den Leistungserbringern hängt folglich ausschließlich vom Goodwill dieser beiden Marktteilnehmer ab.

2. Kritik

Der Code of Conduct versucht, die Mediaagentur als Berater, Dienstleister und Mittler mit Treuhandfunktion einzuordnen.[1304] Diese Einordnung verfehlt aber, wie

---

[1302] Siehe Teil 3, A, IV.
[1303] Zu bereits 2002 geäußerten Bedenken in dieser Hinsicht: absatzwirtschaft, Nr. 12/2002, S. 96.
[1304] Siehe Nr. 1-3 und Nr. 5 des Code of Conduct, http://www.owm.de/pdf/coc/CodeofConduct.pdf, zuletzt abgerufen am 20.10.2011.

aus den Darstellungen im dritten Teil der Arbeit entnommen werden kann, die Realität und entspricht auch nicht den aktuellen Entwicklungen.[1305] Aus diesem Grund ist der Code of Conduct nicht zeitgemäß und wegen seiner Unverbindlichkeit auch nicht praxistauglich; die Verhaltensempfehlungen gehen schlicht an der Marktrealität vorbei.[1306]

Darüber hinaus ist der Code of Conduct inkonsequent. Er sieht die Mediaagentur zwar als Berater, Dienstleister und Mittler mit Treuhandfunktion an, geht aber trotzdem weiterhin von einem Abschluss der Verträge in eigenem Namen und auf eigene Rechnung seitens der Mediaagentur aus.[1307]

Außerdem wurde durch die leidenschaftlich geführte Debatte rund um den Code of Conduct in der gesamten Branche der Eindruck erweckt, die Mediaagentur hätte nur die Erzielung von Vergünstigungen im Sinn und ihr wären die Interessen ihrer Kunden gleichgültig.[1308] Aufgrund der ohnehin angespannten Situation war diese Darstellung für das Ziel, eine Lösung der Probleme zu erreichen, nicht förderlich.

Ferner ist die Grundannahme des Code of Conduct, dass die Vergünstigungen und sonstigen Zuwendungen aus der Geschäftsbesorgung der Mediaagentur für den Kunden resultieren und deswegen weitergegeben werden müssen, verfehlt.[1309]

Vor allem aber enthält der Code of Conduct keine Lösung für die aufgeworfenen Problemstellen. Statt auf die Ursachen konzentriert er sich nur auf den Umgang mit den Symptomen. Schon aus diesem Grund kann er die angespannte Situation auf dem Mediamarkt nicht beruhigen.

3. Ergebnis

Der Code of Conduct besitzt somit vor allem mit der Forderung nach mehr Transparenz einen guten Ansatz und zeigt eine Gestaltung auf, bei der sich die Beteiligten zumindest nicht um eine Strafbarkeit gemäß § 299 Abs. 1 wegen Bestechlichkeit im geschäftlichen Verkehr sorgen müssten. Allerdings ist der aufgezeigte Weg

---

[1305] Siehe Teil 1, A und B; Teil 2, A, II; Teil 3, A, II.
[1306] HORIZONT, Nr. 11/2005, S. 84.
[1307] Siehe das als Anlage zum Code of Conduct veröffentlichte „Leistungsspektrum der Mediaagenturen", S. 1: http://www.owm.de/pdf/coc/Leistungsspektrum.pdf, zuletzt abgerufen am 20.10.2011.
[1308] HORIZONT, Nr. 21/2007, S. 27; HORIZONT, Nr. 11/2005, S. 66; HORIZONT, Nr. 44/2004, S. 20.
[1309] Siehe zur Darlegung: Teil 3, A, II, 2, f), cc).

in der Praxis schlicht nicht gangbar. Daher konnte sich der Code of Conduct nicht durchsetzen.[1310]

II. Einkauf von Werbeplätzen ohne Kundenauftrag

Als weitere aktuelle Entwicklung ist der Einkauf von Werbeplätzen ohne vorangegangenen Auftrag eines Kunden zu betrachten. Bezeichnet wird diese Tätigkeit zumeist als Scaling, Trading oder Broking. Hinter den englischen Begriffen verbirgt sich eine neuartige Taktik der Mediaagenturen, um Vergünstigungen und sonstige Zuwendungen selbst dann nicht an die Kunden weiterleiten zu müssen, wenn dies in dem von beiden Parteien geschlossenen Vertrag vorgesehen war.[1311]

1. Vorgehensweise

Im Rahmen des Scaling/Trading/Broking wird die Einkaufssparte einer Mediaagentur oder eines ganzen Mediaagenturnetworks unter einer eigenen Gesellschaft (zuweilen als „back-office" bezeichnet) betrieben.[1312] Die Selbstständigkeit bzw. die Verbindung der Einkaufsgesellschaft mit der restlichen Mediaagentur/dem Mediaagenturnetwork variiert je nach Ausgestaltung. Die Einkaufsgesellschaft kauft Werbeplätze zunächst unabhängig von einem konkreten Kundenauftrag auf eigene Rechnung und verkauft sie später in gleicher Weise an einen anderen Teil des Mediaagenturnetworks weiter. Folglich kauft der Teil der Mediaagentur, der mit dem Kunden den Vertrag schließt („front-office"), die Werbeplätze nicht mehr selbst bei den Leistungserbringern, sondern bei der Einkaufsgesellschaft, dem „back-office". Mithin erhält der Vertragspartner des Kunden, das „front-office", keine Vergünstigungen, die er an den Kunden weiterleiten könnte. Die Einkaufsgesellschaft des Mediaagenturnetworks hingegen hat keine Verträge mit den Kunden und darf die

---

[1310] HORIZONT, Nr. 11/2005, S. 84; HORIZONT, Nr. 26/2007, S. 16; HORIZONT, Nr. 33/2007, S. 12; *Martinek*, Mediaagenturen und Medienrabatte, S. 21.

[1311] Zum Scaling insgesamt: http://www.absatzwirtschaft.de/Content/_pv/_p/1003214/_t/fthigh light/highlightkey/OWM/_b/68066/default.aspx/ist-scaling-das-neue-gegenmittel-fuer-transparenz.html, zuletzt abgerufen am 20.10.2011; absatzwirtschaft online vom 27.08.2009, http://www.absatzwirtschaft.de/content/communicat/news/mediaagenturen-auf-der-suche-nach-neuen-erloesquellen; 68699, jeweils zuletzt abgerufen am 20.10.2011.

[1312] Siehe dazu: absatzwirtschaft, Nr. 04/2010, S. 27. Als Tendenz bereits erkennbar in: HORIZONT, Nr. 20/2002, S. 30.

von den Leistungserbringern erlangten Vorteile somit behalten. Außerdem kann die Einkaufsgesellschaft die Werbeplätze dann tatsächlich zu eigenen Konditionen weiterverkaufen und auch selbst die Vergünstigungen festlegen. Trotzdem bündelt sie aber viele Werbeplatzanfragen und erlangt dadurch eine starke Verhandlungsposition gegenüber den Leistungserbringern, sodass sie selbst weiterhin hohe Vergünstigungen aushandeln kann bzw. sie wird nur von der Mediaagentur eingeschaltet, um den dieser im Rahmen des Grundgeschäfts als Mediaagenturbonus angebotenen Freespace anzunehmen.[1313]

Sinn dieses Vorgehens ist es, die Vergünstigungen und sonstigen Zuwendungen der Leistungserbringer nicht dem Budget eines Kunden zuordnen zu können und sie auf diese Weise dem Herausgabeverlangen der Kunden zu entziehen. Außerdem wird den Mediaagenturen ermöglicht, gegenüber ihren Kunden auch Werbeplätze, die sie als Freespace oder stark verbilligt im Rahmen eines Grundgeschäfts erhalten haben, zu Listenpreisen weiterzureichen, da sie eine entsprechende Rechnung der Einkaufstochtergesellschaft vorlegen können. Für die dieser Arbeit zugrundeliegende Problemkonstellation könnte ein solches Vorgehen bedeuten, dass das „front-office" der Mediaagentur als der Vertragspartner des Kunden, unabhängig von seiner Beauftragtenstellung im Sinne von § 299, schon keinen Vorteil mehr entgegennimmt, da das „front-office" den Mediaagenturbonus gar nicht direkt erhält. Fraglich wäre dann lediglich, ob das „front-" und „back-office" aufgrund ihrer engen Verbindung als Einheit zu betrachten sind. Immerhin bezahlt die Mediaagentur für Werbeplätze, welche die Einkaufsgesellschaft nur als Freespace oder zumindest stark verbilligt erhält, weil die Mediaagentur Werbeplätze bei den Leistungserbringern eingekauft hat. Entscheidend ist also, ob die Mediaagentur an dem Gewinn der Einkaufsgesellschaft partizipiert, beispielsweise durch Abführung des entstehenden Überschusses. In einem solchen Fall wären die Mediaagentur und die Einkaufsgesellschaft im Rahmen einer Gesamtbetrachtung als Einheit anzusehen.

Selbst wenn eine solch einheitliche Betrachtung abgelehnt wird, darf nicht verkannt werden, dass durch eine derartige Gestaltung ohnehin maximal eine Verlagerung der aufgezeigten Problemstellen erreicht wird. Während bisher das Problem der Mediaagenturkonstellation in einer möglichen Missachtung der Ziele der Kunden seitens der Mediaagentur lag, um die eigenen Interessen an der Profitmaximierung zu verfolgen, liegt diese Gefahr nun eben im Verhältnis der Mediaagentur zu der Einkaufsgesellschaft. Möglicherweise orientiert sich die Mediaagentur bei der Buchung eines Werbeplatzes nicht an den Interessen des Kunden an der bestmögli-

---

[1313] HORIZONT, Nr. 20/2002, S. 30.

chen Werbewirkung, sondern daran, welche Werbeplätze die Einkaufsgesellschaft bereits erworben hat, da sie für diese den Listenpreis gegenüber dem Kunden abrechnen kann. Unberücksichtigt bleibt dann aber, dass die Einkaufstochter den Platz nur erworben hat, weil der Preis besonders attraktiv war oder sie ihn sogar als Mediaagenturbonus in Form eines Freespace erhalten hat. Das Leistungsprinzip als Entscheidungsmaßstab wäre daher in gleichem Maße gefährdet, wie wenn die Mediaagentur selbst sich im Rahmen des Einkaufs der Werbeplätze bei den Leistungserbringern nur am Preis orientiert hätte. Dies wäre nur dann nicht der Fall, wenn die Mediaagentur nicht am Profit der Einkaufsgesellschaft interessiert wäre, die Einkaufsgesellschaft also nicht aufgrund der Verträge mit der Mediaagentur ihren Profit (anteilsmäßig) an diese abzuführen hätte. Insofern ist mithin doch die Verbundenheit des „front-" und „back-offices" entscheidend. Wenn es sich bei dem „back-office" nur um eine Tochtergesellschaft handelt, welche den Einkauf für die Muttergesellschaft übernimmt, die erwirtschaftete Differenz zwischen dem Preis für den Einkauf bei den Leistungserbringern und dem im Rahmen des Verkaufs an die Mediaagentur erzielten Preis aber an die Mediaagentur (die Mutter) abgeführt werden muss, spricht viel dafür, im dem als Scaling/Trading/Broking bezeichneten Modell lediglich einen Umgehungsversuch zu sehen. Als Beauftragte kann weiterhin, wenn überhaupt, nur die Mediaagentur selbst angesehen werden. Die Einkaufsgesellschaft erhält keine Stellung eingeräumt, aufgrund derer sie selbstständige Entscheidungen für den Kunden treffen und so auf dessen wirtschaftlichen Betrieb Einfluss ausüben kann. Sie verfolgt durch den Einkauf auch nicht die Interessen des Kunden. Ihre tatsächliche Stellung deutet daher nicht auf eine Beauftragtenstellung hin. Alle insofern wichtigen Entscheidungen werden weiterhin von der Mediaagentur gefällt.

Auch bezüglich der Strafbarkeit wegen Untreue und Betrugs gegenüber und zu Lasten des Kunden ergibt sich im Rahmen des auftragsunabhängigen Einkaufs von Werbeplätzen für die Mediaagentur kein Unterschied.

Ferner besteht in wettbewerbsrechtlicher Hinsicht im Rahmen des auftragsunabhängigen Einkaufs von Werbeplätzen auf dem monopolistisch geprägten Mediaagenturmarkt, wie bereits in Frankreich geschehen,[1314] die Gefahr der Entwicklung eines Monopols für Werbeplätze.[1315] Deswegen werden nur kleine Werbeplatzkon-

---

[1314] *Marx*, Media für Manager, S. 25.
[1315] Beispielsweise griff das Bundeskartellamt auch bei dem sich anbahnenden Duopol der TV-Werbeplatzvermarkter SevenOneMedia und IP Deutschland im Jahr 2007 ein: http://www.bundeskartellamt.de/wDeutsch/archiv/PressemeldArchiv/2007/2007_11_30.php, zuletzt abgerufen am 20.10.2011; HORIZONT, Nr. 38/2007, S. 86; *Marx*, Media für Manager, S. 99 f.

tingente für Scaling/Trading/Broking zur Verfügung gestellt.[1316] Darüber hinaus wird durch den flächendeckenden Einkauf von Werbeplätzen unabhängig von einem konkreten Kundenauftrag die Rolle der Vermarkter aufseiten der Leistungserbringer überflüssig. Aus diesem Grund wird der Entwicklung auch vonseiten der Vermarkter entgegengewirkt.[1317] Vermieden wird der auftragsunabhängige Einkauf von Werbeplätzen aufseiten der Leistungserbringer durch eine Verpflichtung der Mediaagentur in den Allgemeinen Geschäftsbedingungen zur Angabe des Kunden, für den der jeweilige Werbeplatz gekauft wird.[1318]

Auch die Kunden reagieren in ihren Verträgen mit den Mediaagenturen bereits auf Scaling/Trading/Broking. Es werden vermehrt Klauseln aufgenommen, die die Herausgabe von durch Drittfirmen generierten Vergünstigungen festschreiben. Selbst der als Anlage zum Code of Conduct veröffentlichte Mustervertrag statuiert eine Weiterleitungspflicht bei Vergünstigungen, die von Tochterunternehmen erlangt wurden.[1319] Der Mustervertrag schlägt einen Beitritt des dritten Unternehmens auf Schuldnerseite vor oder eine Verpflichtung der Mediaagentur zum Abschluss eines Vertrags zugunsten Dritter mit dem Dritten, um auf diese Weise dem Kunden ein eigenes Leistungsrecht einzuräumen. Auch im Danone-Urteil des OLG München vom 23.12.2009 wird ausdrücklich festgehalten, dass durch Tochterunternehmen erzielte Vergünstigungen von einer vereinbarten Weiterleitungspflicht erfasst sind.[1320]

2. Ergebnis

Aus diesen Gründen muss der auftragsunabhängige Einkauf von Werbeplätzen, als der neueste Versuch der Mediaagenturen zum Erhalt des erlangten Mediaagenturbonus, bereits als überholt angesehen werden. Zumindest aber sind die straf- und wettbewerbsrechtlichen Risiken gleich hoch wie im Rahmen des bisherigen Handelns der Mediaagentur. Solange es sich bei der Einkaufsgesellschaft um ein Tochterunternehmen der Mediaagentur handelt und nicht um ein in jeder Hinsicht selbstständiges Unternehmen, werden die aufgeworfenen Probleme der Beteiligten durch den auftragsunabhängigen Einkauf von Werbeplätzen nicht beseitigt. Die Beteiligten machen sich in gleicher Weise strafbar. Wenn die Einkaufsgesellschaft

---

[1316] Vgl.: *Koschnick*, Medialexikon, S. 2732.
[1317] HORIZONT, Nr. 34/2009, S. 22.
[1318] HHKomm/*Kolonko*, 56. Abschnitt, 5. Teil, 3. Kapitel, Rn. 30.
[1319] Siehe Punkt A.2. des Mustervertrags und Nr. 3 des Code of Conduct; beides abrufbar unter: http://www.owm.de/dokumente/empfehlungen_vorlagen/coc.php, zuletzt abgerufen am 20.10.2011.
[1320] OLG München, Az. 7 U 3044/09, S. 6.

aber absolut selbstständig ist, wird sie mangels Einbindung seitens der Mediaagentur zum Erhalt des Freespace entweder keine Vergünstigungen erhalten, oder, bei eigenem Tätigwerden, den gleichen Problemen gegenüberstehen wie die Mediaagentur selbst.

C. Handlungsmöglichkeiten zur straffreien Interessenverfolgung

Da die aktuellen Entwicklungen im Zusammenhang mit der Mediaagenturkonstellation den Beteiligten keinen gangbaren Weg zu straffreien Erreichung ihrer Interessen bieten, ist anhand der dargestellten Ziele der Beteiligten im Folgenden zu erörtern, wie diese sich bei Verfolgung ihrer Interessen zu verhalten haben, um die in den ersten Teilen der Arbeit erarbeiteten Grenzen der Strafbarkeit nicht zu überschreiten.

I. Vertragsgestaltung

Bereits im Zusammenhang mit der Darstellung der Prinzipal-Agent-Theorie wurde festgehalten, dass die primäre Ansatzmöglichkeit zur Vermeidung der Probleme der Mediaagenturkonstellation der Vertrag zwischen Kunde und Mediaagentur ist.[1321] Gleichfalls wurde im Rahmen der Ablehnung der Pflicht der Mediaagentur zur Weiterleitung des aus der Geschäftsbesorgung Erlangten gemäß § 667 BGB beschrieben, dass die Parteien zur Vermeidung eigennützigen Handelns, wofür im Rahmen des Geschäftsbesorgungsvertrags § 667 BGB gedacht ist, individualvertraglich tätig werden müssen.[1322] Auch in Bezug auf die Beauftragtenstellung und damit die Strafbarkeit der Beteiligten kann die Vertragsgestaltung weiterhelfen. Zwar richtet sich die Beauftragtenstellung im Sinne von § 299 nicht nach bürgerlichem Recht, sondern nach der tatsächlichen Stellung, sodass die Parteien nicht in dem Vertrag bestimmen können, ob die Mediaagentur Beauftragte des Kunden ist.

[1321] Siehe Teil 2, B, III.
[1322] Siehe Teil 3, A, II, 2, f), cc).

Jedoch kann durch den Vertrag und vor allem durch die Vergütung die tatsächliche Stellung ausgestaltet und so wiederum auf das Ergebnis der Frage nach der Beauftragteneigenschaft Einfluss genommen werden. Wie bereits dargelegt, ist ein regulärer Geschäftsbesorgungsvertrag im Sinne von § 675 BGB für gewöhnlich ausreichend zur Begründung einer Beauftragtenstellung im Sinne von § 299.[1323]

Deswegen muss in dem Vertrag zwischen Kunde und Mediaagentur, entsprechend der im dritten Teil der Arbeit aufgeworfenen Problemstellen, festgeschrieben werden, von wem die Mediaagentur auf welche Weise vergütet wird, ob der Mediaagenturbonus weiterzuleiten ist und wie die Vertragspartner die Stellung der Mediaagentur auffassen.[1324] Festzuhalten ist, ob der Kunde gerade für die Objektivität der Mediaagentur bezahlt. Als Grundlage kann der Mustervertrag der OWM dienen.[1325] In ihm sind die wichtigsten Punkte bereits vorformuliert und können von den Kunden ausgewählt werden. Auch sind in den Vertrag Sanktionen für den Fall eines Verstoßes aufzunehmen. Darüber hinaus muss, da die selbstständige Vermarktung des Mediaagenturbonus mittlerweile einen Handelsbrauch darstellt, in dem Vertrag der selbstständigen Vermarktung gegebenenfalls widersprochen werden.[1326]

Entscheidend ist im Rahmen der Vertragsbeziehung in jedem Fall die Transparenz bezüglich aller Zahlungen an die Mediaagentur,[1327] da mangelnde Transparenz die größte Schwachstelle des bisherigen Systems darstellt[1328] und auch zur Ersetzung der 15 % Agenturvergütung durch den Mediaagenturbonus geführt hat.[1329] Die überzogenen Konditionsanforderungen der Kunden und das Weitergabeverlangen bezüglich der 15 % Agenturvergütung resultieren letztlich nur aus der Intransparenz bei der Vergütung der Mediaagentur.[1330] Die Kunden sind argwöhnisch und handeln zur Sicherheit das Agenturhonorar vermeintlich nach unten.[1331]

[1323] LK/*Tiedemann*, § 299, Rn. 16.
[1324] Dass es für die Weiterleitungspflicht gerade auf den jeweiligen Vertrag ankommt, ist die Quintessenz des Danone-Teilurteils des OLG München vom 23.12.2009, Az. 7 U 3044/09. Siehe grundlegend zu den sensiblen Punkten im Rahmen des Media-Vertrags: media&marketing, Nr. 03/2007, S. 52 f.
[1325] http://www.owm.de/dokumente/empfehlungen_vorlagen/coc.php, zuletzt abgerufen am 20.10.2011.
[1326] Siehe dazu: Teil 3, A, II, 8.
[1327] *Schütz*, absatzwirtschaft online vom 25.05.2009, http://www.absatzwirtschaft.de/content/_pv/_p/1003214/_t/ft/_b/67825/default.aspx/index.html, zuletzt abgerufen am 20.10.2011.
[1328] HORIZONT, Nr. 38/2007, S. 86. Siehe ferner bereits Teil 1, B.
[1329] Siehe Teil 3, A, II, 6.
[1330] absatzwirtschaft, Nr. 12/2002, S. 96.
[1331] absatzwirtschaft, Nr. 06/2003, S. 84.

Um zu erkennen, wie sich die Beteiligten bei der Verfolgung ihrer Interessen zu verhalten haben, um dabei nicht die Grenze der Strafbarkeit zu überschreiten, sind mithin zunächst verschiedene Vergütungsmodelle zu beleuchten. Durch ein anderes Vergütungsmodell kann möglicherweise auf das primäre Manko des bestehenden Systems, die Intransparenz und fehlende Nachvollziehbarkeit der einzelnen Zuwendungen, also den unmittelbaren Indikator der tatsächlichen Stellung der Beteiligten zueinander, eingewirkt werden. Außerdem kann, im Hinblick auf eine mögliche Änderung des § 299, auf diese Weise der Weg frei gemacht werden für die Aufnahme einer Pflicht der Mediaagentur in den Vertrag mit ihrem Kunden zur Nichtannahme vonseiten der Leistungserbringer gewährten Vorteilen. Selbst ohne eine entsprechende Änderung des § 299 ist die Aufnahme einer solchen Pflicht ausschlaggebend, da dann zumindest eine Strafbarkeit der Mediaagentur wegen Betrugs in Betracht kommt.

1. Vergütungsmodelle

Es werden hauptsächlich fünf verschiedene Modelle für die Vergütung von Mediaagenturen diskutiert, wobei die Grenzen teilweise fließend sind. Bei jedem Modell muss bedacht werden, dass die Gewinnschwelle einer Mediaagentur bei ca. 3,5 - 6 % des jeweiligen Auftragsvolumens liegt.[1332]

a) Treuhändermodell

In der als Treuhändermodell bezeichneten Vergütungsvariante berücksichtigt die Mediaagentur ausschließlich die Interessen ihrer Kunden, handelt auf deren Rechnung und leitet ihnen alle erlangten Vorteile weiter.[1333] Deswegen erfolgt die Vergütung ausschließlich durch die Kunden.[1334] Die Mediaagentur wird somit umgangssprachlich als Treuhänder tätig.[1335] Da die Mediaagentur von den Kunden getragen wird, setzt das Modell als Grundvoraussetzung eine pauschale Senkung der Preise der Leistungserbringer, entsprechend der früheren Agenturvergütung, um 15 % voraus.[1336] Die Vorteile dieses Modells sind Transparenz und Klarheit

---

[1332] *Martinek*, FS Wadle, S. 560.
[1333] HORIZONT, Nr. 36/2007, S. 1; HORIZONT, Nr. 33/2007, S. 12.
[1334] *Martinek*, Mediaagenturen und Medienrabatte, S. 18.
[1335] HORIZONT, Nr. 35/2007, S. 13. Siehe bezüglich der Unterschiede zu einer Treuhänderstellung im juristischen Sinne: Teil 3, A, II, 2, e).
[1336] HORIZONT, Nr. 38/2007, S. 86; HORIZONT, Nr. 33/2007, S. 20.

durch eine ausschließliche Vergütung seitens der Kunden. Ferner wäre die Mediaagentur aufgrund ihrer mit der Anwendung dieses Vergütungsmodells einhergehenden tatsächlichen Stellung als Beauftragte des Kunden im Sinne von § 299 anzusehen. Auch wäre bei diesem Modell die Aufnahme einer Pflicht der Mediaagentur in den Vertrag mit dem Kunden bezüglich der Nichtannahme von Vergütungsleistungen durch Dritte möglich. Da darüber hinaus der von den Leistungserbringern direkt an die Mediaagentur geleistete Mediaagenturbonus entfallen würde, gäbe es keinen Anhaltspunkt für eine mögliche Zuwendung zur zukünftigen Bevorzugung. Falls ein Leistungserbringer trotzdem einer Mediaagentur einen Vorteil zuwenden würde, wäre eine Strafbarkeit leichter nachzuweisen, da der Vorteil nicht mehr die Vergütung der Mediaagentur darstellen könnte.

Das Modell existiert in verschiedenartigen Ausgestaltungen. Bei der Ausgestaltung als Cost-plus-Modell leitet die Mediaagentur ebenfalls jeden erlangten Vorteil weiter und berechnet ihre vollen Kosten. Zusätzlich wird ihr aber ein Aufschlag eines fixen Prozentsatzes als Gewinn bzw. Risikomarge gewährt.[1337] Auf diese Weise wird dem Element der Transparenz noch ein Element der Sicherheit in Bezug auf die Planung für die Mediaagentur hinzugefügt.

Bei der Ausgestaltung als Profit-sharing-Modell vereinbaren Kunde und Mediaagentur bestimmte Zielvorgaben. Alle Gewinne, die die Mediaagentur über diese Vorgaben hinaus erwirtschaftet, werden nach einem im Voraus festgelegten Verteilungsschlüssel aufgeteilt.[1338] Auf diese Weise wird dem ansonsten neutralen Treuhändermodell ein gewisser Anreiz für die Mediaagentur beigefügt, möglichst effizient zu arbeiten.[1339]

Bei der Ausgestaltung als Flat-fee-Modell leitet die Mediaagentur alle erlangten Vorteile an den Kunden weiter und erhält dafür ein Pauschalhonorar. Auch wenn sich das Pauschalhonorar ebenfalls an den Mediakosten orientiert, muss die Mediaagentur in dieser Ausgestaltung nicht jeden Posten einzeln nachweisen.[1340] Außerdem erhält sie durch das Pauschalhonorar eine gewisse Planungssicherheit. Der Nachteil ist allerdings die einhergehende starke Einschränkung der Überprüfbarkeit. Ferner ist dieses Modell auch besonders unflexibel für spontan erforderliche Zusatzleistungen. Darüber hinaus ist die im Vorfeld für die Verhandlung über die

---

[1337] Siehe Punkt E.2.II des Mustervertrags der OWM, http://www.owm.de/dokumente/empfehlungen_vorlagen/coc.php, zuletzt abgerufen am 20.10.2011.
[1338] Siehe Punkt 2.3. und 2.4. der Veröffentlichung der OWM zur „Honorierung der Mediaagenturen", http://www.owm.de/pdf/coc/Honorierung.pdf, zuletzt abgerufen am 20.10.2011. Vgl. ferner: media&marketing, Nr. 03/2007, S. 53.
[1339] Zur Vorteilhaftigkeit erfolgsbezogener Vergütung: *Focken*, HORIZONT, Nr. 14/2010, S. 1, 21.
[1340] *Koschnick*, Medialexikon, S. 47 ff.

Höhe des Pauschalhonorars erforderliche Berechnung der zu erwartenden Kosten für beide Seiten sehr schwierig und entsprechend zeit- und kostenintensiv.

Gegen das Treuhändermodell spricht allerdings, dass die Mediaagenturen nicht zeigen wollen, wie hoch ihre Gewinnmarge tatsächlich ist, um keine Begehrlichkeiten bei den Kunden zu wecken.[1341] Außerdem besteht für die Mediaagenturen auch keine zwingende Notwendigkeit, etwas an der bestehenden Situation zu ändern und sich zu Treuhändern der Kunden zu machen.[1342] Deswegen ist die Durchsetzung dieses von den Kunden favorisierten Modells in der Praxis kaum denkbar.

b) Service-fee-Modell

Als zweite Vergütungsvariante ist das teilweise als „amerikanisches Modell" bezeichnete Service-fee-Modell zu betrachten.[1343] Bei diesem Modell leitet die Mediaagentur sämtliche erlangten Vorteile weiter und erhält dafür von ihren Kunden einen Aufschlag von meist 17,65 % auf das Kunden-Netto als Agenturvergütung.[1344] Der auf den ersten Blick ungewöhnlich erscheinende Aufschlag ergibt sich aus dem Unterschied zwischen Kunden-Netto und Agentur-Netto.[1345] Ein Aufschlag von 17,65 % auf das Kunden-Netto entspricht ungefähr dem bei deutschen Annoncenexpeditionen gebräuchlichen Abschlag von 15 % auf das Agentur-Netto.[1346]

Der Vorteil des Service-fee-Modells ist darin zu sehen, dass es nicht länger einen der Höhe nach frei bestimmbaren Mediaagenturbonus gibt. Folglich wird der Mediaagentur die Möglichkeit und dem Kunden die daraus resultierende Angst genommen, einen Leistungserbringer nur deswegen zu bevorzugen, weil dieser einen höheren Mediaagenturbonus in Aussicht stellt. Die Mediaagentur kann also unabhängiger beraten, da sie ohnehin nur in Abhängigkeit des Kunden-Nettos vergütet wird.[1347] In Bezug auf eine Strafbarkeit wegen Bestechlichkeit im geschäftlichen Verkehr gemäß § 299 Abs. 1 würde dieses Modell die Probleme im Zusammenhang mit der Beauftragtenstellung, der Unrechtsvereinbarung und der Unlau-

---

[1341] Siehe zur Darlegung: Teil 5, A, II.
[1342] Vgl. etwa: HORIZONT, Nr. 26/2007, S. 16; HORIZONT, Nr. 33/2007, S. 12.
[1343] Der Name erklärt sich aus seiner Einführung durch die Annoncenexpedition von N. W. Ayer& Son in Philadelphia im Jahre 1873: *Binias*, ZVZV 1962, 56, 57.
[1344] *Lambsdorff/Skora*, Handbuch des Werbeagenturrechts, Rn. 171 ff.; *Löffler*/Wenzel/Sedelmeier, Presserecht, BT Anz, Rn. 273.
[1345] Siehe dazu: Teil 1, B, I.
[1346] Ein Rechenbeispiel findet sich bei: *Marx*, Media für Manager, S. 117 f; *Martinek*, Mediaagenturen und Medienrabatte, S. 7.
[1347] Siehe insofern Punkt E.2.I. des Mustervertrags der OWM, http://www.owm.de/dokumente/ empfehlungen_vorlagen/coc.php, zuletzt abgerufen am 20.10.2011.

terkeit der Bevorzugung beseitigen. Außerdem entstünde zusätzlicher Druck zur Angabe der erlangten Vorteile für die Mediaagentur bzw. zusätzliche Sicherheit für den Kunden, da in einer solchen Vergütungssituation eine Strafbarkeit wegen Betrugs gemäß § 263 nahe läge, wenn die Mediaagentur nicht alle erhaltenen Vorteile an- bzw. weitergibt.[1348]

Jedoch berät bei diesem Modell die Mediaagentur den Kunden möglicherweise nicht mehr so, dass dieser alle Vergünstigungen und Zuwendungen erhält, da bei höheren Nettoschaltkosten auch das Honorar der Mediaagentur höher ausfällt. Mithin wird letztlich nur ein Risiko für den Kunden gegen ein anderes ausgetauscht. Außerdem wird der pauschalierte Preis den in Bezug auf den jeweils erforderlichen Aufwand sehr unterschiedlichen Einzelfällen nicht immer gerecht.[1349] Dieses Modell ist demzufolge mit den gleichen Problemen beladen wie die bereits überholte Vergütung mittels eines Abschlags von 15 % auf das Agentur-Netto. Es schafft daher nicht die erforderliche Grundlage für straffreies Verhalten der Beteiligten bei Verfolgung ihrer Interessen.

c) Brokermodell

Als Gegenstück zu dem vorgestellten Treuhändermodell ist das sogenannte Brokermodell aufzufassen. Bei diesem Modell wird die Mediaagentur als Broker und damit selbstständig auf eigener Wirtschaftsstufe tätig.[1350] Es erfolgt keine Bezahlung durch die Kunden, sondern die Mediaagentur erwirtschaftet ihr Honorar selbstständig über Provisionen, Vergünstigungen und sonstige Zuwendungen der Leistungserbringer. Die Agenturvergütung entfällt ersatzlos.[1351] Die Mediaagentur wäre dann nach ihrer mit diesem Vergütungsmodell einhergehenden tatsächlichen Stellung nicht als Beauftragte des Kunden anzusehen.

Der Vorteil dieses Modells ist die lediglich einseitige Bezahlung und die Kenntnis der Parteien darum. Der Nachteil ist jedoch, dass sich die Mediaagentur möglicherweise nicht ausschließlich an den Interessen ihres Kunden, sondern an ihren eigenen Profitinteressen orientiert.[1352]

[1348] Siehe zur Betrugsstrafbarkeit der Mediaagentur: Teil 4, C, I.
[1349] HORIZONT, Nr. 43/2007, S. 24.
[1350] *Marx*, Media für Manager, S. 27; *Martinek*, Mediaagenturen und Medienrabatte, S. 18.
[1351] HORIZONT, Nr. 38/2007, S. 86.
[1352] Siehe Teil 1, B, III.

Gemäß den Darstellungen in den vorangegangenen Teilen dieser Arbeit entspricht das Brokermodell nahezu vollständig der Marktrealität.[1353] Die Agenturvergütung in Form eines Abschlags von 15 % existiert zwar noch, wird aber durchgereicht und ist eingepreist, sodass sie rein tatsächlich als entfallen betrachtet werden kann.[1354] Die Mediaagenturen erlangen ihr Honorar über die selbstständige Vermarktung der Vergünstigungen und sonstigen Zuwendungen.[1355]

Durch Anwendung dieses Modells wäre die Kontroverse um die Beauftragtenstellung entsprechend den Erörterungen im dritten Teil beendet. Jedoch wird das Brokermodell noch nicht in Reinform angewendet, da die Kunden teilweise noch immer ein (geringes) direktes Honorar an die Mediaagentur leisten.[1356] Vor allem aber wollen die Kunden dieses Modell nicht anwenden bzw. nicht akzeptieren, dass es in der Praxis längst angewandt wird, da ihre Interessen dann bei der Mediaagentur möglicherweise nicht an erster Stelle stehen.

d) Skandinavisches Modell

Als weitere Vergütungsvariante wird das sogenannte Skandinavische Modell angedacht. Bei diesem Modell entfallen sowohl die Agenturvergütung als auch alle Vergünstigungen und sonstigen Zuwendungen; die von der Mediaagentur gestellte Rechnung wird je hälftig durch die Kunden und die Leistungserbringer getragen.[1357] Der Vorteil dieses Modells ist das Fehlen der Vergünstigungen und der Wegfall der damit einhergehenden Weiterleitungsproblematik, welche bisher gerade den Stein des Anstoßes darstellte.[1358] Solange die Vergünstigungen und sonstigen Zuwendungen vollständig entfallen und die Vergütung je hälftig erfolgt, wäre für eine Strafbarkeit wegen Bestechlichkeit im geschäftlichen Verkehr kein Platz, da kein Risiko der Bevorzugung zur Erlangung eines höheren Mediaagenturbonus bestünde.

Jedoch ist nicht vermittelbar, wieso ein Leistungserbringer die Hälfte der aufgrund einer besonders aufwendigen Kampagne eines Kunden hohen Kosten der Mediaagentur bezahlen soll, wenn die absolute Zahl der gebuchten Werbeplätze

---

[1353] So auch: absatzwirtschaft, Nr. 01/2008, S. 88.
[1354] Siehe Teil 3, A, II, 6.
[1355] Siehe Teil 3, A, II, 2, f), bb), (1); Teil 3, A, II, 6; Teil 3, A, II, 8.
[1356] Siehe Teil 1, A, III.
[1357] HORIZONT, Nr. 41/2007, S. 34; HORIZONT, Nr. 35/2007, S. 13.
[1358] HORIZONT, Nr. 38/2007, S. 86; HORIZONT, Nr. 11/2008, S. 46.

gleichzeitig gering ist.[1359] Dieses Problem könnte aber durch eine Vergütung mittels eines festen Prozentsatzes vonseiten der Leistungserbringer, gepaart mit einer leistungsabhängigen Vergütung seitens der Kunden behoben werden.[1360] Die positiven Effekte in Bezug auf § 299 blieben dadurch erhalten.

Allerdings existiert kein Vertrag zwischen allen drei Beteiligten, in dem die Höhe der jeweils zu tragenden Vergütung festgelegt werden könnte. Mithin wäre es für die Mediaagentur zumindest schwierig, zeitversetzt mit verschiedenen Partnern in eigenem Namen und auf eigene Rechnung einen Vertrag zu schließen und in beiden durchzusetzen, dass der Vertragspartner je einen Teil der Kosten übernimmt. Wenn der zweite Vertragspartner sich sträubt, hätte die Mediaagentur keine Handhabung. Darüber hinaus setzt dieses Modell wie die anderen bereits beschriebenen Modelle die Mitwirkung der Mediaagentur voraus, ohne dass sich ein direkter wirtschaftlicher Vorteil für diese ergibt.

Vor allem aber bietet auch dieses Modell keine Gewähr dafür, dass der Mediaagentur tatsächlich keine Vergünstigungen vonseiten der Leistungserbringer angeboten oder gewährt werden.

Aus diesen Gründen konnte sich dieses Konzept nicht durchsetzen.[1361]

e) Kombinationsmodell

Als letzte Vergütungsvariante wird das sogenannte Kombinationsmodell diskutiert. Bei diesem Modell stellt die Mediaagentur ihre Kunden vor die Wahl zwischen dem Treuhänder- und dem Brokermodell.[1362] Entweder der Kunde muss die Mediaagentur nicht vergüten, erhält dann aber auch keine Vorteile weitergeleitet oder er muss die Agentur zwar vergüten, erhält im Gegenzug jedoch alle erlangten Vorteile.

Dieses Modell bietet den Kunden die Möglichkeit, selbst zu bestimmen, wie viel sie für den Service der Mediaagentur bezahlen wollen und vor allem, wie wichtig ihnen Transparenz und die Gewissheit sind, dass die Mediaagentur tatsächlich nur ihre Interessen berücksichtigt und sich nicht von der Höhe des Mediaagenturbonus leiten lässt. Entsprechend der obigen Ausführungen wäre die Mediaagentur im ers-

---

[1359] HORIZONT, Nr. 43/2007, S. 24.
[1360] medianet, 28.06.2006, S. 11.
[1361] HORIZONT, Nr. 12/2010, S. 2; HORIZONT, Nr. 38/2007, S. 86; HORIZONT, Nr. 11/2008, S. 40.
[1362] HORIZONT, Nr. 38/2007, S. 86; HORIZONT, Nr. 32/2007, S. 1; HORIZONT, Nr. 42/2007, S. 42; *Martinek*, Mediaagenturen und Medienrabatte, S. 19.

ten Fall aufgrund ihrer tatsächlichen Stellung als Beauftragte des Kunden anzusehen und es läge mithin eine Strafbarkeit wegen Bestechlichkeit im geschäftlichen Verkehr gemäß § 299 Abs. 1 nahe, falls die Mediaagentur Vorteile von einem Leistungserbringer annehmen würde. Im zweiten Fall wäre die Mediaagentur schon nicht als Beauftragte anzusehen. Auch eine Strafbarkeit wegen Betrugs läge nicht vor, da über die Weiterleitung nicht getäuscht werden könnte.

In der Praxis sind den Kunden allerdings offenbar bisher Konditionen wichtiger als Transparenz.[1363] Dies mag auch daran liegen, dass selbst bei Zusicherung vollständiger Transparenz die Kunden aufgrund der Geschehnisse in der Vergangenheit berechtigterweise skeptisch sind, ob wirklich alle Vorteile weitergeleitet werden. Jedenfalls wählen rein tatsächlich die meisten Kunden das Brokermodell.[1364] Eine Erklärung dafür könnte auch die eingeschränkte Messbarkeit von schlechter Arbeit der Mediaagentur bieten.[1365] Wenn die Arbeit der Mediaagentur aufgrund von Intransparenz einkaufsorientiert abläuft und dem Kunden ein Werbeplatz verschafft wird, der nicht ganz seinen Interessen gerecht wird, fällt dies dem Kunden oftmals gar nicht, zumindest aber nicht zeitnah auf.[1366] Im Gegensatz zu schlechter Arbeit der Kreativagentur rächt sich schlechte Arbeit der Mediaagentur eben erst Monate oder Jahre später.[1367] Hingegen sind gute Konditionen sofort ersichtlich.

Dieses Modell stellt mithin zwar einen guten Ansatz dar, löst aber letztlich nicht die Probleme, sondern bringt die Beteiligten schlicht dazu, sich mit der Ausgangslage und den bestehenden Problemen zu arrangieren. Es bietet den Beteiligten keine Verhaltensmöglichkeit zur straffreien Verfolgung ihrer Interessen.

2. Zwischenergebnis

In Bezug auf die Frage nach der Strafbarkeit des Verhaltens der Beteiligten bei der Verfolgung ihrer Interessen sind die Vertragsgestaltung und insbesondere die Regelung der Vergütung durchaus nützlich. Auch wenn sich die Beauftragtenstellung nicht nach zivilrechtlichen Grundsätzen, sondern nach der tatsächlichen Stellung

---

[1363] HORIZONT, Nr. 10/2010, S. 8; HORIZONT, Nr. 14/2010, S. 1, 21; medianet, 11.03.2008, S. 14; medianet, 19.10.2007, S. 10.
[1364] *Koschnick*, Medialexikon, http://www.medialine.de/deutsch/wissen/medialexikon.php?snr= 3629, zuletzt abgerufen am 20.10.2011.
[1365] HORIZONT, Nr. 14/2010, S. 1, 21; *Kasperer*, absatzwirtschaft, Nr. 04/2010, S. 30; absatzwirtschaft, Nr. 06/2003, S. 86; absatzwirtschaft, Nr. 03/2008, S. 92.
[1366] absatzwirtschaft, Nr. 06/2003, S. 84; absatzwirtschaft Nr. 03/2008, S. 92.
[1367] *Kasperer*, absatzwirtschaft, Nr. 04/2010, S. 30.

richtet, liegt entsprechend den Darlegungen im dritten Teil die Einstufung der Mediaagentur als Beauftragte im Sinne von § 299 nahe, wenn das Treuhändermodell oder das Skandinavische Modell vereinbart werden. Hingegen läge eine Beauftragtenstellung bei Vereinbarung des Service-fee-Modells oder des Brokermodells fern.

Wegen der aufgezeigten Schwierigkeiten bei der praktischen Umsetzung bieten die Vergütungsmodelle für die Beteiligten der Mediaagenturkonstellation jedoch nicht das für ein rechtmäßiges Verhalten notwendige Lösungskonzept. In der bestehenden Konstellation können die Beteiligten ihre Ziele nicht lediglich mithilfe der Vertragsgestaltung oder der Wahl eines anderen Vergütungsmodells auf rechtmäßigem Weg erreichen. Gleichzeitig existiert für die Mediaagenturen als diejenigen Beteiligten, welche eine Änderung herbeiführen könnten, zu wenig Anreiz, etwas an der gegenwärtigen Situation zu ändern.[1368] Die Mediaagenturen sträuben sich gegen vollständige Transparenz, weil dann ersichtlich wäre, wie viel Gewinn sie tatsächlich erwirtschaften und dies Begehrlichkeiten bei den Kunden wecken könnte.[1369] Außerdem widerstrebt den Mediaagenturen vollständige Transparenz auch, weil dann ein Einkauf zu besseren Konditionen als ein Wettbewerber nur noch eingeschränkt möglich wäre.[1370]

II. Anstehende Veränderungen

Wenn die Beteiligten ihre Ziele nicht über die Vertragsgestaltung straffrei erreichen können, steht der Branche eine umfassende Veränderung bevor. Dass dies den Beteiligten bewusst ist,[1371] wird auch durch die im Rahmen der aktuellen Entwicklungen behandelten Versuche deutlich, die Vorgehensweise umzugestalten. Zur straffreien Zielerreichung können die Aufspaltung der Mediaagentur, ihre Eingliede-

---

[1368] So auch: HORIZONT, Nr. 33/2007, S. 12; HORIZONT, Nr. 10/2010, S. 8; HORIZONT, Nr. 26/2007, S. 1; HORIZONT, Nr. 09/2010, S. 1; HORIZONT, Nr. 41/2007, S. 34; absatzwirtschaft, Nr. 06/2003, S. 84, 89.
[1369] Siehe Teil 5, A, II.
[1370] HORIZONT, Nr. 11/2008, S. 40: Gewünscht ist nur ein „einheitlicher Korridor"; HORIZONT, Nr. 10/2010, S. 8.
[1371] HORIZONT, Nr. 26/2007, S. 1; HORIZONT, Nr. 33/2007, S. 12; HORIZONT, Nr. 09/2010, S. 1; HORIZONT, Nr. 41/2007, S. 34; W&V, Nr. 41/2005, S. 50 f; absatzwirtschaft, Nr. 06/2003, S. 85; absatzwirtschaft, Nr. 03/2008, S. 92; absatzwirtschaft, Nr. 01/2008, S. 88; absatzwirtschaft online vom 27.08.2009, http://www.absatzwirtschaft.de/content/communicat/news/mediaagenturen-auf-der-suche-nach-neuen-erloesquellen;68699, zuletzt abgerufen am 20.10.2011.

rung in den Betrieb des Kunden oder eine Kombination aus Aufspaltung und Eingliederung in Erwägung gezogen werden.

1. Aufspaltung

Die Beteiligten der Mediaagenturkonstellation erreichen ihre Ziele auf legalem Weg, wenn die Mediaagentur nicht länger sowohl die Mediaplanung als auch den Mediaeinkauf für die Kunden übernimmt. Unter Weiterentwicklung der Aufspaltung der ehemaligen „Full-service"-Werbeagentur in Kreativ- und Mediaagentur[1372] wäre dies möglich, wenn eine Aufspaltung der Mediaagentur in eine Consultingagentur mit Beratungsfunktion und eine Einkaufsagentur mit reiner Handelsfunktion erfolgte.[1373] Dies ist nicht zu verwechseln mit der Gründung von Einkaufs-Tochterunternehmen („back-offices") im Sinne des Scaling.[1374] Entsprechend der vollständigen Trennung von Kreativ- und Mediabereich bei der bereits erfolgten Aufspaltung der „Full-service"-Werbeagentur wäre eine *vollständige* Trennung von Mediaeinkauf und Mediaplanung durch die Herausbildung zweier absolut unabhängiger Unternehmen erforderlich, um die Probleme nicht nur zu verlagern.[1375] Bei vollständiger Trennung könnte sich die Consultingagentur voll und ganz den Zielen der Kunden unterordnen und die Mediaplanung würde absolut frei und nicht einkaufsorientiert ablaufen.[1376] Da die Mediaplanung ausschließlich die Interessen des Kunden zum Gegenstand haben sollte, der Mediaeinkauf aber zumindest auch der Verwirklichung der eigenen Interessen der Mediaagentur dient, würde die Aufspaltung entlang der Interessengrenzen erfolgen.[1377] Die Consultingagentur hätte sich nur noch an den Zielen der Kunden zu orientieren, die Einkaufsagentur müsste nur noch den von der Consultingagentur entworfenen Mediaplan durch den Mediaeinkauf umsetzen. Erreicht würde vollständige Beratungsneutralität;[1378] die Interessen der Kunden würden berücksichtigt. Da die Kunden darüber hinaus ordnungs-

---

[1372] Siehe dazu: Teil 1, A, I; Teil 2, A, II; Teil 3, A, II, 1.
[1373] Dahingehend: *Martinek*, Mediaagenturen und Medienrabatte, S. 67. Auch *Baron, Schulz* und *Prüsse* sehen die Zukunft der Mediaagentur in der Beratungsfunktion: http://www.horizont.net/ aktuell/agenturen/pages/protected/show.php?id=87073&page=1&params=, zuletzt abgerufen am 20.10.2011.
[1374] Siehe Teil 5, B, II.
[1375] Siehe zur Verlagerung der Probleme bei Gründung eines Einkaufs-Tochterunternehmens: Teil 5, B, II, 1.
[1376] HORIZONT, Nr. 38/2007, S. 86; HORIZONT, Nr. 26/2007, S. 1; *Schauer*, medianet, 26.06.2006, S. 10.
[1377] Siehe Teil 3, A, II, 1, c); Teil 1, A; Teil 1, B, I.
[1378] Zu ersten Versuchen der Herstellung von Beratungsneutralität auf diese Weise: absatzwirtschaft, Nr. 12/2002, S. 96.

gemäß betreut und die Werbung aufbereitet würde, würden auch die Interessen der Leistungserbringer erreicht. Vor allem aber würden sich die Agenturen nicht mehr durch den Mediaagenturbonus dem Verdacht der Entgegennahme eines Vorteils zur zukünftigen unlauteren Bevorzugung und damit einer Strafbarkeit wegen Bestechlichkeit im geschäftlichen Verkehr gemäß § 299 Abs. 1 aussetzen. Die Consultingagentur würde ohnehin nur noch durch die Kunden vergütet, die Einkaufsagentur hingegen müsste den Mediaplan umsetzen und könnte nicht zur Erlangung eines Vorteils einen anderen Leistungserbringer bevorzugen. Die Consultingagentur würde ihre Eigenständigkeit aufgeben und sich dem Willen des Kunden im Rahmen des Auftrags derart unterordnen, dass sie aufgrund ihrer tatsächlichen Stellung als Beauftragte des Kunden anzusehen wäre. Eine Strafbarkeit der Einkaufsagentur schiede hingegen aus; sie müsste lediglich den Mediaplan durch den Einkauf verwirklichen, könnte nicht in unlauterer Weise bevorzugen und mangels Weiterleitungspflicht hierüber auch nicht täuschen bzw. durch die Nichtweiterleitung einen Schaden verursachen.

Auch wenn die Beteiligten nicht strafbar sein sollten, ist die Aufspaltung jedoch aufgrund der Vergütungssituation nicht sinnvoll durchführbar. Die Kunden müssten den arbeitsintensiven Teil der Mediaplanung vergüten, erhielten aber trotzdem nicht die im Rahmen der Buchung ihrer Werbeplätze erzielten Vergünstigungen und sonstigen Vorteile weitergeleitet.

2. Eingliederung

Gleichfalls nicht zur straffreien Erreichung der Ziele der Beteiligten geeignet ist die Eingliederung der Mediaagentur in den Betrieb des Kunden[1379] bzw. die Übernahme des Mediaeinkaufs durch diesen.[1380]

Zwar würde der Kunde auf diese Weise selbst seinen Mediaplan erstellen, ihn im Rahmen des Mediaeinkaufs durch eigene Leute verwirklichen und Vergünstigungen und sonstige Zuwendungen der Leistungserbringer daher für sich selbst aushandeln, sodass allenfalls eine Strafbarkeit gemäß § 299 Abs. 1 als Angestellter in Betracht käme, falls ein Mitarbeiter einen Vorteil zur zukünftigen unlauteren Bevorzugung eines Leistungserbringers annimmt. Jedoch könnte der Kunde mit seiner Mediaabteilung wegen fehlender Bündelung vieler Werbeanfragen mehrerer

---

[1379] absatzwirtschaft, Nr. 04/2010, S. 31; HORIZONT, Nr. 34/2009, S. 22; absatzwirtschaft, Nr. 12/2002, S. 96.
[1380] HORIZONT, Nr. 01/2010, S. 17; HORIZONT, Nr. 26/2007, S. 1.

Unternehmen keine starke Verhandlungsposition gegenüber den Leistungserbringern erreichen und deswegen keine vergleichbar umfangreichen Vergünstigungen erzielen. Aus diesem Grund wären die anfallenden Kosten für den Betrieb einer unternehmensinternen Media(einkaufs)agentur, bzw. im Falle der Übernahme nur des Mediaeinkaufs: das an die Consultingagentur zu gewährende Honorar, größer als die zu erlangenden Vergünstigungen und sonstigen Zuwendungen. Die Frage, ob ein Kunde überhaupt den Mediaplan erstellen kann oder zumindest in der Lage ist, den weniger arbeitsintensiven Teil, den Mediaeinkauf, selbstständig zu besorgen, kann daher dahinstehen.

3. Kombination

Das Verhalten der Beteiligten ist jedoch straffrei und dient der Verwirklichung ihrer Interessen, wenn der Mediaeinkauf von einer Gesellschaft betrieben wird, die jeden dabei nach Abzug der eigenen Kosten verbleibenden Überschuss entsprechend der prozentualen Verhältnisse der von den werbetreibenden Unternehmen eingebrachten Werbebudgets an diese auskehrt. Solange die werbetreibenden Unternehmen bei den Mediaagenturen nur noch die Media*planung* nachfragen und sie hierfür angemessen vergüten, ist eine weitere Vergütung seitens der Leistungserbringer mithilfe eines Bonus nicht mehr erforderlich, um die wirtschaftliche Grundlage der Mediaagentur zu erhalten. Die Verwirklichung des fertigen Mediaplans besorgen die Kunden dann über die Einkaufsgesellschaft. Da die Auftragsvergabe bzw. das Budget bei den Kunden liegt, ist diese Veränderung durchaus denkbar. Die Kunden entscheiden, was sie nachfragen. Sie können die Mediaagentur auf diese Weise praktisch zur Umgestaltung in eine Consultingagentur zwingen.

Mangels Kontakt zu den Leistungserbringern ist unter diesen Voraussetzungen einfacher auszumachen, ob die Consultingagentur einen Vorteil dafür fordert, einen Leistungserbringer in dem Mediaplan zu bevorzugen. Das Merkmal der Unrechtsvereinbarung und der zukünftigen unlauteren Bevorzugung sind leicht zu erkennen. Weder der Consulting- noch der Einkaufsagentur könnte im Rahmen ihres regulären Vorgehens aufgrund der Vergütungssituation eine mögliche Vorteilsannahme angelastet werden. Außerdem ist auch die Gründung einer entsprechenden „non-profit"-Einkaufsgesellschaft durch ein oder mehrere werbetreibende Unternehmen nicht realitätsfern. Die Kosten wären überschaubar und würden durch die erlangten Vergünstigungen und sonstigen Zuwendungen mehr als gedeckt. Jeder Kunde der „non-profit"-Einkaufsgesellschaft würde auf Dauer profitieren.

Im Gegensatz zur eigenständigen Übernahme des Einkaufsbereichs durch jedes einzelne Unternehmen würde die neu gegründete Einkaufsgesellschaft, wie die Mediaagentur bisheriger Prägung, viele Werbeplatzanfragen bündeln und aufgrund ihrer daraus resultierenden starken Marktposition viele Vergünstigungen und sonstige Zuwendungen von den Leistungserbringern erhalten. Im Gegensatz zur bloßen Aufspaltung der Mediaagentur müssten die Kunden zwar ebenfalls die Consultingagentur vergüten, würden jedoch die bei der Buchung ihrer Werbeplätze erwirtschafteten Vorteile vollständig weitergeleitet erhalten. Da die Consultingagentur keinen Kontakt mehr zu den Leistungserbringern hat, wäre die Höhe der Vergütung wie in sonstigen Wirtschaftsbereichen bestimmbar, da die Kunden nicht länger von einer Vergütung einer dritten Seite ausgehen und damit den Verzicht auf eine eigene Vergütung rechtfertigen könnten. Sollte sich die Einkaufsgesellschaft in dieser Gestaltungsvariante einen Vorteil für die zukünftige Bevorzugung eines Leistungserbringers versprechen lassen, so würde sich bezüglich einer Strafbarkeit gemäß § 299 zumindest nicht das Problem der Beauftragtenstellung ergeben. Die Einkaufsgesellschaft wäre aufgrund ihrer Stellung berechtigt und verpflichtet, für die werbetreibenden Unternehmen im Rahmen des Mediaeinkaufs geschäftlich tätig zu werden. Durch die Verpflichtung zum Einkauf der Werbeplätze erhielte sie eine Position eingeräumt, aufgrund derer sie in der Lage wäre, für die werbetreibenden Unternehmen eigenständige Entscheidungen zu treffen und so Einfluss auf diese auszuüben. Davon abgesehen wäre eine solche Bevorzugung zur Erlangung eines großen Vorteils nicht im Interesse der Einkaufsgesellschaft, da sie jeglichen erzielten Überschuss ohnehin entsprechend der eingebrachten Werbebudgets an die werbetreibenden Unternehmen auskehren müsste.

Darüber hinaus könnte sich die Consultingagentur bei dieser Gestaltungsmöglichkeit ganz auf die Interessen ihrer Kunden konzentrieren. Die Gefahr der einkaufsorientierten Planung bestünde lediglich dahingehend, dass die Consultingagentur sich für die Bevorzugung eines Leistungserbringers bereits bei der Mediaplanung einen Vorteil versprechen/gewähren ließe. Diese Gefahr besteht aber im Wirtschaftsleben grundsätzlich. Gebannt würde allerdings die dem bisherigen System immanente Gefahr, die Gewährung eines Vorteils und eine darauf beruhende unlautere Bevorzugung mithilfe der Bonusgewährung zu verschleiern. Eine Vorteilsgewährung eines Leistungserbringers an eine Consultingagentur wäre aufgrund des fehlenden Kontakts bei ordnungsgemäßer Vorgehensweise leicht nachweisbar. Außerdem wäre eine höhere kriminelle Energie erforderlich, um überhaupt erst einen solchen Kontakt herzustellen.

Gewährleistet wäre aber vor allem, dass sich der verbleibende Rest der Mediaagentur bei ordnungsgemäßer Vorgehensweise dem der bisherigen Vergütungssituation immanenten Vorwurf möglicher Strafbarkeit entziehen könnte und insbesondere ein Interessenkonflikt nicht aus der Vergütung von zwei Seiten resultieren würde. Letztlich bestünde auch nicht mehr die Gefahr, dass die Mediaagenturen durch immer höhere Rabattforderungen letztlich die Preise für die Kunden in die Höhe treiben, da die Leistungserbringer, um die Rabattforderungen bedienen zu können, schlicht die Bruttopreise erhöhen.

Bei dieser Vorgehensweise sind die Beteiligten nur dann strafbar, falls durch die Bündelung des Einkaufs der Werbeplätze der Wettbewerb verfälscht wird oder ein Kartell auf Kundenseite (Nachfragekartell) entsteht. Wenn die „non-profit"-Einkaufsagentur derart viele werbetreibende Unternehmen repräsentiert, dass ein Leistungserbringer es nicht mehr ablehnen kann, mit ihr Geschäfte zu machen und die Einkaufsgesellschaft daher nahezu jede Vergünstigung verlangen kann, würde der Wettbewerb verfälscht. Die Einkaufsgesellschaft darf also keine marktbeherrschende Position erhalten. In gleicher Weise wie es mehrere Mediaagenturen gibt, ist aber nicht zu erwarten, dass alle werbetreibenden Unternehmen ihren Mediaeinkauf von nur einer Einkaufsgesellschaft betreiben lassen. Außerdem tritt die neue „non-profit"-Einkaufsgesellschaft lediglich als neuer Marktteilnehmer neben die bisherigen Mediaagenturen. Bei kleineren Unternehmen mit wenig umfangreichen Werbekampagnen kann der Anreiz, nur ein Unternehmen wegen der Werbung kontaktieren zu müssen, schwerer wiegen als eine geringere Vergütung. Darüber hinaus ändert sich möglicherweise nach einer Übergangsperiode aufgrund der neuen Verhältnisse erneut die Vergütungssituation auf dem Mediamarkt. Die Gewährung von umfangreichen Vergünstigungen und sonstigen Zuwendungen wäre nicht länger erforderlich, weil sie ohnehin die Kunden im Verhältnis ihres jeweiligen Auftrags erreichen. Daher ist ein Verzicht auf das Bonussystem und eine entsprechende Anpassung der Listenpreise durchaus denkbar. Die Entwicklung der vergangenen Jahrzehnte könnte wieder rückwärts verlaufen. Dann ist kein gemeinsamer Einkauf mehr erforderlich und auch die wettbewerbsrechtlichen Bedenken sind nicht länger zu hegen.

III. Fazit

Festzuhalten ist, dass die Vertragsgestaltung inklusive eines durchdachten Vergütungsmodells helfen kann, den Beteiligten auf rechtmäßigem Wege die Verfolgung ihrer Interessen zu ermöglichen. Jedoch sind die Gestaltungsmöglichkeiten in ihrer

Wirkung bezüglich der Strafbarkeit beschränkt. Für die Klärung der Beauftragtenstellung sind eben nicht nur der Vertrag und die Vergütungssituation entscheidend, sondern es ist eine Gesamtwürdigung der tatsächlichen Stellung vorzunehmen. Die straffreie Interessenerreichung ist den Beteiligten erst durch eine Veränderung auf dem Mediaagenturmarkt möglich. Rechtmäßig handeln die Beteiligten bei der Verfolgung ihrer Ziele nur, wenn eine Trennung von Mediaplanung und Mediaeinkauf erfolgt und letzterer eigenständig seitens der Kunden über eine „non-profit"-Einkaufsgesellschaft besorgt wird. Die Trennungslinie zwischen den Interessen der Kunden und der Leistungserbringer läuft dann nicht länger innerhalb eines Unternehmens (der Mediaagentur), sondern tatsächlich zwischen den Kunden und den Leistungserbringern. Die Consultingagentur als der von der Mediaagentur verbleibende Rest wird dann ausschließlich durch die Kunden vergütet und hat auch nur deren Interessen zu wahren. Deswegen begibt sie sich derart in die Abhängigkeit zu den Kunden, dass sie, entsprechend den Darstellungen im dritten Teil, nach ihrer tatsächlichen Stellung als Beauftragte der Kunden im Sinne von § 299 anzusehen ist. Ferner nimmt die Consultingagentur überhaupt keine Vorteile mehr an und hat keinen Kontakt zu den Leistungserbringern, sodass eine Strafbarkeit gemäß § 299 ausscheidet bzw. nur dann nahe liegt, wenn die Consultingagentur doch Kontakt zu einem Leistungserbringer aufnimmt und Vorteile für die Bevorzugung im Rahmen der Mediaplanung von ihm annimmt, fordert oder sich-versprechen-lässt.

Gleichfalls ist die Gefahr einer Vorteilszuwendung an die Einkaufsagentur zur Erreichung einer zukünftigen unlauteren Bevorzugung gering, da die Einkaufsagentur lediglich die im Mediaplan vorgesehenen Werbeplätze beschaffen und ohnehin jeglichen nach Abzug der eigenen Kosten verbleibenden Überschuss auskehren muss. Trotzdem erledigt die Einkaufsgesellschaft den Mediaeinkauf selbstständig in eigenem Namen und auf eigene Rechnung.[1381] Je nach Ausgestaltung des Verhältnisses, insbesondere in Bezug auf die Weisungsgebundenheit, ist die Einkaufsagentur dann als Beauftragte oder Angestellte der Kunden anzusehen. Allerdings handelt die Einkaufsagentur die Vorteile nicht für sich, sondern für ihre Kunden aus. Eine Strafbarkeit gemäß § 299 Abs. 1 kommt daher ohnehin nicht in Betracht.[1382]

Die Ziele der Kunden werden erreicht, da die Consultingagentur nur die Interessen der Kunden verfolgt und gleichzeitig vollständige Transparenz bei den Zahlungsströmen herrscht. Die Ziele der Leistungserbringer werden ebenfalls erreicht, da sie

---

[1381] Eine solche Ausgestaltung bietet sich zumindest in Hinblick auf die zum Risiko des Zahlungsausfalls seitens des Kunden vorgetragenen Argumente an; siehe Teil 3, A, II, 4.
[1382] Siehe Teil 3, B, IV, 5.

weder die Arbeit der Mediaagentur übernehmen, noch mehr Vergünstigungen gewähren müssen, als in der bisherigen Konstellation. Letztlich werden auch die Ziele der Mediaagentur erreicht, da die Consultingagentur als der verbleibende Teil eine angemessene Vergütung erhält und nicht länger das Risiko der Erwirtschaftung von Gewinnen über die unberechenbare Aushandlung von Bonifikationen tragen muss. Vor allem aber liegt keine Gesetzesumgehung vor und das Verhalten stört nicht den Wettbewerb. Folglich sind die Beteiligten nicht in gleichem Maße wie bei ihrem bisherigen Vorgehen dem Risiko strafrechtlicher Belangung ausgesetzt.

D. Ergebnis

Als Ergebnis lässt sich in Bezug auf die Handlungsmöglichkeiten zur straffreien Interessenverfolgung Folgendes festhalten:

- Der Code of Conduct bietet den Beteiligten keinen praxistauglichen Weg zur straffreien Verfolgung ihrer Interessen. Bereits seine Ausgangssituation geht an der Marktrealität vorbei. Darüber hinaus enthält er keine Lösung der aufgeworfenen Probleme, sondern konzentriert sich statt auf die Ursachen auf den Umgang mit den Symptomen.[1383]

- Der Einkauf von Werbeplätzen ohne entsprechenden Kundenauftrag löst die in der Mediaagenturkonstellation bestehenden strafrechtlichen Probleme nicht bzw. bietet keinen Weg zur straffreien Erreichung der Ziele der Beteiligten, sondern verschleiert lediglich das tatsächliche Geschehen und verlagert die Probleme auf andere Marktteilnehmer. Außerdem wird vertraglich bereits auf das neuartige Phänomen reagiert, indem die Weitergabe von solchen Vorteilen gefordert wird, die Tochterunternehmen erwirtschaftet haben. Damit ist der auftragsunabhängige Einkauf von Werbeplätzen bereits überholt.[1384]

[1383] Siehe Teil 5, B, I, 3.
[1384] Siehe Teil 5, B, II.

- Durch die Vertragsgestaltung und die Wahl eines geeigneten Vergütungsmodells kann auf die strafrechtlichen Problemstellen der Mediaagenturkonstellation eingewirkt werden. Jedoch lässt sich auf diese Weise keine Grundlage für eine Verhaltensweise schaffen, bei der die Beteiligten ihre Interessen erreichen können, ohne die Grenze der Strafbarkeit zu überschreiten. Die Vertragsgestaltung stellt nur eine Reaktion auf die Missstände dar und beseitigt nicht die grundlegenden Probleme.[1385]

- Die Beteiligten sind bei der Verfolgung ihrer Interessen in der Regel straffrei, wenn Mediaeinkauf und Mediaplanung von getrennten Unternehmen ausgeführt werden. Dies ist aber in der Praxis nicht realisierbar, da die Kunden dann die Planungsagentur vollumfänglich vergüten müssen, die mit ihren Werbeplatzanfragen erwirtschafteten Vorteile jedoch nicht erhalten und deswegen insgesamt mehr bezahlen.[1386]

- Durch die vollständige Eingliederung der Mediaagentur in das Unternehmen des Kunden entfallen die mit der Beauftragtenstellung der Mediaagentur verbundenen Problemstellen. Mithilfe der Übernahme des Mediaeinkaufs seitens der Kunden kann die Gefahr einer zukünftigen unlauteren Bevorzugung eines Leistungserbringers durch die Mediaagentur eliminiert werden. Beides ist jedoch wegen der fehlenden Bündelung von Marktmacht unrentabel und deswegen nicht praxistauglich.[1387]

- Straffrei erreichen die Beteiligten ihre Interessen nur, wenn die Kunden den eigenen Mediaeinkauf mittels einer „non-profit"-Einkaufsgesellschaft übernehmen, welche die von ihr erwirtschafteten Gewinne nach Abzug der eigenen Kosten im Verhältnis zu dem von den werbetreibenden Unternehmen jeweils zur Verfügung gestellten Werbebudget anteilig an diese auskehrt. Der verbleibende Rest der Mediaagentur, die den Mediaplan erstellende Consultingagentur, ist dann Beauftragte des Kunden im Sinne von § 299 und eine Strafbarkeit gemäß § 299 Abs. 1 wäre, wenn sie mit einem Leistungserbringer Kontakt aufnimmt und von ihm Vorteile

---

[1385] Siehe Teil 5, C, I, 2.
[1386] Siehe Teil 5, C, II, 1.
[1387] Siehe Teil 5, C, II, 2.

zur zukünftigen unlauteren Bevorzugung annimmt, nicht mit den im zweiten und dritten Teil der Arbeit aufgezeigten Problemen belastet. Außerdem werden auf diese Weise die Ziele und Möglichkeiten aller Beteiligten berücksichtigt.[1388]

[1388] Siehe Teil 5, C, II, 3; Teil 5, C, III.

Teil 6
Zusammenschau der Ergebnisse

In diesem letzten Teil der vorliegenden Arbeit sind die Untersuchungsergebnisse in einer Zusammenschau festzuhalten. Dabei ist zu berücksichtigen, dass die Problemstellen im Rahmen der Arbeit zwar anhand der Mediaagentur herausgearbeitet und abgehandelt wurden, sich die Ergebnisse aber, wie einleitend erwähnt, auf andere Agenturkonstellationen mit ähnlichen Problemstellen übertragen lassen. Diesbezüglich kommen alle Drei-Personen-Konstellationen in Betracht, in denen die mittlere Partei Leistungen in beide Richtungen erbringt und dafür nicht (ausschließlich) von der sie beauftragenden Seite vergütet wird. Der erörterte Grundinteressenkonflikt ist in diesen Fällen vergleichbar und führt zu ähnlichen Problemen. Zu denken ist in dieser Hinsicht insbesondere an Fondsvermittler, Ratingagenturen und Spielerberater im Profisport, aber auch an Pharmaunternehmen, welche Apothekern Leistungen zuwenden, um diese zur Ausgabe ihrer Medikamente zu bewegen.[1389]

1. Der Mediaagenturbonus stellt keine Rückvergütung („Kickback") oder „finder's fee" dar.[1390] Die Mediaagentur berechnet dem Kunden „nur" den vollen Listenpreis für einen gebuchten Werbeplatz; der Preis wird nicht durch die Einschaltung der Mediaagentur erhöht. Der Mediaagentur selbst wird von den Leistungserbringern nur 85 % des Listenpreises in Rechnung gestellt; sie bringt nicht den Kunden aufgrund ihres Näheverhältnisses dazu, für den Werbeplatz zu viel zu bezahlen und erhält davon einen Teil rückvergütet. Der Mediaagenturbonus resultiert nicht aus einer Mehrleistung des Kunden. Letztlich ist der Mediaagenturbonus auch keine Provision für die Vermittlung eines Vertragsschlusses zwischen Kunde und Leistungserbringer.

[1389] Literaturstellen zu den angesprochenen Konstellationen finden sich in der zweiten und dritten Fußnote der vorliegenden Arbeit. Eine Erörterung zur Verhaltensweise von Spielerberatern im Profisport liegt momentan, soweit ersichtlich, allerdings noch nicht vor.
[1390] Siehe Teil 1, B, II, 1.

2. Das von § 299 geschützte Rechtsgut ist das Leistungsprinzip als Entscheidungsmaßstab für Bevorzugungen im Wettbewerb.[1391] Es handelt sich um eine eine Weiterentwicklung bzw. Präzisierung des Gedankens, den Wettbewerb an sich als Rechtsgut zu erfassen. Diese konkrete Entscheidungsregel ermöglicht auf der einen Seite den Schutz der Individualinteressen der Marktteilnehmer, ist aber gleichzeitig im Gegensatz zu dem Rechtsgut des fairen Wettbewerbs fassbar und nicht der ständigen Veränderung unterworfen. Ferner ergibt sich durch die Beschränkung auf nur ein Rechtsgut mehr Klarheit für die Rechtsanwendung.

3. Der Kunde der Mediaagentur erfüllt mit seinem werbungtreibenden Unternehmen das Tatbestandsmerkmal des geschäftlichen Betriebs.[1392]

4. Die Mediaagentur steht weder den Kunden noch den Leistungserbringern näher.[1393] Sie entstand, um Gewinnchancen zwischen den bereits existenten Marktteilnehmern zu realisieren und entwickelte sich selbstständig zwischen Kunde und Leistungserbringer fort.

5. Die Mediaagentur steht zwischen Kunde und Leistungserbringer.[1394] Im Zuge der Aufspaltung der „Full-service"-Werbeagentur wurde der darin enthaltene kundenorientierte Bereich von der Kreativagentur übernommen. Die Mediaagentur verblieb mit dem Mediaeinkauf und der Mediaplanung, mithin den Bereichen, die neben den Interessen der Kunden auch die Interessen der Leistungserbringer tangieren.

6. Die Mediaagentur schließt die Verträge mit den Kunden und den Leistungserbringern in eigenem Namen und auf eigene Rechnung.[1395] Sie ist weder Makler noch (Handels)Vertreter, Kommissionär oder Treuhänder des Kunden. Die Pflicht zur Angabe des Kunden im Vertrag mit dem Leistungserbringer erklärt sich durch das Bestreben der Leistungserbringer, die Mediaagentur nicht zum Broker für Werbeplätze werden zu lassen.

[1391] Siehe Teil 2, C, II, 4.
[1392] Siehe Teil 3, A.
[1393] Siehe Teil 3, A, II, 1, a).
[1394] Siehe Teil 3, A, II, 1, c).
[1395] Siehe Teil 3, A, II, 2.

7. Der zwischen Kunde und Mediaagentur geschlossene Vertrag ist als Geschäftsbesorgungsvertrag zu qualifizieren; er ist jedoch atypisch ausgestaltet, da die Mediaagentur auf eigene Rechnung handelt.[1396] Die Entgeltlichkeit ergibt sich trotz fehlender direkter Vergütung seitens des Kunden aus der Ermöglichung der Erzielung des Mediaagenturbonus. Der Vermögensbezug ergibt sich direkt aus der Verpflichtung des Kunden, die von der Mediaagentur erworbenen Werbeplätze abzunehmen. Letztlich ist der Vertrag trotz der Verfolgung eigener Interessen auch fremdnützig, da sich die von der Mediaagentur verfolgten eigenen Interessen nicht mit den Interessen des Kunden in zwingendem Konflikt befinden.

8. Es besteht keine gesetzliche Pflicht der Mediaagentur zur Weiterleitung der erlangten Vergünstigungen und sonstigen Zuwendungen.[1397] Die Vorschrift des § 667 Alt. 2 BGB ist teleologisch zu reduzieren, da die erlangten Vorteile die Vergütung der Mediaagentur darstellen und damit entgegen der Vorstellung des § 667 BGB gerade nicht dem Geschäftsherren zustehen.

9. Die Mediaagentur trägt das sich aus den beiden Verträgen ergebende unternehmerische Risiko.[1398] Sie muss einen gekauften Werbeplatz auch dann bezahlen, wenn der Kunde zwischenzeitlich in die Insolvenz gefallen ist oder schlicht die Zahlung verweigert. Gleichzeitig haftet die Mediaagentur ihren Kunden für Fehler der Leistungserbringer.

10. Die Mediaagentur erbringt sowohl für die Kunden als auch für die Leistungserbringer ein ganzes Bündel an Leistungen.[1399] Sie berät die Kunden bezüglich der Mediastrategie, erstellt im Anschluss an die hierfür erforderlichen Zielgruppen- und Wettbewerbsanalysen den Mediaplan und verwirklicht diesen schließlich durch den Mediaeinkauf. Für die Leistungserbringer übernimmt die Mediaagentur alle in Bezug auf die Kunden erforderlichen Leistungen, u.a. deren Betreuung sowie die technische Aufbereitung der Werbung. Ferner erhöht sie die Qualität und damit den Erfolg der Werbung, was die

---

[1396] Siehe Teil 3, A, II, 2, g).
[1397] Siehe Teil 3, A, II, 2, f), cc).
[1398] Siehe Teil 3, A, II, 4.
[1399] Siehe Teil 3, A, II, 5.

Bereitschaft der Kunden zu werben erhöht, was wiederum den Leistungserbringern zugutekommt. Außerdem sammeln und bündeln die Mediaagenturen die Aufträge für die Leistungserbringer. Letztlich ist die Zahlungsfähigkeit einer großen Mediaagentur oftmals besser einzuschätzen als die eines Kunden.

11. An die Stelle der 15 % Agenturvergütung ist der Mediaagenturbonus getreten.[1400] Die Kunden konnten aufgrund der besonderen Marktverhältnisse in den dreißiger Jahren des zwanzigsten Jahrhunderts die Weiterleitung des den Annoncenexpeditionen von den Leistungserbringern gewährten Abschlags von 15 % auf die Listenpreise durchsetzen. Um weiterhin wirtschaftlich existieren zu können, entstand nach und nach der Mediaagenturbonus als Vergütungsform der Mediaagentur seitens der Leistungserbringer.

12. Die selbstständige Kommerzialisierung des Mediaagenturbonus stellt einen Handelsbrauch dar.[1401] Schon seit über einem Jahrzehnt vermarkten die fünf größten Mediaagenturen den Freespace selbstständig; sie haben einen Marktanteil von über 90 %. Auch ist eine selbstständige Vermarktung zum Erhalt der Funktionsfähigkeit der Mediaagenturkonstellation erforderlich, wenn der Mediaagenturbonus die Vergütung der Mediaagentur darstellt.

13. Die Mediaagentur handelt die Preise mit den Kunden selbstständig aus.[1402] Nachdem die Mediaagentur im Rahmen der Mediaplanung die zur Verfolgung der Interessen des Kunden erforderlichen Werbeplätze gefunden hat, kann sie im Rahmen des Mediaeinkaufs versuchen, diese Plätze zu besseren Konditionen zu erlangen, als der Leistungserbringer sie offiziell auszeichnet. Außerdem bezahlt der Kunde nicht ein Honorar für die Mediaagentur und *daneben* die Kosten der Werbeplätze, sondern die Mediaagentur stellt dem Kunden *eine* Gesamtrechnung für ihre Leistung (Verschaffen der passenden Werbeplätze).

[1400] Siehe Teil 3, A, II, 6.
[1401] Siehe Teil 3, A, II, 8, a), c).
[1402] Siehe Teil 3, A, II, 3, 7.

14. Das Weitergabeverbot verstößt nicht gegen Kartellrecht.[1403] § 1 GWB ist aufgrund der wirtschaftlichen Besonderheiten der Mediaagenturkonstellation teleologisch zu reduzieren. Da die Mediaagentur mithilfe des Mediaagenturbonus direkt durch die Leistungserbringer vergütet wird, haben diese ein Recht, die Weitergabe der Vergütung insoweit zu unterbinden, als sie ihnen im Direktgeschäft zum Nachteil gereichen würde.

15. Die Mediaagentur ist nicht zur Preislistentreue verpflichtet und es besteht kein Weitergabeverbot.[1404] Der Sinn der Preislistentreue und des Weitergabeverbots, die Vermeidung von Schwierigkeiten der Leistungserbringer im Direktgeschäft mit den Kunden, wird bereits durch Ausweisung der Listenpreise der konkreten Schaltaufträge erreicht. Im Rahmen der Gesamtabrechnung ist eine Weitergabe mithin zulässig. Dies ist seit der Aufspaltung der „Full-service"-Werbeagentur auch erforderlich, da die Vergütung der Leistungserbringer auch die Kreativagentur erreichen muss. Vor allem aber ist ein Direktgeschäft eines Kunden mit einem Leistungserbringer für den Kunden wegen der Weiterleitung der Agenturvergütung nicht mehr vorteilhaft. Der Kunde müsste im Direktgeschäft die Arbeit der Mediaagentur selbst erbringen und würde trotzdem für die Werbeplätze letztlich sogar mehr bezahlen. Darüber hinaus ist ein Direktgeschäft schon deswegen nicht mehr denkbar, weil der Werbemarkt so ausdifferenziert ist, dass nahezu kein Unternehmen mehr zielführend Werbung platzieren kann.

16. Die fehlende Eingliederung der Mediaagentur in den Betrieb des Kunden wird nicht durch ein besonderes Vertrauen in die Neutralität der Mediaagentur seitens des Kunden aufgewogen.[1405] Auch wenn die Mediaagentur wie Vertreter der freien Berufe für den Kunden eine höhere Dienstleistung erbringt, deren Qualität der Kunde nur bedingt einschätzen kann, ist diesem bewusst, dass die Mediaagentur im Gegensatz zu Rechtsanwälten oder Ärzten auch Leistungen für Dritte erbringt, und sie dafür von diesen vergütet wird. Die Kun-

---

[1403] Siehe Teil 3, A, II, 7, a), aa), (1).
[1404] Siehe Teil 3, A, II, 7, a), aa) und bb).
[1405] Siehe Teil 3, A, II, 10.

den fördern dieses Verhalten sogar, indem sie die Weiterleitung der Agenturvergütung verlangen.

17. Die Mediaagentur ist, vorbehaltlich besonderer Ausgestaltungen im Einzelfall, nicht als Beauftragte ihres Kunden im Sinne von § 299 anzusehen, sondern steht als selbstständiges Unternehmen auf einer eigenen Wirtschaftsstufe zwischen Kunde und Leistungserbringer.[1406] Dies folgt aus einer Gesamtwertung der Tätigkeit der Mediaagentur mit allen zugehörigen Verpflichtungen unter Berücksichtigung ihrer tatsächlichen Stellung in Bezug auf den Kunden. Die Mediaagentur geht bei der Tätigkeit für den Kunden unternehmerische Risiken ein und nimmt Chancen wahr. Sie begibt sich gerade nicht soweit in Abhängigkeit zu dem Kunden, dass sie als dessen Beauftragte im Sinne von § 299 anzusehen ist.

18. Die Annahme des Mediaagenturbonus durch die Mediaagentur erfolgt im geschäftlichen Verkehr.[1407]

19. Der Mediaagenturbonus stellt trotz des Anspruchs der Mediaagentur einen Vorteil im Sinne von § 299 dar.[1408] Der von § 299 geforderte Vorteil darf nicht mithilfe der negativen Voraussetzung des Nichtvorliegens eines Anspruchs des Zuwendungsempfängers definiert werden. Es ist strikt zu trennen zwischen der Frage, ob ein Vorteil vorliegt, und der Frage, ob ein solcher sachgerecht ist. Letzteres ist im Rahmen der Unrechtsvereinbarung zu erörtern. Hier zeigt sich ein Unterschied zwischen den Bestechungsdelikten im Amt und der Bestechlichkeit im geschäftlichen Verkehr. In Bezug auf Amtsträger ist die Restriktion vertretbar. Aufgrund ihrer Alimentation durch den Staat ist es ihnen zu versagen, einen Vertrag zu schließen, bei dem sie einen Anspruch auf einen Vorteil erlangen. Im Falle der Mediaagentur ist es jedoch gerade deren Verpflichtung, einen Vertrag, aus dem sie etwas erhält, in eigenem Namen zu schließen.

20. Der Mediaagenturbonus ist keine sozialadäquate Zuwendung.[1409] Er ist nicht derart geringfügig, um objektiv zur Willensbeeinflussung

---

[1406] Siehe Teil 3, A, IV.
[1407] Siehe Teil 3, B, III.
[1408] Siehe Teil 3, B, I, 1, c).
[1409] Siehe Teil 3, B, I, 2.

ungeeignet zu sein. Außerdem ist der Mediaagenturbonus trotz seiner weiten Verbreitung noch immer umstritten und zumindest nicht derart sozial anerkannt und geduldet wie beispielsweise Trinkgelder für Kellner.

21. Die bloße Gewährung des Mediaagenturbonus indiziert für sich genommen noch nicht das Vorliegen einer Unrechtsvereinbarung.[1410] Da der Mediaagenturbonus die Vergütung der Mediaagentur seitens der Leistungserbringer darstellt, muss er nicht zwingend einen Anreiz für eine zukünftige Bevorzugung darstellen. Der Mediaagenturbonus steigert auch nicht den Preis zu Lasten des Endverbrauchers und generiert auf diese Weise eine volkswirtschaftlich unnütze Zwischenstufe. Wegen der einheitlichen Gewährung durch nahezu alle Leistungserbringer ist nicht von einer Gewährung zur Bevorzugung eines bestimmten Leistungserbringers auszugehen. Aufgrund der faktischen Akzeptanz durch die Kunden kann letztlich nicht die Heimlichkeit als Indiz für eine Unrechtsvereinbarung herangezogen werden.

22. Die Auswahl als Leistungserbringer durch die Mediaagentur ist eine zukünftige Bevorzugung im Wettbewerb.[1411]

23. Die angestrebte Bevorzugung eines Leistungserbringers durch die Mediaagentur ist nicht schon wegen der Gewährung eines Mediaagenturbonus *per se* unlauter.[1412] Für gewöhnlich gewähren die Leistungserbringer den Mediaagenturbonus, um die wirtschaftliche Existenzgrundlage der Mediaagentur zu erhalten und nicht, um eine Bevorzugung im Verhältnis zu anderen Leistungserbringern zu erreichen. Mittels des Mediaagenturbonus soll der Erhalt der Mediaagentur gesichert und dadurch der Absatz von Werbeplätzen insgesamt verbessert, nicht aber die Konkurrenz verdrängt werden. Darüber hinaus wissen die Kunden auch um die Vergütung seitens der Leistungserbringer und können deswegen nicht von vollständiger Objektivität der Mediaagentur ausgehen. Die die vollständige Objektivität vernichtende Beziehung besteht aber nicht gegenüber einem speziellen Leistungserbringer, sondern gegenüber den Leis-

---

[1410] Siehe Teil 3, B, IV, 4, a); Teil 3, B, IV, 5.
[1411] Siehe Teil 3, B, IV, 2.
[1412] Siehe Teil 3, B, IV, 3, c); Teil 3, B, IV, 4, c); Teil 3, B, IV, 5.

tungserbringern insgesamt, sodass keine einseitige Beratung droht und mithin die Sachgerechtigkeit erhalten bleibt.

24. Die Unlauterkeit ist abzulehnen, wenn die Mediaagentur sich nicht von sachwidrigen Überlegungen leiten ließ und im Ergebnis den richtigen Leistungserbringer bevorzugt hat.[1413] Wegen der fehlenden Bestimmtheit wohnt dem Mediaagenturbonus zwar trotz seiner Eigenschaft als Vergütung eine abstrakte Gefahr inne. Im Rahmen der abstrakten Gefährdungsdelikte muss aber die verfassungsgemäß gebotene Verhältnismäßigkeit beachtet werden. In der Mediaagenturkonstellation darf die bloße Gefährdung durch die dem Mediaagenturbonus innewohnende abstrakte Gefahr der regelwidrigen Bevorzugung aus verfassungsrechtlichen Gründen nicht ausreichen, da die Gefahr lediglich aus der besonderen Vergütungssituation resultiert, der Umfang dieser abstrakten Gefahr jedoch sehr gering ist, der ordnungsgemäße Einsatz des Mediaagenturbonus hingegen naheliegend. In jedem Fall ist auch eine exakte Prüfung der Unrechtsvereinbarung erforderlich. Die Bevorzugung des richtigen Leistungserbringers ist ein Indiz für das Nichtvorliegen einer Unrechtsvereinbarung.

25. Der Abschluss des Schaltvertrags erfüllt das Tatbestandsmerkmal des Bezugs einer Ware.[1414] Entscheidend beim Begriff der Ware im Sinne des Wettbewerbsrechts ist nicht die Substanz, sondern vielmehr die Funktion. Werbeplätze werden im wirtschaftlichen Verkehr wie Waren gehandelt. Es ist daher einen Schritt zu genau, die Bezeichnung Werbeplatz als willkürlichen Verkörperungsgedanken aufzufassen und auf die eigentliche Handlung, das Einstellen der Werbung in das jeweilige Medium als geldwerte Leistung des gewerblichen Lebens abzustellen.

26. Eine Strafbarkeit der Mediaagentur wegen Betrugs liegt in der dieser Arbeit zugrundeliegenden Fallkonstellation nicht vor.[1415] Bei üblicher Vorgehensweise bucht die Mediaagentur einen Werbeplatz, welcher den Interessen des Kunden entspricht, sodass schon keine Täuschung vorliegt. Auch in Bezug auf die Vergünstigungen täuscht

---

[1413] Siehe Teil 3, B, IV, 4, c), bb).
[1414] Siehe Teil 3, B, V.
[1415] Siehe Teil 4, C, I.

die Mediaagentur nicht, da dem Kunden die Existenz einer Vergütung seitens der Leistungserbringer bewusst sein muss. Außerdem ist ein Schaden des Kunden zu verneinen, da er unabhängig von der Einschaltung einer Mediaagentur immer denselben Preis für die Werbeplätze bezahlen muss. Ferner besteht ein Anspruch der Mediaagentur auf den Mediaagenturbonus bzw. es besteht keine Pflicht zur Weiterleitung.

27. Ebenfalls kommt eine Strafbarkeit der Mediaagentur wegen Untreue nicht in Betracht.[1416] Die Annahme des Mediaagenturbonus bzw. der entsprechende Vertragsschluss ist nicht als Verstoß gegen die Vermögensbetreuungspflicht der Mediaagentur anzusehen, da die Möglichkeit zur Erlangung des Mediaagenturbonus gerade die Vergütung der Mediaagentur durch den Kunden darstellt und auch keine Weiterleitungspflicht besteht. Letztlich hilft auch die Annahme einer Vermögensbetreuungspflicht im Sinne von § 266 nicht bei der Beurteilung der Beauftragtenstellung im Sinne von § 299 weiter.

28. Der Code of Conduct bietet den Beteiligten keinen praxistauglichen Weg zur straffreien Verfolgung ihrer Interessen.[1417] Bereits seine Ausgangssituation geht an der Marktrealität vorbei. Darüber hinaus enthält er keine Lösung der aufgeworfenen Probleme, sondern konzentriert sich statt auf die Ursachen auf den Umgang mit den Symptomen.

29. Der Einkauf von Werbeplätzen ohne entsprechenden Kundenauftrag löst die in der Mediaagenturkonstellation bestehenden strafrechtlichen Probleme nicht bzw. bietet keinen gangbaren Weg zur straffreien Erreichung der Ziele der Beteiligten.[1418] Auf diese Weise wird lediglich das tatsächliche Geschehen verschleiert und die Probleme auf andere Marktteilnehmer verlagert. Außerdem wird vertraglich bereits auf das neuartige Phänomen reagiert, indem die Weitergabe von solchen Vorteilen gefordert wird, die Tochterunternehmen erwirtschaftet haben. Damit ist der auftragsunabhängige Einkauf von Werbeplätzen bereits überholt.

[1416] Siehe Teil 4, C, II.
[1417] Siehe Teil 5, B, I, 3.
[1418] Siehe Teil 5, B, II.

30. Durch die Vertragsgestaltung und die Wahl eines geeigneten Vergütungsmodells kann auf die Problemstellen eingewirkt werden.[1419] Jedoch lässt sich auf diese Weise keine Grundlage für eine Verhaltensweise schaffen, bei der die Beteiligten ihre Interessen erreichen können, ohne die Grenze der Strafbarkeit zu überschreiten. Die Vertragsgestaltung stellt nur eine Reaktion auf die Missstände dar und beseitigt nicht die grundlegenden Probleme.

31. Die Beteiligten sind bei der Verfolgung ihrer Interessen in der Regel straffrei, wenn Mediaeinkauf und Mediaplanung von getrennten Unternehmen durchgeführt werden.[1420] Dies ist aber in der Praxis nicht realisierbar, da die Kunden dann die Planungsagentur vollumfänglich vergüten müssen, die mit ihren Werbeplatzanfragen erwirtschafteten Vorteile jedoch nicht erhalten und deswegen insgesamt mehr bezahlen.

32. Durch die vollständige Eingliederung der Mediaagentur in das Unternehmen des Kunden entfallen die mit der Beauftragtenstellung der Mediaagentur verbundenen Problemstellen; mithilfe der Übernahme des Mediaeinkaufs seitens der Kunden kann die Gefahr einer zukünftigen unlauteren Bevorzugung eines Leistungserbringers durch die Mediaagentur eliminiert werden.[1421] Bei vollständiger Eingliederung ist die Mediaagentur sogar ein Teil des Kunden, sodass eine Beauftragtenstellung nicht mehr in Betracht kommt. Bei Übernahme des Mediaeinkaufs durch die Kunden besteht für die Planungsagentur zwar ebenfalls die Möglichkeit zur Annahme eines Vorteils von einem Leistungserbringer zur zukünftigen Bevorzugung, diese Vorteilszuwendung kann allerdings nicht länger unter dem Deckmantel der Vergütung erfolgen und ist mithin leicht nachweisbar. Beides ist jedoch wegen der fehlenden Bündelung von Marktmacht unrentabel und deswegen nicht praxistauglich.

33. Straffrei erreichen die Beteiligten ihre Interessen nur, wenn die Kunden den eigenen Mediaeinkauf mittels einer „non-profit"-Einkaufsgesellschaft übernehmen, welche die von ihr erwirtschafteten Gewinne nach Abzug der eigenen Kosten im Verhältnis zu dem

---

[1419] Siehe Teil 5, C, I.
[1420] Siehe Teil 5, C, II, 1.
[1421] Siehe Teil 5, C, II, 2.

von den werbetreibenden Unternehmen jeweils zur Verfügung gestellten Werbebudget anteilig an diese auskehrt.[1422] Der verbleibende Rest der Mediaagentur, die den Mediaplan erstellende Consultingagentur, ist dann Beauftragte des Kunden im Sinne von § 299 und eine Strafbarkeit gemäß § 299 Abs. 1 ist, wenn sie mit einem Leistungserbringer Kontakt aufnimmt und von ihm Vorteile zur zukünftigen unlauteren Bevorzugung annimmt, nicht mit den im zweiten und dritten Teil der Arbeit aufgezeigten Problemen belastet. Außerdem werden auf diese Weise die Ziele und Möglichkeiten aller Beteiligten berücksichtigt.

[1422] Siehe Teil 5, C, II, 3; Teil 5, C, III.

Literaturverzeichnis

Abanto, Manuel, Über die Strafwürdigkeit des „Handels mit Einfluss", in: Strafrecht und Wirtschaftsstrafrecht, Festschrift für Klaus Tiedemann zum 70. Geburtstag, Köln 2008, Seiten 913-938.

Achenbach, Hans/*Ransiek*, Andreas, Handbuch Wirtschaftsstrafrecht, 2. Auflage, Heidelberg 2008, zit.: Achenbach/Ransiek/*Bearbeiter*, HWiStR.

Achenbach, Hans, Ordnungsfaktor Wirtschaftsstrafrecht, StV 2008, Seiten 324-327.

Alvarado, Yesid Reyes, Die Verbandshaftung, in: Strafrecht und Wirtschaftsstrafrecht, Festschrift für Klaus Tiedemann zum 70. Geburtstag, Köln 2008, Seiten 413-427.

Ambos, Kai, Zur Strafbarkeit der Drittmittelaquisition, JZ 2003, Seiten 345-354.

Amelung, Knut, Rechtsgüterschutz und Schutz der Gesellschaft, Frankfurt 1971.

Androulakis, Ioannis, Die Globalisierung der Korruptionsbekämpfung, Baden-Baden 2007.

Arloth, Frank, Zur Abgrenzung von Untreue und Bankrott bei der GmbH, NStZ 1990, Seiten 570-575.

Arzt, Gunther/*Weber*, Ulrich/*Heinrich*, Bernd/*Hilgendorf*, Eric, Strafrecht, Besonderer Teil, 2. Auflage, Bielefeld 2009.

Bach, Florian, Kundenbindungsprogramme und Bestechung im geschäftlichen Verkehr nach § 299 II StGB, wistra 2008, Seiten 47-50.

Badle, Alexander, Betrug und Korruption im Gesundheitswesen – Ein Erfahrungsbericht aus der staatsanwaltlichen Praxis, NJW 2008, Seiten 1028-1032.

Bamberger, Heinz Georg/*Roth*, Herbert, Kommentar zum Bürgerlichen Gesetzbuch, Band 1, 2. Auflage, München 2007, zit.: Bamberger/Roth/*Bearbeiter*.

Bannenberg, Britta, Korruption in Deutschland und ihre strafrechtliche Kontrolle, Neuwied 2002.

Bannenberg, Britta/*Schaupensteiner*, Wolfgang, Korruption in Deutschland, Portrait einer Wachstumsbranche, 3. Auflage, München 2007.

Bassenge, Peter/*Brudermüller*, Gerd/*Diederichsen*, Uwe, Palandt, Bürgerliches Gesetzbuch, 71. Auflage, München 2012, zit.: Palandt/*Bearbeiter*.

Baumann, Jürgen, Grenzfälle im Bereich des Verbotsirrtums, in: Festschrift für Hans Welzel zum 70. Geburtstag, Berlin 1974, Seiten 533-542.

Baumbach, Adolf/*Hopt*, Klaus/*Merkt*, Hanno, Handelsgesetzbuch, Kommentar, 34. Auflage, München 2010.

Baumbach, Adolf/*Hefermehl*, Wolfgang, Wettbewerbsrecht, 19. Auflage, München 1996.

Berg, Cai, Wirtschaftskorruption, Phänomen und zivilrechtliche Rechtsfolgen, Wiesbaden 2004.

Bernsmann, Klaus, „Kick-back" zu wettbewerbswidrigen Zwecken – keine Untreue, StV 2005, Seiten 576-578.

Beulke, Werner, Wirtschaftslenkung im Zeichen der Untreue, in: Festschrift für Ulrich Eisenberg zum 70. Geburtstag, München 2009, Seiten 245-270.

Binias, Max, Von der „Insertions-Agentur" über die „Werbungsmittlung" zur „Werbe-Agentur", ZVZV 1962, Seiten 56-60.

Bittmann, Folker, Zum Konkurrenzverhältnis von Bestechlichkeit und Untreue, wistra 2002, Seiten 405-409.

Böse, Martin, Die Strafbarkeit von Verbänden und das Schuldprinzip, in: Festschrift für Günther Jakobs zum 70. Geburtstag, Köln 2007, Seiten 15-26.

Brand, Christian, Abschied von der Interessentheorie – und was nun?, NStZ 2010, Seiten 9-13.

Brand, Christian/*Wostry*, Thomas, Die Strafbarkeit des Vorstandsmitglieds einer AG gemäß § 299 Abs. 1 StGB, WRP 2008, Seiten 637-645.

Bunte, Hermann-Josef, Kartellrecht, 2. Auflage, München 2008.

Bürger, Sebastian, Bestechungsgelder im privaten Wirtschaftsverkehr – doch steuerlich abzugsfähig?, DStR 2003, Seiten 1421-1426.

Bürger, Sebastian, § 299 StGB – eine Straftat gegen den Wettbewerb?, wistra 2003, Seiten 130-136.

Canaris, Claus-Wilhelm/*Schilling*, Wolfgang/*Ulmer*, Peter, Staub, Handelsgesetzbuch, Band 6, §§ 383-424 HGB, 4. Auflage, Berlin 2004, zit.: Staub/*Bearbeiter*.

Cramer, Peter, Der Vollrauschtatbestand als abstraktes Gefährdungsdelikt, Tübingen 1962.

Creifelds, Carl, Beamte und Werbegeschenke, GA 1962, Seiten 33-43.

Dannecker, Gerhard, Anmerkung zum BGH Beschluss vom 22.06.2004 – 4 StR 428/03, JZ 2005, Seiten 49-52.

Dannecker, Gerhard, Der strafrechtliche Schutz des Wettbewerbs: Notwendigkeit und Grenzen einer Kriminalisierung von Kartellrechtsverstößen, in: Strafrecht und Wirtschaftsstrafrecht, Festschrift für Klaus Tiedemann zum 70. Geburtstag, Köln 2008, Seiten 789-815.

Dannecker, Gerhard, Korruption durch Zuwendung finanzieller Leistungen an Ärzte, GesR 2010, Seiten 281-286.

Dannecker, Gerhard, Zur Notwendigkeit der Einführung kriminalrechtlicher Sanktionen gegen Verbände, GA 2001, Seiten 101-130.

Dannecker, Gerhard/*Dannecker*, Christoph, Die „Verteilung" der strafrechtlichen Geschäftsherrenhaftung im Unternehmen, JZ 2010, Seiten 981-992.

Dannecker, Gerhard/*Leitner*, Roman, Schmiergeld, Strafbarkeit und steuerliche Abzugsverbote in Deutschland und Österreich, Wien 2002.

Deipenbrock, Gudula, Aktuelle Rechtsfragen zur Regulierung des Ratingwesens, WM 2005, Seiten 261-268.

Deutscher Fachverlag, HORIZONT, Zeitung für Marketing, Werbung und Medien, Frankfurt a.M., zit.: HORIZONT, Ausgabe/Jahr, Seite.

Deutscher, Jörg/*Körner*, Peter, Strafrechtlicher Gläubigerschutz in der Vor-GmbH, wistra 1996, Seiten 8-14.

Dingeldey, Thomas, Anmerkung zum BGH-Urteil vom 10.03.1983, NStZ 1984, Seiten 503-505.

Dölling, Dieter, Die Neuregelung der Strafvorschriften gegen Korruption, ZStW 2000 (Band 112), Seiten 334-355.

Dölling, Dieter/*Duttge*, Gunnar/*Rössner*, Dieter, Gesamtes Strafrecht, Handkommentar, 1. Auflage, Baden-Baden 2008, zit.: Handkommentar Gesamtes Strafrecht/*Bearbeiter*.

Dölling, Dieter, Handbuch der Korruptionsprävention, 1. Auflage, München 2007, zit.: Dölling/*Bearbeiter*.

Dölling, Dieter, Soziale Adäquanz und soziale Systeme, in: Festschrift für Harro Otto zum 70. Geburtstag, Berlin 2007, S. 219-226.

Dovifat, Emil, Handbuch der Publizistik, Band 3: Praktische Publizistik 2. Teil, Berlin 1969, zit.: Dovifat/*Bearbeiter*.

Droste, Helmut/*Schmidt*, Reiner, Preislistentreue und Rückvergütungsverbot in der Werbewirtschaft, GRUR 1972, Seiten 1-11.

Edelmann, Hervé, Die Kick-back-Rechtsprechung – ein Irrweg?, BB 2010, Seiten 1163-1172.

Ekey, Friedrich, Grundriss des Wettbewerbs- und Kartellrechts, 2. Auflage, Heidelberg 2009.

Emmerich, Volker, Kartellrecht, 11. Auflage, München 2008.

Eser, Albin, „Sozialadäquanz": eine überflüssige oder unverzichtbare Rechtsfigur?, in: Festschrift für Claus Roxin zum 70. Geburtstag, Berlin 2001, Seiten 199-212.

Eser, Albin/*Überhofen*, Michael/*Huber*, Barbara, Korruptionsbekämpfung durch Strafrecht, Rechtsvergleichendes Gutachten zu den Bestechungsdelikten, Band 61, Freiburg 1997.

Fabricius, Fritz, Kartellrechtliche Beurteilung des Verbots der Weitergabe von Provisionen an Auftraggeber, BB 1970, Seiten 773-776.

Fabricius, Fritz, Preislistentreue von Werbeagenturen?, WRP 1969, Seiten 305-340.

Fachverlag der Verlagsgruppe Handelsblatt GmbH, absatzwirtschaft, Zeitschrift für Marketing, Düsseldorf, zit.: absatzwirtschaft, Ausgabe/Jahr, Seite.

Fikentscher, Wolfgang, Die Preislistentreue im Recht der Werbeagenturen, Rechtsgutachten, Stuttgart 1968.

Fikentscher, Wolfgang, Preislistentreue der Werbeagenturen, WRP 1970, Seiten 1-8.

Fischer, Thomas, Strafgesetzbuch und Nebengesetze, 59. Auflage, München 2012.

Foffani, Luigi, Die Untreue im rechtsvergleichenden Überblick, in: Strafrecht und Wirtschaftsstrafrecht, Festschrift für Klaus Tiedemann zum 70. Geburtstag, Köln 2008, Seiten 767-787.

Freund, Georg, Der Entwurf eines 6. Gesetzes zur Reform des Strafrechts, ZStW 1997 (Band 109), Seiten 455-489.

Gaßner, Maximilian/*Klass*, Andreas, „Korruptionsfalle Gesundheitswesen" – Darstellung Strukturen und Lösungsansätze, Teil 1: PharmR 2002, Seiten 309-325; Teil 2: PharmR 2002, Seiten 356-363.

Geis, Mark, Tatbestandsüberdehnungen im Arztstrafrecht am Beispiel der „Beauftragtenbestechung" des Kassenarztes nach § 299 StGB, wistra 2005, Seiten 369-374.

Gercke, Björn/*Wollschläger*, Sebastian, Das Wettbewerbserfordernis i.S.d. § 299 StGB, wistra 2008, Seiten 5-10.

Giesler, Jan Patrick, Die Bedeutung der „Apollo"-Rechtsprechung für Franchiseverträge, ZIP 2004, Seiten 744-747.

Giesler, Jan Patrick/*Nauschütt*, Jürgen, Franchiserecht, 2. Auflage, Köln 2007, zit.: Giesler/Nauschütt/*Bearbeiter*.

Glanegger, Peter/*Kirnberger*, Christian/*Kusterer*, Stefan, Heidelberger Kommentar zum Handelsgesetzbuch, 7. Auflage, Heidelberg 2007, zit.: Heidelberger-Komm/*Bearbeiter*.

Gloede, Fritz, Die Preislistentreue auf dem Gebiete der Werbung, AfP 1969, Seiten 814-818.

Gloy, Wolfgang/*Loschelder*, Michael/*Erdmann*, Willi, Handbuch des Wettbewerbsrechts, 2. Auflage, München 1997, zit.: Gloy/*Bearbeiter*, Wettbewerbsrecht.

Gössel, Karl Heinz/*Dölling*, Dieter, Strafrecht Besonderer Teil 1, 2. Auflage, Heidelberg 2004.

Greeve, Gina, Ausgewählte Fragen zu § 298 StGB seit Einführung durch das Gesetz zur Bekämpfung der Korruption vom 13.8.1997, NStZ 2002, Seiten 505-510.

Greeve, Gina, Korruptionsdelikte in der Praxis, München 2005.

Gribl, Kurt, Der Vorteilsbegriff in den Bestechungsdelikten, Augsburger Rechtsstudien Band 16, Heidelberg 1993.

Haft, Fritjof/*Schwörer*, Max, Bestechung im internationalen Geschäftsverkehr, in: Festschrift für Ulrich Weber zum 70. Geburtstag, Bielefeld 2004, Seiten 367-384.

Hamacher, Karl/*Robak*, Markus, Strafbarkeit von „Hospitality"-Einladungen zu großen Sportevents gem. §§ 331, 333 und § 299 StGB?, DB 2008, Seiten 2747-2754.

Hamm, Rainer, Auch das noch: Strafrecht für Verbände, NJW 1998, Seiten 662-663.

Hartung, Rüdiger, Erfolgsfaktoren für die Vermarktung des Internet als Werbemedium, Mannheim 2004.

Hassemer, Winfried, Grundlinien einer personalen Rechtsgutslehre, in: Jenseits des Funktionalismus, Festschrift für Arthur Kaufmann zum 65. Geburtstag, Heidelberg 1989, Seiten 85-94.

Heermann, Peter, Prämien, Preise, Provisionen, WRP 2006, Seiten 8-20.

Hefendehl, Roland, Kollektive Rechtsgüter im Strafrecht, Köln 2002.

Hefendehl, Roland/*von Hirsch*, Andrew/*Wohlers*, Wolfgang, Die Rechtsgutstheorie, Legitimationsbasis oder dogmatisches Glasperlenspiel?, 1. Auflage, Baden-Baden 2003, zit.: Hefendehl/v. Hirsch/Wohlers/*Bearbeiter*.

Hefendehl, Roland/*Hohmann*, Olaf, Münchner Kommentar zum StGB, Band 4, §§ 263-358 StGB, 1. Auflage, München 2006, zit.: MüKo/*Bearbeiter*.

Heider, Ferdinand, Das Recht der Werbeagentur, Stuttgart 1964.

Heine, Günter, Korruptionsbekämpfung im Geschäftsverkehr durch Strafrecht, ZBJV 2002, Seiten 533-556.

v. Heintschel-Heinegg, Bernd, Strafgesetzbuch, Kommentar, 1. Auflage, München 2010, zit.: v. Heintschel-Heinegg/*Bearbeiter*.

Heiseke, Jürgen, „Schmiergelder" als Verkaufshilfen, WRP 1969, Seiten 362-365.

Hellmann, Uwe/*Beckemper*, Katharina, Wirtschaftsstrafrecht, 2. Auflage, Stuttgart 2008.

Helmrich, Jan, Zum Beginn der Verfolgungsverjährung bei Bestechungsdelikten (§§ 299, 331 ff StGB), wistra 2009, Seiten 10-15.

Henssler, Martin, Münchner Kommentar zum BGB, Band 4, §§ 611-704 BGB, 5. Auflage, München 2009, zit.: MüKoBGB/*Bearbeiter*.

Hiersemann, Walter, Verkäuferprämien, WRP 1964, Seiten 222-224.

Hirsch, Hans Joachim, Strafrechtliche Verantwortlichkeit von Unternehmen, ZStW 1995 (Band 107), Seiten 285-324.

Hirschenkrämer, Klaus, Fallen „entschleierte Schmiergelder" unter § 12 UWG?, WRP 1965, Seiten 130-133.

Honig, Richard, Die Einwilligung des Verletzten, Band I, Mannheim 1919.

Hoth, Jürgen, Ware und gewerbliche Leistung, WRP 1956, Seiten 262-268.

Immenga, Ulrich/*Mestmäcker*, Ernst-Joachim, Wettbewerbsrecht, Band 2, GWB, Kommentar zum deutschen Kartellrecht, 3. Auflage, München 2001, 4. Auflage, München 2007, zit.: Immenga/Mestmäcker/*Bearbeiter*.

Jacobs, Rainer/*Lindacher*, Walter/*Teplitzky*, Otto, Großkommentar UWG, 1. Auflage, Berlin 2006, zit.: Großkommentar UWG/*Bearbeiter*.

Jakobs, Günther, Strafbarkeit juristischer Personen, in: Festschrift für Klaus Lüderssen zum 70. Geburtstag, Baden-Baden 2002, Seiten 559-575.

Jaques, Henning, Die Bestechungstatbestände, Frankfurt a.M. 1996.

Jauernig, Othmar/*Berger*, Christian/*Mansel*, Heinz-Peter, Jauernig, Bürgerliches Gesetzbuch, 13. Auflage, München 2009, zit.: Jauernig/*Bearbeiter*.

Jäger, Wolfgang/*Pohlmann*, Petra/*Rieger*, Harald/*Schroeder*, Dirk, Frankfurter Kommentar zum Kartellrecht, Band VI, §§ 81-131 GWB, 70. Lieferung, Köln 2010, zit.: FrankfurterKomm/*Bearbeiter*.

Joecks, Wolfgang, Studienkommentar StGB, 8. Auflage, München 2009.

Kahmann, Martina, Die Bestechlichkeit und Bestechung im geschäftlichen Verkehr, Hamburg 2009.

Kaiser, Eberhard, Spenden an politische Parteien und strafbare Vorteilsannahme, NJW 1981, Seiten 321-322.

Kargl, Walter, Die Bedeutung der Entsprechensklausel beim Betrug durch Schweigen, ZStW 2007 (Band 119), Seiten 250-289.

Kaufmann, Arthur, Unrecht und Schuld beim Delikt der Volltrunkenheit, JZ 1963, Seiten 425-433.

Kerner, Hans-Jürgen/*Rixen*, Stephan, Ist Korruption ein Strafrechtsproblem? – Zur Tauglichkeit strafgesetzlicher Vorschriften gegen die Korruption –, GA 1996, Seiten 355-396.

Kienle, Florian/*Kappel*, Jan, Korruption am Bau – Ein Schlaglicht auf Bestechlichkeit und Bestechung im geschäftlichen Verkehr, NJW 2007, Seiten 3530-3535.

Kiethe, Kurt, Schadensersatzansprüche von Franchisenehmern gegen Franchisegeber wegen unerlaubter Preisbindungen, WRP 2004, Seiten 1004-1011.

Kindhäuser, Urs, Strafgesetzbuch, Lehr- und Praxiskommentar, 4. Auflage, Baden-Baden 2010.

Kindhäuser, Urs, Zur Legitimität der abstrakten Gefährdungsdelikte im Wirtschaftsstrafrecht, in: Bausteine des europäischen Wirtschaftsstrafrechts, Madrid-Symposium für Klaus Tiedemann, Köln 1994, Seiten 125-134.

Kindhäuser, Urs/*Neumann*, Ulfried/*Paeffgen*, Hans-Ullrich, NomosKommentar, Strafgesetzbuch, Band 1, §§ 1-145d; Band 2, §§ 146-358, 3. Auflage, Baden-Baden 2010, zit.: NK/*Bearbeiter*.

Kleinmann, Werner/*Berg*, Werner, Änderungen des Kartellrechts durch das „Gesetz zur Bekämpfung der Korruption" vom 13.8.1997, BB 1998, Seiten 277-284.

Kleinschmidt, Jens, Der Verzicht im Schuldrecht, Tübingen 2004.

Klengel, Jürgen Detlef/*Rübenstahl*, Markus, Zum „strafrechtlichen" Wettbewerbsbegriff des § 299 StGB und zum Vermögensnachteil des Geschäftsherrn bei der Vereinbarung von Provisionen bzw. „Kick-Backs", HRRS 2007, Seiten 52-68.

Kling, Michael/*Thomas*, Stefan, Grundkurs Wettbewerbs- und Kartellrecht, München 2004.

Kling, Michael/*Thomas*, Stefan, Kartellrecht, München 2007.

Klosterfelde, Helmuth, Anzeigen-Praxis, Geschäftsüblichkeiten, Grundsätze und Erfahrungen im Anzeigengeschäft, 2. Auflage, Bonn 1980.

Klötzer, Antje, Ist der niedergelassene Vertragsarzt tatsächlich tauglicher Täter der §§ 299, 331 StGB?, NStZ 2008, Seiten 12-16.

Klug, Ulrich, Sozialkongruenz und Sozialadäquanz im Strafrechtssystem, in: Festschrift für Eberhard Schmidt zum 70. Geburtstag, Göttingen 1961, Seiten 249-265.

Knauer, Christoph/*Kaspar*, Johannes, Restriktives Normverständnis nach dem Korruptionsbekämpfungsgesetz, GA 2005, Seiten 385-405.

Koch, Karl-Heinrich, Verträge in einer Werbeagentur, Frankfurt a.M. 1996.

Koepsel, Anne, Bestechlichkeit und Bestechung im geschäftlichen Verkehr, Göttingen 2006.

Köhler, Helmut, Zur Konkurrenz lauterkeitsrechtlicher und kartellrechtlicher Normen, WRP 2005, Seiten 645-654.

Köhler, Helmut, Zur Kontrolle der Nachfragemacht nach dem neuen GWB und dem neuen UWG, WRP 2006, Seiten 139-147.

Köhler, Helmut/*Bornkamm*, Joachim, Gesetz gegen den unlauteren Wettbewerb, 28. Auflage, München 2010.

Köhler, Helmut/*Piper*, Henning, Gesetz gegen den unlauteren Wettbewerb, 1. Auflage, München 1995, 3. Auflage, München 2002.

Kölbel, Ralf, Die Einweisungsvergütung – eine neue Form von Unternehmensdelinquenz im Gesundheitssystem?, wistra 2009, Seiten 129-133.

Kolonko, Eberhard, Medienrabatte im Vertragsverhältnis der Mediaagenturen zu ihren Auftraggebern, AfP 2009, Seiten 18-23.

Koriath, Heinz, Zum Streit um den Rechtsgutsbegriff, GA 1999, Seiten 561-583.

Koschnick, Wolfgang, Focus-Lexikon Werbeplanung, Mediaplanung, Marktforschung, 3. Auflage, München 2003.

Krack, Ralf, Die Tätige Reue im Wirtschaftsstrafrecht, NStZ 2001, Seiten 505-511.

Krahl, Matthias, Die Rechtsprechung des BVerfG und des BGH zum Bestimmtheitsgrundsatz im Strafrecht, Frankfurt a.M. 1986.

Kräkel, Matthias, Organisation und Management, 3. Auflage, Tübingen 2007.

Krey, Volker/*Hellmann*, Uwe, Strafrecht Besonderer Teil, Band 2: Vermögensdelikte, 14. Auflage, Stuttgart 2005.

Kuhlen, Lothar, Sollen §§ 331 Abs. 1, 333 Abs. 1 StGB neuerlich geändert werden?, in: Festschrift für Friedrich-Christian Schröder zum 70. Geburtstag, Heidelberg 2006, Seiten 535-543.

Kuhlen, Lothar, Der Handlungserfolg der strafbaren Gewässerverunreinigung (§ 324 StGB), GA 1986, Seiten 389-408.

Kühl, Kristian, Zum Missbilligungscharakter der Strafe, in: Menschengerechtes Strafrecht, Festschrift für Albin Eser zum 70. Geburtstag, München 2005, Seiten 149-161.

Lackner, Karl/*Kühl*, Kristian, Strafgesetzbuch, Kommentar, 27. Auflage, München 2011.

Lambsdorff, Hans Georg, Hauseigene Werbeagenturen und Werbungsmittler, WRP 1974, Seiten 311-321.

Lambsdorff, Hans Georg/*Skora*, Bernd, Handbuch des Werbeagenturrechts, 1. Auflage, Frankfurt a.M. 1975.

Lampe, Ernst-Joachim, Die strafrechtliche Bewertung des „Anzapfens" nach § 240 StGB und § 12 UWG, in: Beiträge zur Rechtswissenschaft, Festschrift für Walter Stree und Johannes Wessels zum 70. Geburtstag, Heidelberg 1993, Seiten 449-465.

Lampe, Ernst-Joachim, Überindividuelle Rechtsgüter, Institutionen und Interessen, in: Strafrecht und Wirtschaftsstrafrecht, Festschrift für Klaus Tiedemann zum 70. Geburtstag, Köln 2008, Seiten 79-103.

Lange, Anna Lena, Die Beteiligung Privater an rechtsfähigen Anstalten des öffentlichen Rechts, Berlin 2008.

Lange, Werner/*Spätgens*, Klaus, Rabatte und Zugaben im Wettbewerb, Das neue Recht nach Wegfall von RabattG und ZugabeVO, München 2001.

Langen, Eugen/*Bunte*, Hermann-Josef, Kommentar zum deutschen und europäischen Kartellrecht, 8. Auflage, Neuwied 1998, 10. Auflage, München 2006, zit.: Langen/Bunte/*Bearbeiter*, Kartellrecht.

Larenz, Karl/*Wolf*, Manfred, Allgemeiner Teil des Bürgerlichen Rechts, 9. Auflage, München 2004.

Laufhütte, Heinrich-Wilhelm/*Rissing-van Saan*, Ruth/*Tiedemann*, Klaus, Leipziger Kommentar, Strafgesetzbuch, Band 1, §§ 1-31, 12. Auflage, Berlin 2007; Band 3, §§ 56-79b, 12. Auflage, Berlin 2008; Band 9/1, §§ 263-266b, 12. Auflage, Berlin 2012; Band 10, §§ 284-305a, 12. Auflage, Berlin 2008; Band 11, §§ 306-323, 12. Auflage, Berlin 2008; Band 12, §§ 331-358, 13. Auflage, Berlin 2009, zit.: LK/*Bearbeiter*.

Lehmler, Lutz, UWG, Kommentar zum Wettbewerbsrecht, 1. Auflage, Neuwied 2007.

Leipold, Klaus, Erweiterung des Korruptionsstrafrechts, NJW-Spezial 2007, Seite 332.

Leipold, Klaus, Korruptionsdelikte – Eine Bestandsaufnahme, NJW-Spezial 2007, Seite 423.

Leo, Hans-Christoph, Die Gewährung von sogenannten Verkäuferprämien – eine Methode der Absatzförderung, WRP 1966, Seiten 153-158.

Lesch, Heiko, Anwaltliche Akquisition zwischen Sozialadäquanz, Vorteilsgewährung und Bestechung im geschäftlichen Verkehr, AnwBl 2003, Seiten 261-266.

Lettl, Tobias, Kartellrecht, 2. Auflage, München 2007.

Lettl, Tobias, Wettbewerbsrecht, 1. Auflage, München 2009.

Löffler, Martin/*Wenzel*, Karl Egbert/*Sedelmeier*, Klaus, Presserecht, 5. Auflage, München 2006, zit.: Löffler/Wenzel/Sedelmeier/*Bearbeiter*.

Loos, Fritz, Zum „Rechtsgut" der Bestechungsdelikte, in: Festschrift für Hans Welzel zum 70. Geburtstag, Berlin 1974, Seiten 879-895.

Lüderssen, Klaus, Antikorruptions-Gesetze und Drittmittelforschung, JZ 1997, Seiten 112-120.

Lüderssen, Klaus, Der Angestellte im Unternehmen – quasi ein Amtsträger?, in: Strafrecht und Wirtschaftsstrafrecht, Festschrift für Klaus Tiedemann zum 70. Geburtstag, Köln 2008, Seiten 889-900.

Lüderssen, Klaus, Die Symbiose von Markt und Staat – auseinanderdividiert durch Strafrecht?, StV 1997, Seiten 318-323.

Lüderssen, Klaus, Die Zusammenarbeit von Medizinprodukte-Industrie, Krankenhäusern und Ärzten – strafbare Kollusion oder sinnvolle Kooperation?, Stuttgart 1998.
Lüderssen, Klaus, Ein Prokrustes Bett für ungleiche Zwillinge, BB 1996, Seiten 2525-2530.
Maiwald, Manfred, Zum fragmentarischen Charakter des Strafrechts, in: Festschrift für Reinhart Maurach zum 70. Geburtstag, Karlsruhe 1972, Seiten 9-23.
Maluga, Gabriele, Der „Frequent-Flyer" – „Jäger und Sammler" im 20. Jahrhundert, WRP 1996, Seiten 184-190.
v. Mangoldt, Hermann/*Klein*, Friedrich/*Starck*, Christian, Kommentar zum Grundgesetz, Band 1: Präambel, Artikel 1 bis 19, 5. Auflage, München 2005, zit.: v. Mangoldt/Klein/Starck/*Bearbeiter*.
Martín, Luis Gracia, Zur Struktur von „sozialadäquaten Handlungen" und ihre sachlogische Eingliederung in den Verbrechensaufbau, in: Strafrecht und Wirtschaftsstrafrecht, Festschrift für Klaus Tiedemann zum 70. Geburtstag, Köln 2008, Seiten 205-220.
Martinek, Michael, Die modernen Mediaagenturen als Nachfolger der Werbeagenturen – Rechtstatsachen und Rechtsverhältnisse, in: Das Recht und seine historischen Grundlagen, Festschrift für Elmar Wadle zum 70. Geburtstag, Berlin 2008, Seiten 551-594.
Martinek, Michael, Mediaagenturen und Medienrabatte, Schriftenreihe Information und Recht Band 68, München 2008.
Marx, Anne, Media für Manager, 1. Auflage, Wiesbaden 2008.
Maurach, Reinhart/*Schröder*, Friedrich-Christian/*Maiwald*, Manfred, Strafrecht Besonderer Teil, Teilband 1: Straftaten gegen Persönlichkeits- und Vermögenswerte, 10. Auflage, Heidelberg 2009; Teilband 2: Straftaten gegen Gemeinschaftswerte, 9. Auflage, Heidelberg 2005.
Maurach, Reinhart/*Zipf*, Heinz, Strafrecht Allgemeiner Teil, Teilband 1: Grundlehren des Strafrechts und Aufbau der Straftat, 8. Auflage, Heidelberg 1992.
Mestmäcker, Ernst-Joachim, Der verwaltete Wettbewerb, Tübingen 1984.
Mitsch, Wolfgang, Strafrecht Besonderer Teil 2, Teilband 2: Vermögensdelikte (Randbereich), 1. Auflage, Berlin 2001.
Möbius, Frank, Mediaplanung/Mediaeinkauf: Eine Leistungsanalyse der Mediaagentur im Vergleich zur „Full-service"-Werbeagentur, Nürnberg 1993.
Möhrenschläger, Manfred, Umsetzung internationaler Rechtsinstrumente zur strafrechtlichen Bekämpfung der Korruption, wistra 2007, Heft 4, Seiten V-VIII.
Möhring, Oskar/*Illert*, Sven, Werbeagenturvertrag und Beratungspflichten der Werbeagentur, BB 1974, Seiten 65-70.

Mölders, Simone, Bestechung und Bestechlichkeit im internationalen geschäftlichen Verkehr, Frankfurt a.M. 2009.

Möschel, Wernhard, Zur Kriminalisierung von Kartellrechtsverstößen, in: Recht und Wirtschaft heute, Festschrift für Max Kummer zum 65. Geburtstag, Bern 1980, Seiten 431-448.

Mühl, Otto/*Teichmann*, Arndt, Soergel, Kommentar zum Bürgerlichen Gesetzbuch, Band 4/1, §§ 516-651 BGB, 12. Auflage, Stuttgart 1998, zit.: Soergel/*Bearbeiter*.

Müller-Gugenberger, Christian/*Bieneck*, Klaus, Handbuch des Wirtschaftsstraf- und -ordnungswidrigkeitenrechts, 4. Auflage, Köln 2006, zit.: Müller-Gugenberger/Bieneck/*Bearbeiter*.

Nennen, Dieter, Vertragspflichten und Störerhaftung der Werbeagenturen, GRUR 2005, Seiten 214-220.

Nestoruk, Igor, Strafrechtliche Aspekte des unlauteren Wettbewerbs, Heidelberg 2003.

Nitschmann, Kathrin, Eine Fallstudie zu Gegenstand und Grenzen der Sittenwidrigkeitsklausel, ZStW 2007 (Band 119), Seiten 547-592.

Odenthal, Hans-Jörg, Der „geschäftliche Betrieb" als Leistungsempfänger nach § 299 StGB, wistra 2005, Seiten 170-172.

Oldigs, Dirk, Möglichkeiten und Grenzen der strafrechtlichen Kontrolle von Submissionsabsprachen, Heidelberg 1998.

Otto, Harro, Grundkurs Strafrecht, Allgemeine Strafrechtslehre (AT), 7. Auflage, Berlin 2004.

Otto, Harro, Grundkurs Strafrecht, Die einzelnen Delikte (BT), 7. Auflage, Berlin 2005.

Paschke, Marian/*Berlit*, Wolfgang/*Meyer*, Claus, Hamburger Kommentar Gesamtes Medienrecht, 1. Auflage, Baden-Baden 2008, zit.: HHKomm/*Bearbeiter*.

Pelz, Christian, Änderung des Schutzzwecks einer Norm durch Auslegung?, ZIS 2008, Seiten 333-339.

Pfeiffer, Gerd, Das strafrechtliche Schmiergeldverbot nach § 12 UWG, in: Festschrift für Otto-Friedrich Frhr. v. Gamm, Köln 1990, Seiten 129-146.

Pfeiffer, Gerd, Von der Freiheit der klinischen Forschung zum strafrechtlichen Unrecht, NJW 1997, Seiten 782-784.

Pragal, Oliver, Das Pharma-„Marketing" um die niedergelassenen Kassenärzte: „Beauftragtenbestechung" gemäß § 299 StGB!, NStZ 2005, Seiten 133-135.

Pragal, Oliver, § 299 StGB – keine Straftat gegen den Wettbewerb!, ZIS 2006, Seiten 63-81.

Pragal, Oliver, Die Korruption innerhalb des privaten Sektors und ihre strafrechtliche Kontrolle durch § 299 StGB, Köln 2006.

Prasse, Christian, Franchiserecht – Differenzrabatte und Kick-backs im Rahmen von Franchiseverträgen, MDR 2004, Seiten 256-258.

Prütting, Hanns/*Wegen*, Gerhard/*Weinreich*, Gerd, BGB Kommentar, 4. Auflage, Köln 2009, zit.: Prütting/Wegen/Weinreich/*Bearbeiter*.

Rath-Glawatz, Michael, Auswirkungen der Aufhebung von RabattG und Zugabe-VO auf das Anzeigengeschäft, AfP 2001, Seiten 169-174.

Rath-Glawatz, Michael/*Engels*, Stefan/*Dietrich*, Christian, Das Recht der Anzeige, AfP Praxisreihe, 3. Auflage, Köln 2006,

Reese, Ulrich, Vertragsärzte und Apotheker als Straftäter? – eine strafrechtliche Bewertung des „Pharma-Marketings", PharmR 2006, Seiten 92-100.

Reiter, Wolfgang Michael/*Karpenfeld*, Rainer, Mediapraxis, Handbuch für die Mediaplanung, 1. Auflage, Frankfurt a.M. 1983, zit.: Reiter/Karpenfeld/*Bearbeiter*.

Rengier, Rudolf, Korkengelder und andere Maßnahmen zur Verkaufsförderung im Lichte des Wettbewerbs(straf)rechts, in: Strafrecht und Wirtschaftsstrafrecht, Festschrift für Klaus Tiedemann zum 70. Geburtstag, Köln 2008, Seiten 837-849.

Rengier, Rudolf, Strafrecht Besonderer Teil 1, Vermögensdelikte, 12. Auflage, München 2010.

Reuter, Dieter, J. von Staudingers Kommentar zum Bürgerlichen Gesetzbuch, Buch 2, §§ 657-704 BGB, Berlin 2006, zit.: Staudinger/*Bearbeiter*.

Rittner, Fritz, Recht und Staat in Geschichte und Gegenwart, Unternehmen und freier Beruf als Rechtsbegriffe, Tübingen 1962.

Rittner, Fritz/*Kulka*, Michael, Wettbewerbs- und Kartellrecht, 7. Auflage, Heidelberg 2008.

Roeder, Hermann, Die Einhaltung sozialadäquaten Risikos und ihr systematischer Standort im Verbrechensaufbau, Schriften zum Strafrecht, Band 10, Berlin 1969.

Rönnau, Thomas, „kick-backs": Provisionsvereinbarungen als strafbare Untreue – Eine kritische Bestandsaufnahme –, in: Festschrift für Günter Kohlmann zum 70. Geburtstag, Köln 2003, Seiten 239-261.

Rönnau, Thomas, Untreue und Vorteilsannahme durch Einwerbung von Drittmitteln, JuS 2003, Seiten 232-237.

Roxin, Claus, Strafrecht Allgemeiner Teil, Band I, 4. Auflage, München 2006.

Rudolphi, Hans-Joachim, Die verschiedenen Aspekte des Rechtsgutsbegriffs, in: Festschrift für Richard M. Honig zum 80. Geburtstag, Göttingen 1970, Seiten 151-167.

Rudolphi, Hans-Joachim/*Horn*, Eckhard/*Günther*, Hans-Ludwig/*Samson*, Erich, Systematischer Kommentar, 1. Band, §§ 1-37 StGB; 2. Band, §§ 38-79b StGB; 4. Band, §§ 201-266b StGB; 5. Band, §§ 267-358 StGB, 120. Lieferung, München 2009, zit.: SK/*Bearbeiter*.

Saal, Martin, Das Vortäuschen einer Straftat (§ 145d) als abstraktes Gefährdungsdelikt, Berlin 1997.

Säcker, Franz Jürgen, Münchner Kommentar zum BGB, Band 1, §§ 1-240 BGB, 5. Auflage, München 2006, zit.: MüKoBGB/*Bearbeiter*.

Sahan, Oliver, Ist der Vertragsarzt tauglicher Täter der Bestechlichkeit im geschäftlichen Verkehr gemäß § 299 StGB?, ZIS 2007, Seiten 69-74.

Sahan, Oliver/*Urban*, Kathrin, Die Unbestechlichkeit niedergelassener Vertragsärzte, ZIS 2011, Seiten 23-28.

Saliger, Frank, Kick-Back, „PPP", Verfall – Korruptionsbekämpfung im „Kölner Müllfall", NJW 2006, Seiten 3377-3381.

Sandberger, Georg, Die Preislistentreue der Werbeagenturen, AfP 1970, Seiten 956-959.

Satzger, Helmut, Bestechungsdelikte und Sponsoring, ZStW 2003 (Band 115), Seiten 469-500.

Satzger, Helmut/*Schmitt*, Bertram/*Widmaier*, Gunter, Strafgesetzbuch, Kommentar, 1. Auflage, Köln 2009, zit.: SSW-StGB/*Bearbeiter*.

Schäfer, Helmut, Die Entwicklung der Rechtsprechung zum Konkursstrafrecht, wistra 1990, Seiten 81-89.

Schellhammer, Kurt, Schuldrecht nach Anspruchsgrundlagen, 7. Auflage, Heidelberg 2008.

Schiwy, Peter/*Schütz*, Walter/*Dörr*, Dieter, Medienrecht, 4. Auflage, Köln 2006.

Schmidl, Michael, Der Fluch der bösen Tat – Finder's Fees und Bestechlichkeit von Beratern, wistra 2006, Seiten 286-292.

Schmidt, Eberhard, Die Bestechungstatbestände in der höchstrichterlichen Rechtsprechung von 1879 bis 1959, München 1960.

Schmidt, Karsten, Handelsrecht, 6. Auflage, Köln 2009.

Schmidt, Karsten, Münchner Kommentar zum Handelsgesetzbuch, Band 1, §§ 1-104 HGB, 2. Auflage, München 2005; Band 6, §§ 373-406 HGB, 1. Auflage, München 2004, zit.: MüKoHGB/*Bearbeiter*.

Schmidt, Karsten/*Hadding*, Walther, Münchner Kommentar zum Handelsgesetzbuch, Band 5, §§ 343-372 HGB, 2. Auflage, München 2009, zit.: MüKoHGB/*Bearbeiter*.

Schneider, Hans Joachim, Internationales Handbuch der Kriminologie, Band 2: Besondere Probleme der Kriminologie, 1. Auflage, Berlin 2009, zit.: Schneider/*Bearbeiter*.

Schneider, Hans-Joachim, Kriminologie, 1. Auflage, Berlin 1987.

Schneider, Hendrik/*Gottschaldt*, Peter, Zuweisungspauschale: lukratives Geschäft oder Straftat?, wistra 2009, Seiten 133-137.

Schneider, Horst, Die Preislistentreue der Werbungsmittler und Werbeagenten, WuW 1962, Seiten 260-273.

Schönke, Adolf/*Schröder*, Horst, Strafgesetzbuch, Kommentar, 28. Auflage, München 2010, zit.: Sch/Sch/*Bearbeiter*.

Schünemann, Bernd, Moderne Tendenzen in der Dogmatik der Fahrlässigkeits- und Gefährdungsdelikte, JA 1975, Seiten 787-798.

Schünemann, Bernd, Strafbarkeit juristischer Personen aus deutscher und europäischer Sicht, in: Bausteine des europäischen Wirtschaftsstrafrecht, Madrid-Symposium für Klaus Tiedemann, Köln 1994, Seiten 265-295.

Schuhr, Jan C., Funktionale Anforderungen an das Handeln als Amtsträger (§§ 331 ff. StGB) oder Beauftragter (§ 299 StGB), NStZ 2012, Seiten 11-15.

Schuster, Peter/*Rübenstahl*, Markus, Praxisrelevante Probleme des internationalen Korruptionsstrafrechts, wistra 2008, Seiten 201-208.

Schwartz, Gustav, Verfolgung unlauteren Wettbewerbs im Allgemeininteresse, in: Festschrift für Hans G. Ficker zum 70. Geburtstag, Frankfurt 1967, Seiten 410-451.

v. Schweinitz, Oliver, Die Haftung von Ratingagenturen, WM 2008, Seiten 953-959.

Schweitzer, Hartmut, Vom Geist der Korruption, München 2009.

Schwieger, Dirk, Der Vorteilsbegriff in den Bestechungsdelikten des StGB, Frankfurt a.M. 1996.

Schwind, Hans-Dieter, Kriminologie, 18. Auflage, Heidelberg 2008.

Schwinge, Christina, Strafrechtliche Sanktionen gegenüber Unternehmen im Bereich des Umweltstrafrechts, Studien zum Wirtschaftsstrafrecht, Band 6, Pfaffenweiler 1996.

Seelmann, Kurt, Verbandsstrafbarkeit, ZStW 1996 (Band 108), Seiten 652-664.

Selmer, Peter, Verfassungsrechtliche Probleme einer Kriminalisierung des Kartellrechts, FIW Schriftenreihe, Heft 76, Köln 1977.

Siegert, Gabriele/*Brecheis*, Dieter, Werbung in der Medien- und Informationsgesellschaft, 2. Auflage, Wiesbaden 2010.

Sobotta, Daniel, Der Vertragsarzt – tatsächlich Beauftragter der Krankenkassen?, GesR 2010, Seiten 471-474.

Sommer, Ulrich, Korruptionsstrafrecht, Münster 2010.

Spindler, Gerald, Aufklärungspflichten eines Finanzdienstleisters über eigene Gewinnmargen? – Ein „Kick-Back" zu viel, WM 2009, Seiten 1821-1828.

Stächelin, Gregor, Strafgesetzgebung im Verfassungsstaat, Berlin 1998.

Steinbeck, Anja, Die Dreieckskopplung – ein Fall des übertriebenen Anlockens, GRUR 2005, Seiten 15-20.

Sternberg-Lieben, Detlev, Die Strafbarkeit des nicht indizierten ärztlichen Eingriffs, in: Grundlagen des Straf- und Strafverfahrensrechts, Festschrift für Knut Amelung zum 70. Geburtstag, Berlin 2009, Seiten 325-353.

Strauf, Hubert, Die moderne Werbeagentur in Deutschland, 1. Auflage, Essen 1959.

Suhr, Christian, Zur Begriffsbestimmung von Rechtsgut und Tatobjekt im Strafrecht, JA 1990, Seiten 303-308.

Szebrowski, Nickel, Kick-Back, Köln 2003.

Taschke, Jürgen, Die Strafbarkeit des Vertragsarztes bei der Verordnung von Rezepten, StV 2005, Seiten 406-411.

Teichmann, Arndt, Soergel, Kommentar zum Bürgerlichen Gesetzbuch, Band 4/2, §§ 651a-704 BGB, 12. Auflage, Stuttgart 2000, zit.: Soergel/*Bearbeiter*.

Thalhofer, Thomas, Kick-Backs, Exspektanzen und Vermögensnachteil nach § 266 StGB, Frankfurt am Main 2008.

Thomas, Sven, Soziale Adäquanz und Bestechungsdelikte, in: Festschrift für Heike Jung zum 65. Geburtstag, Baden-Baden 2007, Seiten 973-986.

Tiedemann, Klaus, Die strafrechtliche Vertreter- und Unternehmenshaftung, NJW 1986, Seiten 1842-1850.

Tiedemann, Klaus, Generalklauseln im Wirtschaftsstrafrecht – am Beispiel der Unlauterkeit im Wettbewerbsstrafrecht –, in: Festschrift für Ruth Rissing-van Saan zum 65. Geburtstag, Berlin 2011, Seiten 685-700.

Tiedemann, Klaus, Kartellrechtsverstöße und Strafrecht, Köln 1976.

Tiedemann, Klaus, Nebenstrafrecht einschließlich Ordnungswidrigkeitenrecht (Wettbewerbsrecht), ZStW 1974 (Band 86), Seiten 990-1033.

Tiedemann, Klaus, Schmiergeldzahlungen in der Wirtschaft – Alte und neue Reformprobleme, in: Jus humanum, Festschrift für Ernst-Joachim Lampe zum 70. Geburtstag, Berlin 2003, Seiten 759-769.

Tiedemann, Klaus, Strafrecht in der Marktwirtschaft, in: Beiträge zur Rechtswissenschaft, Festschrift für Walter Stree und Johannes Wessels zum 70. Geburtstag, Heidelberg 1993, Seiten 527-543.

Tiedemann, Klaus, Tatbestandsfunktionen im Nebenstrafrecht, Tübingen 1969.

Tiedemann, Klaus, Wettbewerb als Rechtsgut des Strafrechts, in: Grundfragen staatlichen Strafens, Festschrift für Heinz Müller-Dietz zum 70. Geburtstag, München 2001, Seiten 905-918.

Tiedemann, Klaus, Wirtschaftsstrafrecht, Besonderer Teil, 2. Auflage, Köln 2008.

Tiedemann, Klaus, Wirtschaftsstrafrecht und Wirtschaftskriminalität, Band 2, Besonderer Teil, Reinbeck bei Hamburg 1976.

Tsambikakis, Michael, Anmerkung zum BGH-Beschluss vom 05.05.2011 – 3 StR 458/10, JR 2011, Seiten 538-542.

Überhofen, Michael, Korruption und Bestechungsdelikte im staatlichen Bereich, Freiburg 1999.

Ulbricht, Julia, Bestechung und Bestechlichkeit im geschäftlichen Verkehr, Hamburg 2007.

Ulmer, Peter, Der Begriff „Leistungswettbewerb" und seine Bedeutung für die Anwendung von GWB und UWG-Tatbeständen, GRUR 1977, Seiten 565-580.

Ulmer, Peter, Der Vertragshändler, Schriften des Instituts für Wirtschaftsrecht an der Universität Köln, Band 25, München 1969.

Unger, Fritz/*Durante*, Nadia-Vittoria/*Gabrys*, Enrico, Mediaplanung, 5. Auflage, Berlin 2007.

van Aaken, Anne, Genügt das deutsche Recht den Anforderungen an die VN-Konvention gegen Korruption?, ZaöRV 2005, Seiten 407-446.

Verlag Werben & Verkaufen GmbH, Werben & Verkaufen, Aktuelle Nachrichten aus Marketing, Werbung, Media und Medien, München, zit.: W&V, Ausgabe/Jahr, Seite.

Vogel, Joachim, Wirtschaftskorruption und Strafrecht – ein Beitrag zu Regelungsmodellen im Wirtschaftsstrafrecht –, in: Festschrift für Ulrich Weber zum 70. Geburtstag, Bielefeld 2004, Seiten 395-411.

Volk, Klaus, Merkmale der Korruption und die Fehler bei ihrer Bekämpfung, in: Gedächtnisschrift für Heinz Zipf, Heidelberg 1999, Seiten 419-431.

Vormbaum, Thomas, Probleme der Korruption im geschäftlichen Verkehr. Zur Auslegung des § 299 StGB, in: Festschrift für Friedrich-Christian Schröder zum 70. Geburtstag, Heidelberg 2006, Seiten 649-660.

Wabnitz, Heinz-Bernd/*Janovsky*, Thomas, Handbuch des Wirtschafts- und Steuerstrafrechts, 3. Auflage, München 2007, zit.: Wabnitz/Janovsky/*Bearbeiter*.

Walter, Tonio, Angestelltenbestechung, internationales Strafrecht und Steuerstrafrecht, wistra 2001, Seiten 321-328.

Walther, Felix, Bestechlichkeit und Bestechung im internationalen Verkehr, München 2011.

Warneke, Nikolai, Die Garantenstellung von Compliance Beauftragten, NStZ 2010, Seiten 312-317.

Wassermann, Rudolf, Verschleierte Schmiergelder und ähnliches!, GRUR 1931, Seiten 549-561.

Wegner, Carsten, Strafrecht für Verbände? Es wird kommen!, ZRP 1999, Seiten 186-189.

Welzel, Hans, Studien zum System des Strafrechts, ZStW 1939 (Band 58), Seiten 491-566.

Wessels, Johannes/*Hillenkamp*, Thomas, Strafrecht Besonderer Teil 2, Straftaten gegen Vermögenswerte, 32. Auflage, Heidelberg 2009.

Westermann, Harm-Peter, Erman, Bürgerliches Gesetzbuch, Teilband 1, 12. Auflage, Köln 2008, zit.: Erman/*Bearbeiter*.

Wiedemann, Gerhard, Handbuch des Kartellrechts, 2. Auflage, München 2008, zit.: Wiedemann/*Bearbeiter*.

Winkelbauer, Wolfgang, Ketzerische Gedanken zum Tatbestand der Angestelltenbestechlichkeit (§ 299 Abs. 1 StGB), in: Festschrift für Ulrich Weber zum 70. Geburtstag, Bielefeld 2004, Seiten 385-395.

Wittig, Petra, Wirtschaftsstrafrecht, 1. Auflage, München 2010.

Wittig, Petra, § 299 StGB durch Einschaltung von Vermittlerfirmen bei Schmiergeldzahlungen, wistra 1998, Seiten 7-10.

Wolf, Manfred, Soergel, Kommentar zum Bürgerlichen Gesetzbuch, Band 2, §§ 104-240 BGB, 13. Auflage, Stuttgart 1999, zit.: Soergel/*Bearbeiter*.

Wolf, Sebastian, Internationalisierung des Antikorruptionsstrafrechts: Kritische Analyse zum Zweiten Korruptionsbekämpfungsgesetz, ZRP 2007, Seiten 44-46.

Wollschläger, Sebastian, Der Täterkreis des § 299 Abs. 1 StGB und Umsatzprämien im Stufenwettbewerb, Heidelberg 2009.

Wolter, Jürgen, Strafwürdigkeit und Strafbedürftigkeit in einem neuen Strafrechtssystem. Zur Strukturgleichheit von Vorsatz- und Fahrlässigkeitsdelikt, in: 140 Jahre GA, Eine Würdigung zum 70. Geburtstag von Paul-Günter Pötz, Heidelberg 1993, Seiten 269-320.

Wolters, Gereon, Die Änderung des StGB durch das Gesetz zur Bekämpfung der Korruption, JuS 1998, Seiten 1100-1106.

Wronka, Georg, Werbeagenturen – juristisch ausgeleuchtet, WRP 1976, Seiten 142-145.

Zentralverband der Deutschen Werbewirtschaft (ZAW), Werbung in Deutschland 2009, ZAW Jahrbuch, Berlin 2009.

Zieschang, Frank, Anmerkung zu OLG Karlsruhe, StV 2001, Seiten 290-292.

Zieschang, Frank, Anmerkung zu OLG Celle, StV 2008, Seiten 253-255.

Zieschang, Frank, Die Gefährdungsdelikte, Berlin 1998.

Zipf, Heinz, Rechtskonformes und sozialadäquates Verhalten im Strafrecht, ZStW 1970 (Band 82), Seiten 633-654.

Zöller, Mark, Abschied vom Wettbewerbsmodell bei der Verfolgung der Wirtschaftskorruption?, GA 2009, Seiten 137-149.

Centaurus Buchtipp

Felix Walther

Bestechlichkeit und Bestechung im geschäftlichen Verkehr
Internationale Vorgaben
und deutsches Strafrecht

Studien zum Wirtschaftsstrafrecht, Bd. 36,
2011, 338 S., br., ISBN 978-3-86226-089-7
€ 26,80

Im Jahre 2012 feiert das strafrechtliche Verbot der Korruption im Geschäftsverkehr seinen 100. Geburtstag. Nach einem jahrzehntelangen Schattendasein im Nebenstrafrecht ist der nunmehr in das StGB überführte § 299 StGB beliebter Gegenstand dogmatischer Erörterungen und rechtspolitischer Reformvorschläge. Die vorliegende Arbeit will zu dieser Diskussion einen sehr speziellen Beitrag leisten. Sie beschäftigt sich mit der bisher nur unvollkommen thematisierten Frage, nach den Auswirkungen internationaler Vorgaben zur Bekämpfung der Korruption im Geschäftsverkehr auf das deutsche Strafrecht. Die Politik hat auf internationaler Ebene nämlich schon vor längerer Zeit vollendete Tatsachen geschaffen in Form von Tatbestandsvorgaben, denen das deutsche Strafrecht letztlich anzupassen sein wird. Die Ausarbeitung der Rechtsakte gelangte erst in den Fokus der deutschen juristischen Fachöffentlichkeit, als mit dem „Entwurf eines Zweiten Gesetzes zur Bekämpfung der Korruption" im September 2006 die Transformation in das nationale Recht vorgeschlagen wurde.

Die Dissertation wurde mit dem WisteV-Preis 2012 der Wirtschaftsstrafrechtlichen Vereinigung e.V. ausgezeichnet. Der Preis wird jährlich für die aus der Perspektive der Praxis beste Dissertation oder Habilitation des Wirtschaftsstrafrechts vergeben.

www.centaurus-verlag.de

Studien zum Wirtschaftsstrafrecht

Huber, Karl
Strafrechtlicher Verfall und Rückgewinnungshilfe bei der Insolvenz des Täters
Band 35, 2011, 260 S., ISBN 978-3-86226-053-9, **26,80 €**

Hinderer, Patrick Alf
Insolvenzstrafrecht und EU-Niederlassungsfreiheit am Beispiel der englischen private company limited by shares
Band 34, 2011, 280 S., ISBN 978-3-86226-033-1, **25,80 €**

Labinski, Carsten
Zur strafrechtlichen Verantwortlichkeit des directors einer englischen Limited
Band 33, 2010, 373 S., ISBN 978-3-86226-025-6, **29,00 €**

Arens, Stephan
Untreue im Konzern
Band 32, 2010, 333 S., ISBN 978-3-8255-0764-0, **26,90 €**

Wunderlich, Claudia
Die Akzessorietät des § 298 StGB zum Gesetz gegen Wettbewerbsbeschränkungen (GWB)
Band 31, 2009, 327 S., ISBN 978-3-8255-0752-7, **28,00 €**

Vergho, Raphael
Der Maßstab der Verbrauchererwartungen im Verbraucherschutzstrafrecht
Band 30, 2009, 380 S., ISBN 978-3-8255-0731-2, **30,00 €**

Strelczyk, Christoph
Die Strafbarkeit der Bildung schwarzer Kassen
Band 29, 2008, 248 S., ISBN 978-3-8255-0709-1, **27,90 €**

Rodrigo Aldoney Ramirez
Der strafrechtliche Schutz von Geschäfts- und Betriebsgeheimnissen
Band 28, 2009, 392 S., br., ISBN 3-8255-0705-3, **32,90 €**

Burger, Stefan
Untreue (§ 266 StGB) durch das Auslösen von Sanktionen zu Lasten von Unternehmen
Band 27, 2007, 350 S., br., ISBN 3-8255-0640-1, **29,90 €**

Arnold, Stefan
Untreue im GmbH- und Aktienkonzern
Band 26, 2006, 290 S., br., ISBN 3-8255-0637-1, **27,90 €**

Informationen und weitere Titel unter **www.centaurus-verlag.de**

If you have any concerns about our products,
you can contact us on
ProductSafety@springernature.com

In case Publisher is established outside the EU,
the EU authorized representative is:
**Springer Nature Customer Service Center GmbH
Europaplatz 3, 69115 Heidelberg, Germany**

Printed by Libri Plureos GmbH
in Hamburg, Germany